21 世纪交通版高等学校试用教材

Highway Engineering Economics

公路工程经济学

周　娴　　主　编

李晶晶　杨玉胜　曾敏辉　副主编

石勇民　王首绪　　主　审

人民交通出版社股份有限公司

China Communications Press Co.,Ltd.

图书在版编目(CIP)数据

公路工程经济学 / 周娴主编. — 北京：人民交通
出版社股份有限公司, 2015.8

ISBN 978-7-114-12387-0

Ⅰ. ①公… Ⅱ. ①周… Ⅲ. ①道路工程—工程经济学
Ⅳ. ①F540.3

中国版本图书馆 CIP 数据核字(2015)第 154135 号

书	名 :	公路工程经济学
著 作 者 :	周 娴	
责 任 编 辑 :	王 霞 王景景	
出 版 发 行 :	人民交通出版社股份有限公司	
地 址 :	(100011)北京市朝阳区安定门外外馆斜街 3 号	
网 址 :	http://www.ccpress.com.cn	
销 售 电 话 :	(010)59757973	
总 经 销 :	人民交通出版社股份有限公司发行部	
经 销 :	各地新华书店	
印 刷 :	北京虎彩文化传播有限公司	
开 本 :	787×1092 1/16	
印 张 :	18.375	
字 数 :	425 千	
版 次 :	2015 年 8 月 第 1 版	
印 次 :	2023 年 7 月 第 5 次印刷	
书 号 :	ISBN 978-7-114-12387-0	
定 价 :	38.00 元	

(有印刷、装订质量问题的图书由本公司负责调换)

内容提要

本书主要内容包括:资金时间价值计算、投资项目单方案评价方法与指标、投资项目多方案的比较与选择、投资项目不确定性分析、价值工程、公路建设项目经济评价基础理论与方法、公路建设项目可行性研究、公路建设项目交通量预测、公路建设项目投资估算、公路建设项目国民经济评价与财务评价、公路建设项目后评价等。

本书以工程经济学的基本理论、方法为基础,以公路项目经济评价为核心,系统阐述了公路项目可行性研究的主要内容与基本方法,突出公路行业特点,体现最新相关规范,具有基础理论全面、方法与案例结合、与实际工作结合紧密的特点,是一本较系统、全面反映公路工程经济理论与实践的书籍,对案例法教学以及后续实践环节的课程设计、毕业设计有着较好的指导作用。对培养公路工程技术与经济管理知识融合的高素质应用型人才具有重要作用。

本书可作为高等院校土木工程(道路、桥梁)、交通工程、工程管理等专业的相关课程教材,以及工程技术与管理人员的参考用书。

前　言

改革开放 30 多年以来，我国公路建设事业进入了一个高速发展的时代，实现了公路建设的跨越式发展，为促进国民经济快速发展和提高人民生活水平作出了重要贡献。由于公路建设具有资金投入大、建设周期长、对环境及生态影响较大等特点，资源约束、资金约束、环境约束，成为公路建设中最为突出的矛盾。这就要求工程技术和管理人员在精通专业技术的同时，必须注重掌握一定的经济知识，具备经济头脑，在其工作岗位上能自觉应用工程经济学知识解决技术经济问题，懂得在挖潜节约方面努力，切实提高项目经济效益和资源使用效率，取得公路建设项目效益的综合平衡。

本书以工程经济学的基本理论、方法为基础，以公路项目经济评价为核心，系统阐述了公路项目可行性研究的主要内容与基本方法，突出公路行业特点，体现最新相关规范，具有基础理论全面、方法与案例结合、与实际工作结合紧密的特点，是一本较系统、全面反映公路工程经济理论与实践的书籍。对案例法教学以及后续实践环节的课程设计、毕业设计有着较好的指导作用，对培养公路工程技术与经济管理知识融合的高素质应用型人才，具有重要作用。

虽然本书以公路工程建设前期工作中的经济评价和可行性研究为重点，但其基本理论和方法可广泛应用于公路工程项目寿命周期的各个领域、各个阶段及各个环节。如对工程设计方案、施工方案、公路收费方案和养护方案的分析与比选等。

本书由长沙理工大学周娴主编并统稿，杨玉胜、李晶晶、曾敏辉为副主编。本书具体编写分工为：第一章、第二章、第三章、第四章、第八章由周娴编写；第五章由李忻忻(山东交通学院)、彭军龙、戴聆春编写；第六章由曾敏辉编写；第七章由杨玉胜编写；第九章由李晶晶编写；第十章由李忻忻(山东交通学院)、周娴编写。全书由石勇民教授和王首绪教授主审。

在本书编写过程中，得到了袁剑波教授的热心指导和帮助。唐欢、张泽敏、王欢欢协助整理了书稿，在此表示衷心感谢。

在本书编写过程中，参考了大量的有关教材、论著和资料，在此向有关作者表示感谢！书中难免存在疏漏和不妥之处，敬请批评指正。

编　者
2015 年 5 月

目　录

第一章
绪 论

第一节 ＞ 工程经济学概述

一、工程经济学的概念

工程经济学(Engineerning Economics)是工程与经济的交叉学科,它是以工程项目为主体、技术经济系统为中心,研究如何有效利用各种资源,提高经济效益的一门学科。

工程是将应用数学、物理学、化学、生物等基础科学的原理应用于国民经济和社会发展生产实践中而形成的各学科的总称,如土木工程、交通工程、水利工程、石化工程、食品工程等。所有的工程都是人类利用自然和改造自然的手段,也是人们创造巨大物质财富的方法和途径,其根本的目的是为人类更好的生活服务。习惯上,人们将某个具体的工程项目也简称为工程,如京津塘高速公路工程、三峡水电站工程、青藏铁路工程、北京奥运会场馆建设工程、城市自来水厂或污水处理工程等。另外,生产经营活动中的新产品开发项目、软件开发项目、新工艺及设备研发项目等都具有工程的含义。

经济的含义非常广泛,工程经济学主要应用其节约或节省的含义,即研究社会资源的合理利用与节约,以最小的投入获得最大的产出或者以最低的寿命周期成本实现产品、作业以及服务的期望功能。当然,经济不仅仅是省钱,更含有管理经营与追求效率和效益的概念。

二、技术与经济的关系

技术是指人类在利用自然、改造自然和解决社会问题中所运用的知识、经验、手段和方法。因为人们在生产过程中积累起来的知识、经验、操作技能是不断提高的,所使用的生产工具、劳动手段也是不断改进的,因此,技术是不断发展和不断进步的。

工程技术的先进性,表现在两个方面:一方面是它能够创造落后技术所不能创造的产品和劳务,例如宇宙航天技术、海底资源开发技术、原子能利用技术和因特网信息技术等;另一方面是它能够用更少的物力和人力创造出相同的产品和劳务。

工程技术作为人类进行生产斗争的手段,它的经济性是十分明显的。因此,对于任何一种技术,在一般情况下,都不能不考虑经济效果的问题。脱离了经济效果的标准,技术是好、是坏、是先进、是落后,都无从判断。

技术和经济是密切联系、相互制约、相互促进的。一方面经济的发展可以给新技术、新工艺、新材料的开发提供强有力的基础,而技术的进步反过来又会促进经济的发展;另一方面,技术的发展又常常受到经济条件的制约。这是因为任何技术实践都离不开当时当地的具体自然条件和社会条件,而条件不同,技术所带来的效果也不同。某种技术在某种条件下体现出较高的经济效益,而在另一种条件下就不一定是这样,可能从远景的发展方向来看,应该采用某种技术,从近期的利益来看,则需要采用另一种技术。这类的例子是很多的,例如,铁路机车的牵引动力,从总效率方面比较,以电力牵引为最优,内燃牵引其次,蒸汽牵引最差。采用电力牵引,可以节省燃料,提高行车速度,降低运输成本,减少污染和排放,但是需要建设庞大的电力网和许多发电站。因此,目前阶段,世界上很多山区和偏僻地区仍然以蒸汽牵引或内燃牵引作为主要的牵引动力。由此可见,先进技术的采用不仅取决于经济上的需要和技术本身的可能性,而且还取决于经济上的可能性。落实到具体的自然条件和社会条件,并非一切先进的技术都是经济合理的。

因此,为了保证工程技术很好地服务于经济建设,最大限度地满足社会的需要,就必须研究在当时当地的具体条件之下采用哪一种技术才是合适的。这个问题显然不是单单由技术的先进或落后所能够决定的,而是必须通过效益成本的计算和比较才能够解决。

三、工程经济学的性质和意义

工程经济学,既不属于社会科学(经济学科),又不属于自然科学,是介于自然科学和社会科学之间的边缘学科,是根据现代科学技术和社会经济发展的需要,在自然科学和社会科学的发展过程中,各学科互相渗透,互相促进,互相交叉,逐渐形成和发展起来的。在这门学科中,经济学处于支配地位,因此,工程经济学属于应用经济学的一个分支。

工程经济学是一门研究工程技术实践活动经济效益的学科,它是针对工程技术问题进行经济分析的相关理论与方法,是人类提高工程技术实践活动效率的基本工具。一般情况下,工程项目建设的资源都是有限的,因此,需要运用工程经济学的分析方法,对工程项目的各种可行方案进行分析比较,选择其中相对最优的方案。工程经济学的主要任务,就是针对工程项目的技术方案进行经济决策。

传统工程经济学,面对的主要是微观技术经济问题,如某项工程的建设问题、某企业的技术改造问题、某技术措施的改造问题、多种技术方案的选择问题等。随着社会和经济的发展,现代工程经济学面临的问题越来越广泛,从微观的技术经济问题延伸到宏观技术经济问题,如能源问题、环境保护问题、资源开发利用问题、国家的经济政策与制度问题等。工程经济学解决问题的延伸产生了新的工程经济分析的方法,丰富了工程经济学的内容,但不应将工程经济学研究的对象与这些问题的经济研究完全等同起来,工程经济学无法解释这些问题的所有的经济现象,它着重解决的是如何对这些问题进行经济评价和分析,这也是工程经济学区别于其他经济学的一个显著特征。

学习工程经济学,树立经济意识,掌握经济分析和经济决策的方法和技能,对广大工程技术人员至关重要。

任何工程活动都包含着技术与经济两个方面,并且,所有成功的工程活动,无一不是在当时条件下较好地处理了技术与经济的关系,使两者在具体的工程活动中得到有机的高度统一。因此,作为一名工程技术人员,即使他从事的是单纯的技术工作,除了要精通专业技术,还应该具备较完备的经济知识。只有这样才能在工作中处理好技术与经济的关系,使自己设计的工程实现使用价值和价值的统一,使工程决策科学合理。

新中国成立60多年来,我国的工程建设虽然取得了巨大成就,生产经营效率也有长足进步,但应该清醒地看到,我国工程建设中存在着不少与经济性和社会性相关的问题。如不符合国情的巨大投资、浪费严重、安全风险大、运营成本高、能源消耗多等。目前我国工程建设量十分巨大,每年全国国内生产总值(Gross Domestic Product ,GDP)已经超过 20 万亿人民币,与建设相关的产值也在 10 万亿人民币以上。据不完全统计和估算(周干峙,2006),各种现象加起来,我国的工程建设存在 10% ~ 20% 的不经济现象,由于基数巨大,这是一个十分惊人的数据。分析其主要原因有:决策失误、重复建设、规划不当、设计问题、短命工程等。为了避免这些经济和社会问题,特别是在可持续发展理念和生态环境的压力下,更迫使我国要在挖潜节约方面努力,改变以前粗放型的发展模式,切实提高经济效益,提高资源使用效率,取得建设项目效益的综合平衡。这也为我们学习和应用工程经济学知识提供了广阔的舞台。

四、工程经济学的产生与发展

1. 国外工程经济学的产生和发展

工程经济学源于西方,1887 年美国工程师惠灵顿发表了《铁路布局的经济理论》,第一次开始了工程领域的经济评价分析。他在书中应用资本费用分析法,计算铁路最佳路线,并提出工程利息的概念,他认为,工程经济并不仅仅是简单的建造艺术,更是一门"少花钱多办事的艺术"。后来的几位学者,如费什、戈尔德曼等,都认同惠灵顿的观点,在投资、利率、工程费用、商业组织、估价、预测、工程财务等诸多领域形成知识体系,为经济分析逐步奠定了基础。

1930 年,美国工程经济学家格兰特出版《工程经济学原理》,指出古典工程经济领域的若干欠缺,强调以复利计算为基础,对固定资产投资经济评价原理作了阐述,同时指出人的经验判断在投资决策中具有重要作用。该书经过多次修订再版,被认为是工程经济的经典著作,得到理论和实践等业界人士的广泛认同,格兰特也被誉为"工程经济学之父"。

进入 20 世纪 50 年代,工程经济学由工程费用效益扩展到投资与分配领域,产生管理经济学和企业财务理论等学科。到 20 世纪 80 年代,里格斯编纂出版的《工程经济学》,比较系统地总结了前人的知识积累,阐明了工程经济学的主要内容,建立了相对完善的工程经济学知识体系,使学科水平发展到一个新阶段。

近些年来,为了适应现代经济的发展要求,工程经济学逐步拓展了传统上对工程项目和技术方案的经济效益分析,出现更加宽泛的研究趋势,将微观经济分析同宏观的社会效益研究、环境效益分析结合在一起。

2. 我国工程经济学的产生和发展

我国在建国初期,比较重视经济效益,引入苏联的技术经济分析(或称技术经济论证),在 156 项重点工程建设中运用经济评价,从国民经济角度出发,考虑了工程中的经济因素,尽管是静态的(即没有考虑资金的时间价值),但在建国初期的建设中起到了良好的作用。在随后的"大跃进"和"文革"年代,工程建设中只讲政治不讲经济,因此刚刚萌芽的技术经济论证理论也就夭折了。

工程经济学在我国真正得到发展和广泛应用是在 20 世纪 80 年代以后。十一届三中全会之后,我国的各项工作转移到以经济建设为中心的轨道上来,党和国家领导人多次强调要重视投资前期工作。广大工程技术人员面临进行可行性研究的实际需要,在过去的基础上又引进了西方的投资项目可行性研究的内容。可行性研究的引入,使技术经济分析提高到一个新的水平,并吸收西方国家的工程经济分析理论与方法,结合我国的具体实践,探索并制定符合我国国情的条例和方法。

1981 年以来,国家科学技术委员会和国务院经济社会发展中心组织力量总结了新中国成立以来的经验教训,吸取国外有益经验(主要是联合国工业发展组织和世界银行的做法),对建设项目经济评价的基础理论和方法进行研究,国家计划委员会(以下简称为国家计委)于1983 年颁发了《关于建设项目进行可行性研究管理办法(试行)》,规定所有新改(扩)建的大中型工程项目以及利用外资和技术引进的工程项目都要进行可行性研究。1988 年交通部颁发了《水运、公路建设项目可行性研究报告编制办法》,成为公路工程项目可行性研究的指导性文件。2010 年 4 月交通运输部修订并颁发了《公路建设项目可行性研究报告编制办法》,进一步规范了可行性研究报告编制工作,加强了前期工作管理,提高了项目决策的科学性。与此同时,我国一系列世界银行公路贷款项目都严格按照世界银行的要求进行了工程经济分析,1987 年 10 月,国家计委组织编写和出版了《建设项目经济评价方法与参数》(第一版),为我国建设项目进行工程经济分析提出了规范化的方法和参数。1993 年 4 月,国家计委、建设部改编和发布了《建设项目经济评价方法与参数》(第二版),使工程经济分析得到了发展和完善,并取得了较大的经济效益。2006 年 6 月,《建设项目经济评价方法与参数》再次改编,并出版了第三版,为我国进行工程经济分析提出了更加规范化的方法和参数。1988 年 6 月交通部颁发了《公路建设项目经济评价办法》,为我国公路项目的工程经济分析提供了指导性文件和依据,2010 年 7 月住房和城乡建设部、交通运输部共同发布了《公路建设项目经济评价方法与参数》,为进一步提高公路项目投资决策水平提供了科学的依据。

20 世纪 80 年代开始,国内许多高等学校在工程建设相关专业为学生开设经济管理课程,强调经济效益和管理的重要性,培养工科学生掌握一定的经济分析知识。

经过 60 年的持续努力,工程经济学已经发展成为我国工程界专业人士的知识体系中的必备组成部分之一。

第二节 ▶ 公路的性质与基本特点

🌐 一、公路的基本性质

公路是联结各城镇、乡村和工矿基地之间主要供汽车行驶的郊外道路。根据交通量及其使用任务、性质,我国将公路分为五个技术等级,即高速公路、一级公路、二级公路、三级公路、四级公路。随着市场经济体制改革的深入,公路又可分为收费公路和非收费公路。

公路是交通运输体系的重要组成部分,公路运输具有门到门、户到户以及快速、机动、灵活等运输特点,是交通运输业中具有很大发展前景和活力的产业。

公路是人、物、信息流的载体和通道,是供各种机动车和非机动车行驶的基础设施,因此,在建设速度(数量)、质量以及布局上应满足各种机动车和非机动车交通的需求,在线形上应满足协调性、顺适性以及通畅、安全、美观的需要。公路的发展应当遵循全面规划、合理布局、确保质量、保障畅通、保护环境、建设改造与养护并重的原则。

公路是一种线性构造物,它由路基、路面、桥梁、隧道、互通立交、排水防护及交通工程设施等部分组成。各部分,既互相联系、互相影响,又具有各自独立的作用和功能。在强度、刚度、稳定性、耐久性、平整性、抗滑性等指标上都有其特定的要求,必须按国家颁发的技术标准和规范来设计和施工并使其符合国家的验收标准。

二、公路的技术特点

（1）产品的单件性

不同的公路建筑产品会因地形、地质、水文、气候条件不同而各有差别,且都有自己的技术等级、技术标准、结构形式和外观尺寸,有其独立不同的设计图纸和施工方法。因而具有单件性,不能像工业产品一样,一次设计,批量生产。这种产品的单件性带来了修筑技术的多样性和复杂性。

（2）产品的固定性

公路工程的构造物固定于某一地带不能移动,只能在建造的地方直接生产,完工后供长期使用。公路产品的固定性带来了施工生产的流动性,要求施工人员、生产机构、施工设备随不同的公路建设项目和建设工地而转移。

（3）产品的耐久性与易损性

只要对公路进行正常的维护和保养,一般情况下具有永久的使用寿命。但公路工程构造物受行车作用及自然因素的影响,其暴露于大自然以及直接受行车作用的部分,产生物理、化学变化,在疲劳、耐久、老化等方面受损表现突出。因此,在公路的使用过程中,应加强公路的养护维修,包括日常养护和各种大中修工作,并加强车辆超载行为的管理。

（4）公路的网络特性

公路作为交通流的载体,形成星罗棋布、四通八达的公路交通网络,带动和辐射沿线各地区的工农业生产的发展和经济繁荣。公路的功能决定公路必须建成网络体系,并与其他交通方式有效衔接,才能最大限度地发挥公路整体功能与效益。

公路建筑产品的技术特性,决定了它在建设和营运过程中管理难度大。因此,有必要应用经济学的原理和方法,研究公路在规划、设计、施工和营运过程中的经济特点,揭示其内在的经济规律,为公路的经济管理提供科学的方法。

三、公路的经济特点

（1）社会公益性

公路是一种为全社会服务的公益设施,任何人和车,都可以享受到公路设施带来的出行便利,它在消费和使用上具有非独占性和非排他性。在投资上主要依靠税收和规费。公路的这一特点使得它很难通过市场来供给,无法通过市场来形成价格。

（2）资金密集性

公路和铁路、航空等运输产业一样,属于资金密集型产业。我国目前每公里高速公路平均造价已经超过1000万元,南方沿海省份少数路段每公里造价接近1亿元。以每公里平均造价比,高速公路超过了任何一种运输方式的线路造价。有的公路建设项目,需要几亿元甚至几十亿元才能建成。

（3）外部经济性

公路的外部经济特性表现为正的外部性和负的外部性两个方面。正的外部性表现为新建公路不仅能给行驶在本公路上的消费者(公路使用者)带来效益,而且还能给其他消费者带来效益,如促进当地工农业生产发展和国民经济增长,减少其他相关公路的交通拥挤和交通事故等。负的外部性表现为公路使用者对其他用户或道路系统以外的消费者所产生的外部费用,如交通拥挤、路面损坏、环境污染、交通噪声和交通事故等。

（4）自然垄断性

公路营运市场往往由一个或几个卖者垄断,因而强大的市场控制力容易产生与竞争性均衡价格相背离的垄断价格。

公路的经济特性决定了公路经济分析应更注重国民经济和社会效益分析。同时,我们应注重应用经济学原理和方法,合理利用资金,提高投资效益。

四、公路的经营方式

（1）政府经营

政府经营模式,主要出现在政府贷款建设的公路工程项目中,经营的目的是收费还贷,当公路建设贷款全部回收后,即停止收费经营。我国从20世纪80年代中期开始引入这种模式。这种经营模式有效地解决了公路建设资金短缺问题,加速了公路建设事业的发展。

政府经营模式重在建设项目的国民经济效益和社会效益,因而在制定收费标准和收费时间上能更加兼顾公路使用者的收费负担和在使用公路时的受益,收费标准会更加公平合理。这种模式的缺陷是政府既是收费标准的制定者,又是收费标准的监督者,完全靠政府自律来保证公正性。

（2）企业经营

这种模式是在实行建设项目法人责任制后出现的。其特点是,企业法人是公路建设项目的投资主体,负责筹措公路建设资金,组织公路建设项目的规划、设计与施工,并组织营运管理。企业经营目标是还本盈利,即一方面通过经营偿还公路建设投资,另一方面通过经营管理获取合理利润。

第三节 ▶ 公路工程基本建设程序

根据《公路建设监督管理办法》(交通部2006年第6号令),公路建设的一般程序分为:项目建议书、可行性研究报告、工程设计、纳入政府基本建设计划、建设准备、工程施工、竣(交)工验收、后评价八个阶段。各项工作必须严格遵循先后次序的法则,可以进行合理的交叉,但不能任意颠倒。

一、项目建议书

项目建议书是建设起始阶段对拟建设项目的轮廓设想。项目建议书应论证拟建项目建设的必要性、条件的可行性和获利的可能性,作为投资者和建设管理部门选择并确定是否进行下一步工作的依据。项目建议书批准后,可以进行详细的可行性研究工作。

二、可行性研究报告

可行性研究是一系列对项目建议书批准的建设项目在技术上是否可行和经济上是否合理

的分析与论证,以减少建设项目决策的盲目性。可行性研究报告是确定建设项目、编制设计文件的重要依据,要求其必须有相当的深度和准确性。可行性研究报告批准后,一般不得随意修改和变更。凡未经可行性研究确认的项目,不得编制向上报送的可行性研究报告和进行下一步工作。

🌐 三、工程设计

设计是对拟建工程的实施在技术上和经济上所进行的全面而详尽的安排,是基本建设计划的具体化,是组织施工的依据。可行性研究报告经批准的建设项目,应通过招投标择优选择设计单位。

按照我国现行规定,公路基本建设项目一般进行两阶段设计,即初步设计和施工图设计;对于技术上复杂而又缺乏设计经验的项目或建设项目中的个别路段、特殊大桥、互通式立体交叉、隧道等,必要时可进行三阶段设计,即初步设计、技术设计和施工图设计。

初步设计,应根据批准的可行性研究报告的要求和初测资料,拟订修建原则,制订设计方案,计算主要工程数量,提出施工方案的意见,编制设计概算,提供文字说明及图表资料。如果初步设计提出的总概算超过可行性研究报告确定的总投资估算10%以上或其他主要指标需要变更时,要重新报批可行性研究报告。

技术设计,应根据批准的初步设计和补充初测(或定测)资料,对重大、复杂的技术问题通过科学试验、专题研究,加深勘探调查及分析比较,解决初步设计中遗留的问题,落实技术方案,计算工程数量,提出修正的施工方案,编制修正概算。

施工图设计,应根据批准的初步设计(或技术设计)和定测资料,进一步对审定的修建原则、设计方案、技术措施加以具体和深化,最终确定工程数量,提出文字说明和适应施工需要的图表资料及施工组织计划,编制施工图预算。

🌐 四、纳入政府基本建设计划

建设项目的初步设计和概算经上级批准后,才能列入国家基本建设年度计划。建设单位根据国家发展改革委员会颁发的年度基本建设计划数据,按照批准的可行性研究报告和设计文件,编制本单位的年度基本建设计划,报经批准后,再编制物资、劳动、财务计划。这些计划分别经过主管机关审查后,作为国家或地方政府宏观调控地方发展规划的依据,同时也作为建设单位筹措资金、安排生产、物资分配、劳力调配的依据。

🌐 五、建设准备

项目在开工之前,要做好各项准备工作,主要内容包括:
(1)建设主管部门,应根据计划要求的建设进度,组织招投标,择优选择施工单位;办理登记及征地、拆迁,组织分工范围内的技术资料、材料、设备的供应。
(2)勘测设计单位,按时提供各种图纸资料,做好施工图纸的会审和移交工作。
(3)施工单位,编制实施性施工组织设计和施工预算,提出开工报告。
(4)建设银行会同建设、设计、施工单位做好图纸的会审,按要求进行财政拨款或贷款。

🌐 六、工程施工

在建设年度计划批准后,即可组织施工。项目新开工时间,是指设计文件中规定的任何一项永久性工程第一次正式破土开槽开始施工的日期。

施工单位要遵照施工程序合理组织施工,施工过程中应严格按照设计要求和施工规范,确保工程质量,安全施工,同时应做好施工记录,建立技术档案。监理单位严格监理,建设单位搞好投资与质量控制。

七、竣(交)工验收

公路建设项目验收分为交工验收和竣工验收两个阶段。项目法人负责组织对各合同段进行交工验收,并完成项目交工验收报告报交通主管部门备案。通车试运营 2 年后,交通主管部门应组织竣工验收,经竣工验收合格的项目可转为正式运营。竣工验收合格后,组织项目后评价。

八、后评价

建设项目后评价是工程项目竣工投产、生产运营一段时间后(一般为两年),再对项目的立项决策、设计施工、竣工投产、生产运营等全过程进行系统评价的一种技术经济活动,是固定资产投资管理的一项重要内容,也是固定资产投资管理的最后一个环节。

通过建设项目后评价以达到肯定成绩、总结经验、研究问题、吸取教训、提出建议、改进工作、不断提高项目决策水平和投资效果的目的。

综上所述,公路工程基本建设过程包括投资前期和实施期,是获取项目的阶段,项目建成交付使用后为营运期,是项目的使用阶段。投资前期、实施期、营运期构成项目的寿命周期。

所谓"公路工程项目寿命周期"是指一个公路建设项目从开始酝酿、立项、设计、施工、投入营运,直至项目退役弃置为止的整个过程,包含了公路的规划、可行性研究、设计、施工、养护和营运等阶段。它概括了项目存在的全过程,在项目经济分析时经常要用到,是对项目进行全面分析和研究的基础。

第四节 ➤ 公路工程经济学研究对象、特点及内容

一、公路工程经济学研究对象

公路工程是指以公路为对象而进行的规划、设计、施工、养护与管理工作的全过程及其所从事的工程实体。公路工程经济学是一门应用工程经济学原理,研究公路工程经济问题和经济规律,对公路工程进行经济评价、方案比较及其他技术经济分析计算,做出正确的项目决策,以达到合理利用有限资源,并取得满意经济效果的一门学科。

公路工程经济学的研究对象是公路工程项目寿命周期全过程的技术与管理活动,即公路工程经济学是技术知识与经济知识在公路工程项目上的具体运用,不仅可以帮助投资决策(可行性研究),而且可以帮助工程技术人员选择设计方案、施工方案、资源配置方案、公路收费方案和养护方案等;还可以帮助承包单位选择投标项目、制订投标方案,帮助监理工程师制订和选择监理方案及分析监理工作中各类问题的处理方案,如工程变更方案的选择等。

公路工程经济学研究的主要问题可概括如下:

（1）在有限资源的条件下，究竟应该为哪些公路提供建设资金，也就是如何合理配置资源。

（2）为达到工程目标，对几个参加比选的方案，如路线方案、桥型方案、施工组织方案、设备购置方案、新材料、新工艺等应该如何筛选，从技术与经济角度分析出哪个方案最佳。

（3）在多项可供选择的方案中，如公路施工和监理投标中报价方案的选择等，是选择一项稳妥可靠的方案，还是选择一个具有较大潜在收益同时也具有较高风险性的方案。

（4）围绕多个提供资金的建议或筹资方案，如公路建设资金中外资利用额度和发行股票及债券的比重等，应怎样选择最有利的资金来源或资金方案。

（5）从经济的角度出发，评价和完善公路建设与管理中的各项技术政策、技术措施和技术方案，如公路收费政策，养护维修管理政策，新工艺、新技术的推广，各技术标准和技术规范的修订等。

（6）从整个国民经济角度出发，分析和鉴定一个公路建设项目对整个国民经济体系的影响。

二、公路工程经济学的主要内容

本书以工程经济学的基本理论、方法为基础，以公路项目经济评价为核心，系统阐述了公路项目可行性研究的主要内容与基本方法。虽然本书内容以前期决策分析为重点，但其理论与方法可广泛应用于公路工程项目寿命周期的各个领域、各个阶段及各个环节，如对工程设计方案、施工方案、公路收费方案和养护方案的分析与比选等。

（1）资金的时间价值。这是工程经济分析的基础，内容包括：利息、利率、现金流量图（表）、资金等值概念、资金时间价值计算公式和计算方法。

（2）投资项目单方案评价与多方案比较。内容包括：单方案评价方法与指标、多方案比选方法、设备更新方案比选方法等。主要方法有现值法、年值法、内部收益率法、投资回收期法、效益费用比法、增量分析法、研究期法等。

（3）价值工程与分析。内容包括：价值工程含义；价值工程的活动程序；价值工程对象选择、功能分析和评价；价值工程应用举例等。

（4）投资项目不确定性分析。内容包括：盈亏平衡分析、敏感性分析和概率分析。

（5）公路项目经济评价基础理论与方法。内容包括：项目经济评价概念、特点与内容；投资与融资；折旧、利润与所得税；项目盈利能力与清偿能力分析及示例；国民经济评价理论基础等。

（6）公路项目可行性研究。内容包括：公路项目可行性研究阶段划分、主要工作内容与工作程序；可行性研究文本格式及内容要求；社会评价与环境评价等。

（7）公路项目交通量预测。内容包括：项目社会经济发展预测；OD调查分析、交通生成预测、交通方式分担预测、交通分布预测、远景交通量预测案例等。

（8）公路项目投资估算编制。内容包括：投资估算费用组成及计算方法、投资估算文件组成、估算编制程序等。

（9）公路项目财务评价。内容包括：财务评价内容、方法、基本步骤；财务评价基本报表；财务评价案例等。

（10）公路项目国民经济评价。内容包括：国民经济评价与财务评价的区别与联系、国民经济评价参数确定、经济费用调整、国民经济评价效益与费用的计算、国民经济评价案例等；

（11）公路项目后评价。内容包括：后评价的概念与作用；后评价基本程序；后评价的主要内容、方法；公路建设项目后评价的编制办法等。

复习思考题

1. 怎样理解工程经济学？学习工程经济学的意义是什么？
2. 简述技术与经济的关系。
3. 简述工程经济学的产生与发展。
4. 公路工程经济学的研究对象是什么？
5. 公路工程经济学的主要研究内容有哪些？

第二章
工程经济分析原理与方法

第一节 > 资金时间价值

一、资金时间价值含义

货币资金有时间价值,就是指一定数量的货币资金的价值是不固定的,它随时间而变化。也就是说,在一定时间内,资金通过一系列的经济活动具有增值的能力。例如,把钱存入银行,可以因获得利息而增值,存款的时间越长、利率越大,其增值亦越大。这就说明时间起了作用,使这笔存款因获得利息而增值,同样道理,如果把一笔资金成功地投入到生产活动中去,它也可以因获得利润而增值,当然这种投资活动是具有一定风险的,这就是一般所说的"资金的时间价值"概念。

资金利息和资金的利润是具体体现资金时间价值的两个方面,是衡量资金时间价值的绝对尺度,它们的主要区别在于:

(1)来源不同。利息来源于借款关系,利润来源于生产经营。

(2)风险不同。利息的风险较小,一般在事前是明确的;而利润的风险较高,事前虽可预测,但取决于资金使用者经营管理的好坏。

在实际中,习惯上用相对数字利率或利润率来表示资金的时间价值,利率(或利润率)是一定时期的利息(或利润)与原投资的百分比,因此往往用这两个量来作为衡量资金时间价值的相对尺度。从资金的时间价值来看,利率和利润率是一致的,在经济分析中对两者一般不予区分,统称为折现率。折现率除了利率和利润率外,按其使用性质还可分为标准折现率、社会折现率、基准收益率、内部收益率等,它们是动态经济分析中主要评价参数和评价指标,在本章后续内容中将会逐一学到。

必须指出,货币还存在通货膨胀的问题。通货膨胀就是物价上涨,使一定货币的购买力下降。换句话说,就是由于物价上涨,使钱越来越不值钱。所以,通货膨胀对资金的时间价值的影响是非常大的,这可用通货膨胀率来计算。但这里所讨论的,是假定不存在通货膨胀的情况下,货币资金存在增值的时间价值。即今天一定数量的钱等于将来更多的钱,反过来说,将来同样数量的钱,在今天看来就不值那么多钱。

按照资金时间价值观点,在进行投资活动时,一方面要考虑采用何种经济活动方式使资金得到最有效的利用,使其随时间的推移能获得更大的增值;同时,要充分认识"时间就是金钱"、"资金只有运动才会增值"的规律,不要随便积压资金,而是要充分利用资金,加速资金的周转。

二、利息的计算

按照通常的理解,所谓利息就是存入或借出一定数量的货币,在一定时间内除本金以外所取得的额外收入。所谓"本金",即为第一次存入或借出的那笔金额。从资金具有时间价值这一观点来看,借贷一定时期的货币,就要付出一定的代价。利息就是借贷货币所付出的代价。

利息的大小常用利率来表示。利率就是在一定时期内所付利息额与借贷金额(本金)的比值,通常以百分率表示。例如,借贷 1000 元,一年后支付的利息是 50 元,则年利率为 5%。用于表示计算利息的时间单位称为利息周期。计算利息的周期有年、半年、季度、月、周或日,我国现行存、贷款的计息周期多为年或月。利息的计算有单利法和复利法两种。

1.单利法

单利计息是仅用本金计算,不把先前计息周期中的利息累加到本金中去,即利息不再生利。因此,每期的利息是固定不变的。其总利息与利息的期数成正比。

其计算公式见式(2-1)。

$$F = P(1 + i \cdot n) \tag{2-1}$$

式中：F——第 n 期期末的本利和(本金与全部利息之总和)；

　　P——本金；

　　i——利率；

　　n——计息期数(资金占用期内计算利息的次数)。

【例 2-1】 借款 10000 元,按 8% 的年利率单利计息。则第四年末的本利和为多少?

【解】 $F = P(1 + i \cdot n) = 10000 \times (1 + 8\% \times 4) = 13200$(元)

即到期后应归还的本利和为 13200 元。

单利法虽然考虑了资金的时间价值,但仅是对本金而言,而没有考虑每期所得利息再进入社会再生产过程从而实现增值的可能性,这是不符合资金运动的实际情况的。因此单利法未能完全反映资金的时间价值,在应用上有局限性,通常仅适用于短期投资及期限不超过一年的借款项目。

2.复利法

复利法就是对利息也计息的方法,即由本金加上先前周期中累计利息总额进行计息,也就是利上加利。所谓"利滚利"就是复利计算的意思。其计算公式见式(2-2)。

$$F = P(1 + i)^n \tag{2-2}$$

其中,F、P、i、n 的意义同单利计算公式。

上式的推导过程如表 2-1 所示。

采用复利法计算本利和的推导过程　　　　　表 2-1

计息期数	期初本金	期末利息	期末本利和
1	P	$P \times i$	$F_1 = P + P \times i = P(1 + i)$
2	$P(1 + i)$	$P(1 + i) \times i$	$F_2 = P(1 + i) + P(1 + i) \times i = P(1 + i)^2$
3	$P(1 + i)^2$	$P(1 + i)^2 \times i$	$F_3 = P(1 + i)^2 + P(1 + i)^2 \times i = P(1 + i)^3$
…	…	…	…
$n-1$	$P(1 + i)^{n-2}$	$P(1 + i)^{n-2} \times i$	$F_{n-1} = P(1 + i)^{n-2} + P(1 + i)^{n-2} \times i = P(1 + i)^{n-1}$
n	$P(1 + i)^{n-1}$	$P(1 + i)^{n-1} \times i$	$F_n = P(1 + i)^{n-1} + P(1 + i)^{n-1} \times i = P(1 + i)^n$

【例 2-2】 例 2-1,若按复利计息,则第四年末的本利和为多少?

【解】 $F = P \times (1+i)^n = 10000 \times (1+8\%)^4 = 13605(元)$

从上面的计算结果可以看出,单利计息贷款与资金占用时间之间是直线形变化关系,利息额与时间按等差级数增值;而复利计息贷款与资金占用时间之间则是指数变化关系,利息额与时间按等比级数增值。当利率较高、资金占用时间较长时,复利所需支付的利息额就比单利要大得多。所以,复利计息方法对资金占用的数量和时间有较好的约束力。目前,在工程经济分析中一般都采用复利法,单利法通常仅在我国银行储蓄存款中采用。

三、名义利率与有效利率

利息通常是按年计算的,但在实际应用中,计算利息的周期与复利率周期可能会不完全相同,计算复利的次数会多于计息期数,也就是说,计算复利时,有时是每年计息一次,有时是每半年计息一次,或者每季度、每月计息一次。由于计息周期的不同,同一笔资金在占用的总时间相等的情况下,其计算结果是不同的。

【例 2-3】 某人借款 100 元,年利率为 5%,若按一年一期复利计息,一年后所欠本利和为多少? 若将"一年一期复利计息"改为"半年一期复利计息",结果又如何呢?

【解】 (1)按一年一期复利计息

一年后的本利和为

$F = 100(1+5\%)^1 = 105(元)$

(2)按半年一期复利计息

半年后本利和为

100 元变成了 $100 + 100 \times 2.5\% = 102.5(元)$

一年后本利和为

$102.5 + 102.5 \times 2.5\% = 105.06(元)$

则其年利率 $= \dfrac{年利息}{本金} \times 100\% = \dfrac{5.06}{100} \times 100\% = 5.06\%$

此利率是考虑了年内复利影响的年利率,即考虑年内计息周期半年与半年之间的复利影响的年利率,称为"有效利率";若不考虑年内计息周期间的复利影响,如半年利率为 2.5% 时,年利率为 $2.5\% \times 2 = 5\%$,该年利率称为"名义利率"。也就是说,如果一年内出现多次计息的情况,则存在两种年利率,即"名义利率"和"有效利率"。

在进行方案的经济比较时,若按复利计息,而各方案在一年中计算利息的次数不同,就难以比较各方案的经济效益。因此,需要将各方案的名义利率换算成有效利率,然后再进行比较。在工程经济比较中,一般都以有效利率为准。

设名义利率为 r,每年计息期数为 m,则每一计息期的利率为

$$i = \frac{r}{m}$$

其一年后的本利和为

$$F = P(1+i)^m = P\left(1 + \frac{r}{m}\right)^m$$

其利息为

$$F - P = P\left(1 + \frac{r}{m}\right)^m - P$$

有效利率 i 见式(2-3)。

$$i = \frac{利息}{本金} = \frac{F - P}{P} = (1 + \frac{r}{m})^m - 1 \tag{2-3}$$

上式即为名义利率与有效利率之间的关系式。从式中可以看出,有效利率大于或等于名义利率。当按年复利计息时,即当 $m = 1$ 时,名义利率等于有效利率。

【例2-4】根据以上有效利率的计算公式,如名义利率为6%,试问当以半年、季、月、天、连续计息情况下的年有效利率各为多少?

【解】计算结果见表2-2。

各种条件下有效利率计算表 表2-2

复利计算周期	年	半年	季	月	天	连续
有效利率 i(%)	6.0000	6.0900	6.1364	6.1678	6.1799	6.1837

从上例可以看出,在一定的年利率条件下,计息期越短,即 m 越大,其有效利率越大;当计息周期为无限小时,即连续复利条件下的利率最大。

连续复利的有效利率 i 的计算式见式(2-4)。

$$i = \lim_{m \to \infty} (1 + \frac{r}{m})^m - 1 \tag{2-4}$$

将上式右边第一项引入 r,作为指数,则有

$$(1 + \frac{r}{m})^m - 1 = \left[(1 + \frac{1}{m/r})^{m/r} \right]^r - 1$$

因为

$$\lim_{n \to \infty} (1 + \frac{1}{n})^n = e$$

所以连续复利的有效利率为

$$i = e^r - 1 \tag{2-5}$$

应该指出,在实际计算中,虽然很少采用连续复利的计息方法,但它作为一个概念却极为重要,特别是在理论研究时,采用连续复利便于进行一些数学处理。

四、现金流量图表

1.现金流量

所谓现金流量是指拟建项目在整个计算期内各个时点上实际发生的现金流入、流出,以及流入与流出的差额(又称净现金流量)。现金流量一般以计息期(年、季、月等)为时间量的单位,用现金流量图或现金流量表来表示。

2.现金流量图

在工程经济中,为便于分析资金的收支和变化,并避免计算时发生错误,经常采用现金流量图。

现金流量图是描述现金流量作为时间函数的图形,它能表示资金在不同时间点流入与流出的情况。现金流量图包括三大要素——大小、流向、时间点。其中,大小表示资金数额,流向指项目的现金流入或流出,时间点指现金流入或流出所发生的时间(图2-1)。

图2-1中横线表示期数,以 n 表示。期数可以为年、季、月、天、小时,横线末未标明单位时

则默认为年。每一个系统的分析期假定 n 从 0 开始。实际上,图中每一点表示该年的年末、下一年的年初。例如 $n=0$ 为 0 年之末,第一年之初;$n=1$ 为第一年末,第二年之初。垂直的箭线表示系统的收支金额,收入为正,箭头向上;支出为负,箭头向下。箭线段的长度与流入或流出的金额成正比,金额越大,其相应的箭线长度就越长,并要标上数值。另外,为了推导公式方便,假定现金的支付都发生在每期的期末(或一年之末),即期末假定。每期的期末并不一定都是每年的年末,比如投资的时间发生在 2015 年 6 月 1 日,则期末也定在以后各年的 6 月 1 日。

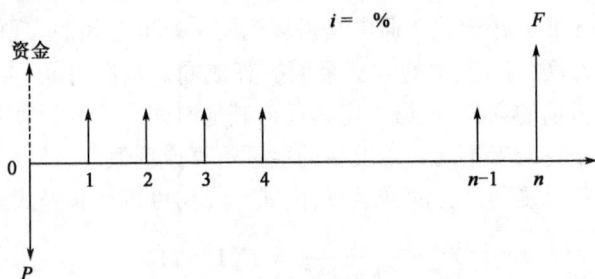

图 2-1 现金流量图

3.现金流量表

现金流量表是指能够直接、清楚地反映出项目在整个计算期内各年现金流量(资金收支)情况的一种表格,利用它可以进行现金流量分析,计算各项静态和动态评价指标,是评价项目投资方案经济效果的主要依据。现金流量表的一般形式,见表 2-3。

现金流量表(单位:万元)   表 2-3

序号	年序 项目	建设期		投产期		达到设计能力生产期				合计
		1	2	3	4	5	6	…	n	
1	现金流入									
1.1	产品销售(营业)收入									
1.2	回收固定资产余值									
1.3	回收流动资金									
2	现金流出									
2.1	固定资产投资									
2.2	流动资金									
2.3	经营成本									
2.4	销售税金及附加									
2.5	所得税									
3	净现金流量(1−2)									
4	累计净现金流量									

从该表中可以看出,现金流量表的纵列是现金流量的项目,其编排按现金流入、现金流出、净现金流量的顺序进行,表的横行是年份,按项目计算期的各个阶段来排列。整个现金流量表中,既包含现金流量各个项目的基础数据,又包含计算的结果;既可纵向看各年的现金流动情况,又可横向看各个项目的发展变化,直观方便,综合性强。

根据现金流量表中的净现流量,我们可直接计算净效益现值、静态投资回收期、动态投资回收期等主要的经济评价指标,非常直观、清晰,是实际操作中常用的分析法。

🌐 五、等值与折现

1.折现与贴现率

工程投资一般是多次性的,并分散在较长时期内。一般情况,施工期间的投资较多。工程建成以后,每年投入的管理运行费相对少些。工程的效益则是初期小,后期大。因此,在进行工程方案经济分析与比较时,由于资金的时间价值,必须把不同时点上的投资和效益,都折算到一个共同的基础上才能进行比较。通常是折算到同一基准时间的"现值"。所谓"现值",即是把在分析期内不同时间(年)发生的收支金额折算成同一基准时间(年)的价值。这个基准时间一般定为项目分析期的期初,也可以定为任何其他时间。这种折算方法就叫折现,又叫贴现。它的基本原理就是将未来不同时期发生的金额折算成现值。

折现计算实质上就是复利计算的逆运算,由式(2-2),可得计算公式如式(2-6)所示。

$$P = \frac{F}{(1 + i)^n} = F(1 + i)^{-n} \qquad (2-6)$$

式中:P——现值;

F——未来的金额;

n——期数或年数;

i——贴现率(与上述的利率符号相同,但两者的概念却不相同)。

【例 2-5】 一年以后的一笔金额 $F = 100$ 元,其贴现率 $i = 5\%$,如何贴现计算成现值?

【解】 已知 $F = 100, i = 0.05, n = 1$,所以

$$P = \frac{F}{(1 + i)^n} = \frac{100}{(1 + 0.05)^1} = 95.24(元)$$

2.等值

如按复利公式计算,年利率 $i = 5\%$,则今天的 100 元钱到一年以后就是 105 元,反之,一年后的 100 元钱,按贴现公式计算,采用贴现率 $i = 5\%$,则贴现计算到现在就等于今天的 95.24 元。虽然两者数字不同,但它们是等值的。所谓"等值",是指在特定利率条件下,在不同时点上的绝对值不等的资金具有相同的价值。等值是经济分析中的一个重要概念。

我们还可以以一定贷款的不同偿还方案来理解等值的意义。

【例 2-6】 假设借款 8000 元,年利率 10%,准备在四年内本利一起还清。在这一情况下,可能有若干种偿还方案,现列出三种偿还方案以示比较。

第一方案是在第四年末一次本利还清,即 $F = 8000(1 + 10\%)^4 = 11712.8(元)$

第二方案是在每年年末偿还本金 2000 元,再加所欠利息,即第一年偿还 2800 元,第二年 2600 元,第三年 2400 元,第四年 2200 元,共偿还 10000 元,计算过程见表 2-4。

贷款偿还第二方案计算表(单位:元)   表 2-4

年份 (1)	年初所欠金额 (2)	该年所欠利息 (3) = (2) × 10%	年终所欠金 (4) = (2) + (3)	本金付款 (5)	年终付总款 (6) = (3) + (5)
1	8000	800	8800	2000	2800
2	6000	600	6600	2000	2600
3	4000	400	440	2000	2400

年份 (1)	年初所欠金额 (2)	该年所欠利息 (3)=(2)×10%	年终所欠金 (4)=(2)+(3)	本金付款 (5)	年终付总款 (6)=(3)+(5)
4	2000	200	2200	2000	2200
共计		2000		8000	10000

第三种方案可以采用每年年终只付利息的办法,到第四年末再一次付清本金和该年的利息,计算过程见表2-5。

贷款偿还第三方案计算表(单位:元)　　　　　　　表2-5

年份	年初所欠金额	该年所欠利息	年终所欠金额	本金付款	年终付款总额
1	8000	800	8800	0	800
2	8000	800	8800	0	800
3	8000	800	8800	0	800
4	8000	800	8800	8000	8800
共计		3200		8000	11200

从以上三个还款方案可以看出,虽然每年的支付额及其支付总额都不相同,但这三种付款方案与原来的8000元本金,其价值是相等的,即是等值关系。因此,对贷款者来说,任何一个偿还方案都可以接受。但对借款者来说,则可以根据资金的占有和利用情况选择对自己最有利的偿债方案。

由此可见,等值取决于利率和时间两个因素,利率和时间的改变将会破坏原有的等值关系。实际上,我们后面要介绍的复利公式的计算,也是等值计算。

六、复利计算公式

在工程经济分析中,为了正确地评价投资项目的经济效果,必须对项目的整个计算期内不同时间点上所发生的全部资金收入和支出进行计算和分析,即要比较发生在不同时间点上各种资金的真实价值。由于资金存在时间价值,这样在不同时点上发生的现金流量的数值不能直接相加或相减。为了达到对投资项目的现金流量进行计算和分析的目的,可采用一种称为资金等值计算的方法,将不同时点上发生的现金流量换算为同一时间点上的等价的现金流量,然后再进行计算和分析,又称为复利计算或等值计算。这种考虑时间因素对现金流量进行转换计算的过程即为资金时间价值的计算过程。

在进行资金时间价值的计算之前,首先明确几个相关的参数符号的概念和含义。

i——利率或折现率。

n——复利的计息期数,指投资项目从开始投入资金(开始建设)到项目的寿命周期终结为止的整个期限内,计算利息的次数,通常以年为单位。

P——现值(Present Value),表示资金发生在(或折算为)某一特定时间序列起点时的价值;一般情况下,为整个系统的现金流量折算到计算期期初时的价值。

F——终值(Future Value),表示资金发生在(或折算为)某一特定时间序列终点时的价值,或整个系统现金流量折算到计算期期末的期终值。

A——年金(Annuity),其值每年均相等,是指各年等额收入或支出的金额,通常以等额序列表示,即在某一特定时间序列期内,每隔相同时间收到或支出的等额款项。

根据支付方式和等值换算点的不同,资金等值计算公式可分为三类:一次支付类型、等额支付类型、变额支付类型。前两类共六个基本的复利公式,本书将对这六个复利公式详细介绍。

1.一次支付公式

一次支付又称整付,类似银行的整存整取,是指所分析系统的现金流量,无论是流入还是流出均在某一个时点上一次发生。

(1)一次支付终值公式(已知 P、i、n,求 F)

如果有一项资金 P,按年利率 i 进行投资,n 年后本利和应该是多少? 也就是已知 P、i、n,求终值 F,其计算公式与前面讲到的按复利法计算本利和的公式是相同的,如式(2-7),其中 $(1+i)^n$ 称为一次支付终值系数,记为 $(F/P,i,n)$,F/P 表示已知 P 求 F。

$$F = P(1+i)^n \text{ 或 } F = P(F/P,i,n) \tag{2-7}$$

一次支付终值公式的现金流量图,如图2-2所示。

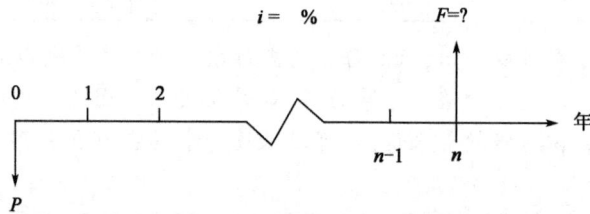

图2-2　一次支付终值公式现金流量图

在实际应用中,为了计算方便,按照不同的利率 i 和计息期 n,分别计算出 $(1+i)^n$ 的值,排列成一个表,称为复利系数表(附录Ⅲ中附表1),在计算时,根据 i 和 n 的值,查表得出终值系数,然后与 P 相乘即可求出 F 的值。

【例2-7】某企业从银行贷款10万元,年利率为8%,五年后一次结算偿还,其本利和是多少?

【解】这是一个已知现值求终值的问题,其现金流量图,见图2-3。

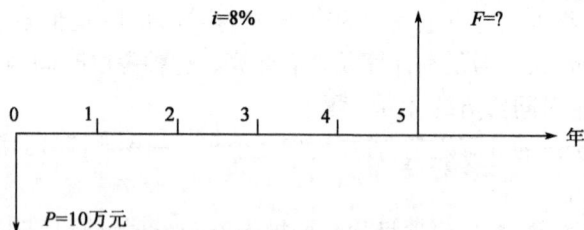

图2-3　一次支付求终值现金流量图

利用计算公式可求得

$F = P(1+i)^n = 10 \times (1+8\%)^5 = 14.693(万元)$

或查复利系数表(附表1)可得

$(F/P,8\%,5) = 1.4693$,所以

$F = P(F/P,i,n) = 10(F/P,8\%,5) = 10 \times 1.4693 = 14.693(万元)$

即五年后应偿还银行 14.693 万元。

(2)一次支付现值公式(已知 F、i、n,求 P)

如果希望在 n 年后得到一笔资金 F,在年利率为 i 的情况下,现在应该投资多少?即在已知 F、i、n 的情况下,求现值 P。其公式见式(2-8)。

$$P = F(1+i)^{-n} \text{ 或 } P = F(P/F, i, n) \tag{2-8}$$

式(2-8)中,$(1+i)^{-n}$ 称为一次支付现值系数,记为 $(P/F, i, n)$,它与一次支付终值系数 $(F/P, i, n)$ 互为倒数,可通过查表(附表2)求得。

其现金流量图,如图2-4所示。

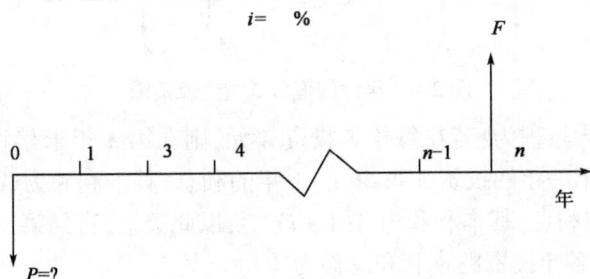

图2-4 一次性支付现值公式现金流量图

【例2-8】某企业五年后需要资金 1000 万元,作为扩大规模的投资,若已知年利率为 8%,问现在应存入银行多少钱?

【解】这是一个已知终值求现值的问题,其现金流量图如图2-5所示。

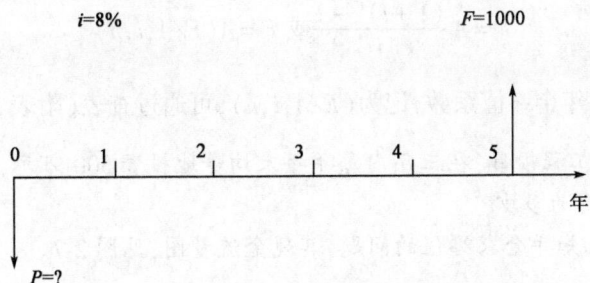

图2-5 一次性支付求现值现金流量图

根据计算公式可求得

$P = F(1+i)^{-n} = 1000 \times (1+8\%)^{-5} = 680.58$(万元)

或查附表可得

$(P/F, 8\%, 5) = 0.6806$,所以

$P = F(P/F, i, n) = 1000(P/F, 8\%, 5) = 1000 \times 0.6806 = 680.58$(万元)

即现在应存入银行 680.58 万元。

2.等额多次支付公式

等额多次支付,类似于银行中的零存整取,是指所分析的系统中现金流入与现金流出可在多个时间点上发生,而不是集中在一个时间点,即形成一个序列现金流量,并且这个序列现金

流量额的大小是相等的,又称为等额年金。包括四个基本公式,具体如下。

(1)年金终值公式(已知A、i、n,求F)

其含义是在一个时间序列中,在利率为i的情况下连续在每个计息期的期末支付一笔等额的资金A,求n年后由各年的本利和累积而成的总值F。其现金流量图,如图2-6所示。

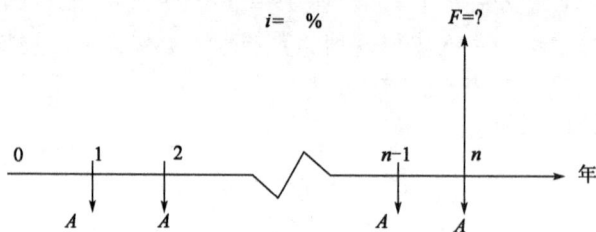

图2-6 年金终值公式现金流量图

其计算公式的推导过程为:若在每年末投资A元,则在第n年末累积的终值F显然等于各年投资之本利和。第一年的投资A可得$n-1$年的利息,其本利和为$A(1+i)^{n-1}$;第二年的投资A可得$n-2$年的利息,其本利和为$A(1+i)^{n-2}$;以此类推,直到第n年的投资不得利息,本利和仍为A。因此,各年投资的本利和总额为

$$F = A(1+i)^{n-1} + A(1+i)^{n-2} + \cdots + A(1+i) + A$$

将上式两边同乘以$(1+i)$后则有

$$F \cdot (1+i) = A(1+i)^n + A(1+i)^{n-1} + \cdots + A(1+i)^2 + A(1+i)$$

后式减前式后可得

$$F \cdot i = A(1+i)^n - A$$

即

$$F = A\frac{(1+i)^n - 1}{i} \text{或} F = A(F/A, i, n) \tag{2-9}$$

式中:$\frac{(1+i)^n - 1}{i}$——年金终值系数,记为$(F/A, i, n)$,可通过查表(附表3)求得。

【例2-9】某公路工程项目,在三年内每年年末均等地投资500万元,按年利率10%计算,问三年后累计的总投资为多少?

【解】这是一个已知年金求终值的问题,其现金流量图,见图2-7。

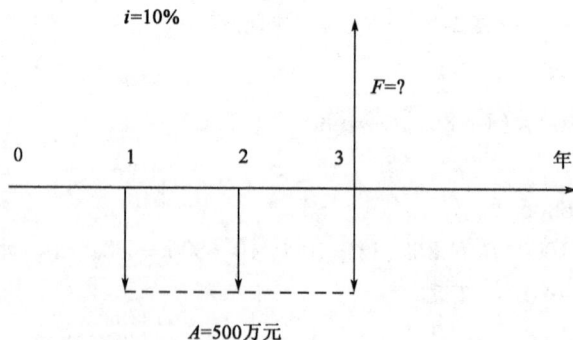

图2-7 已知年金求终值现金流量图

根据计算公式可求得

$$F = A \frac{(1+i)^n - 1}{i} = 500 \times \frac{(1+0.1)^3 - 1}{0.1} = 500 \times 3.31 = 1655(万元)$$

或查附表3可得

$(F/A, 10\%, 3) = 3.310$，所以

$F = A(F/A, i, n) = 500(F/A, 10\%, 3) = 500 \times 3.310 = 1655(万元)$

即三年后累计的总投资为1655万元。

(2)偿债基金公式(已知 F、i、n，求 A)

其含义是为了筹集未来 n 年后需要的一笔偿债资金 F，在利率为 i 的情况下，求每个计息期的期末应等额存储的资金 A，类似于日常商业中的分期付款业务。其现金流量图，如图2-8所示。

其计算公式可由年金终值公式导出，具体见式(2-10)。

$$A = F \frac{i}{(1+i)^n - 1} \quad 或 \quad A = F(A/F, i, n) \tag{2-10}$$

式中：$\dfrac{i}{(1+i)^n - 1}$——偿债基金系数，记为 $(A/F, i, n)$，它与年金终值系数 $(F/A, i, n)$ 互为倒数。可通过查表(附表4)求得。

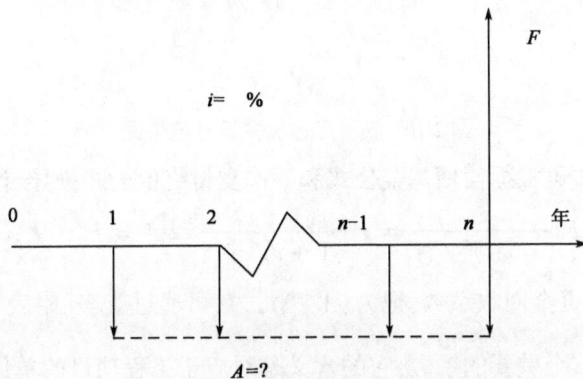

图2-8　偿债基金公式现金流量图

【例2-10】 某人希望在10年后得到一笔4000元的资金，在年利率5%的条件下，他每年应均匀地存入多少钱?

【解】 这是一个已知终值求年金的问题，其现金流量图，见图2-9。

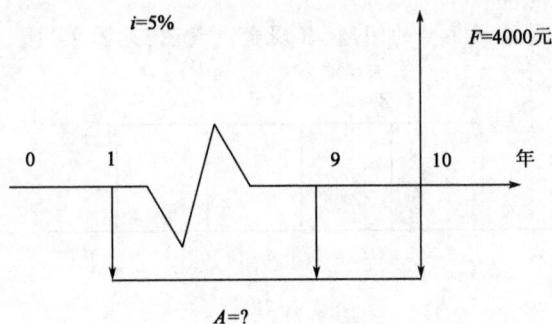

图2-9　已知终值求年金现金流量图

根据计算公式可求得

$$A = F\frac{i}{(1+i)^n - 1} = 4000 \times \frac{0.05}{(1+0.05)^{10} - 1} = 4000 \times 0.0795 = 318.02(元)$$

即他每年应存入 318.02 元。

或查附表 4 可得

$(A/F, 5\%, 10) \approx 0.08$

所以 $A = F(A/F, i, n) = 4000 \times 0.08 = 320(元)$

（3）资金回收公式（已知 P、i、n，求 A）

其含义是期初一次投资数额为 P，欲在 n 年内将投资全部收回，则在利率为 i 的情况下，求每年应等额回收的资金 A。其现金流量图，如图 2-10 所示。

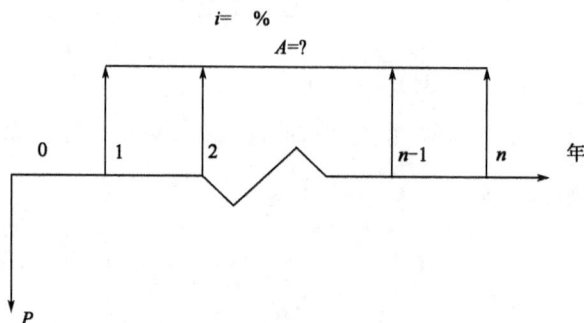

图 2-10　资金回收公式现金流量图

资金回收计算公式可根据偿债基金公式和一次支付终值公式推导，计算式见式（2-11）。

$$A = F\frac{i}{(1+i)^n - 1} = P\frac{i(1+i)^n}{(1+i)^n - 1} \text{ 或 } A = P(A/P, i, n) \tag{2-11}$$

式中：$\frac{i(1+i)^n}{(1+i)^n - 1}$——资金回收系数，记为 $(A/P, i, n)$，可通过查表（附表 6）求得。

资金回收系数是一个重要的系数，它的含义是对应于工程项目的单位初始投资，在项目寿命期内每年至少应该回收的金额。在工程项目经济分析中，如果对应于单位初始投资的每年的实际回收金额小于相应的资金回收金额，就表示在给定的利率条件下，在项目的寿命期内不可能将全部投资收回。

【例 2-11】 某公路工程一次投资 100 万元，年利率为 10%，拟分五年在每年年末等额收回，问每年末应收回的金额为多少？

【解】 这是一个已知现值求年金的问题，其现金流量图，见图 2-11。

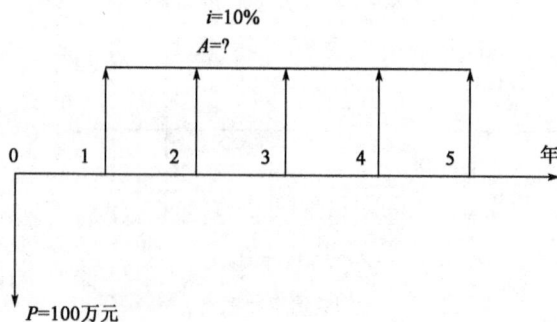

图 2-11　已知现值求年金现金流量图

根据计算公式可求得

$$A = P \frac{i(1+i)^n}{(1+i)^n-1} = 100 \times \frac{0.1 \times (1+0.1)^5}{(1+0.1)^5-1} = 100 \times 0.2638 = 26.38(万元)$$

即每年年末应收回 26.38 万元,在第五年末才能将 100 万元投资连本带利全部收回。

或查附表 6 可得

$(A/P, 10\%, 5) \approx 0.264$

所以 $A = P(A/P, i, n) = P(A/P, 10\%, 5) = 100 \times 0.264 = 26.4(万元)$

(4)年金现值公式(已知 A、i、n,求 P)

其含义是在 n 年内每年等额收支一笔资金 A,则在利率为 i 的情况下,求此等额年金收支的现值总额 P。其现金流量图如图 2-12 所示。

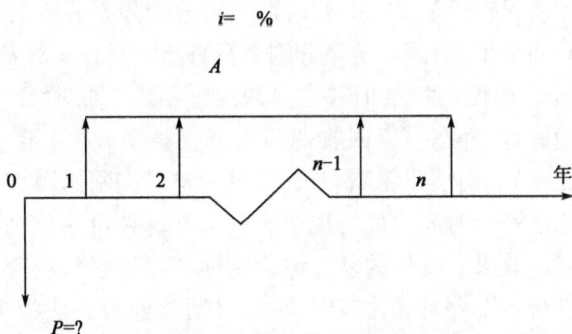

图 2-12　年金现值公式现金流量图

其计算公式见式(2-12)。

$$P = A \frac{(1+i)^n-1}{i(1+i)^n} \text{ 或 } P = A(P/A, i, n) \tag{2-12}$$

式中:$\dfrac{(1+i)^n-1}{i(1+i)^n}$——年金现值系数,记为 $(P/A, i, n)$,可通过查表(附表 5)求得,它与资金回收系数互为倒数。

【例 2-12】 某收费公路,2010 年底开始建设,2012 年底完工交付使用,2013 年开始受益,连续运行至 2022 年。这 10 年内的年平均收费效益为 800 万元,年利率为 5%,问将全部效益折算至 2010 年末的现值为多少?

【解】 这是一个已知年金求现值的问题,其现金流量图,见图 2-13。

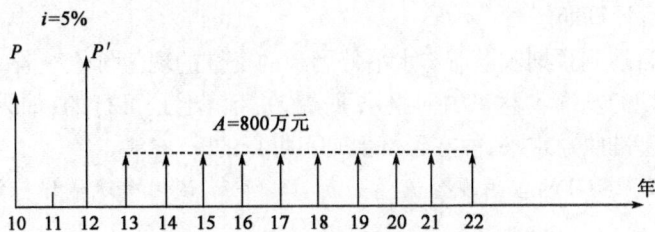

图 2-13　已知年金求现值现金流量图

首先根据公式计算等额收益的现值 P'(折算到 2012 年末时的值)

$P' = A(P/A, i, n) = 800(P/A, 5\%, 10) = 800 \times 7.700 = 6177.6(万元)$

然后再根据公式将 P' 折算至 2012 年底时的现值 P, 即

$P = P'(P/F,i,n) = 6177.6(P/F,5\%,2) = 6177.6 \times 0.907 = 5603.08(万元)$

即折算到 2010 年底的现值为 5603.08 万元。

第二节 ▶ 投资项目单方案评价方法与指标

投资项目单方案评价是指对某一个初步选定的投资方案,通过分析其在计算期内各年可能发生的收入和支出来确定现金流量,并计算有关的经济评价指标,以确定方案经济效果的高低,为决策提供方便、直观的依据。

投资项目单方案评价,按其是否考虑时间因素,可分为静态分析法和动态分析法。静态分析法是不考虑资金的时间价值,对现金流量分别进行直接汇总计算评价指标,从而进行投资决策的方法。其特点是计算简便、直观,但其主要缺点是不能反映项目整个寿命期间的全面情况。常用的静态评价指标有:静态投资回收期和投资收益率(项目年利润总额或年平均利润总额与项目总投资的比率)。对项目粗略评价时,有一定的控制作用。

动态分析法是用考虑资金时间价值的现金流量来计算评价指标,它能较全面地反映投资方案在整个计算期的经济效果。常用的动态评价指标有:净现值、内部收益率、动态投资回收期和效益费用比。在进行方案评价和比较时,一般以动态分析方法为主。本节将重点介绍动态评价指标。

🌐 一、净现值(Net Present Value, NPV)

1. 基本思路与判别原则

净现值(NPV)是根据工程所预期的投资收益选定一个基准折现率 i_0, 计算分析期内各年发生的净现金流量的现值(第 0 年)之和。

净现值是考察项目在计算期内盈利能力的主要动态指标。其计算公式见式(2-13)。

$$NPV = \sum_{t=0}^{n}(CI - CO)_t(1 + i_0)^{-t} \tag{2-13}$$

式中:NPV——净现值;

$(CI - CO)_t$——第 t 年末的净现金流量;

　　i_0——基准折现率;

　　n——项目计算期。

净现值表示项目达到预期收益率 i_0 水平外剩余的资金的现值价值。若 $NPV \geq 0$, 则说明该方案达到或超过预期的基准收益率的回报水平,故在经济上是可行的;如果 $NPV < 0$, 说明该方案达不到预期的基准收益水平,故在经济上是不可行的。

【例 2-13】某投资项目的各年现金流量如表 2-6 所示,试用净现值指标判别项目的经济性($i_0 = 15\%$)。

【解】将表中各年的净现金流量代入式(2-13)计算得

$NPV = (-40) + (-10)(P/F,15\%,1) + 8(P/F,15\%,2) + 8(P/F,15\%,3) + 13$
　　　$(P/A,15\%,16)(P/F,15\%,3) + 33(P/F,15\%,20)$

$$= -40 - 10 \times 0.8696 + 8 \times 0.7561 + 8 \times 0.6575 + 13 \times 5.954 \times 0.6575 + 33 \times 0.0611$$

$$= 15.52(万元)$$

由于 NPV > 0,故此项投资是可行的。

某投资项目的各年现金流量(单位:万元)　　　　表2-6

年序	0	1	2	3	4～19	20
投资支出	40	10				
经营成本			17	17	17	17
收入			25	25	30	50
净现金流量	-40	-10	8	8	13	33

2."无限寿命"现值

在实践中,经常会遇到具有很长服务期(大于50年)的工程方案,例如桥梁、灌渠、水坝等。一般说来,经济分析对遥远未来的现金流量是不敏感的。因此,对于服务寿命很长的工程方案,可以近似地当作具有无限寿命服务期来处理。按无限期计算出来的现值,一般称为"资金成本"或"资金化成本"。

根据式(2-12),当 $n \to \infty$ 时的 P 应为

$$P = A \lim \left[\frac{(1+i)^n - 1}{i(1+i)^n} \right] = \frac{A}{i} \lim \left[1 - \frac{1}{(1+i)^n} \right]$$

由上式得式(2-14)。

$$P = \frac{A}{i} \tag{2-14}$$

3.净现值与折现率的关系

从净现值的计算公式可以看出,对于具有常规现金流量(即在计算期内,方案的净现金流量序列的符号只改变一次的现金流量)的投资方案,其净现值的大小与折现率的高低有直接的关系,即呈单调递减函数关系。比如说,如果我们已知某投资方案各年的净现金流量,则该方案的净现值就完全取决于我们所选用的折现率,折现率越大,净现值就越小;折现率越小,净现值就越大。随着折现率的逐渐增大,净现值将由大变小,由正变负,NPV 与 i 的之间的关系,如图2-14所示。

从图中可以看出,NPV 随 i 的增大而减小,且曲线只与横轴有一个交点,该点的净现值 NPV 恰好等于0,此时对应的折现率称为内部收益率(在本节后续详细介绍)。

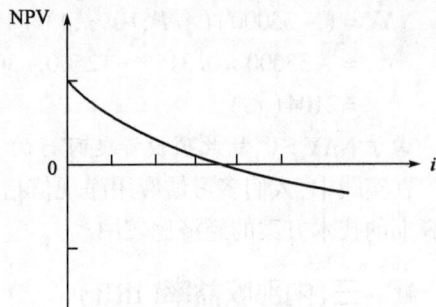

图2-14　NPV 函数曲线图

4.基准折现率

由上述可知,在计算净现值指标时,折现率 i 是一个重要的参数,在方案评价和选择中所选用的折现率被称之为基准折现率,也称基准收益率或最低希望收益率,它是由投资者选定的重要决策参数。如果基准折现率定得太高,有可能使许多经济效益好的项目被否定,造成资金积压;如果基准折现率定得太低,可能使许多效益不好的方案被肯定,造成投资规模过大而使

资金短缺。合理的基准折现率,应使投资资金基本平衡,保证社会资源的最佳分配。

对投资主体或组织的高层管理者来说,基准折现率的确定主要综合考虑以下三个因素:

(1)投资资金的来源及其成本。

(2)企业面临的各种投资机会。

(3)投资的不确定性和风险。

一个项目的投资资金来源有多个渠道,每个渠道的成本也不相同,可以按资金来源的比例计算一个加权平均资金成本(WACC),作为基准折现率的低限。WACC 的具体计算将在第四章中详细介绍。在缺少基准折现率的情况下,实用上也可参照银行的长期贷款利率结合本部门的投资情况来确定。进行财务分析时,采用贷款利率或行业基准折现率;进行国民经济分析时采用社会折现率(由国家统一制定)。

二、净年值(NAV)

净年值是指通过资金时间价值的计算将项目的净现值换算为项目计算期内各年的等额年金,是考察项目投资盈利能力的指标,其表达式为式(2-15)。

$$NAV = NPV(A/P,i,n) \tag{2-15}$$

式中:$(A/P,i,n)$——资金回收系数。

由式(2-15)可以看出,NAV 实际上是 NPV 的等价指标,即对于单个投资方案来讲,用净年值进行评价和用净现值进行评价其结论是相同的,其评价准则是:

当 NAV≥0 时,方案经济上可行。

当 NAV<0 时,方案经济上不可行。

【例2-14】某企业拟购买一台设备,其购置费用为 35000 元,使用寿命为 4 年,第四年末的残值为 3000 元,在使用期内,每年的收入为 19000 元,经营成本为 6500 元。若标准折现率为 10%,试用净年值指标判别项目的经济可行性。

【解】根据计算公式(2-15)可得

$NAV = (-35000)(A/P,10\%,4) + 19000 - 6500 + 3000(A/F,10\%,4)$

$\quad = -35000 \times 0.3155 + 12500 + 3000 \times 0.2155$

$\quad = 2104(元)$

由于 NAV>0,故此项投资是可行的。

在实践中,人们多习惯应用净现值指标进行单方案的评价,年值指标往往被用于具有不同计算期的技术方案的经济比较中。

三、内部收益率(IRR)

1.概念及判别原则

内部收益率是一个重要的经济评价指标,它同净现值一样在经济评价中被广泛使用。

内部收益率是指项目在整个计算期内各年净现金流量的现值之和等于零时的折现率,也就是项目的净现值等于零时的折现率。

根据定义,可得式(2-16)。

$$NPV = \sum_{t=0}^{n} (CI - CO)_t (1 + IRR)^{-t} = 0 \tag{2-16}$$

式中:IRR——内部收益率。

内部收益率可以理解为工程项目对占用资金的恢复能力,反映的是项目全部投资所能获得的实际最大收益率,其值越高,一般来说方案的投资盈利能力越高。根据净现值与折现率的关系,可以得到内部收益率评价投资项目的判别准则为

当 IRR $\geq i_0$ 时,则 NPV ≥ 0,方案经济上可行。

当 IRR $< i_0$ 时,则 NPV < 0,方案经济上不可行。

2.内部收益率的计算

由式(2-17)可以看出,内部收益率的计算是求解一个一元多次方程,不易直接求解。通常采用"试算直线内插法"来求得近似解。

其具体步骤如下:

(1)首先根据经验,选定一个适当的折现率 i_1。

(2)根据投资方案的现金流量情况,利用选定的折现率 i_1,求出方案的净现值 NPV$_1$。

(3)若 NPV$_1 > 0$,则另选较大的 i_2,直至 NPV$_2 < 0$。

若 NPV$_1 < 0$,则另选较小的 i_2,直至 NPV$_2 < 0$。

(4)再用直线内插法求解 IRR 的近似解(图2-15)。

利用三角形的几何原理可求得计算式,见式(2-17)。

$$IRR \approx i_1 + \frac{NPV_1}{|NPV_1| + |NPV_2|}(i_2 - i_1) \quad (2\text{-}17)$$

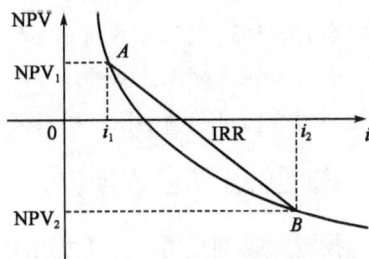

图 2-15　试算直线内插法图解

事实上,按式(2-17)求得的只是 IRR 的近似值。从图中可看出,求得的 IRR 值大于精确值。而能多大程度地近似于 IRR,取决于 $(i_2 - i_1)$ 的大小,为了使误差尽可能小,一般而言,应使 $(i_2 - i_1)$ 不大于 5%。

【例2-15】 假设某项目现在投资 5000 万元,预计 10 年中每年净收益 100 万元,并在第 10 年末另可获利 7000 万元。试求该项目的内部收益率。

【解】 作现金流量图,如图2-16所示。

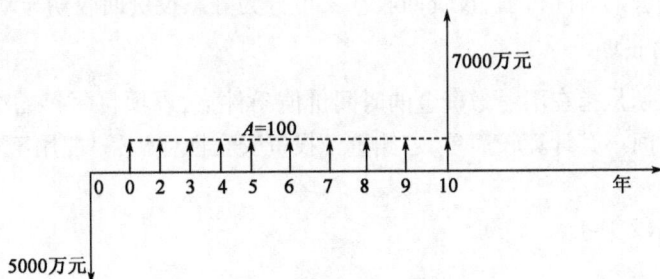

图 2-16　求内部收益率现金流量图

根据内部收益率的定义,令

NPV $= -5000 + 100(P/A, i, 10) + 7000(P/F, i, 10) = 0$,求 i,即为 IRR。

用"试算直线内插法",令 $i_1 = 5\%$,试算得

NPV$_1 = -5000 + 100(P/A, 5\%, 10) + 7000(P/F, 5\%, 10)$

$\quad = -5000 + 100 \times 7.722 + 7000 \times 0.6139$

$$=69.5 > 0$$

$NPV_1 > 0$，说明 $IRR > 5\%$。

另取较大的 $i_2 = 6\%$，试算得

$$NPV_2 = -5000 + 100(P/A, 6\%, 10) + 7000(P/F, 6\%, 10)$$
$$= -5000 + 100 \times 7.360 + 7000 \times 0.5584$$
$$= -355.2 < 0$$

由式(2-17)得

$$IRR \approx 5\% + \frac{69.5}{69.5 + 355.2}(6\% - 5\%) = 5.16\%$$

也可用年值法求解：

$$NAV = -5000(A/P, i, 10) + 100 + 7000(A/F, i, 10)$$

令 $i_1 = 5\%$，代入上式得 $NAV_1 = 9 > 0$

令 $i_2 = 6\%$，代入上式得 $NAV_2 = -48,2 < 0$

仍由式(2-17)得，$IRR \approx 5.16\%$

四、投资回收期(P_t)

投资回收期是指一个工程项目以其每年的净收益抵偿其全部投资(包括固定资产投资和流动资产投资)所需的时间。在项目最终评价中，投资回收期必须小于国家规定的基准投资回收期，项目才可以被接受。

投资回收期是反映一个建设项目清偿能力的重要指标，其主要优点在于指标经济意义明确，概念简单，也在一定程度上反映了资本的周转速度。但投资回收期指标存在某些缺点，主要是不能反映回收期以后的项目经济效果，容易使人们重视近期的经济效益而忽视远期的经济效益。因此，对于寿命期长的工程项目来说它是一个不完整的评价结论，不宜作为独立评价指标使用。另外，在项目分析期末，实际上还存在一个"回收余值"，在计算回收期时，并未参与计算。

按是否考虑资金的时间价值，投资回收期又可分为静态投资回收期与动态投资回收期。

1.静态投资回收期

静态投资回收期是指在不考虑资金的时间价值条件下，以项目每年的净收益抵偿项目全部投资所需要的时间。其计算较简单，它侧重于投资安全性评价，只能用于对投资建议作粗略评价。

其计算式见式(2-18)。

$$\sum_{t=0}^{P_t}(CI - CO)_t = 0 \tag{2-18}$$

式中： P_t——静态投资回收期；

$(CI - CO)_t$——第 t 年的净现金流量。

静态投资回收期一般以"年"为单位，自项目建设开始年算起。若项目建成投产后各年净收益相同，则静态投资回收期可根据式(2-19)计算

$$P_t = \frac{P}{A} \tag{2-19}$$

式中:P——全部投资;

    A——每年的净收益。

若项目建成投产后各年的净收益不相同,则静态投资回收期可根据累计净现金流量求得,也就是累计净现金流量由负值转向正值之间的年份,通常可用现金流量表来计算。具体见式(2-20)。

$$P_t = \frac{累计净现金流量开始}{出现正值的年份数} - 1 + \frac{上一年度累计净现金流量绝对值}{当年净现金流量} \qquad (2\text{-}20)$$

【例2-16】 某投资方案的净现金流量,如图2-17所示,试计算其静态投资回收期。

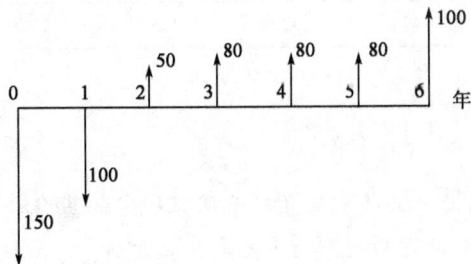

图2-17   某投资方案净现金流量图(单位:万元)

【解】 计算该投资方案的累计净现金流量(表2-7)。

某投资方案累计净现金流量表(单位:万元)   表2-7

年序	0	1	2	3	4	5	6
净现金流量	-150	-100	50	80	80	80	100
累计净现金流量	-150	-250	-200	-120	-40	40	140

各年累计净现金流量开始出现正值的年份为第5年,该年对应的净现金流量为80万元,上年累计净现金流量绝对值为40万元,代入公式(2-20)可得

$$P_t = 5 - 1 + \frac{|-40|}{80} = 4.5(年)$$

在项目的评价中,投资回收期必须小于国家规定的静态基准投资回收期,项目才可以被接受。假设行业静态基准投资回收期为P_c,当$P_t \leqslant P_c$时,表示投资可以在规定的时间内收回,方案可以考虑被接受;当$P_t > P_c$时,则方案不可接受。

2.动态投资回收期

动态投资回收期是指在考虑了资金的时间价值的情况下,以项目每年的净收益回收项目全部投资所需的时间,也就是净现金流量累计现值等于零时的年份,计算式见式(2-21)。

$$\sum_{t=0}^{P_t'} (CI - CO)_t (1 + i_0)^{-t} = 0 \qquad (2\text{-}21)$$

式中:P_t'——动态投资回收期。

在实际应用中往往也是用现金流量表来计算,计算式见式(2-22)。

$$P_t' = \frac{累计净现金流量现值}{开始出现正值的年份数} - 1 + \frac{上一年度累计净现金流量现值的绝对值}{当年净现金流量现值} \qquad (2\text{-}22)$$

【例2-17】 某投资方案的现金流量有关数据,如表2-8所示,设$i_0 = 10\%$,试计算该项目的

动态投资回收期。

某投资方案累计净现金流量现值表（单位：万元） 表2-8

年序	0	1	2	3	4	5	6	7
投资	20	500	100					
经营成本				300	450	450	450	450
销售收入				450	700	700	700	700
净现金流量	−20	−500	−100	150	250	250	250	250
净现金流量现值	−20	−454.6	−82.6	112.7	170.8	155.2	141.1	128.3
累计净现金流量现值	−20	−474.6	−557.2	−444.5	−273.7	−118.5	22.6	150.9

【解】 由式(2-22)得

$$P'_t = 6 - 1 + \frac{|-118.5|}{141.1} = 5.84(年)$$

在项目的评价中，动态投资回收期必须小于国家规定的基准动态投资回收期，项目才可以被接受。假设行业基准动态投资回收期为 P'_c，当 $P'_t \leqslant P'_c$ 时，表示投资可以在规定的时间内收回，方案可以考虑被接受；当 $P'_t > P'_c$ 时，则方案不可接受。

🌐 五、效益费用比

1.效益费用比概念及判别准则

效益费用比，也是一种常用的经济分析指标，特别是在对项目进行宏观分析和国民经济评价时，它发展成为宏观经济分析的主要指标之一。

效益费用比，所反映的经济关系就是项目或某个投资方案的总收益与其总费用的关系。可采用现值比或年值比来计算。若用 B 表示效益；用 C 表示费用；BCR 表示效益费用比，则计算式见式(2-23)。

$$\text{BCR} = \frac{B}{C} = \frac{\sum_{t=0}^{n} B_t (1 + i_0)^{-t}}{\sum_{t=0}^{n} C_t (1 + i_0)^{-t}} = \frac{\sum_{t=0}^{n} B_t (1 + i_0)^{-t}(A/P, i_0, n)}{\sum_{t=0}^{n} C_t (1 + i_0)^{-t}(A/P, i_0, n)} \tag{2-23}$$

如果将费用 C 拆成投资 I 和运营成本 C_0 两部分，则 $\text{BCR} = \dfrac{B}{I + C_0}$，即有 $\text{BCR} = \dfrac{B - C_0}{I}$（反映出单位投资所获得的效益）。

显然 BCR$\geqslant$1，方案经济可行；BCR$<$1，方案不可行。

【例2-18】 假设有一条公路，经多年统计每年由于车祸而造成的财产损失平均为90万元，现考虑拓宽增加一条车道，估计改建后车祸可减少一半。增加一条车道的投资约为180万元，使用寿命30年，每年保养费为原投资的3%。假定 $i_0 = 7\%$，试用效益费用比指标对该工程作出评价。

【解】 该工程的效益是减少车祸，用年值计算 BCR。

$C = 180(A/P, 7\%, 30) + 180 \times 3\% = 180 \times (0.0806 + 0.03) = 19.91(万元)$

$B = 90 \times 50\% = 45(万元)$

$$BCR = \frac{B}{C} = \frac{45}{19.91} = 2.26 > 1$$

因此,此投资是值得的。另 $BCR = \frac{B - C_0}{I} = \frac{45 - 180 \times 3\%}{180(A/P,7\%,30)} = 2.73$,说明该投资中每投资 1 元,所得收益 2.73 元。

2. 效益费用比的主要用途及存在问题

效益费用分析,主要用于公共工程项目的经济分析,如公路、铁路、桥梁、港口、机场、水库、市政和环保等建设项目均属于公共工程。公共工程不同于一般的工业项目,它不是以项目的自身盈利为主要目的,而是通过为社会提供服务而使社会效益增加。因此,公共工程项目的经济效益不能单纯以项目自身的盈利性来衡量,只能用项目建成后社会所得到的效益与社会为之付出的费用(包括一次性投入及日常经营费用)作为评价标准,故这种方法称为效益费用分析。

在效益费用分析中,必须分清什么是费用、效益和负效益。一般来说,费用是由政府机构来负担,凡属于费用的现金项目均应全部归入效益费用比的分母,而效益、负效益则是发生于社会的公众,凡属于效益和负效益的现金项目应全部归入效益费用比的分子中。

应该说明,计算公共工程项目的费用时,除计算其一次性投资及日常的维护费用外,如果项目本身还有一定的现金收入(如使用者日常交纳的使用费以及项目最后的残值等),一般应从分母的费用中减去而不是加在分子的效益中,因为这部分资金从性质上来讲是属于政府费用的节约,而不是项目所产生的效益。

效益费用分析中存在的主要问题,是如何使用货币的形式来衡量一个项目的社会效益,实际上比这个问题更为根本的,是评价公共工程项目时,究竟应当涉及哪些社会效益。在交通运输部 2010 年 9 月颁布的《公路建设项目经济评价方法》中,对公路工程的效益和费用进行了明确的规定,在后续章节中将详细介绍。

🌐 六、各评价指标的特点及关系

净现值、内部收益率、投资回收期和效益费用比,四大指标分别从不同的角度反映项目的经济特性。净现值反映的是建设项目在扣除投资机会成本后的总利润;内部收益率则反映了建设项目单位时间内单位投资的收益率;效益费用比是项目的收益与支出在考虑资金时间价值后的一种投入产出比;投资回收期则是通过项目投资回收时间的长短来判断项目的可行性,它计算了项目的清偿能力,但反映不出投资的盈利能力。

如果内部收益率大于基准折现率,即 $IRR > i_0$,则有 $NPV(i_0) > 0$;反之,如果 $NPV(i_0) > 0$,则有 $IRR > i_0$。所以,净现值与内部收益率在评价方案时结论是一致的,只是计算方法不同而已。内部收益率在不知道基准折现率的情况下也能进行计算,这是内部收益率法的优势,而净现值法却不能。

由前面指标计算可知,当 $NPV > 0$,即效益现值 - 费用现值 $> 0(B - C > 0)$ 时,可得出效益现值/费用现值 $> 1(B/C > 1)$;反之,当 $B/C > 1$ 时,也可得出 $NPV > 0$ 的结论,因此净现值法与效益费用法的结论也是一致的。

投资回收期是与前述三种方法不同的一种投资决策方法。它得出的可行性结论与前述三种方法的结论可能相同,也可能不同,当结论存在不同时,应调整投资方案或进一步加强项目的敏感性分析及风险分析。

第三节 > 投资项目多方案比较与选择

投资项目多方案比较与选择是指对同一目标的多种可比方案,分析比较各个方案的经济效益,从中选出最优方案。在进行方案比选之前,要特别注意两个问题。

一是方案的可比性。评价时,应使各方案的经济效益在切实可行的范围内彼此具有等同的可比条件:

(1)满足需要上的可比性,即所设计的方案在满足用户和社会需要上是可比的。技术方案实现以后所产生的功能(或使用价值),必须满足社会和用户的需要,这是任何方案得以存在的前提。功能等同化是方案比较的共同基础。一般从产量可比与质量可比两个方面衡量方案的功能等同化。若各方案的产量或质量不同,便需要调整后再比较。例如,某公路建设项目有高速公路和一级公路两个选择方案,由于两者所能满足的远景交通量及服务水平相差很远,因此,在进行方案比较时,应根据其通行能力进行修正。又如,水泥混凝土路面和沥青混凝土路面的特点和性能不同,其质量指标并不一致,因此,在进行方案比较时,应对质量进行修正。

(2)消耗费用上的可比性,即各方案费用的计算必须采用统一的原则和方法,即各方案的费用结构和计算范围应当一致。比如公路项目在进行方案比较时,为了使各方案具有消耗方面的可比性,就应从社会总消耗的角度计算,考虑间接相关费用如环境改善费的一致性。再如在计算甲方案时收益包括税金,那么计算乙方案时,也应包括税金,否则就是不可比的。

(3)价格上的可比性,即在方案比较时,必须采用合理一致的价格。所谓合理价格是指能够反映产品价值,各种产品之间比价合理。在进行方案的消耗费用比较时,要求采用相应时期的价格指标。对不同的远景技术方案比较时,就要采用远景的价格指标,不能对两个方案采用不同时期的价格指标进行比较。

(4)时间上的可比性,即在进行方案比较时,必须以相同的计算期为比较基础。为满足时间上可比性要求,在将寿命不等的方案进行比较时,应通过最小公倍数法、研究期法等方法来确定统一的计算期。另外,对技术方案的不同时间内发生的效益和消耗,不能将其直接简单相加,而应考虑资金的时间价值,即采用动态经济分析方法,折算同一时间因素的货币价值后才能进行比较。

二是分清两类方案,即互斥方案和独立方案。所谓互斥方案是指在一组方案中,选择其中一个方案则必须排斥其他方案。如一个建设项目,一座桥桥位的选择、结构方案、主要设备的选择等。独立方案是指在一组方案中,选择其中一个方案并不排斥接受其他方案,可以同时选择多个方案的比选。比如交通部门面临着多个拟建高速公路提案,它们就是相互独立的方案,这些方案如果不存在资本资源上的限制,只要项目本身经济可行,就可同时选择。互斥方案和独立方案在进行方案比选时,其方法是有所不同的。

一、互斥方案的比较和选择

1.现值法

现值法就是通过计算各个方案的现值,用以比较方案优劣的方法,主要可分为净现值法和费用现值法。

（1）净现值法

净现值法就是计算各个备选方案的净现值，以其值最大的方案为最优方案，见式（2-24）。

$$NPV = 最大 \tag{2-24}$$

【例2-19】 现有 A、B、C 三个互斥方案，其寿命期均为 10 年，各方案每年的投入和收益如表 2-9，已知基准折现率为 12%，试用净现值法选出最优方案。

各方案投入和收益表（单位：万元）   表 2-9

方案 现金流量	A	B	C
投资额	2800	3200	1800
年净效益	2400	4000	2000
残值	1000	1500	800

【解】 各方案净现值计算结果如下：

$$NPV_A = -2800 + 2400(P/A,12\%,10) + 1000(P/F,12\%,10)$$
$$= -2800 + 2400 \times 5.6502 + 1000 \times 0.3220 = 11082.5（万元）$$

同理可得：$NPV_B = 19883.8$（万元）

$$NPV_C = 9758（万元）$$

方案 B 的净现值最大，因此方案 B 是最佳方案。

（2）费用现值法

费用现值法是对于可以满足相同需要或效益基本相同或效益难以计算的多个方案，我们可认为其效益基本相同，只需计算各方案的费用现值，以其值最小的方案为最佳方案，见式（2-25）。

$$PC = 最小 \tag{2-25}$$

【例2-20】 某项目有 A、B 两种不同的工艺设计方案，均能满足同样的生产技术要求。其有关费用支出情况，见表 2-10，基准折现率为 10%，寿命周期均为 10 年，试用费用现值法选出最优方案。

A、B 方案有关费用支出表（单位：万元）   表 2-10

方 案	投资额（第一年末）	年经营成本（2～10 年）
A	600	280
B	785	245

【解】 各方案的费用现值计算结果如下

$$PC_A = 600(P/F,10\%,1) + 280(P/A,10\%,9)(P/F,10\%,1)$$
$$= 600 \times 0.9091 + 280 \times 5.7590 \times 0.9091$$
$$= 2011.40（万元）$$

同理可得：$PC_B = 1996.34$（万元）

因为 $PC_A > PC_B$，所以方案 B 为最佳方案。

2.不等寿命方案比选

对于互斥方案来讲，若各个备选方案的寿命周期不相等，则不能通过直接计算各个方案的现值指标来判断方案的优劣,因为现值法反映的是方案在整个寿命期内整体的经济效果;若各个备选方案的寿命期不相等,则现金流在时间上就不具备相同的比较条件,故应将各方案的分析期化为相同,再按净现值最大或费用现值最小的原则进行选择,才能得出合理的结论。

将不等寿命方案化为相同分析期的方法常用的有:最小公倍数法和研究期法。

(1)最小公倍数法

最小公倍数法是以各备选方案寿命周期的最小公倍数作为方案比选的共同的分析期,然后分别计算各方案在共同分析期内的现值,从而判断方案的优劣。

【例2-21】为满足工厂对压缩空气的需求,有两种型号的空气压缩机可供选择,其寿命分别为6年和9年,基准折现率为15%,基础数据见表2-11,按最小公倍数法进行选择。

Ⅰ、Ⅱ型号空气压缩机费用支出情况表　　　　表2-11

压缩机型号	投资额(元)	年运行费(元)	期末残值(元)	寿命(年)
Ⅰ	6000	4000	1000	6
Ⅱ	8000	3200	0	9

【解】　因为两种压缩机寿命不等,所以必须按最小公倍数法换算成相同的分析期18年,两方案的现金流量如图2-18所示。

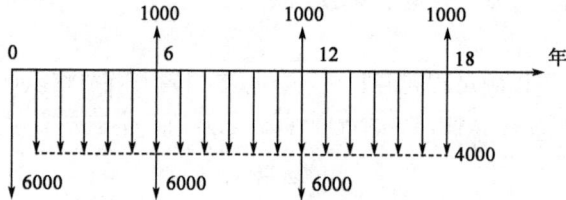

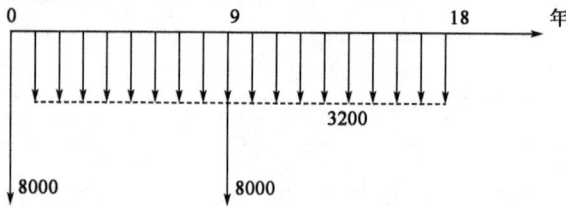

图2-18　　方案Ⅰ、Ⅱ的现金流量图(单位:元)

$$PC_Ⅰ = 6000 + 4000(P/A,15\%,18) + (6000 - 1000)(P/F,15\%,6) +$$
$$(6000 - 1000)(P/F,15\%,12) - 1000(P/F,15\%,18)$$
$$= 6000 + 4000 \times 6.128 + 5000 \times 0.4323 + 5000 \times 0.1869 -$$
$$1000 \times 0.0808 = 33527(元)$$

$$PC_Ⅱ = 8000 + 3200(P/A,15\%,18) + 8000(P/F,15\%,9)$$
$$= 8000 + 3200 \times 6.128 + 8000 \times 0.2843 = 29884(元)$$

因为 $PC_Ⅱ < PC_Ⅰ$,应该选择型号Ⅱ。

（2）研究期法

研究期法就是对寿命周期不相等的互斥方案直接选取一个适当的共同的分析期,通过比较各个方案在该分析期内的现值来对方案进行比较,分析期的确定要综合考虑各种因素。在实际应用中,为简便起见,往往直接选取诸方案中最短寿命期为各个方案共同的分析期。对于寿命期长的那个方案,应先计算出其在寿命期内均等的净年值,再用净年值计算共同分析期内的净现值,从而进行比较选优。

【例2-22】 有A、B两个项目投资方案,方案A的寿命期为6年,方案B的寿命期为8年,其各自净现金流量如表2-12所示,已知$i=10\%$。试用研究期法对方案进行比选。

方案净现金流量表   表2-12

方案(万元) \ 年末	0	1、…、6	7	8
A	−900	500	—	—
B	−2000	800	800	1000

【解】 取两方案中较短的寿命期为共同的分析期,即为6年,分别计算两方案的净现值,即

$$\text{NPV}_A = -900 + 500(P/A,10\%,6) = -900 + 500 \times 4.3553 = 1277.7(万元)$$

方案B在共同分析期6年内的净现值,应先计算出其在9年的净年值,再用前6年的净年值计算净现值。

$$\text{NPV}_B = \left[-2000 + 800(P/A,10\%,7) + 1000(P/F,10\%,8) \right](A/P,10\%,8)(P/A,10\%,6)$$
$$= (-2000 + 800 \times 4.8684 + 1000 \times 0.4665) \times 0.1874 \times 4.3553 = 1927.2(万元)$$

$\text{NPV}_B > \text{NPV}_A$,所以方案B优于方案A。

3. 无限寿命期方案比选

对于无限寿命期的方案比选,我们通常用费用现值法进行比较。

【例2-23】 某城市有可供选择的供水方案,见表2-13,基准折现率$i=5\%$,试问哪一方案更优?

供水方案费用支出表   表2-13

方案	建水库(A)	建水井(B)
一次投资(万元)	1000	45
年经营费用(万元)	2.5	5
寿命(年)	∞	5

【解】 建水库方案和建水井方案的现金流量如图2-19所示。

两方案的费用现值分别为

$$\text{PC}_A = P_0 + A/i = 1000 + 2.5/0.05 = 1050(万元)$$

$$\text{PC}_B = \frac{A + P_0(A/P,i,n)}{i} = \frac{5 + 45(A/P,5\%,5)}{0.05} = \frac{5 + 45 \times 0.231}{0.05} = 308(万元)$$

$\text{PC}_B < \text{PC}_A$,故建水井方案优。

a) 建水库方案现金流量图

b) 建水井方案现金流量图

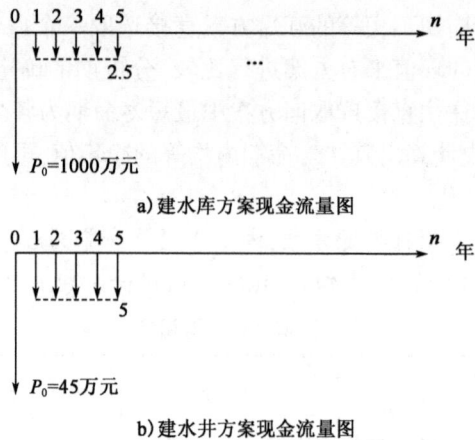

图 2-19　建水库和建水井方案现金流量图

4.年值法

年值法就是通过计算各个方案的净年值或费用年值以比较各方案优劣的方法,以净年值最大或费用年值最小为最佳方案。

【例 2-24】 以前面【例 2-19】的数据,用净年值法进行比选。

【解】 各方案的净年值为

$$NAV_A = -2800(A/P, 12\%, 10) + 2400 + 1000(A/F, 12\%, 10)$$
$$= -2800 \times 0.1770 + 2400 + 1000 \times 0.057 = 1961.4(万元)$$

同理可得:

$$NAV_B = 3519.1(万元)$$

$$NAV_C = 1727(万元)$$

方案 B 的净年值最大,因此方案 B 是最佳方案。

寿命期不等的备选方案使用年值法比选,可以使方案之间具有可比性,不必化为相同的分析期。因为,年值法是将各个方案寿命期内的现金流量按基准折现率折现成等额年值进行比较,而一个方案无论重复多少次,其年值是不变的。因此,应用年值法对寿命期不相等的互斥方案进行比选,就不失为一种最简明的方法。

【例 2-25】 以前面【例 2-21】的数据,用费用年值法进行比选。

【解】 $AC_I = 6000(A/P, 15\%, 6) + 4000 + 1000(A/F, 15\%, 6)$
$$= 6000 \times 0.2642 + 4000 + 1000 \times 0.1142 = 5699.4(元)$$

$$AC_{II} = 8000(A/P, 15\%, 9) + 3200$$
$$= 8000 \times 0.2096 + 3200 = 4876.8(元)$$

由于 $AC_I > AC_{II}$,故应选择型号 II。

可以看出,寿命周期不等方案比选,应用年值法比较比现值法要简便得多,但它们的比较是等效的。

5.增量分析法

增量分析法是对增额投资部分所产生的增额收益进行分析,从而正确选择方案的方法,它是多方案分析的基本方法之一。

增加投资一般会增加收益,但所增加的收益是否在经济上合算,投资额的不断增加是否会带来收益的不断增长呢?这些问题都是我们在进行方案比选时必须要分析解决的问题。从微观经济学中的"边际收益递减规律"可知,资金作为生产过程中的一种基本要素,其边际收益会随着投资额的增加而显现出先递增后递减的基本规律,即增加的投资部分带来的效益可能大于成本,也可能小于成本。若增加的投资部分带来的收益大于成本,则应选择增加投资,也就是投资大的方案;反之,则选择投资小的方案。

由于上述原因,在进行互斥方案比选时,如果直接计算出各方案的内部收益率、效益费用比或投资回收期,以其值的大小来衡量方案优劣的标准,往往会导致错误的结论。因此,我们必须采用增量分析的方法,从而保证方案比选结论的正确性。

增量分析的主要指标有增量净现值(ΔNPV)、增量内部收益率(ΔIRR)、增量投资回收期(ΔP_t)和增量效益费用比(ΔBCR)。

增量分析的一般步骤(以 ΔBCR 为例)如下:

(1)分别计算各备选方案的 BCR,若 BCR < 1,则淘汰。

(2)将未被淘汰的方案按投资由小到大排列,并依次编号。

(3)计算最前面两个的增量效益费用比 ΔBCR,若 $\Delta BCR > 1$,则说明增加投资带来的增量收益大于期望收益水平,值得增加投资,故选择投资大的方案。反之,若 $\Delta BCR < 1$,则选择投资小的方案。

(4)将上一优选方案与下一方案继续进行比较,如此进行,直至最终选出最优方案。

【例 2-26】某工程有四种建设方案,见表 2-14,用增量效益费用比法选出最佳方案,基准折现率为 10%。

各方案投资、效益流量表　　　　　　　　　　　　　　　　　　　　表 2-14

方案	A	B	C	D
初始投资(万元)	20	27.5	19	35
年净效益(万元)	2.2	3.5	1.8	4.4
寿命(年)	30	30	30	30

【解】列表计算见表 2-15。

各方案增量效益费用比计算表　　　　　　　　　　　　　　　　　　表 2-15

方案	A	B	C	D
初始投资(万元)	20	27.5	19	35
年效益(万元)	2.2	3.5	1.8	4.4
寿命(年)	30	30	30	30
BCR	1.04	1.2	0.89	1.18
ΔBCR	1.04	1.63	—	1.13

本题 C 方案 BCR = 0.89 < 1,本身即为不可行方案,不参与方案计较。A 方案的对比方案为零方案(即什么也不做方案),又因最后一个方案 D 对 B 的增量效益费用比 $\Delta BCR(D-B) = 1.13 > 1$,故应选择投资大的 D 方案。

从上例看出,BCR 最大的 B 方案并不是最优方案,只有通过增量分析法,才能保证正确地选择方案。

如果资金来源有限,我们可采用方案 B,因为其投资额小于方案 D,且 BCR 最高。

二、独立方案的比较与选择

1.无资金约束的独立方案比选

对于独立方案的比选,如果没有资金的限制,那么其比选的方法与单个项目的检验的方法是一致的,只要项目本身的 NPV≥0 或 IRR≥i_0,或者 BCR≥1,则项目就可行。

2.有资金限制的独立方案比选

如果多个可行独立方案,在比选时存在资金约束,那么就只能从中选择一部分项目,而要淘汰其他项目,就涉及独立方案的组合选择问题。目标并没有发生变化,仍要达到收益最大化,常用的方法有两种,即独立方案互斥化和净现值率排序法。

(1)独立方案互斥化

独立方案互斥化就是列出各种方案所有的组合形式,将各种组合看作是一系列的互斥方案,首先排除总投资额超出预算的组合,然后将剩余的组合按照互斥方案的选择方法进行逐一选择。

显然,对于 n 个独立方案,就存在 2^n 种组合形式。

【例2-27】 三个独立方案,其现金流量情况如表2-16所示,假定总资金预算为5000万元,寿命期均为10年,以12%为折现率。试做出最佳投资决策。

各独立方案现金流量表(单位:万元) 表2-16

方案	A	B	C
投资额	1500	2000	2500
年收入	1000	1200	1500
经营成本	400	500	600
销售税	80	100	120

【解】 首先计算三个方案的净现值

$\text{NPV}_A = (1000 - 400 - 80)(P/A, 12\%, 10) - 1500 = 520 \times 5.6502 - 1500 = 1438.10(万元)$

同理:

$\text{NPV}_B = 1390.12(万元)$

$\text{NPV}_C = 1907.16(万元)$

由于 A、B、C 三个方案的净现值均大于0,从单方案检验的角度来看,三个方案均可行,但现在由于总资金预算额限制在5000万元以内,而三个方案加在一起的总投资额为6000万元,超过了投资限额,因而不能同时实施,采用独立方案互斥化进行比选,列出可行的独立方案组合,如表2-17所示。

计算结果表明,方案 A 与方案 C 的组合的净现值最大,又较充分地利用了现有资金,故为最佳投资组合方案。

各组合方案净现值计算表(单位:万元)　　　　表 2-17

组 合 方 案	总 投 资 额	总 净 现 值	结　　论
A	1500	1438.10	—
B	2000	1390.12	—
C	2500	1907.16	—
A + B	3500	2828.22	—
B + C	4500	3297.28	—
A + C	4000	3345.26	最佳

(2)净现值率排序法

净现值率(NPVR)是项目净现值与项目全部投资现值之比。其经济含义是单位投资现值所能带来的净现值,是一个相对指标,反映的是单位资金的利用效率,当资金有限时,应当挑选绝对经济效益好且单位利用效益较高的项目方案。

净现值率法是指将净现值率大于或等于零的各个方案按净现值率的大小依次排列,并依此次序选取方案,直至所选方案组合的投资总额最大限度地接近或等于投资限额为止。

【例 2-28】 根据【例 2-27】资料,用净现值率排序法做出最佳投资决策。

【解】 首先分别计算三个方案的净现值率

$$\text{NPVR}_A = \frac{1438.10}{1500} = 95.87\%$$

$$\text{NPVR}_B = \frac{1390.12}{2000} = 69.51\%$$

$$\text{NPVR}_C = \frac{1907.16}{2500} = 76.29\%$$

然后将各方案按净现值率从大到小排序,可知,方案的选择顺序是 A→C→B。由于资金限制为 5000 万元,故最佳投资决策方案为 B、C 组合。

净现值率排序法的优点是计算简明扼要;缺点是由于投资方案的不可分性,经常会出现资金没有被充分利用的情况,因而不一定能保证获得最佳组合方案。而独立方案互斥化法的优点是在各种情况下均能保证获得最佳组合方案;但缺点是在方案数目较多时,计算较烦琐。

第四节 ▶ 设备更新方案比较与选择

设备是企业生产的重要物质条件,设备在使用过程(或闲置)中将会发生有形磨损或无形磨损。

设备的有形磨损是指机械设备实体的物质磨损。其产生是由于人为使用过程中或与自然环境相互作用造成的损坏、老化变质、功能衰退、故障增多,随之而来会带来燃料、动力等的消耗增加,维修费用上升,工作效率降低。

设备的无形磨损是指由于技术进步,新设备不断涌现,使原有设备发生变质或继续使用不再合算,从而造成经济效益日益降低。

随着现代科技的不断发展,新技术、新材料、新工艺的不断涌现,设备的更新速度越来越快。企业常常面临着设备陈旧、落后的状况,是否应该更新、何时更新、如何更新是企业家常常应该考虑的问题。如果由于机器暂时出现故障就报废或片面追求现代化,购买最新的设备则可能会造成资金的浪费;但如果由于资金紧张而拖延设备更新,又会使企业面临生产成本提高、产品质量下降,致使企业处于没有竞争力的地位,甚至可能导致破产。因此做出正确的更新决策、选择合理的更新方案对企业来讲是非常重要的。

1. 设备更新方案比较的特点

设备更新方案比较的基本原理和互斥方案的比较相同,但在实际比较时,因更新分析,涉及新旧设备的比较。所以其现金流量分析有其自身的特点。

(1)不考虑沉没成本(账面价值与市场价值间的差额)。也就是说在进行方案比较时,原设备的价值按其目前实际上的价值来计算,而不管其原始费用是多少。

(2)不能简单地按照方案的直接现金流量进行比较,而应从一个客观的立场上去比较。

(3)由于不同设备的使用寿命不同,而且通常假定设备产生的效益是相同的,因此,在方案比选时,通常采用费用年值法进行比较。

(4)往往不得不选定一个共同的研究期作为比较方案的依据。

【例 2-29】 某企业 4 年前购买了一台设备甲,其原始购置费用为 11 万元,年度使用费为 2 万元,预计可使用 10 年,使用期满后预计净产值为 0.5 万元;目前市场上出现了与设备甲具有同等功能的设备乙,其原始费用为 12 万元,年度使用费为 1 万元,使用期限为 10 年,到期后预计净残值为 0.4 万元,现在有两个方案:

方案 A:不做更新,继续使用设备甲。

方案 B:卖掉设备甲,购置设备乙。

已知目前市场上设备甲的折卖价为 3.5 万元,$i_0 = 12\%$,试对 A、B 两个方案进行比较。

【解】 根据方案比较的原则,对于设备甲不考虑其原始费用,而只按照其现在的价值计算,因此方案 A 又可叙述为:以 3.5 万元的价格购入设备甲,使用 6 年,年费用 2 万元,使用期满后预计净残值为 0.5 万元。因此 A、B 两个方案的现金流量情况,如图 2-20 所示。

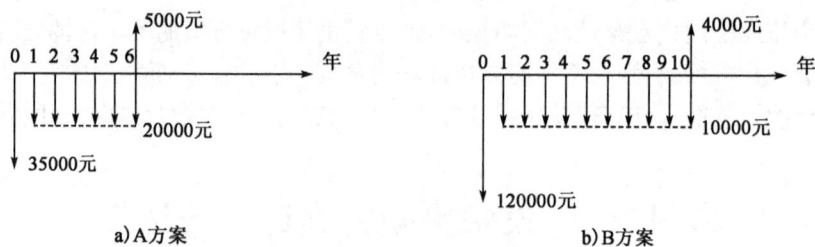

a)A方案　　　　　　　　　　　b)B方案

图 2-20　A、B 方案现金流量图

A、B 两个方案的年度费用分别为

$$EAC_A = 35000(A/P,12\%,6) - 5000(A/F,12\%,6) + 20000$$
$$= 35000 \times 0.2432 - 5000 \times 0.1232 + 2000$$
$$= 27896(元)$$

$$EAC_B = 120000(A/P,12\%,10) - 4000(A/F,12\%,10) + 10000$$
$$= 120000 \times 0.1770 - 4000 \times 0.0570 + 1000$$
$$= 31012(元)$$

由此可见,方案 A 比方案 B 在 6 年内每年节约费用 31012 - 27896 = 3116(元),因此应选择方案 A,即继续使用设备甲,不做更新。

2.设备的经济寿命

设备的经济寿命是指设备以全新状态投入使用开始到因继续使用不经济而提前更新所经历的时间,也就是指设备从开始使用到其年度费用最小的使用年限。

设备的年度费用,一般包括两个部分:资金恢复费用和年度使用费。

资金恢复费用是指设备的原始费用扣除净残值后分摊到设备使用各年上的费用;年度使用费是指设备的年度运行费(人工、燃料、动力费用等)和年度维修费。

设 C 代表年度费用,P 代表设备原始费用,E 代表年度使用费,S 代表净残值,N 代表使用年限。通常分为考虑时间价值和不考虑时间价值两种情况,计算式可分别见式(2-26)、式(2-27)。

$$C = \frac{P - S}{N} + \frac{\sum_{t=1}^{N} E_t}{N} \tag{2-26}$$

$$C = [P + \sum_{t=1}^{N} E_t(P/F,i,t) - S(P/F,i,N)](A/P,i,N) \tag{2-27}$$

上两式中,如果使用年限为变量,通过计算年度费用,当年度费用为最小时的使用年限,即为经济寿命。

设备的资金恢复费用随着使用年限的增长将会逐渐变小,而年度使用费一般随着使用年限的增大而变大,设备的年度费用则为资金恢复费用与年度使用费之和,其曲线见图 2-21。

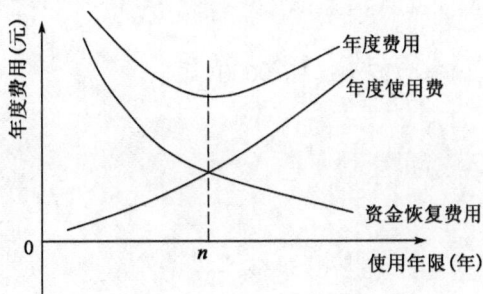

图 2-21　年度费用与使用年限关系图

从图 2-21 可看出,在 n 年上的年度费用最小(图中 n 点),这 n 年就是设备的经济寿命。

经济寿命的求解分不考虑时间因素和考虑时间因素两种情况,一般可通过列表计算。使用年限超过经济寿命,设备的年度费用又将上升,所以设备使用到其经济寿命的年限更新最为经济。

【例 2-30】某设备的原始购置费为 16000 元,基准折现率为 10%,年使用费用和年末残值如表 2-18 所示。试确定其经济寿命。

某设备各年使用费及残值表(单位:元)　　　　　　　　　　　　　　　表 2-18

使用年数(年)	1	2	3	4	5	6	7
年使用费(元)	2000	2500	3500	4500	5500	7000	9000
年末残值(元)	10000	6000	4500	3500	2500	1500	1000

【解】(1)静态计算(不考虑时间价值)

按公式(2-26)计算,结果列于表 2-19。

设备经济寿命计算表

表 2-19

使用年限 A	年度使用费 B	累计年度使用费 $C = \sum B$	年度平均使用费 $D = C/A$	年末残值 E	资金恢复费用 $F = (16000 - E)/A$	年度费用 $G = D + F$
1	2000	2000	2000	10000	6000	8000
2	2500	4500	2250	6000	5000	7250
3	3500	8000	2667	4500	3833	6500
4	4500	12500	3125	3500	3125	6250
5	5500	18000	3600	2500	2700	6300
6	7000	25000	4167	1500	2417	6584
7	9000	34000	4857	1000	2143	7000

从表中可以看出,第 4 年的年度费用最小为 6250 元,即经济寿命为 4 年,应在第 4 年末进行设备更新。

(2)动态计算(考虑时间价值)

按照公式(2-27)计算如下

$$PC_1 = 16000 - 10000(P/F,10\%,1) + 2000(P/F,10\%,1)$$

$$= 16000 - 10000 \times 0.9091 + 2000 \times 0.9091$$

$$= 8727(元)$$

$$AC_1 = PC_1(A/P,10\%,1) = 8727 \times 1.1 = 9600(元)$$

同理可求得

$$AC_2 = 8600(元)$$

$$AC_3 = 7693(元)$$

$$AC_4 = 7319(元)$$

$$AC_5 = 7241(元)$$

$$AC_6 = 7372(元)$$

$$AC_7 = 7612(元)$$

显然,AC_5 最小,所以该设备考虑时间价值的经济寿命为 5 年;与不考虑时间价值相比,推迟了 1 年。

以经济寿命为依据的更新方案比较,使设备都使用到最有利的年限来进行分析。分析时要求出各种设备的经济寿命,如果年度使用费固定不变,估计残值也固定不变,应选定尽可能长的寿命。如果年度使用费逐渐增加而且目前残值和未来残值相等,应选定尽可能短的寿命。

3.在给定研究期下,同种设备更新方案的选择

同一种设备,在研究期内,也可能要不断更新以使设备的总费用最省,按多长时间周期来更换设备也可以形成多种方案的比选。在研究期相对较长的情况下,按设备的经济寿命作为更新的周期显然是理想的方案;但是在给定有限的研究期情况下,按经济寿命更换设备不一定

是最经济方案。例如:投资生产某种产品的生命周期只有 5 年,因此设定投资项目的研究期为 5 年。假定主要生产设备的经济寿命为 2 年,但使用寿命可达 5 年,5 年内按经济寿命要更换三次,其总费用现值有可能比更换两次或甚至不更换(使用 5 年)更贵,这就有必要形成各种可能的互斥方案来比较 5 年内的总费用现值。

当研究期和设备可能的更新周期方案较多时,可供比较的方案就会很多,计算工作量很大,往往这类问题可采用数学中动态规划的方法进行分析求解。本书不作叙述。

4.设备租赁与购买方案的比较

设备租赁是指出租人和承租人之间订立契约,由出租人应承租人的要求租赁其所需的设备,在一定时期内供其使用,并按期由承租人向出租人支付租金。其主要方式有融资租赁和经营租赁两种方式。融资租赁主要用于企业贵重设备等长期资产,而经营租赁通常用于临时使用用的短期租赁。

对使用者来说,是采用购置设备还是采用租赁设备,应取决于两种方法的经济比较。其比较原则和方法与一般的互斥方案比较相同。

采用设备租赁方案,就没有资金恢复费用,租赁费可以直接进入成本,其净现金流量见式(2-28)。

$$净现金流量 = 销售收入 - 经营成本 - 租赁费 - 税率 \times$$
$$(销售收入 - 经营成本 - 租赁费) \tag{2-28}$$

而在相同条件下的设备购置方案的净现金流量见式(2-29)。

$$净现金流量 = 销售收入 - 经营成本 - 设备购置费(已发生) -$$
$$税率 \times (销售收入 - 经营成本 - 折旧费) \tag{2-29}$$

从以上两式可看出,当租赁费等于资金恢复费用(即折旧费)时,区别仅在于税金的大小。当采用直线折旧法折旧时,租赁费高于折旧费,因此所付的税金较少,有利于企业。

【例 2-31】 某企业需要某种设备,其购置费为 10000 元,预计使用 10 年,残值为零。这种设备也可租赁到,每年租赁费为 1600 元。已知设备的运行费为每年 1200 元。所得税税率为 25%,采用直线法计提折旧。如果 $i_0 = 10\%$,试为该企业决定采用购置还是租赁方案。

【解】 企业若采用购置方案,则年折旧费 $= 10000 \div 10 = 1000$ 元,计入总成本,而租赁方案每年租赁费 1600 元计入总成本,因此,后者每年少缴税金为

$(1600 - 1000) \times 25\% = 150(元)$

购置方案和租赁方案现金流量图见图 2-22。

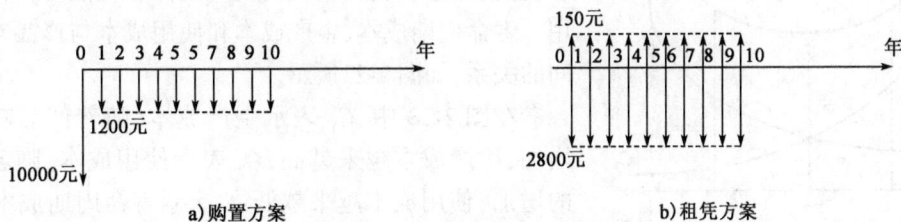

图 2-22　两种方案现金流量图

按年度费用法比较

$AC_A = 10000(A/P,10\%,10) + 1200 = 10000 \times 0.1628 + 1200 = 2828(元)$

$AC_B = (1600 + 1200) - 150 = 2650(元)$

显然，从企业的角度应采用租赁方案。

第五节 > 价 值 工 程

价值工程产生于20世纪40年代后期，其创始人是美国工程师麦尔斯(L. D. Miles)。二次世界大战期间，麦尔斯从多年的采购工作实践中，认为购买材料的目的是为了获得某种功能而不是材料本身。因此，只要满足功能要求，就可以选用购买得到的或较便宜的材料代替原设计指定的材料使用。通过一系列成功的实践活动，麦尔斯总结出一套在保证同样功能的前提下降低成本的比较完整的科学方法，并将其定名为"价值分析"。以后随着其研究内容的不断丰富与完善，其研究领域也从材料代用逐步推广到产品设计、生产、工程、组织、服务等领域，形成了一门比较完整的科学体系——价值工程。

一、价值工程的基本概念

价值工程是研究如何以最少的人力、物力、财力和时间获得必要功能的技术经济分析方法，强调的是产品的功能分析和功能改进。它是通过各相关领域的协作，对所研究对象的功能与费用进行系统分析，不断创新，旨在提高所研究对象价值的思想方法和管理技术。其目的是以研究对象的最低寿命周期成本可靠地实现使用者所需功能，以获取最佳的综合效益。

价值工程里的价值是指对象的功能(质量)和成本之间的比值，即通常所说的"性价比"，它是衡量对象经济价值大小的尺度。可用式(2-30)表示。

$$价值(V) = \frac{功能(F)}{成本(C)} \tag{2-30}$$

从价值工程的定义可以看出，其内涵包括四个方面：

1.着眼于寿命周期成本

寿命周期成本是指产品在其寿命期内所发生的全部费用，包括生产成本和使用成本两部分。生产成本是指发生在生产企业内部的成本，包括研究开发、设计以及制造过程中的费用；使用成本是指用户在使用过程中支付的各种费用的总和，包括运输、安装、调试、管理、维修和耗能等方面的费用。寿命周期成本、生产成本和使用成本与产品功能之间的关系，如图2-23所示。

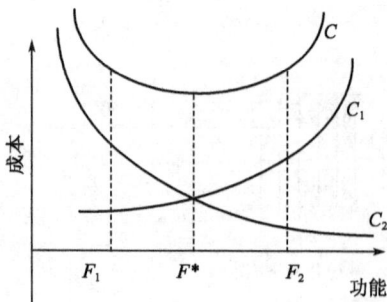

图2-23 产品成本与功能的关系

在图2-23中，C_1表示生产成本，随着产品功能的增加，生产成本越来越高；C_2表示使用成本，随着功能的增加，使用成本越来越低；C表示寿命周期成本，$C = C_1 + C_2$。从图中可以看出，在F_1点产品功能较少，此时虽然生产成本较低，但由于不能满足使用者的基本要求,使用成本较高,因而使用寿命周期成本较高;在 F_2 点,虽然使用成本较低,但由于存在多余的功能,因而致使生产成本过高,同样寿命周期成本较高。只有在 F^* 点,产品功能既能满足用户的需要,又使得寿命周期成本较低,体现了比较理想的功能与成本的关系。

值得注意的是,在寿命周期成本的构成中,一般由于生产成本在短期内集中支出并且体现在价格中,容易被人们认识,进而采取措施加以控制。而使用中的人工、能源、环境、维修等耗费常常是生产成本的许多倍,但由于支出分散,容易被人们忽视。比如一项建筑产品,如果单纯追求生产成本,即预算的降低,粗心设计,偷工减料,那么其建造质量肯定非常低劣,使用过程中的维修费用就会很高,甚至可能发生重大事故,给社会财产和人身安全带来严重危害。因此,价值工程中对降低成本的考虑,是要综合考虑生产成本和使用成本的下降,兼顾生产者和使用者的利益,以获得最佳的社会综合效益。

2. 价值工程的核心是功能分析

功能是指研究对象能够满足某种需要的一种属性,即产品的具体用途。功能可分为必要功能和不必要功能,其中必要功能是指用户所要求的功能,以及与实现用户所需求功能有关的功能。

价值工程的功能,一般是指必要功能。因为用户购买某一产品,其目的不是为了获得产品本身,而是通过购买该产品获得其所需要的功能。因此,价值工程对产品的分析,首先是对其功能的分析,通过功能分析,弄清哪些功能是必要的,哪些功能是不必要的或过剩的。从而在改进方案中去掉不必要的功能,削减过剩的功能,补充不足的功能,使产品的功能结构更加合理,达到可靠地实现使用者所需功能的目的。

3. 价值工程的目标表现为产品价值的提高

价值工程的目的是要从技术与经济的结合上去改进和创新产品,使产品,既要在技术上可靠实现,又要在经济上使所支付的费用最小,达到两者的最佳结合。而"最低的寿命周期成本"是价值工程中的经济指标,"可靠地实现所需功能"是价值工程中的技术指标。因此,产品的价值越高其技术与经济的结合也就越难,从这个角度上讲,价值工程的目标体现为产品价值的提高上。

那么如何来提高产品的价值呢?根据式(2-30),提高产品价值不外有五种途径:

(1)在提高产品功能的同时,降低产品成本。这可使价值大幅度提高,是最理想的提高价值的途径。

(2)提高功能,同时保持成本不变。

(3)在功能不变的情况下,降低成本。

(4)成本略有增加,同时功能大幅度提高。

(5)功能略有下降,同时成本大幅度降低。

总之,价值工程不单纯地强调"物美"即改善功能,也不单纯地强调"价廉"即降低成本。而是要求提高二者的比值(价值),这样,对企业和用户都是有益的。

需要指出的是,尽管在产品形成的各个阶段均可应用价值工程提高产品的价值,但在不同的阶段进行价值工程活动,其经济效果却大不相同。对于大型复杂的产品,应用价值工程的重点是在产品的研究设计阶段,一旦图纸已设计完成并投产,产品的价值就基本决定了,这时再进行价值工程分析就变得更加复杂,不仅原来的许多工作成果要付之东流,而且改变生产工艺、设备工具等，可能会造成很大的浪费，使价值工程活动的技术经济效果大大下降。因此，必须在产品的设计和研制阶段，就开始价值工程活动，以取得最佳的综合效果。

4.价值工程是一项有组织的管理活动

价值工程研究的问题涉及产品的整个寿命周期，涉及面广，研究过程复杂。比如一项产品从设计、开发到制作完成，要通过企业内部的许多部门；一个降低成本的改进方案，从提出、试验，到最后付诸实施，要经过许多部门的配合，才能收到良好的效果。因此，在企业开展价值工程活动时，一般需要由技术人员、经济管理人员、有经验的工作人员，甚至用户，以适当的组织形式组织起来，共同研究，发挥集体智慧，灵活运用各方面的知识和经验，才能达到既定的目标。

二、价值工程的工作程序

价值工程的工作程序其实就是提出问题、分析问题、发现问题和解决问题的过程。根据价值工程的理论体系和方法特点，围绕以下 7 个问题的明确和解决而系统展开的，这七个问题是：

(1)价值工程的研究对象是什么？

(2)它的用途是什么？

(3)它的成本是多少？

(4)它的价值是多少？

(5)有无其他方法可以实现同样的功能？

(6)新方案的成本是多少？

(7)新方案能满足功能要求吗？

围绕上述七个问题，价值工程的一般工作程序如表 2-20 所示。

价值工程的一般工作程序   表 2-20

阶 段	步 骤	说 明
准备阶段	1.对象选择	应明确目标、限制条件和分析范围
	2.组成价值工程领导小组	一般由项目负责人、专业技术人员、熟悉价值工程的人员组成
	3.指定工作计划	包括具体执行人、执行日期、工作目标等
分析阶段	4.收集整理信息资料	此项工作应贯穿于价值工程的全过程
	5.功能系统分析	明确功能特性要求，并绘制功能系统图
	6.功能评价	确定功能目标成本,确定功能改进区域
创新阶段	7.方案创新	提出各种不同的实现功能的方案
	8.方案评价	从技术、经济和社会等方面综合评价各类方案达到预定目标的可行性
	9.提案编写	将选出的方案及有关资料编写成册
实施阶段	10.审批	由主管部门组织进行
	11.实施与检查	制订实施计划、组织实施，并跟踪检查
	12.成果鉴定	对实施后取得的技术经济效果进行成果鉴定

三、对象选择

价值工程是就某个具体对象开展的有针对性地分析评价和改进,有了对象才有分析的具体内容和目标。对企业来讲,凡是为获取功能而发生费用的事物,都可以作为价值工程的研究对象,如产品、工艺、工程、服务或它们的组成部分等,但企业总不能对所有的产品、零件或工序、作业等都同时进行分析、研究,必须分清主次轻重,有重点、有顺序地选择每次价值工程活动的对象。

1.对象选择的原则

选择价值工程对象,应遵循的一般原则有两条:一是优先考虑在企业生产经营上有迫切需要的或对国计民生有重大影响的项目;二是在改善价值上有较大潜力的产品或项目。在实际工作中,一般可根据企业的具体情况,有侧重地从设计、生产、工艺、销售、成本诸方面的因素中,初步选择价值工程活动的对象。

2.对象选择的方法

在选择对象阶段,往往要运用一些特定的技术方法进行定量分析。常用的方法有:

(1)经验分析法

经验分析法是根据价值工程人员的经验来进行对象的选择。此法的优点是简单易行,考虑问题综合全面,是一种定性的方法;其缺点是缺乏定量依据,受价值工程人员的经验水平和主观态度影响较大。因此,为提高分析质量,应选择一批业务熟悉、经验丰富且有职业责任心的人员集体研究共同决定,这样可以部分减少主观方面的影响。

(2)ABC 分析法

这是一种应用数理统计的原理,按照局部成本在全部成本中比重的大小来选定价值工程对象的方法。分析的方法来选择价值工程的对象。数据统计表明,往往少数部件的成本要占整个产品成本的大部分。这些零件在数量上通常只占 15% ~20%,而成本却占 70% ~80%,我们把它们称为"A"类零部件,此类零部件正是价值工程研究的主要对象。B 类零部件数量占 20% ~30%,成本占 10% ~20%;C 类零部件数占 50% ~70%,而成本只占 5% ~15%。

ABC 分析法的优点是能抓住重点,把数量少而成本大的零部件选为价值工程的对象,有利于集中精力,突破重点,取得较大成果。

(3)百分比分析法

百分比分析法是一种通过分析各对象对企业的某个技术经济指标的影响程度的大小(百分比),选择价值工程对象的方法。例如,某企业生产五种产品,它们的成本和利润的百分比如表 2-21 所示。

成本和利润的百分比 表 2-21

产 品 名 称	成本(万元)	占全部成本(%)	利润(万元)	占全部利润(%)
A	330	0.6804	60	0.7407
B	45	0.0928	9	0.1111
C	20	0.0412	5	0.0617
D	90	0.1856	7	0.0864
Σ	485	1.0		1.0

由表 2-21 可知,D 产品成本占全部成本的 18.56%,而利润则占全部利润的 8.64%,故可以作为价值工程的重点对象。

（4）强制确定法

强制确定法是以功能重要程度作为选择价值工程对象的决策指标的一种分析方法。具体方法参见功能评价方法的强制确定法。

（5）价值指数法

价值指数法是通过计较各个对象（或零部件）之间的功能水平位次和成本位次,寻找价值较低对象（零部件）,并将其作为价值工程研究对象的一种方法。具体方法参见功能评价方法的价值指数法。

四、信息资料收集

信息资料的收集是价值工程实施过程中不可缺少的重要环节。一般在选择价值工程对象的同时,就应该收集有关的技术资料及经济信息,并为进行功能分析、创新方案和评价方案等步骤准备必要的资料。

对于产品分析来说,一般应收集以下几个方面的资料:

（1）用户方面。用户对产品的意见和要求,如产品的使用目的、使用条件、使用中故障情况及使用是否合理等。

（2）技术方面。企业内外、国内外同类产品的技术资料,如设计特点、加工工艺、设备、材料、标准以及优缺点和存在的问题等。

（3）经济分析资料。同类产品的价格、成本、成本构成情况、指标和定额等。

（4）本企业的基本资料。企业的经营方针、生产能力及限制条件、销售情况等。

五、功能分析

从功能入手,系统地研究、分析产品是价值工程的主要特征和方法核心,因此功能系统分析是价值工程活动的中心环节。通过分析对象资料,用几种不同词组,简明、正确地表达对象的功能,明确功能特征要求,从而弄清产品各功能之间的关系,去掉不合理的功能,调整功能间的比重,使产品的功能结构更合理。

功能分析包括功能定义、功能分类和功能整理。

1.功能定义

功能定义是指确定分析对象的功能,用简明的语言来描述产品的功能或作用,通常用一个名词和一个动词来描述,要能说明功能的实质,限定功能的内容,并与其他功能相区别。比如内墙的功能可以定义为分隔空间;变压器的功能可以定义为调节电压;石棉板的功能可以定义为遮挡油漆等。

2.功能分类

对一项产品而言,功能往往是多方面的,但各个功能的重要程度和特点各不相同。根据功能的不同特征,可将功能分为以下几类:

（1）从功能性质的角度来看,产品的功能可分为使用功能和美学功能。使用功能从功能的内涵上反映其使用属性,是一种动态功能;美学功能是从产品外观反映功能的艺术属性,是一种静态的外观功能。

(2)从功能重要程度的角度来看,产品的功能可分为基本功能和辅助功能。基本功能是产品的主要功能,对实现产品的使用目的起着最主要和必不可少的作用;辅助功能属于次要功能,是为了实现基本功能而附加的功能。

(3)从用户需求的角度来看,产品功能可分为必要功能和不必要功能。必要功能是用户要求的功能,使用功能、关系功能、基本功能、辅助功能等均属必要功能;不必要功能是不符合用户要求的功能,又包括三类:一是多余功能,二是重复功能,三是过剩功能。

(4)相对于功能标准,从定量角度来看,产品功能可分为过剩功能和不足功能。过剩功能是指某些功能虽属必要,但满足需要有余,在数量上超过了用户要求或标准功能水平。不足功能是相对于过剩功能而言的,表现为产品整体功能或零部件功能水平在数量上低于标准功能水平,不能完全满足需要。

不足功能和过剩功能要作为价值工程的对象,通过设计,进行改进和完善。

3.功能整理

功能整理是用系统的观点将已经定义了的功能加以系统化,找出各局部功能相互之间的逻辑关系,制作功能系统图,以明确产品的功能系统,从中发现缺少的功能或多余的功能,从而为功能评价和方案构思提供依据。其一般形式如图 2-24 所示。

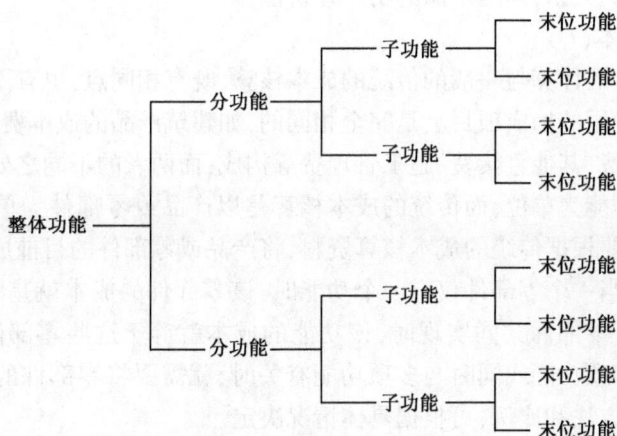

图 2-24 功能系统图一般形式

在图 2-24 中,从整体功能开始,由左向右逐级展开,在位于不同级的相邻两个功能之间,左边的功能(上级)称为右边功能(下级)的目标功能,而右边的功能称为左边功能的手段功能。

六、功能评价

功能评价,即评定功能的价值,利用式(2-30)计算出各个功能的价值,然后选择功能价值低、改善期望值大的功能作为价值工程活动的重点对象。

常用的功能评价方法有:功能成本法和功能指数法。

1.功能成本法

功能成本法又称绝对值法,是指直接用实现这一功能所需的成本来表示功能,并寻求实现该功能的最低成本——功能评价值,以此作为评价功能的基准,同实现该功能的现实成本相比较,经过分析、对比,求得对象的价值系数和成本降低期望值,确定价值工程的改进对象。其计算式见式(2-31)。

$$价值系数(V) = \frac{功能评价值(F)}{功能目前成本(C)} \tag{2-31}$$

功能成本法,主要包括两个工作内容,即功能目前成本的计算和功能评价值的推算,其中关键的是功能评价值的推算。

(1)功能评价值(F)

功能评价值的推算常用的方法有以下几种:

①方案估算法,是由一些有经验的专家,根据预先收集到的技术、经济情报,先初步构思出几个能实现预定功能的设想方案,并大致估算实现这些方案所需的成本,经分析、对比,以其中最低的成本作为功能的评价值。

②实际价值标准法,是根据对同类产品的调查结果,从中选取成本最低者作为制定功能评价值的基准,这个基准就称为实际价值标准。利用这个预先制定的成本基准,就可以求出不同功能程度的产品的功能评价值。

③实际统计值评价法,是依靠大量的统计资料,算出历史上同类产品功能成本结构的一般比例关系,利用该比例关系,预测产品的功能评价值。

(2)功能目前成本(C)

功能的目前成本的计算与一般的传统的成本核算,既有相同点,也有不同之处。两者相同点是指他们在成本费用的构成项目上是完全相同的,如建筑产品的成本费用均是由人工费、材料费、施工机械使用费、其他直接费、施工管理费等构成;而两者的不同之处在于功能目前成本的计算是以对象的功能为单位,而传统的成本核算是以产品或零部件为单位,因此,在计算功能目前成本时,就需要根据传统的成本核算资料,将产品或零部件的目前成本换算为功能的目前成本。具体地讲,当一个零部件仅有一个功能时,该零部件的成本就是它本身的功能成本;当一项功能要由多个零部件共同实现时,该功能的成本就等于这些零部件的功能成本之和。当一个零部件具有多项功能或同时与多项功能有关时,就需要将零部件的成本分摊给各项有关功能,至于分摊的方法和比例,可根据具体情况决定。

(3)价值系数(V)

计算出功能评价值和功能的现实成本之后,即可按式(2-31)计算各功能的价值系数,其值可能为以下三种之一:

①$V = 1$,此时功能评价值等于功能目前成本。这表明评价对象的功能目前成本与实际功能所必需的最低成本大致相当,说明评价对象的价值为最佳,一般无需改进。

②$V < 1$,此时功能目前成本大于功能评价值。这表明评价对象的功能目前成本偏高,这时有两种可能,一种是由于存在过剩功能,另一种是功能虽无过剩,但实际功能的条件或方法不佳,以致实现功能的成本大于功能的实际需要。这两种情况都应列入功能改进的范围,并且以剔除过剩功能及降低目前成本为改进方向。

③$V > 1$,此时功能目前成本小于功能评价值。这表明评价对象的功能目前成本低于实现该功能所应投入的最低成本,从而评价对象功能不足,没有达到用户的功能要求,应适当增加成本,提高功能水平。

2.功能指数法

功能指数法,又称相对值法,是通过评定各对象功能的重要程度,用功能指数来表示其功能程度的大小,然后将评价对象的功能指数与相对应的成本指数进行比较,得出该评价对象的价值指数,从而确定改进对象,并求出该对象的成本改进期望值。其计算式见式(2-32)。

$$\text{价值指数(VI)} = \frac{\text{功能指数(FI)}}{\text{成本指数(CI)}} \tag{2-32}$$

功能指数法,也包括两大工作内容,即功能指数的计算和成本指数的计算。

(1)功能指数(FI)

功能指数是指评价对象功能(如零部件等)重要性程度在整体功能中所占的比重,又称功能评价系数、功能重要度系数等。功能指数的推算是一个定性与定量相结合的过程,其主要步骤是评定功能分值。

常用的评分方法有强制确定法、多比例评分法、环比评分法、逻辑流程评分法等。通过评分确定功能重要性程度,以得分多少来表示,然后计算其功能指数。强制确定法又分01评分法和04评分法。

功能指数的推算方法很多,常用的有以下几种:

①01评分法。

这种方法的做法是请一定数量的对产品熟悉的人员各自参加功能的评价,将各功能一一对比,重要者得1分,不重要者得0分。例如某个项目有四个分项工程,相互间进行功能重要性对比,以某一评价人员的评分为例,见表2-22。

01 评 分 法

表2-22

分项工程	A	B	C	D	得分	功能指数 FI
A	×	0	1	0	1	1/6
B	1	×	1	0	2	1/3
C	0	0	×	0	0	0/6
D	1	1	1	×	3	1/2
合计					6	1.0

②04评分法。

01评分法过于绝对化,04评分法将功能的相对程度分成0~4共5个等级,即0、1、2、3、4进行两两方案的比较:

a.非常重要的零件得4分,另一个相比的功能很不重要时得0分。

b.比较重要的功能得3分,另一个相比的功能不太重要时得1分。

c.两个功能同样重要则各得2分。

d.不太重要的功能得1分,另一个相比的功能比较重要时得3分。

e.功能很不重要的得0分,另一个相比的功能非常重要时得4分。

现以应用04评分法评价某一工程四个分项工程项目为例,见表2-23。

(2)成本指数(CI)

成本指数是指评价对象的目前成本在全部成本中所占的比重,计算式见式(2-33)。

$$第\ i\ 个评价对象的成本指数(CI) = \frac{第\ i\ 个评价对象的目前成本\ C_i}{全部成本\sum C_i} \quad (2\text{-}33)$$

04 评分法   表 2-23

分项工程	A	B	C	D	得分	功能指数 FI
A	×	1	4	1	6	0.25
B	3	×	2	1	6	0.25
C	0	2	×	0	2	0.0833
D	3	3	4	×	10	0.4167
合计					24	1.0

如表 2-24 所示,对某一工程四个分项工程进行了成本指数的计算。

成本指数的计算   表 2-24

分项工程	成本(万元)	成本指数	功能指数	价值指数
A	55	0.3929	0.25	0.6364
B	40	0.2857	0.25	0.8750
C	15	0.1071	0.0833	0.7778
D	30	0.2143	0.4167	1.9444
∑	140	1.0	1.0	

（3）价值指数（VI）

计算出功能指数和成本指数后,即可按式(2-32)计算各功能的价值指数,其值可能为以下三种之一:

①VI = 1,此时评价对象的功能比重与成本比重大致平衡,匹配合理,可以认为功能的目前成本是比较合理的。

②VI < 1,此时评价对象的成本比重大于功能比重,表明相对于系统内的其他对象而言,目前所占的成本偏高,从而会导致该对象的功能过剩。应将评价对象列为改进对象,改善方向主要是降低成本。

③VI > 1,此时评价对象的成本比重小于功能比重。原因可能有三个方面:

a. 由于目前成本偏低,不能满足评价对象实现其应具有功能的要求,致使对象功能偏低,这种情况应列为改进对象,改善方向是适当增加成本。

b. 对象目前具有的功能已超过了其应具有的水平,即存在过剩功能,这种情况也应列为改进对象,改善方向是降低功能水平。

c. 对象在技术、经济等方面具有某些特殊性,在客观上存在着功能很重要而需要耗费的成本却很少的情况,这种情况一般就不必列为改进对象。

七、方案创新与评价

1.方案创新方法

方案创新是从提高对象的功能价值出发,针对应改进的具体目标,依据已建立的功能系统图和功能目标成本,通过创造性的思维活动,提出实现功能的各种各样的改进方案。

方案创新是价值工程活动成败的关键,主要依赖于创造能力和创造性思维。在价值工程中常用的方案创新的方法有:头脑风暴法、歌顿法、专家意见法(德尔菲法)等。

(1)头脑风暴法(Brain Storming)

头脑风暴法,简称 BS 法,是邀请 5 ~ 15 个熟悉产品的人员以开小组会的方式进行,每个人各自提出方案的方法。

这种方法强调气氛融洽、轻松、愉快,要求会议的主持者头脑清楚,思维敏捷,作风民主,既善于活跃会议气氛,又善于启发引导,使到会者感到无拘无束,思路开阔。以这种方法提出方案的会议需要遵循一些原则,即不允许批评别人的设想,欢迎自由提出尽量多的方案,欢迎在别人的意见基础上补充和完善。经验证明,采用这种方法提方案比同样的人数单独提方案的方案数量要多 65% ~ 90% ,因而在实践中应用得很多。

头脑风暴的核心是:打破常规、积极思考、互相启发、集思广益。这种方法叫使获得的方案新颖、全面、富于创造性,并可以防止片面和遗漏。

(2)哥顿法(Gorden)

哥顿法,又称模糊目标法,是由美国人哥顿在 1964 年提出来的。这种方法的指导思想是把要研究的问题适当抽象,以利于开拓思路。在研究新方案时,会议主持人事先并不全部摊开要解决的问题,而是只对大家作一番抽象笼统的介绍,要求大家提出各种设想,以激发出有价值的改进方案。这种方法要求会议主持人机智灵活、提问得当,提问太具体,容易限制思路;提问太抽象,则方案可能离题太远。

(3)德尔菲(Delphi)法

德尔菲法,又称专家调查法,是将要研究的方案分解为若干内容,分送给各有关专家,使他们在互不商量的情况下提出各种建议和设想,经过整理分析后,归纳出若干个较合理的方案,再分送给各位专家进行分析研究。经过如此几次反复后,专家意见趋向一致,从而最后确定改进方案。这种方法的优点是专家互不见面,研究问题时间充裕,没有顾虑,可以不受约束地从各种角度提出意见。缺点是花费时间较长,缺乏面对面的交谈和商议。

2.方案评价

在方案创新阶段提出的设想和方案是多种多样的,并且一般数量也比较多,要对它们进行优选,就必须对各个方案的优缺点和可行性作分析、比较、论证和评价,并在评价过程中对有希望的方案进一步完善,这个过程就称为方案评价。

方案评价,包括概略评价和详细评价两个阶段。概略评价是对方案创新阶段提出的各个方案设想进行粗略评价,目的是淘汰那些明显不可行的方案,筛选出少数价值较高的方案,以供详细评价和作进一步的分析。详细评价是在掌握了大量数据资料的基础上,对概略评价获得的少数方案,从技术、经济、社会三个方面进行详细的评价分析,为提案的编写和审批提供依据。

方案评价的内容,包括技术评价、经济评价和社会评价。技术评价是对方案功能的必要性、必要程度(如性能、质量、寿命等)以及实施的可能性进行分析评价;经济评价是对方案实施的经济效果(如成本、利润、节约额等)的大小进行分析评价;社会评价是对方案给国家和社会带来的影响(如环境污染、生态平衡、国民经济效益等)进行分析评价。

在对方案进行评价时,无论是概略评价还是详细评价,都应包括技术评价、经济评价和社会评价三个方面的内容。一般可先作技术评价,再分别作经济评价和社会评价,最后作综合评价,最终选出最佳方案。方案评价示意图见图2-25。

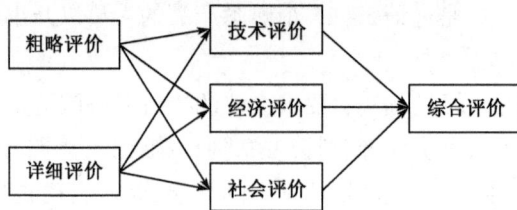

图2-25　方案评价示意图

3.综合评价方法

综合评价方法,主要分定性评价方法和定量评价方法,例如优缺点列举法就为一种定性评价方法,而定量评价方法有直接评分法和加权评分法等。

(1)优缺点列举法:是根据技术、经济、社会评价的项目,详细列出各方案质量、性能、成本等各方面的优缺点,并分析缺点能否克服,根据方案优缺点对比,评价选择最优方案。这种方法灵活简便,也利于全面考虑问题,但评价比较粗略,缺乏定量依据。

(2)直接评分法:是根据各种方案能够达到各项功能要求的程度,按十分制进行打分,然后算出每个方案达到功能要求的总分。比较各方案的总分,初步分出不用、保留、采纳的方案,然后再算出保留、采纳方案的成本,进行成本比较,决定最优方案。

(3)加权评分法:是一种用权数大小来表示评价指标的主次程度,用满足程度评分来表示方案的某项指标水平的高低,以方案评得的综合总分作为择优的依据。加权评分法的特点是同时考虑功能与成本两个方面的各种因素,以价值系数大者为最优。它主要包括四个步骤:

①确定评价项目及其重要度权数。

②确定各方案对各评价项目的满足程度评分。

③计算各方案的评分权数之和。

④计算各方案的价值系数,以较大者为优。

🌐 八、价值工程应用举例

价值工程是一种相当成熟和行之有效的管理技术与经济分析方法,一切发生费用的地方都可以用其进行经济分析和方案选择。工程建设需要大量的人、财、物,因而价值工程方法在工程建设领域得到了较广泛的应用,如优化设计方案、优化施工组织方案,对建筑材料、构配件及周转性工具材料的代换进行价值分析等,从而使项目取得较好的经济效益。

(本例引自参考文献[16])以某座大桥为例,应用价值工程的原理和方法,进行成本的控制。

1.对象的选择

正确选择价值工程的对象,是价值工程能否取得成效的第一步。价值工程对象选择的原则,从成本方面考虑,一般是选择其成本占总成本比重大的,只要这部分的成本降低。表2-25是某座桥梁的成本预算表。

某座桥梁的成本预算表 表 2-25

序号	项 目 名 称		单位	数量	单价 (元)	金额 (元)	费用小计 (元)	占总成本 的百分比
1	基础 工程	钻孔桩 φ1.0m	m	2719.28	616.19	1675593	2259760	32.59
		钻孔桩 φ1.20m	m	139.5	776.57	108332		
		Ⅰ级钢筋	t	10.081	3686.37	37162		
		Ⅱ级钢筋	t	120.135	3651.5	438673		
2	下部 构造	承台 C25 混凝土	m³	869.76	293.09	254918	676232	9.76
		承台Ⅰ级钢筋	t	0.41	3457.36	1418		
		承台Ⅱ级钢筋	t	35.865	3372.29	120947		
		墩台身 C25 混凝土	m³	17.9	399.18	7145		
		墩台身 C30 混凝土	m³	245.4	406.51	99758		
		墩台身Ⅰ级钢筋	t	4.674	3850.92	17999		
		墩台身Ⅱ级钢筋	t	23.919	3790.06	90654		
		台帽 C25 混凝土	m³	50.6	450.14	22777		
		台帽 C30 混凝土	m³	33.6	541.7	18201		
		台帽Ⅰ级钢筋	t	3.118	3850.92	12007		
		台帽Ⅱ级钢筋	t	8.023	3790.06	30408		
3	上部 构造	连续梁 C40 混凝土	m³	1403.3	630.01	884093	3997110	57.65
		连续梁 C50 混凝土	m³	504.3	665.1	335410		
		钢绞线	t	11.664	8651.68	100913		
		锚具	套	160	478.49	7656		
		上部构造Ⅱ级钢筋	t	507.682	3500.87	1777329		
		盆式支座及安装	个	35	11710.26	409859		
		伸缩缝	m	51	1851	94401		
		桥头搭板 C25 混凝土	m³	39.4	288.14	11353		
		搭板Ⅱ级钢筋	t	4.718	3616.8	17064		
		锥坡镇土	m³	316	94.71	29928		
		浆砌片石	m³	121	164.67	19925		
		泄水管	个	48	56.61	2669		
		混凝土护栏	m	848	361.48	30651		

由表 2-25 可以看出,上部结构包括现浇预应力连续箱梁、支座、伸缩缝、搭板、泄水管、护栏及其他七个分部,其工程成本费用占整座桥梁工程费用的 57.65%,我们如果以该部分为成本控制的重点,在保证质量和进度的要求下,优化其施工方案,降低其工程成本,进而降低整座桥梁工程的成本。因此,选择该大桥的上部结构作为开展 VE 活动的重点对象。

2.收集并整理有关资料

该桥上部结构主要分部工程成本见表 2-26。

主要分部工程成本 表 2-26

序号	项目名称	单位	数量	综合单价(元)	预算成本(元)
1	预应力混凝土连续梁箱梁	m³	1403.3	2212.927	3105401
2	盆式支座及安装	个	35	11710.26	409859
3	伸缩缝	m	51	1851	94401
4	桥头搭板混凝土	m³	89.4	875.5	78270
5	泄水管	套	48	55.61	2669
6	护栏	m	848	361.45	306510
合计				3997110	

3.功能定义和整理

（1）功能定义

桥梁上部结构的主要功能是：接受各种车辆通过时的荷载,保证各种车辆营运安全。

（2）功能整理

根据系统分析和功能定义,形成功能系统图,如图 2-26 所示。

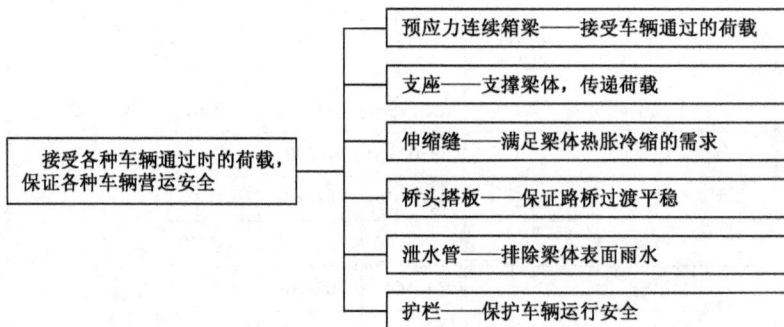

图 2-26 功能系统图

4.功能评价

本例采用功能指数法进行功能评价。

（1）求功能指数 FI

根据功能系统图,从 VE 活动小组成员和有丰富桥梁施工经验的工程师中选出 5 人做评价者,采用百分制,对各功能的重要性打分,求各功能指数 FI 见表 2-27。

各功能重要系数打分表 表 2-27

序号	功能名称	评分					评分合计	功能指数 FI
		1	2	3	4	5		
1	接受车辆通过的荷载	50	55	50	50	55	270	0.520
2	支撑梁体,传递荷载	10	15	15	10	15	65	0.130
3	满足梁体热胀冷缩的需求	10	8	13	10	8	49	0.098
4	保证路桥过渡平稳	6	4	10	6	7	33	0.066
5	排除梁体表面雨水	4	3	3	5	3	18	0.036
6	保护车辆运行安全	20	15	13	15	12	75	0.150
合计		100	100	100	100	100	500	1.000

（2）求成本指数 CI

经分析计算，确定各功能的实际分摊成本，按式（2-33）求出成本系数，见表2-28。

各功能分摊成本系数计算表 表2-28

序号	项目名称	预算成本（元）	各功能分摊的预算成本（元）					
			接受车辆通过的荷载	支撑体传递荷载	满足梁体热胀冷缩的需求	保证路桥过渡平稳	排除梁体表面雨水	保护车辆运行安全
1	预应力连续箱梁	3105401	3105401					
2	支座	409859		409859				
3	伸缩缝	94401			94401			
4	桥头搭板	78270				78270		
5	泄水管	2669					2669	
6	护栏	306510						306510
7	功能成本合计	3997110	3105401	409859	94401	78270	2669	306510
8	成本指数 FI	1.00	0.777	0.103	0.023	0.019	0.001	0.077

（3）求价值指数 VI

根据功能分析和成本分析计算出的功能指数和成本指数，按式（2-32）求价值指数，见表2-29。

各功能分摊成本指数计算表 表2-29

序号	功能名称	功能指数 FI	成本指数 CI	价值指数 VI
1	接受车辆通过的荷载	0.520	0.777	0.669
2	支撑梁体，传递荷载	0.130	0.103	1.262
3	满足梁体热胀冷缩的需求	0.098	0.023	4.261
4	保证路桥过渡平稳	0.066	0.019	3.474
5	排除梁体表面雨水	0.036	0.001	36
6	保护车辆运行安全	0.150	0.077	1.948

从表2-29分析看出，"接受车辆通过时的荷载"这一功能的价值指数 VI = 0.669 < 1，说明此功能现行预算成本太高，需加以改进，从而达到降低成本的目的。

5.制订改进方案

经 VE 小组成员深入调查分析发现，在实现"接受车辆通过时的荷载需求"这一功能的问题上，涉及到梁体施工支撑、内外模板制作安装、钢筋绑扎、成型、波纹管制作安装、预应力钢筋和钢绞线的穿束、混凝土拌和、运输、浇注、捣固和养生，以及预应力钢丝束的张拉、注浆、封堵锚栓孔等十几道工序，工序复杂，原材料和周转性材料消耗大，占用时间长，且因该桥上跨某高速、施工干扰大，技术难度高，施工安全问题突出，如果施工组织安排不当，便会导致成本过高。因此，在保证质量、进度目标前提下，优化施工方案，精心组织施工，严格工、料、机管理，才能提高工效，降低成本。

据此，召开由 VE 小组成员、桥梁工程师和施工管理人员参加的讨论会，集思广益，在原方案基础上提出改进措施，制订改进方案。

（1）确定改进方案的原则

①确保施工及行车安全。

②减少对高速公路行车的影响;尽量大限度保证行车道的净宽和净高;选择车辆密度最小时封闭上行或下行车道,减少施工干扰,提高工效;合理投入设备、材料、人员,缩短施工工期,节约成本。

③确保工程质量。

④采取防护措施,防止高速公路路面污染及破坏。

(2)措施

充分利用跨下穿的高速公路拼宽后六车道作为车辆绕行或现浇预应力箱梁支架基础的施工场地,保证施工期间行车道的路面宽度 10.75m 不变,确保行车及施工安全,经济合理地完成施工任务。

具体措施如下:

①根据施工现场的器材优势及地基情况,32m 跨的跨下穿高速公路部分拟采用 20m 跨度的梁柱式支架悬吊模板法进行施工,其余 12m 采用梁柱式支架顶部支撑法进行施工。该联的 20m 边跨,采用满堂支架法进行施工,模板均采用竹胶板。

②合理组织施工,在地基硬化、支架搭设、预压等前期工序安排上要考虑预压时的等待时间,衔接好各工序,形成流水施工,减少人员的等待时间。

③在地基硬化方面,利用现场多余土方和拆迁户遗留的房基土(碎砖土等)垫高原地面 30~50cm,并用压路机压实,将混凝土垫层厚度改为 10cm,充分利用现场 10 号槽钢做立柱垫铁,加大受力面积和整体性。

④部分钢管脚手架支架改为塔式支架,一方面减少支架用量,另一方面塔式支架安装方便,节省人工费用。

⑤通过对连续梁施工方案进行反复修改完善,并对其技术性、安全性、经济性等多方面进行分析评价,确定改善后的方案切实可行。

6. 组织实施及评价

针对新的方案实施过程中遇到的问题进行认真研究,采取对策措施,按照合理工期要求,运用网络计划技术,将方案和实施步骤纳入每一联的施工计划中。

实践证明,新方案切实可行,既保证了施工质量,又提高了工效;工程施工组织得力,人、财、物合理配置,工程进展顺利,保证了工期,节约了成本。

(1)各工序间安排合理,减少了施工人员的待工时间,节省人工费。

(2)在保证工程质量的前提下,利用材料之间的替代和现场废弃土石料,减少了材料费。

(3)通过采用塔式支架,减少了原普通钢管支架的连接点,节省了扣件,加快了搭设速度,节省了人工费,且因塔式支架比普通钢管支架强度高,使用数量减少 34t,共计节约成本总额 32 万元。

这一方法又应用于该项目的其他桥梁,同样取得了良好的经济效益和社会效益。

复习思考题

1. 解释单利、复利及其区别。

2. 举例说明名义利率和有效利率。

3. 说明现金流量图的绘制方法。

4.多方案之间的关系类型主要有哪些？其可比性原则有哪些？

5.不等寿命互斥方案比选方法有哪些？

6.有资金约束的独立方案有哪些评价方法？如何选择？

7.简述互斥方案增量分析方法的步骤。

8.父母决定从孩子的第一个生日开始，到第18个生日止，每个生日存入一笔资金，作为将来的教育经费，要求孩子在第18、19、20、21四个生日可各获得3000元，如果年利率10%，复利计算，问每个生日需存入多少？

9.某工程公司一台新施工机械，价值12万元，估计使用寿命6年，使用期末有残值，第一年使用费(燃料、润滑油、维修等费用)1.5万元，第二年使用费1.8万元，以后每年增加0.3万元，设年利率为12%，则这台施工机械等额年费用是多少？

10.如何理解资金和时间的关系，用实际例子来说明"时间就是金钱"这个概念。

11.用复利公式计算下列各题：

(1)现在存入银行1000元，年利率8%，求5年后的本利和。

(2)若年利率10%，要在8年后得2000元，现在需存入银行多少钱？

(3)某公司每年末存入银行10000元，若年利率6%，问10年后的本利和为多少？

(4)若年利率7%，要在8年后得到10000元，从现在开始每年应存入多少？

(5)现在借款8000元，10年内等额期末偿还，若年利率9%，每年应偿还多少？

(6)某工厂预计在10年内每年的盈利额年末累计为30000元，若年利率6%，其现值为多少？

12.已知年名义利率 $r=12\%$，计算下列各题：

(1)按月计算，2000元，存期6年，求本利和。

(2)按季度计息，每年存入4000元，求8年后的本利和。

(3)半年计息一次，每年收入2500元，10年收入的现值为多少？

(4)半月计息一次，5年归还2000元借款，每年还多少？

(5)现在支出1000元，此后6年中每年末又支出500元，而在第2年和第4年末各又支出800元，若年利率10%，求到第6年末的总支出。

13.某公司与外商谈判，拟向外商借款100万美元，年利率为7.5%，外商提出这笔贷款要在10年内还清本息，每年末等额偿还。在谈判时，外商提出每年应还本(100+10)=10万元，还利息(100×7.5)=7.5万元，因此该企业每年末共应偿还17.5万元，如该公司同意，即请签订合同。假如年利率7.5%是可以接受的，请你帮助决定该合同是否该签？如不能签，请你计算出以下几项数据来说明其理由：

(1)若接受年利率7.5%，实际每年应该偿还多少？

(2)若真的按每年17.5万元偿还，相当于实际的年利率为多少？

(3)若按7.5%的年利率每年偿还17.5万元，相当于初期实际贷款多少？

14.有甲、乙两银行，甲银行的名义利率为12%，按月计算复利；乙银行的名义利率为13%，按半年计算复利，试问向何家银行贷款较有利？

15.某单位向银行贷款10万元，年利率为5%，试问10年后的本利和为多少？如按半年计算，其有效利率以及本利和为多少？若按连续复利计算，其实际利率为多少？其本利和为多少？

16.三个互斥方案 A、B、C,寿命周期不等,各自的净现金流量如题表 2-1 所示,试进行方案的比选。基准折现率为 10%。

方案 A、B、C 的净现金流(单位:万元)　　　题表 2-1

方案 \ 年份	0	1	2	3	4	5	6
A	−1000	400	400	400	400		
B	−1400	700	700	700	700		
C	−2500	700	700	700	700	700	700

17.有 A、B 两种设备,A 设备使用寿命期为 6 年,投资 1000 万元,年经营成本前三年均为 550 万元,后三年均为 700 万元,期末净残值为 300 万元。设备 B 使用寿命期为 9 年,设备投资 1200 万元,年经营成本 9 年均为 500 万元,期末净残值为 450 万元,设基准收益率为 12%,试对设备进行选择。

18.某企业在 3 年前花 20000 元购置了一台设备,设备目前的实际价值为 10000 元,估计还能继续使用 5 年,有关资料见题表 2-2。

设备年使用费及年末残值表(单位:元)　　　题表 2-2

继续使用年限 t	1	2	3	4	5
年使用费	3000	4000	5000	6000	7000
年末残值	7000	5500	4000	2500	1000

现在市场上出现同类新型设备,新设备的原始费用为 15000 元,使用寿命估计为 10 年,有关资料见题表 2-3。

新设备年使用费及年末残值表(单位:元)　　　题表 2-3

使用年限 t	1	2	3	4	5	6	7	8	9	10
年使用费	1000	1500	2000	2500	3000	3500	4000	5000	6000	7000
年末残值	10000	8000	6500	5000	4000	3000	2000	1000	1000	1000

如果基准折现率为 10%,试分析计算:

(1)分别计算原设备和新设备的经济寿命。

(2)试分析该企业是否需要更新现有设备。

(3)若需更新,何时更新?

19.某投资方案的现金流量如题表 2-4 所示,基准折现率为 10%,要求:

(1)计算方案静态投资回收期、动态投资回收期、净现值和内部收益率。

(2)绘出 i 的现值 NPV(i) 函数的曲线。

某投资方案现金流量表　　　题表 2-4

年　份	现金流量(万元)	年　份	现金流量(万元)
0	−2500	2 ~ 10	1200
1	−2000		

20.某建设项目有两个投资方案,A 方案一次投资 200 万元,年经营费用 2.5 万元,使用寿

命认为无限长;B 方案一次投资 45 万元,年经营费用 5 万元,使用寿命 5 年,标准折现率为 10%。试问哪一方案较优?

21. 有 3 个独立方案 A、B、C,寿命期均为 10 年,现金流量如题表 2-5 所示。标准折现率按 8% 计算。

各方案现金流量表(单位:万元)　　　　　　　　　　　题表 2-5

方　案	初 始 投 资	年 净 收 益
A	3000	600
B	5000	850
C	7000	1200

(1)若 A、B、C 为互斥方案,且无资金限制时,请分别用内部收益率法、净现值法对方案进行选择。

(2)若 A、B、C 为独立方案,且在 12000 万元的资金限制下,请选出最优方案组合。

22. 什么是价值工程? 提高价值的途径有哪些?

23. 简述价值工程的实施步骤。

24. 功能分析是价值工程活动的一个重要环节,它包括哪些内容?

25. 进行价值分析时,怎样选择价值分析对象?

26. 产品进行价值分析后,如果其价值 V 较低,试说明应用何方法提高其价值 V?

27. 某产品由 3 个零部件构成,其功能评价与成本情况见题表 2-6。

功能评价与成本情况　　　　　　　　　　　　　题表 2-6

序　号	零 部 件	功 能 得 分	目前成本(元)
1	甲	10	30
2	乙	15	30
3	丙	25	40
合计		50	100

试分析需要改进的零部件应是哪个?

第三章
不确定性分析

在前面对投资项目进行经济评价时,所采用的各种基础数据,如投资、成本、产量、工期、价格等经济要素的取值,都来自预测和估计,尽管可以使用各种有效的方法进行预测或估计,但不可能与未来实际情况完全吻合,因而这些基础数据具有不确定性。

造成不确定性的主要因素,一是由于科学技术的进步和经济、政治形势的变化使各种经济要素(如价格、销售量)发生变化;二是由于预测或估算时缺乏足够的准确信息或预测方法的误差,使预测结果(如交通量、投资)与实际不符。

由于基础数据的不确定性,从而使得投资项目经济评价的指标值和作出的决策都带有不确定性。如果基础数据的变化很大,则可能导致项目投资的失败和工程决策的失误。为了提高经济评价的可靠性和经济决策的科学性,就需要在确定性评价的基础上,进一步进行不确定性分析。

不确定性分析,就是通过对拟建项目具有较大影响的不确定性因素进行分析,计算基础数据的增减变化引起项目财务或经济效益指标的变化,找出最敏感的因素及其临界点,预测项目可能承担的风险,使项目的投资决策建立在较为稳妥的基础上。

第一节 ▷ 盈亏平衡分析

一、盈亏平衡分析概念与作用

盈亏平衡分析是指项目达到设计生产能力的条件下,通过盈亏平衡点(Break Even Point, BEP)分析项目成本与收益的平衡关系,是财务分析中常用的不确定性分析方法。

1. 成本的概念

生产企业的总成本一般可分为固定成本和可变成本,可变成本是随产量的增减而变化的。相对地,固定成本则可视为一个常量。

(1)固定成本

固定成本,主要包括:工资(计件工资除外)、折旧费、无形资产及其他资产摊销费、修理费和其他费用等,为简化计算,一般也将财务费用作为固定成本。

(2)可变成本

可变成本,主要包括:原材料、燃料、动力消耗、包装费和计件工资等。可变成本等于单位产品的可变成本乘以该产品的产量。

(3)总成本

固定成本与企业年内所生产的全部产品的可变成本之和称为总成本。

2.盈亏平衡点的概念

盈亏平衡点是根据正常生产年份的产量或者销售量、可变成本、固定成本、产品价格和销售税金及附加等数据,计算销售收入正好等于总成本费用,即利润等于零时的临界点,它是项目盈利与亏损的转折点,它反映了项目对市场变化的适应能力和抗风险能力。盈亏平衡点越低,表明项目适应市场变化的能力越强,抗风险能力越大;反之,项目适应市场变化的能力越小,抗风险能力越弱。根据项目的收益成本与产品产量的函数关系,可分为线性盈亏平衡点和非线性盈亏平衡点,可分别见图3-1、图3-2。

二、线性盈亏平衡分析

当产品销售收入、产品成本与销售量(产量)呈线性关系时,称线性盈亏平衡分析。

线性盈亏平衡分析有以下四个假定条件:

(1)产量等于销售量,即当年生产的产品(服务,下同)当年销售出去。

(2)产量变化,单位可变成本不变,从而总成本费用是产量的线性函数。

(3)产量变化,产品售价不变,从而销售收入是销售量的线性函数。

(4)按单一产品计算,当生产多种产品,应换算为单一产品,不同产品的生产负荷率的变化应保持一致。

根据盈亏平衡点的概念,当项目达到盈亏平衡状态时,其总收益与总成本恰好相等。计算式见式(3-1)。

$$TR = TC \tag{3-1}$$

式中:TR——项目的总收益;

TC——项目的总成本。

假设 Q 表示产量,F 表示固定成本,V 表示单位可变成本,P 表示单位产品的价格,则

$$TR = PQ$$
$$TC = F + VQ(固定成本 + 可变成本)$$

因此当达到盈亏平衡时有

$$PQ = F + VQ$$

若单位产品销售税金及附加为 t,则

$$(P - t)Q = F + VQ$$

可解出

$$BEP(Q) = \frac{F}{P - t - V} \tag{3-2}$$

$BEP(Q)$ 为盈亏平衡产量,若 Q^* 表示企业生产的最小规模,当产量 $Q^* < BEP(Q)$ 时,就要亏损。具体如图3-1 所示。

盈亏平衡点(BEP)除经常用产量表示外,还可以用生产能力利用率、单位产品价格等指标来表示。其具体表达式见式(3-3)和式(3-4)。

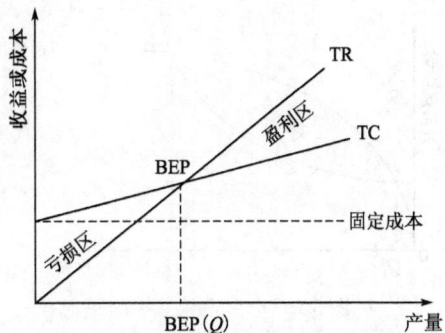

图 3-1　线性盈亏平衡图

$$\text{BEP}(\text{生产能力利用率}) = \frac{\text{BEP}(Q)}{Q_0} \times 100\% \qquad (3\text{-}3)$$

式中：Q_0——设计生产能力。

一般一个项目建成投产后，需经过一段时间才能达到设计生产能力，在达到生产能力之前并不是说项目都是亏损的。生产能力利用率大于平衡点 BEP（生产能力利用率）就可盈利。BEP（生产能力利用率）越小，表示生产能力利用率很小就可盈利，则项目的可靠性就越大。一般情况下 BEP（生产能力利用率）<70% 时，就认为该项目已具备相当的抗风险能力。

$$\text{BEP}(\text{单位产品价格}) = \frac{F + VQ_0}{Q_0} + t \qquad (3\text{-}4)$$

产品销售价格是由市场上的供求关系确定的。随着竞争的加剧，市场价格有不断下降的趋势。但是当产品价格低于盈亏平衡价格，即低于单位产品可变成本和固定成本及税金之和时，企业就会亏损，长期下去就会破产。因此，在市场竞争中，哪个企业拥有价格上的优势，即价格盈亏平衡点低，哪个企业在竞争中就会立于不败之地。

【**例 3-1**】某项目设计年产量为 12 万吨，已知每吨销售价格为 770 元，每吨产品的税金为 150 元，单位产品的可变成本为 250 元，年总固定成本为 1500 万元。求盈亏平衡时的产量与生产能力利用率。

【**解**】盈亏平衡时的产量为

$$\text{BEP}(Q) = \frac{15000000}{770 - 150 - 250} = 40540.54(吨)$$

盈亏平衡时的生产能力利用率为

$$\text{BEP}(\text{生产能力利用率}) = \frac{40540.54}{120000} \times 100\% = 33.78\%$$

从计算结果看，BEP（生产能力利用率）<70%，BEP（Q）=4.05（万吨），远小于设计年产量 12 万吨，故项目的抗风险能力较强。

三、非线性盈亏平衡分析

在实际生产经营过程中，产品的销售收入与销售量之间，成本费用与产量之间，并不一定呈现出线性的关系。比如当项目的产量在市场中占有较大的份额时，其产量的高低可能会明显影响市场的供求关系，从而使得市场价格发生变化；再比如根据报酬递减规律，可变成本随着生产规模的不同而与产量呈非线性的关系，在生产中还有一些辅助性的生产费用（通常称为半变动成本）随着产量的变化而呈梯形分布。由于这些原因，造成产品的销售收入和总成本与产量之间存在着非线性的关系，在这种情况下进行的盈亏平衡分析称为非线性盈亏平衡分析。

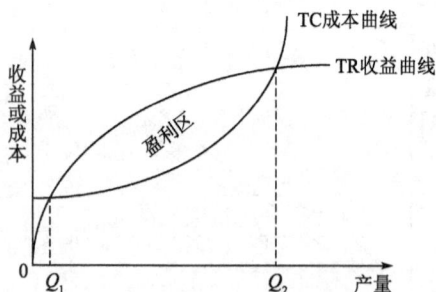

图 3-2 非线性盈亏平衡图

非线性盈亏平衡分析的基本过程如下：

在图 3-2 中，当产量小于 Q_1 或大于 Q_2 时，项目都处于亏损状态；只有当产量处于 $Q_1 \leq Q \leq Q_2$ 时，项目才处在盈利区域，因此 Q_1 和 Q_2 是项目的两个盈亏平衡点。其解法如下：

假设产品的产量等于其销售量，均为 Q，则产品的销售收益和总成本与产量的关系可表

示为

$$TR(Q) = a_1 Q^2 + b_1 Q + c_1$$

$$TC(Q) = a_2 Q^2 + b_2 Q + c_2$$

式中：a_1、b_1、c_1、a_2、b_2、c_2——系数。

根据盈亏平衡点的定义，$TR(Q) = TC(Q)$。

代入整理后得到

$$(a_1 - a_2)Q^2 + (b_1 - b_2)Q + (c_1 - c_2) = 0$$

解此一元二次方程，得到两个解即分别为 Q_1 和 Q_2，也即求出了项目盈亏平衡点的产量。

另外，根据利润的表达式

$$利润 = 收益 - 成本 = TR - TC$$

通过求上式对产量的一阶导数并令其等于零，即

$$\frac{d(TR - TC)}{dQ} = 0$$

还可以求出使得利润为最大时的产量水平 Q_{max}，Q_{max} 又称为最大盈利点。

第二节 ▶ 敏感性分析

敏感性分析是经济决策中一种常用的不确定性分析方法，它是通过分析、预测各种不确定因素发生变化时对项目基本方案经济评价指标的影响，找出敏感因素，估计项目效益对它们的敏感程度，粗略预测项目可能承担的风险，为进一步的风险分析打下基础。

一、敏感性分析的一般步骤

敏感性分析的一般步骤如下：

（1）根据项目特点，选择对项目效益影响较大且重要的不确定因素。经验表明，产出物价格、建设投资、主要投入物价格或可变成本、生产负荷、建设工期及汇率等是主要的不确定性因素。

（2）选择不确定性因素的可能变化范围和增减量，一般选择不确定因素变化的百分率为 $\pm 5\%$、$\pm 10\%$、$\pm 15\%$、$\pm 20\%$、$\pm 30\%$ 等；对于不便用百分数表示的因素，例如建设工期，可采用延长一段时间表示，如延长一年。

（3）选定评价方法中一个或几个主要指标，如内部收益率、净现值、净年值等指标进行敏感性分析。

（4）根据评价方法，一般先计算出基本情况下的评价指标，然后使选定的因素在确定的范围内变化，并计算出相应的评价指标，必要时编制敏感性分析表和敏感性分析图，并对分析结果进行文字说明。

（5）计算敏感度系数和临界点，并编制敏感度系数和临界点分析表。

敏感度系数是指项目评价指标变化的百分率与不确定因素变化的百分率之比。敏感度系

数高,表示项目效益对该不确定因素敏感程度高。计算公式见式(3-5)。

$$S_{AF} = \frac{\Delta A/A}{\Delta F/F} \tag{3-5}$$

式中:S_{AF}——评价指标 A 对于不确定因素 F 的敏感系数;

$\Delta F/F$——不确定因素 F 的变化率;

$\Delta A/A$——不确定因素 F 发生 Δ 变化率时,评价指标 A 的相应变化率。

$S_{AF} > 0$,表示评价指标与不确定因素同方向变化;$S_{AF} < 0$,表示评价指标与不确定因素反方向变化。$|S_{AF}|$ 较大者敏感度系数高。

临界点是指不确定性因素的变化使项目由可行变为不可行的临界数值,可采用不确定性因素相对基本方案的变化率或其对应的具体数值表示。在一定的基准折现率下,临界点越低,说明该因素对项目评价指标影响越大,项目对该因素就越敏感。

临界点计算可以使用试算直线内插法,也可用计算机软件的函数或图解法求得。由于项目评价指标的变化与不确定因素变化之间不是直线关系,当通过敏感性分析图求得临界点的近似值时,有时有一定误差。

(6)根据以上计算结果进行分析,按不确定性因素的敏感程度进行排序,找出最敏感的因素。分析敏感因素可能造成的风险,并提出应对措施。

当不确定因素的敏感度很高时,应进一步通过风险分析,判断其发生的可能性及对项目的影响程度。

二、单因素敏感性分析

实施敏感性分析,一般都要考虑几个可变因素,单因素敏感性分析通常假设各因素之间是相互独立的,每次只研究一项可变因素,其他因素则保持不变。为了找出关键的敏感性因素,通常多进行单因素敏感性分析。下面就单因素敏感性分析举例说明。

【例3-2】 某项购买租赁资产的方案,最基本的税前分析如下:该方案初始费用为50000元,出租年收入为6000元,年维修费用为1000元,投资年限为6年,6年后转卖价值为60000元,资金成本 i 为10%。其中,初始费用和投资年限是固定的,现就其他四种因素为变量因素对该项目的净年值的影响进行单因素敏感性分析。

【解】 净年值 $NAV = -50000(A/P, i, 6) + (B - C) + S(A/F, i, 6)$ ①

在基本情况下

$NAV = -50000(A/P, 10\%, 6) + (6000 - 1000) + 60000(A/F, 10\%, 6)$

$= -50000 \times 0.2296 + 5000 + 60000 \times 0.1296$

$= 1296(元)$

根据①式,可计算变量因素在一定范围内变化时,净年值 NAV 的变动情况。表中 NAV 的计算过程如下:

假设年收入 B 变动20%,其他因素不变,则此时年收入为 $6000 \times (1 + 20\%) = 6000 \times 1.2 = 7200$,代入净年值计算公式即可求出 $NAV = 2496$。其他变量计算过程相同。计算结果见表3-1。

单因素敏感性分析表（NAV 变动情况） 表 3-1

因素 \ 变化率	−30%	−20%	−10%	0	+10%	+20%	+30%
年收入 B	−504	96	696	1296	1896	2496	3096
年维修费 C	1596	1496	1396	1296	1196	1096	996
转卖价值 S	−1037	−260	518	1296	2074	2851	3629
资金成本 i	2898	2363	1829	1296	764	232	−296

根据上述数据,可作出单因素敏感性分析图,如图 3-3 所示。敏感度系数和临界点分析见表 3-2。

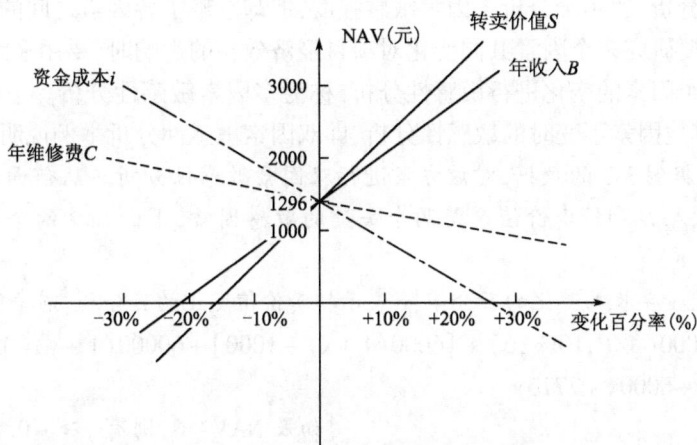

图 3-3　单因素敏感性分析图

敏感度系数和临界点分析表 表 3-2

序号	不确定因素	变化率(%)	净年值(元)	敏感度系数	临界点(%)	临界值
—	基本方案		1296			
1	年收入 B	+10	1896	4.63	21.6	4704
2	年维修费 C	+20	1096	0.77	129.6	2296
3	转卖价值 S	+20	2851	6.0	16.7	49980
4	资金成本 i	+20	232	4.1	24	12.4%

由敏感性分析图表、敏感度系数和临界点计算表可知,转卖价值 S 变化幅度最大,是最敏感的因素,当转卖价值下降幅度超过 16.7% 时,净年值将为负,该方案由可行变为不可行。而转卖价值是对租赁资产未来市场形势的一种估计,投资者自己无法控制该指标。因此,对未来市场形势不宜作太乐观的估计。

年收入 B 对净年值的影响程度仅次于 S。而租金收入,与该设备所生产产品的市场价格及该设备租赁市场的供求关系有关,如果用该设备生产的产品市场行情看好,能给承租人带来较高的收益,则承租人愿意付较高的租金。同时,年租金水平的高低,还受该设备的实际市场价格制约,租金定得太高,使承担人有租不如买的感受时,设备就无法出租了。因此,年租金收入水平不仅与目前设备市场状况有关,也与用该设备生产的产品市场状况有关。不过该指标上、下变动 20%,年净收益仍为正,对方案的决策结果影响不大。

第三敏感的因素就是资金成本,影响资金成本的因素有:行业平均利润率、通货膨胀率、预期风险等,在通货膨胀率较高的年份,这样的投资不宜做。因为资金成本增加20%,为12%时,该项目的年净收益只有232元,根据敏感度系数及临界点的计算表可以看出,如果资金成本继续增大到12.4%时,年净收益将会由正变负,投资项目就会亏损。

最不敏感的因素是年维修费用。

通过上述分析,该方案的收益水平直接受到相关市场发展的影响和对未来经济形势的正确估计,只有经过深入地市场调查研究,作出合理地预测,才能决定该方案是否可行。

三、多因素敏感性分析

单因素敏感分析,适用于分析各因素敏感强度,但却忽略了各因素之间的关系及联动变化的可能性。当需要研究多个因素共同变化对项目经济效益的影响时,要用多因素敏感性分析。如果同时考虑多个因素的变化进行敏感性分析,称为多因素敏感性分析。下面就两个因素同时考虑变化,而其他因素不变时的敏感性分析,即双因素敏感性分析举例说明。

【例3-3】根据例3-2的数据,对该方案进行双因素敏感性分析。从前面的单因素敏感性分析中可知,年收入 B 和转卖价值 S 是两个关键的敏感因素,下面就这两个因素来进行敏感性分析。

【解】设 x 表示年收入变化的百分率,y 表示转卖价值变化的百分率,则净年值可以表示为

$$NAV = -50000(A/P,10\%,6) + [6000(1+x) - 1000] + 60000(1+y)(A/F,10\%,6)$$
$$= 1296 + 6000x + 7776y$$

如果 $NAV \geq 0$,则有 $y \geq -0.167 - 0.77x$

如果年收入不发生变化,即 $x = 0$,则只要 $y \geq -16.7\%$ 都是允许的(即 $NAV \geq 0$);同理,如转卖价值不发生变化,即 $y = 0$,则只要 $x \geq -21.68\%$ 都是允许的($NAV \geq 0$)。如果 $x = 0$,同时 $y = 0$,则 $NAV = 1296$(元)

说明在正常情况下该项目是可以接受的。项目评价结果的敏感性可用图3-4表示。

图3-4中的粗斜线为净年值 NAV 随两个参数而变化的"敏感性面"与 x-y 平面的交线,该交线称为损益平衡线。在该线的上方为盈利区

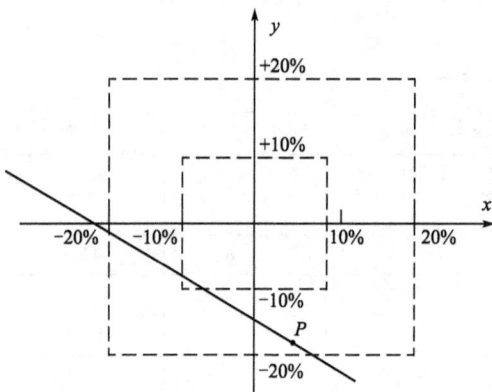

图3-4 两个参数同时变化的敏感性分析图

($NAV > 0$),下方为亏损区($NAV < 0$)。例如年收入 B 与转卖价值 S 的增加值位于 P 点,其坐标为:$x = 5\%$,$y = -18\%$,即当年收入增加5%,同时转卖价值减少18%时,则净年值 NAV 将出现负值。当 x 及 y 的变化幅度在 ±10% 或 ±20% 以内(见图3-4中的虚方框线)时,该项目 $NAV < 0$ 的概率可近似认为等于斜线下方的三角形面积与方框线所围总面积的比值,根据此比值即能判断出项目的净年值 NAV 随年收入和转卖价值而变化的敏感性。

本例中当 x 及 y 的变化幅度在 ±10% 范围时

$P_r(NAV < 0) = 0.01$

即 $NAV < 0$ 的概率为0.01,此时,NAV 对年收入和转卖价值不敏感。

当 x 及 y 的变化幅度为 ±20% 范围时

$P_r(\text{NAV} < 0) = 0.15$

即 NAV < 0 的概率为 0.15,此时 NAV 对年收入和转卖价值的变化较为敏感,但该方案仍然可以接受,因为净年值小于零的风险不到 20%(只有 15%)。

第三节 ▷ 概 率 分 析

一、概率分析概念及一般步骤

概率分析是在对不确定因素的概率大致估计下,研究和计算各种经济效益指标的期望值(或方差、标准差等)及风险程度的一种方法。一般用决策树来确定一个方案多种状态的收益及概率。

概率分析的一般步骤如下:

(1)确定影响项目效益的主要不确定因素(投资、效益、成本等),并假定相互独立。

(2)确定这些因素可能的取值及概率分布。

(3)计算每一状态可能发生的概率及事件发生时的评价指标值。

(4)计算评价指标的期望值(或方差、标准差),期望值、方差、标准差的计算式见式(3-6)~式(3-8)。

期望值

$$E(\text{NPV}) = \sum P(N) \times \text{NPV}_N \tag{3-6}$$

方差

$$\text{Var}(\text{NPV}) = E[(\text{NPV})^2] - [E(\text{NPV})]^2 \tag{3-7}$$

标准差

$$\text{SD}(\text{NPV}) = \sqrt{\text{Var}(\text{NPV})} \tag{3-8}$$

(5)计算评价指标可行的累计概率。

二、离散型随机变量的概率分析

当输入变量可能值为有限个数,这种随机变量称为离散随机变量,其概率称离散概率,它适用于变量取值个数不多的输入变量。下面举一例说明其分析方法。

【例 3-4】某工程项目拟投资 10 万元,每年的净现金流量预计是确定性的 2.8 万元,由于进行了细致的调查与预测,投资和每年的净现金流可看做是固定不变的,而投资寿命是随机的,专家估计是在 4~10 年之间,其概率分布如表 3-3 所示,其概率的合计值为 1。

概 率 分 布
表3-3

可能的使用年限 N	4	5	6	7	8	9	10
概率 $P(N)$	0.10	0.15	0.20	0.25	0.15	0.10	0.05

设基准折现率为 15%,试求该项投资净现值大于零的概率、净现值的期望值及方差。

【解】使用年限为 N 的净现值计算公式为

$\text{NPV}_N = -10 + 2.8(P/A, 15\%, N)$

净现值期望值、方差和标准差公式分别见式(3-6)、式(3-7)和式(3-8),可以用电子表格算出结果,如表3-4所示。

不同使用年限的净现值及概率计算 表3-4

N ①	NPV_N ②	$P(N)$ ③	$E(\text{NPV})$ ④＝②×③	$(\text{NPV})^2$ ⑤＝②²	$E[(\text{NPV})^2]$ ⑥＝③×⑤
4	-2.006	0.1	-0.2006	4.0240	0.4024
5	-0.6138	0.15	-0.0921	0.3768	0.0565
6	0.5966	0.2	0.1193	0.3559	0.0712
7	1.6491	0.25	0.4123	2.7195	0.6799
8	2.5644	0.15	0.3847	6.5761	0.9864
9	3.3604	0.1	0.3360	11.2923	1.1292
10	4.0526	0.05	0.2026	16.4236	0.8212
$E(\text{NPV})=1.1623$				$E[(\text{NPV})^2]=4.1468$	

由表3-4得出如下结果。

净现值的期望值为:

$E(\text{NPV})=1.1623(万元)$

方差为:

$\text{Var}(\text{NPV})=4.1468-1.1623^2=2.7959(万元)^2$

标准差为:

$\text{SD}(\text{NPV})=\sqrt{\text{Var}(\text{NPV})}=\sqrt{2.7959}=1.6721(万元)$

从表中可看出净现值大于零的概率为

$P_r(\text{NPV}\geqslant0)=1-0.1-0.15=0.75$

该项目有75%的可能性达到或超过预期投资收益水平,但仍有一定的风险。通常可用标准差与期望值之比来表示风险的程度,即

$$\frac{\text{SD}(\text{NPV})}{E(\text{NPV})}=\frac{1.6721}{1.1623}=1.4386$$

标准差是期望值的一倍多,有一定的风险,但风险不大。

🌐 三、决策树分析法

决策树分析法是直观运用概率分析的一种图解方法。它主要是用于对各投资方案的状态、概率和收益进行比选,为决策者选择最优方案提供依据。决策树法特别适用于多阶段决策分析,也可用于一般的概率分析,判断某项目的可行性及所承担风险的大小。

决策树一般由决策点、机会点、方案枝、概率枝等组成。□代表决策点,从决策点画出的每条直线代表一个方案,叫作方案枝。○代表机会点,从机会点画出的每条直线代表一种自然状态,叫概率枝,代表将来的不同状态。为了便于计算,一般对决策树中的□和○都进行编号,编号的次序从左到右,从上到下。

【例3-5】某项目总投资额为2000万元,建设期为1年,项目在正常年份经营利润有三种可能:300万元、400万元与600万元,各自的概率为0.3、0.4、0.3;项目经营年限也有三种可

能:7 年、10 年与 15 年,各自的概率为 0.2、0.45、0.35。折现率为 12%,试用决策树法求净现值的概率分布和特征值,判断该项目的可行性及所承担风险的大小。

【解】首先画出决策树(或叫概率树)图,如图 3-5 所示。

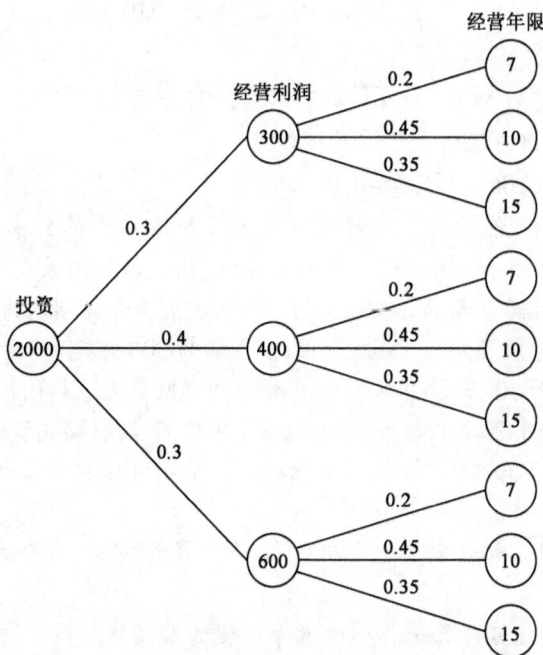

图 3-5 概率树示意图

净现值的表达式为:

$$NPV = 年经营利润(P/A, 12\%, N) - 2000$$

从图中看出净现值 NPV 共有 9 种组合的可能,用电子表格可计算出各种可能状态下的净现值及发生的概率,并可计算出方差、标准差等特征值,如表 3-5 所示。

可能状态下的净现值及发生的概率、特征值   表 3-5

组合序号	净 现 金 流			净现值 NPV	概率	$E(NPV)$	$(NPV)^2$	$E[(NPV)^2]$
	投资	经营利润	经营年限 N					
1	−2000	300	7	−631	0.06	−37.85	397984	23879
2	−2000	300	10	−305	0.135	−41.17	92988	12553
3	−2000	300	15	43	0.105	4.54	1872	197
4	−2000	400	7	−174	0.08	−13.96	30443	2435
5	−2000	400	10	260	0.18	46.81	67642	12175
6	−2000	400	15	724	0.14	101.41	524697	73458
7	−2000	600	7	738	0.06	44.30	545057	32703
8	−2000	600	10	1390	0.135	187.67	1932434	260879
9	−2000	600	15	2087	0.105	219.09	4353649	457133
	$E(NPV) = 510.84$						$E[(NPV)^2] = 875413$	

该项目净现值的期望值为

$$E(\text{NPV}) = 510.84(万元)$$

方差为

$$\text{Var}(\text{NPV}) = E\big[(\text{NPV})^2\big] - \big[E(\text{NPV})\big]^2 = 875413 - 510.84^2 = 614455(万元^2)$$

标准差为

$$\sigma = \text{SD}(\text{NPV}) = \sqrt{\text{Var}(\text{NPV})} = \sqrt{614455} = 783.87(万元)$$

从表 3-5 中可以看出净现值大于零的概率为

$$P_r(\text{NPV} \geq 0) = 1 - 0.06 - 0.135 - 0.08 = 0.725$$

该项目有 72.5% 的可能性达到或超过投资基准折现水平的要求,其平均值为 510.84 万元,标准差是平均值的 1.5 倍,故该项目有一定风险,仍应谨慎决策。

【例 3-6】某项目有两个备选方案 A 和 B,两个方案的寿命期均为 10 年,生产的产品也完全相同,但投资额及年净收益均不相同。A 的投资额为 500 万元,其年净收益在产品销路好时为 150 万元,销路差时为 50 万元;B 方案的投资额为 300 万元,其年净收益在产品销路好时为 100 万元,销路差时为 10 万元。根据市场预测,在项目寿命期内,产品销路好的可能性为 70%,销路差的可能性为 30%,试根据以上资料用决策树方法对方案进行比选,已知标准折现率为 10%。

【解】先画出决策树,此题中有一个决策点,两个备选方案,每个方案又面临两种状态,如图 3-6 所示。

从决策图中很容易就可计算出各个方案净现值的期望值。

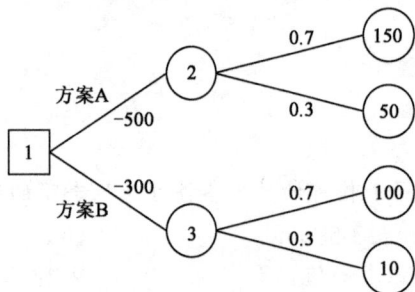

图 3-6 决策树结构图

方案 A 的净现值的期望值为

$$[150(P/A,10\%,10) - 500] \times 0.7 + [50(P/A,10\%,10) - 500] \times 0.3 = 237.35(万元)$$

方案 B 的净现值的期望值为

$$[100(P/A,10\%,10) - 300] \times 0.7 + [10(P/A,10\%,10) - 300] \times 0.3 = 148.56(万元)$$

从计算结果分析,应选择净现值期望值大的方案。故应选择 A 方案。

四、连续型随机变量的概率分析

当输入变量的取值充满一个区间,无法按一定次序一一列举出来时,这种随机变量称连续随机变量,其概率称连续概率,常用的连续概率分布有正态分布、对数正态分布、泊松分布、三角分布、二项分布等。各种状态的概率取值之和等于 1。

在不确定情况下,也可以把项目的净现金流量 F_t 看成是连续的随机变量,它可能又是其他随机变量,如价格、销售量和成本的函数,因此,很难用分析的方法确定净现金流量的分布。我们通常给出它们的特征值,再在一定的假设条件下求判据指标的特征值。

设净现金流量 $F_t(t = 0,1,2,\cdots,N)$ 是服从某种分布的连续型随机变量,那么净现值 NPV 也是随机变量,计算式见式(3-9)。

$$\text{NPV} = \sum_{t=0}^{N} F_t(1 + i)^{-t} \tag{3-9}$$

那么,净现值的期望值为

$$E(\text{NPV}) = \sum_{t=0}^{N} E(F_t) \cdot (1 + i)^{-t} \tag{3-10}$$

当 F_t 相互独立时,净现值的方差有

$$\text{Var}(\text{NPV}) = \sum_{t=0}^{N} \text{Var}(F_t) \cdot (1 + i)^{-2t} \tag{3-11}$$

式中:$E(F_t)$、$\text{Var}(F_t)$——分别表示随机变量 F_t 第 t 年净现金流量的期望值和方差。

【例3-7】如果已知某项目的年净现金流量相互独立,它们的期望和标准差如表3-6所示。基准收益率为15%,求项目净现值的期望值和标准差及净现值小于零的概率。

项目的年净现金流量(单位:万元)　　　　　　　　　　　　表3-6

年末	净现金流量的期望值	净现金流量的标准差
0	−7000	0
1	3500	600
2	3000	500
3	2800	400

【解】代入以上公式得净现值的期望值

$$
\begin{aligned}
E(\text{NPV}) &= \sum_{t=0}^{3} E(F_t) \cdot (P/F, 15\%, t) \\
&= -7000 + 3500 \times 0.8696 + 3000 \times 0.7561 + 2800 \times 0.6575 \\
&= 153(\text{万元})
\end{aligned}
$$

方差

$$
\begin{aligned}
\text{Var}(\text{NPV}) &= \sum_{t=0}^{3} \text{Var}(F_t) \cdot (P/F, 15\%, t)^2 \\
&= 0 + 600^2 \times 0.8696^2 + 500^2 \times 0.7561^2 + 400^2 \times 0.6575^2 \\
&= 484324(\text{万元}^2)
\end{aligned}
$$

标准差

$$\text{SD}(\text{NPV}) = \sqrt{484\ 324} = 696(\text{万元})$$

如果净现值 NPV 服从正态分布,那么

$$Z = \frac{\text{NPV} - E(\text{NPV})}{\text{SD}(\text{NPV})}$$

服从标准正态分布。

$$P_r\{\text{NPV} \leqslant 0\} = P_r\left\{Z \leqslant \frac{0 - 153}{696} = -0.22\right\},\text{查标准正态分布表得}$$

$$P_r\{\text{NPV} \leqslant 0\} = P_r\{Z \leqslant -0.22\} = 0.4129$$

所以,投资方案净现值小于零的概率为41.29%。

五、蒙特卡罗模拟法

在前面的离散型和连续型随机变量的风险分析中,往往只能解决比较简单的问题,比如只有净现金流量或寿命期是随机变量,效益指标是净现值(或净年值)而不是收益率等。但若遇到比较复杂的问题,如净现金流量、寿命期及贴现率等都是随机变量,这时求净现值(或内部收益率)的概率分布,问题就变得非常复杂和难以求解。而蒙特卡罗模拟法却能很方便地解

决这类问题。

蒙特卡罗模拟法又称随机模拟法或统计试验法,是一种通过对随机变量进行统计试验和随机模拟,求解数学、物理以及工程技术等有关问题的近似的数学求解方法。它是用随机抽样的方法抽取一组满足输入变量的概率分布特征的数值,输入这组变量计算项目评价指标,通过多次抽样计算可获得评价指标的概率分布及累计概率分布、期望值、方差、标准差,计算项目可行或不可行的概率,从而估计项目投资所承担的风险。模拟过程如下:

(1)通过敏感性分析,确定风险变量。

(2)构造风险变量的概率分布模型。

(3)为各输入风险变量抽取随机数。

(4)将抽得的随机数转化为各输入变量的抽样值。

(5)将抽样值组成一组项目评价基础数据。

(6)根据基础数据计算出评价指标值。

(7)整理模拟结果所得评价指标的期望值、方差、标准差和它的概率分布及累计概率,绘制累计概率图,计算项目可行或不可行的概率。

下面通过例题来学习蒙特卡罗模拟分析法。

【例3-8】某企业拟在生产线上安装一台电子秤,以提高产品包装质量。安装后,预计可减少包装损失2500元。电子秤的初始投资(含购买、安装等)呈正态分布,均值15000元,标准差1500元;寿命期12到16年,服从均匀分布。设基准折现率为12%,期末残值为零。试用模拟法分析该方案净现值的概率分布,并进行风险评估。

【解】为了便于说明问题,本例题只进行了10次模拟试验,实际上为了获得足够精确的分析结果,可能要进行几百次的模拟。模拟的过程及计算表格如下。

(1)随机抽取初始投资和寿命期的样本资料

在模拟法中,随机变量的变化是通过随机数来模拟的,即由随机数发生器(多数计算器具有此功能)产生随机数,然后根据随机变量的概率分布将随机数转换为相应的随机变量取值。随机数通常在$[0.000,0.999)$范围内抽取。

本例中年初始投资服从$N(15000,1500)$分布。我们可先从计算器中读出一个随机数0.532,将其作为初始投资取值所对应的累计概率的一个随机值,由标准正态分布表可查得累计概率0.532所对应的Z值为0.080,由$Z=(X-\mu)/\sigma$可求得

$X=\mu+Z\sigma=15000+0.080\times1500=15120.00(元)$

即我们抽取的初始投资的第一个随机样本数据为15120元。

本例的寿命期为均匀分布,即发生在12年、13年、14年、15年、16年的概率均等,均为$1/5=0.20$,其累计概率分布如表3-7所示。

累 计 概 率 分 布 表3-7

寿命期(年)	12	13	14	15	16
累计概率	[0.00,0.20)	[0.20,0.40)	[0.40,0.60)	[0.60,0.80)	[0.80,1.00]

我们再从计算器中读取一个随机数0.291,作为寿命期取值所对应的累计概率的一个随机值。由表3-7可知,随机数0.291对应的寿命期为13年。这是我们抽样取第一个寿命期随机样本数据。

（2）计算净现值

$$NPV = -P + 2500(P/A, 12\%, N)$$

根据第一组样本数据计算

$$NPV = -15120 + 2500(P/A, 12\%, 13)$$
$$= 938.75$$

重复上述过程，可以得到方案初始投资额和寿命期的其他随机样本数据及相应的净现值计算结果。如表 3-8 所示。

净现值 NPV 计算表   表 3-8

组号	随机数 1	Z 值	投资总费用(元)	随机数 2	寿命期	净现值 NPV
1	0.532	0.080	15120	0.291	13	939
2	0.935	1.515	17273	0.019	12	-1787
3	0.043	-1.717	12425	0.793	15	4602
4	0.460	-0.100	14850	0.907	16	2585
5	0.921	1.410	17115	0.340	13	-1056
6	0.504	0.010	15015	0.654	15	2012
7	0.961	1.750	17625	0.341	13	-1566
8	0.281	-0.580	14130	0.702	15	2897
9	0.341	-0.410	13515	0.500	14	3056
10	0.670	0.440	15660	0.991	16	1775

将表 3-8 中的净现值按从小到大的顺序排列，由于本题抽样组数为 10 组，故概率为 $1/10 = 0.1$。累计概率及净现值的期望值计算如表 3-9 所示。

累计概率及期望值计算表   表 3-9

组号	NPV	P_i	$\sum P_i$	$E(NPV)$	$(NPV)^2$	$E[(NPV)^2]$
2	-1787	0.1	0.1	-178.7	3193369	319336.9
7	-1566	0.1	0.2	-156.6	2452356	245235.6
5	-1056	0.1	0.3	-105.6	1115136	111513.6
1	939	0.1	0.4	93.9	881721	88172.1
10	1775	0.1	0.5	177.5	3150625	315062.5
6	2012	0.1	0.6	201.2	4048144	404814.4
4	2585	0.1	0.7	258.5	6682225	668222.5
8	2897	0.1	0.8	289.7	8392609	839260.9
9	3056	0.1	0.9	305.6	9339136	933913.6
3	4602	0.1	1	460.2	21178404	2117840
				$E(NPV) = 1345.7$		$E[(NPV)^2] = 6043373$

由表 3-9 得出净现值的期望值为

$E(\text{NPV}) = 1345.7(\text{元})$

方差为

$\text{Var}(\text{NPV}) = 6043373 - 1345.7^2 = 4232464.5(\text{元}^2)$

标准差为

$\text{SD}(\text{NPV}) = \sqrt{\text{Var}(\text{NPV})} = \sqrt{4232464.5} = 2057.3(\text{元})$

项目净现值小于零的累计概率为

$$0.3 + \frac{(0.4 - 0.3) \times 1056}{(1056 + 939)} = 0.353$$

所以,该项目净现值小于零的可能性有 35.3%,风险较大,同时离散系数即标准差与期望值的比值为

$$\frac{\text{SD}(\text{NPV})}{E(\text{NPV})} = \frac{2057.3}{1345.7} = 1.5288$$

也可看出具有较大的风险。

当然,由于抽样的样本数太少,所以上述结论可能受样本的影响较大。

复习思考题

1. 为什么要进行不确定性分析。

2. 试述什么是敏感性分析,说明敏感性分析的方法步骤。

3. 概率分析对经济决策有何作用?

4. 何谓盈亏平衡分析?

5. 某施工企业自办一构件加工厂,每年需支出固定成本 250000 元,每加工一件产品需可变成本 30 元,加工后投放市场的销售价为 46 元/件。

(1)若要达到盈亏平衡,则每年的产量应为多少?

(2)若年产量达到 20000 件时,其年利润(税前利润)是多少? 假定该企业获得减半征收所得税的优惠政策(所得税率为 25%),则其年净利润是多少?

6. 某市郊水库管理单位,利用有利的地理位置及资源条件,经过预测分析,拟在原河道建采砂场,产品销售没有问题,估算初期投资 500 万元,一年建成投产,使用寿命 10 年,期末无残值,流动资金 80 万元,年固定总成本 86 万元,每立方米砂的单位可变成本为 2.5 元,日产砂 600m^3,全年 300 个生产日,销售价 18 元/m^3,营业税为产值的 10%,城市建设维护税为营业税的 5%,教育费附加为营业税的 2%,$i = 15\%$,对此投资方案进行经济评价,对投资、生产能力、售价等单因素向不利方向变化,变幅分别为 5%、10%、15%、20%,进行敏感性分析,绘制敏感性分析图和敏感性分析表,并计算敏感度系数和临界点。

7. 某水电站建成后,弃水很多,为了充分利用水资源,提出三年改造方案。A 方案,根据水库运行实际情况,把正常蓄水位提高 1m,需搬迁费 25 万元,每年库区扶持费增加 5 万元;B 方案加高大坝 1m,提高正常蓄水位 2m,需投资 500 万元,搬迁费 60 万元,每年库区扶持费增加 12 万元,年维护管理费为投资的 2%;C 方案在 B 方案的基础上,扩建一台发电机组,另增加投资 300 万元,增加年运行费 24 万元,生产期 25 年,无残值。如 $i = 10\%$,水文条件及方案净现

金流量见题表 3-1,用决策树法,求出各方案的期望值,进行方案选择。

水文条件及方案净现金流量表 题表 3-1

水文状态	概率	各方案现金流量(万元)			
		现状	A	B	C
丰水	0.25	450	550	600	750
平水	0.60	300	400	450	480
枯水	0.15	150	150	200	200

8. 某工厂花 200000 元购买了一台数字控制机床,可以考虑把这台数字控制机床用在 A、B、C、D、E 五种不同的加工工序中,各种加工工序使用了数字控制机床后能获得的年净收益分别为 120000 元,130000 元,150000 元,180000 元,200000 元。数字控制机床的使用寿命随使用的工序不同而变化。数字控制机床为各种工序使用 1、2、3、4 年的概率如题表 3-2 所示。

如基准贴现率为 10%,求数字控制机床使用于 5 种工序中的各种工序的净现值的期望值和方差。你认为应该把数字控制机床使用在哪一种工序中?为什么?

数字控制机床为各种工序使用 1、2、3、4 年概率表 题表 3-2

工 序	数字控制机床的使用寿命(年)			
	1	2	3	4
A	0.25	0.25	0.25	0.25
B	0.30	0.30	0.30	0.10
C	0.30	0.40	0.25	0.05
D	0.20	0.60	0.20	0.00
E	0.50	0.50	0.00	0.00

9. 某项目的建设投资为 1800 万元,投资当年即可获得正常收益。项目年净收益呈正态分布,其期望值为 300 万元,标准差为 50 万元;寿命期估计为 12 年到 16 年,呈均匀分布。设项目基准折现率为 12%,期末残值为零,试用蒙特卡罗模拟法分析该项目净现值的概率分布,并进行风险评估。(随机样本数据不少于 10 组)

第四章
公路建设项目经济评价基础理论

第一节 ➤ 公路建设项目经济评价概述

🌐 一、公路建设项目经济评价概念与作用

公路建设项目经济评价是公路建设项目前期研究工作的有机组成部分和重要内容,它是采用现代化分析方法,对拟建项目计算期(包括建设期和使用期)内投入产出诸多经济因素进行调查、预测、计算和论证,比选推荐最佳方案,作为项目决策和重要依据。其作用是根据国民经济与社会发展战略和交通行业、地区发展规划的要求按照合理配置资源原则和国家财税制度的要求,结合交通量预测和工程技术研究情况,计算项目的费用和效益,对拟建项目的经济合理性、财务可行性作出评价,为项目建设方案的比选、决策提供科学依据。

项目经济评价的目的是为了适应社会主义市场经济的发展,加强固定资产投资宏观调控,提高投资决策的科学化水平,引导和促进各类资源合理配置,优化投资结构,减少和规避投资风险,充分发挥投资效益。

🌐 二、公路建设项目经济评价的内容及特点

公路建设项目的经济评价分为国民经济评价(又称经济费用效益分析)和财务评价(又称财务分析)。国民经济评价是在合理配置国家资源的前提下,从国家整体的角度研究项目对国民经济的净贡献,以判断项目的经济合理性。财务分析是在国家现行财税制度和价格体系的条件下,从财务角度分析测算项目的财务盈利能力和清偿能力,对项目的财务可行性进行评价。

公路建设项目应进行国民经济评价,凡是收费的公路项目应同时进行财务评价。国民经济评价与财务评价结论均可行的项目,从经济角度看应予通过,反之予否定。

国民经济评价结论不可行的项目,一般应予否定。对某些具有重大政治、经济、国防、交通意义的公路项目,若国民经济评价结论可行,但财务评价不可行,可重新考虑方案,或提出相应优惠措施的建议,使项目在财务上具有生存能力,必要时进一步说明建设的必要性,不再考虑财务分析结果。

公路建设项目相对于其他建设项目而言还有其自身的特点,从而也决定了其经济评价与其他建设项目经济评价不一样,主要表现在:

(1)公路项目一般不形成建设和运营统一核算的独立企业。

公路面向全社会开放,公路上行驶的车辆,分属于许多运输企业和非运输企业与单位,而且,公路建设、公路管理、公路运输、公路养护很多情况下是分开经营与管理的,分属于不同的

单位和企业,至少目前很难形成一个建设和经营统一核算的独立企业。

(2)公路建设项目以获得间接经济效益和社会效益为主。

公路运输作为生产过程在流通领域里的继续,在实现产品价值的同时,不仅使公路运输部门获得直接经济效益,而更主要更大量的是全社会公路使用者(工矿企业、事业单位、个体经营者等)获得社会效益。因此,公路的效益主要是间接效益和社会效益,是按人们的习惯分法,将便于计算的由公路使用者获得的效益称为直接经济效益,其实,这部分"直接经济效益"严格地讲,大部分还是属于间接经济效益的范畴。

(3)收费公路需进行财务评价。

通过收费偿还贷款的公路建设项目必须进行财务评价。财务评价的目的是通过研究收费标准,测算过路(桥)费收入,动态计算贷款偿还年限等指标,分析项目的可行性。我国收费公路分为还贷型收费公路和经营型收费公路。如果是经营型收费公路,则财务评价不仅要计算贷款偿还年限,还要计算偿还年限后的收费所得。由于公路是一项公共设施,公路建设部门本身没有盈利问题,且公路收费收入不完全是公路效益的全部货币表现。因而,公路建设项目财务评价不必计算用路者的经济效益,这是公路项目财务评价的一个显著特点。

为了便于计算道路项目的经济评价指标,在评价时一般只计算直接经济效益,即可用货币形式反映的道路项目产出物的经济价值。

🌐 三、公路建设项目经济评价的基本原则

1.费用与效益计算范围对应一致的原则

为了正确评价项目的获利能力,必须遵循费用与效益计算范围对应一致的原则。如投资估算中包含了某项工程,那么因建设了该工程而增加的效益就应该考虑,否则就会低估了项目的效益;反之,如果考虑了该工程对项目效益的贡献,但投资却未计算进去,那么项目的效益就会被高估。只有将投入和产出的估算限定在同一范围内,计算的净效益才是投入的真实回报。

公路建设项目国民经济评价除了计算公路项目直接效益和直接费用,还应计算项目的间接经济效益和间接费用,即公路项目的外部效果(见本章第六节),并对其进行定性分析和描述。财务分析除计算项目的直接效益和直接费用外,还应计算与项目有关联的服务、开发等经营性设施所发生的间接效益和间接费用。

2.费用与效益识别采用"有无对比"法原则

所谓"有无对比"法是指拟建项目实施建设的情况下发生的各种费用和效益与假定拟建项目不实施的情况下发生的各种费用和效益两者进行对比,来确定拟建项目费用与效益的一种方法。

在识别项目的效益和费用时,需注意只有"有无对比"的差额部分才是由于项目的投资建设的效益和费用,即增量效益和费用。因为即使不实施该项目,现状也很可能发生变化。如公路工程项目的效益基础——交通量,在无该项目时,也会由于地域经济的变化而改变。采用有无对比的方法,就是为了识别那些真正应该算作项目效益的部分,即增量效益;同时也要找出与增量效益相对应的增量费用,只有这样才能真正体现项目投资的净效益。

公路建设项目国民经济评价采用"有项目"与"无项目"(作为"基准情况")对比的方法。

"有项目"情况是指实施拟建项目后,相关路网将要发生的情况;"无项目"情况是指不实施拟建项目,相关路网将要发生的情况。当现有相关公路拥挤度大于 1 时,宜用"做最少情况"作为"基准情况"。"做最少情况"是指用最少的投资来改造现有相关公路,使其能在最低服务水平下维持车辆通行的路网情况。即使是在"无项目"情况下,为了保证车辆通行和路网的正常运营,也应该对饱和路段进行必要的投资。

3.定量分析与定性分析相结合,以定量分析为主

经济评价的根本要求,是对项目建设和生产过程中的经济活动通过费用效益计算,提出明确的数量概念进行价值判断,凡可以量化的经济要素,都应作出量值表述,不能只笼统地定性描述,也就是说,一切工艺技术方案、工程方案、环境方案的优劣,都应尽可能依据调查和预测资料进行测算,通过计算指标将隐含的经济价值揭示出来,并依据一定的标准评定其优劣。对不能定量计算的因素进行定性分析,判断各种定性指标对项目的影响程度。

4.方案可比性原则

由于投资决策的过程是一个多目标决策的过程,因此,解决问题的办法只能是事先进行方案设计,提出各种可供选择的技术方案,然后通过经济比较,从中选择出最优方案。在进行方案比较时,应使各方案的经济效益在切实可行的范围内彼此具有等同的可比条件,这些条件主要有:需要上的可比,劳动消耗上的可比,价格指标的可比及时间上的可比。当比较方案不具备上述可比条件和原则时,需要进行必要的处理,使方案在使用价值上等同化,方可进行方案的比较与选择。

5.经济评价方法与评价参数相一致原则

公路建设项目国民经济评价使用影子价格。计算期内各年均采用基年(开工前一年)价格,不考虑物价上涨因素。

公路建设项目财务评价使用财务价格,即采用以现行财务制度和价格体系为基础的预测价格,对于价格变动因素,在进行项目财务盈利能力和清偿能力分析时,宜作不同处理。进行财务盈利能力分析时,计算期各年采用基年价格,只考虑相对价格的变化,不考虑物价总水平上涨因素。进行清偿能力分析时,计算期内各年采用预测价格,除考虑相对价格的变化外,还要考虑物价总水平上涨因素。物价总水平上涨因素一般只考虑到建设期末。

公路项目国民经济评价所采用的社会折现率、影子汇率、影子工资、贸易费用率等通用参数,以国家最新发布值为准。

公路项目财务评价参数应由交通运输部统一测算并发布,在该参数发布之前,通常宜结合拟建项目所在地区及项目特点,在符合国家相关法规要求的基础上,按照统一方法进行测定。

🌐 四、公路建设项目经济评价方法与指标

经济评价方法有动态分析法与静态分析法,公路项目经济评价应遵循动态分析与静态分析相结合,并以动态分析为主的原则。

静态分析是指不对现金流量进行折现分析。静态分析法常用于工程项目的粗略评价和短期分析,主要指标有静态投资回收期、投资收益率等。

动态分析是指利用资金时间价值原理对资金流量进行折现分析,以复利基本公式为基础,以等值交换为基本手段,从不同角度建立不同的分析方法,以全面地反映工程项目的各种经济

特征。常用的动态经济分析法有：

（1）现值法，包括净现值法与成本现值法。

（2）年值法，包括净年值法和成本年值法。

（3）未来值法。

（4）投资收益率法。

（5）投资回收期法。

（6）效益费用比法。

（7）增量分析法。

这些动态经济分析方法常用于工程项目单方案评价与多方案比选，对于一个项目来说，最终分析与过程分析是不可分割的，只有经过多方案比选，才能作出最经济合理的技术选择。

增量分析主要用于过程分析，其他方法都既可以用于最终分析，也可用于过程分析。

公路建设项目经济评价常用的评价指标主要有净现值、内部收益率、动态投资回收期和效益费用比。

虽然国民经济评价和财务评价的立场和角度不同，因而所形成的现金流量有经济现金流量与财务现金流量之分，但两种评价所采用的方法仍然是这些共同的经济方法与评价指标。

五、经济评价的阶段性

建设项目经济评价是采用一定的方法和参数，对建设项目各个可能产生的投入产出关系进行分析计算和对比论证的过程。根据项目时间进展阶段的不同，其工程经济评价的内容、深度和侧重点也有所不同。

1. 项目建议书阶段（预可行性研究阶段）

在项目建议书阶段，工程项目经济评价的重点一般是围绕项目立项建设的必要性和可能性，分析论证其是否具备建设条件和是否值得投资，它是在对项目的初步调查研究的基础上进行简单的分析，计算内部收益率、投资回收期等指标，对项目进行粗略评价。

2. 可行性研究阶段

可行性研究是工程项目经济评价的关键阶段，它是项目决策的主要依据之一，通常按照统一的评价方法和评价参数的要求，对项目建设的必要性和可行性作出更全面、更详细、更具体的经济评价。

公路建设项目可行性研究经济评价的任务是在完成交通量、经济量调查、预测、线路勘测及必要的初步设计的基础上，对拟建项目投入产出的各种经济要素进行调查、研究、预测、计算与论证，运用定量分析与定性分析，动态分析与静态分析，宏观效益分析与微观分析相结合的方法，比选推荐最佳方案。公路建设项目可行性研究又分为预可行性研究与工程可行性研究两个阶段。预可行性研究完成，编制研究报告，作为项目建议书的依据。

经济评价在预可行性研究工作阶段及工程可行性研究阶段的工作深度要求有所不同，主要表现在以下几个方面：

（1）预可行性研究阶段只要求对推荐建设方案进行经济评价；工程可行性研究阶段的经济费用效益分析则应以推荐方案和备选方案为评价对象。

（2）预可行性研究阶段的经济评价不要求分车型计算效益，工程可行性研究阶段须分车型计算效益。

（3）预可行性研究根据项目的具体条件，可直接选用国家公布的产品（服务）的影子价格及换算系数；工程可行性研究阶段主要投入物的影子价格，应由项目评价人员按统一规定的测算原则和方法自行测定。

（4）预可行性研究阶段，经济评价的效益和费用可不分路段计算；工程可行性研究阶段须分路段计算。

3.后评价阶段

建设项目后评价是项目投入运营若干年后，根据项目的各项实际数据资料和项目寿命期内其余年份的预测资料进行的经济评价。这个阶段的经济评价要求据实计算，将前期工作中的项目经济评价的预期效果与实际效果进行对比，对预期效果与实际效果的背离程度进行定量计算，并分析产生背离的原因，反馈评价结果。为今后的项目经济评价提供依据，以提高项目决策水平。后评价所采用的评价原则、方法、指标体系与可行性研究阶段的经济评价基本相同，但更为实际，信息更为真实与完整。

第二节 ▷ 工程项目投资与融资

一、工程项目总投资费用构成

工程项目总投资一般是指工程项目从建设前期的准备工作到工程项目全部建成竣工投产为止所发生的全部投资费用。生产性工程项目总投资包括项目的固定资产投资（建设投资）和流动资金投资（运营投资）两部分。其总投资构成如图4-1所示。

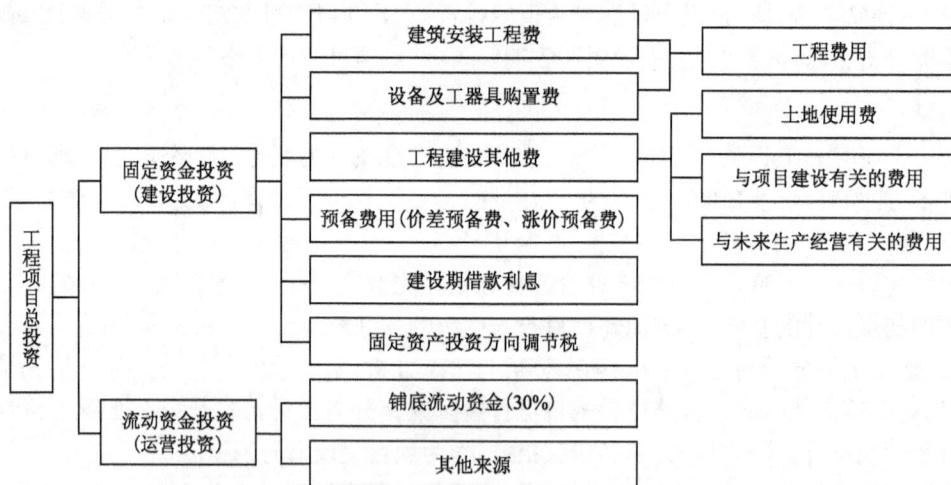

图4-1 工程项目总投资构成

工程项目总投资又可分为静态投资和动态投资。静态投资由建筑安装工程费、设备及工器具购置费、工程建设其他费用、基本预备费用组成。动态投资由涨价预备费用、建设期贷款利息、固定资产投资方向调节税构成。

1.建设投资

建设投资是指从工程项目确定建设意向开始直至建成竣工投入使用为止,在整个建设过程中所支出的总建设费用。按概算法分类,建设投资由建筑安装工程费、设备及工器具购置费、工程建设其他费用三部分加预备费用、建设期贷款利息及固定资产投资方向调节税构成。

(1)建筑安装工程费

建筑安装工程费是指花费在建筑安装施工过程中的费用,它按工程内容分为建筑工程费用和安装工程费用。建筑工程费用通常指永久性建筑物和构筑物的土建工程费用,包括房屋、桥梁、道路、堤坝、隧道工程的建造费用,建筑物内的给排水、电气照明、采暖通风等工程费用,以及农田水利、场地平整、厂区整理和绿化等工程费用。安装工程费用一般包括各种需要安装的机电设备、专用设备、仪器仪表等设备的安装费,各专业工程的管道、管线、电缆等材料费和安装费,以及设备和管道的保温、绝缘、防腐等的材料费和安装费等。

(2)设备及工器具购置费

设备及工器具购置费是指为工程项目建设购置或自制的达到固定资产标准的各种国产或进口设备、工具、器具的购置费用。

(3)工程建设其他费用

工程建设其他费用是指从工程筹建起到工程竣工验收交付使用止的整个建设期间,除建筑安装工程费用和设备、工器具购置费以外的,为保证工程建设顺利完成和交付使用后能够正常发挥效用而发生的各项费用的总和。

按其内容大致可分为三类:

①土地使用费——如土地使用权出让金、土地征用及拆迁补偿费等。

②与项目建设有关费用——如建设单位管理费、勘察设计费、研究试验费、工程监理费、工程保险费、引进技术和进口设备其他费用、工程总承包管理费等。

③与未来企业生产经营活动有关的费用——如联合试运转费、生产准备费、办公和生活家具购置费等。

(4)预备费用

预备费用是指在投资估算时预留的费用,以备项目实际投资额超出估算投资额,预备费用可能不使用,可能被部分使用,也可能被完全使用,甚至预备费用不足。

预备费包括:

①基本预备费——即在项目实施中可能发生难以预料的支出的预留费用,主要指设计变更及施工过程中可能增加工程量的费用。

②涨价预备费——即指因建设期间物价上涨而引起的投资费用的增加。

(5)建设期借款利息

建设期间,由于投资借款而产生借款利息,该利息作为资本化利息计入固定资产的价值。

(6)固定资产投资方向调节税

该税是我国为了贯彻国家产业政策,控制投资规模,引导投资方向,调整投资结构,加强重点建设,促进国民经济均衡发展,根据国家产业政策发展序列和经济规模要求,在进行固定资产投资时,国家按照不同的差别税率对单位和个人征收的一种行为税。根据经济发展的需要,我国自2000年1月1日起对固定资产投资方向调节税已暂停征收。

建设投资中形成固定资产的支出叫固定资产投资。固定资产是指具有实物形态可供企业长期使用的物质资料,它是进行生产的物质技术基础,比如公路工程中道路、桥梁、隧道、收费站、住宅、各种机械设备、主要生产设备、工具以及测试仪器等等,都是固定资产。根据我国《企业会计制度》规定:固定资产是指企业使用期限超过一年的房屋、建筑物、机器、机械、运输工具以及其他与生产经营有关的设备、器具、工具等,不属于生产经营主要设备的物品,单项价值在 2000 元以上,并且使用年限超过 2 年的,也应当作为固定资产。不具备以上两个条件的,则列为低值易耗品。

无形资产投资是指专利权、商标权、著作权、土地使用权、非专利技术和商誉等的投入。其他资产投资主要指开办费,包括筹建期间的人员工资、办公费、培训费、差旅费、印刷费和注册登记费等等。

除了以上建设投资的实际支出或作价形成固定资产、无形资产和其他资产的原值外,筹建期间的借款利息和汇兑损益,凡与构建固定资产或无形资产有关的计入相应的资产原值,其余都计入开办费,形成其他资产原值的组成部分。

2.流动资金投资

建设投资仅仅形成了生产的“硬件”,如厂房、设备购置及安装等,但还不能生产产品,生产产品的前提是在工程项目上投入一定的流动资金。企业在一定的流动资金的支持下,通过采购、生产和销售等一系列生产经营活动,就可以生产出产品和服务,带来价值的增值,产生利润。

流动资金是指为维持生存所占用的全部周转资金,它是流动资产与流动负债的差额。所谓流动资产是指企业在生产经营过程中短期置存的资产,即指可在一年内或超过一年的一个营业周期内变现或者耗用的资产,是企业资产中必不可少的组成部分,包括现金、各种存款、应收及预付款项及存货(如原材料、在产品、产成品)等。流动负债主要是指应付账款、预收账款。

铺底流动资金是短期日常运营现金,用于人工、购货、水、电、电话、膳食等开支。根据国有商业银行的规定,新上项目或更新改造项目投资者必须拥有至少 30% 的自有流动资金,其余部分可申请贷款。

二、建设投资费用估算方法

建设投资费用估算方法主要有扩大指标估算法和分项指标估算法。

1.扩大指标估算法

扩大指标估算法是参照已有的同类项目的一些投资经验参数来简便而粗略地估算拟建项目固定资产投资额的一种方法,某地拟新建一条地方道路,地形为平原微丘区,日平均交通量 2000 辆,总长度 13.5km,根据有关估算指标和类似工程概算资料,单位建设投资为 134.25 万元/km,匡算该条道路的建设总投资约为:$134.25 \times 13.5 = 1812.375$(万元)。

一般工业项目以生产规模或设备能力为单位;民用项目以使用功能或经营能力为单位进行整体匡算。这种方法一般在外部条件不具备时采用,结果较粗,只能作为概略投资的参考。主要有以下几种方法。

(1)生产能力指数法

这种方法是根据已经建成的、性质类似的工程或装置的实际投资额和生产能力,按拟建项目的生产能力,推算出拟建项目的投资。一般来说,生产能力增加一倍,投资不会也增加一倍,往往小于 1 的倍数。计算式见式(4-1)。

$$I_2 = I_1 \left(\frac{C_2}{C_1}\right)^n \cdot f \tag{4-1}$$

式中：I_2、I_1——分别为拟建和已建项目的投资额；

C_2、C_1——分别为拟建和已建项目的生产能力；

f——为拟建或已建项目不同时期、不同地点的定额、单价、费用变更等形成的综合调整系数；

n——生产能力指数，$0 \leq n \leq 1$。

统计表明，若 $C_2/C_1 \leq 50$，且拟建项目的扩大靠增大设备规模来达到时，则指数 n 取值约为 $0.6 \sim 0.7$；若是靠增加相同规模设备的数量来达到时，则指数 n 取 $0.8 \sim 0.9$。指数 n 的确定也可通过调查收集诸多类似项目的 I 和 C 值，采用算术平均法计算 n 值。

【例4-1】拟建一座年设计生产能力为 35 万吨的化工厂。已经生产流程相似且建于相同地点的化工厂，年生产能力为 20 万吨，两年前建成的建设投资为 4500 万元。拟建化工厂预计一年以后建成。根据过去大量这种化工厂的投资数据得出生产能力指数为 0.75，这几年设备与物资的价格上涨平均为 6% 左右，试估算拟建化工厂的建设投资额。

【解】利用式(4-1)计算得

$I_2 = I_1 \cdot (C_2/C_1)^n \cdot f = 4500 \times (35/20)^{0.75} \times (1 + 6\%)^3 = 8154.71$（万元）

（2）按设备费用推算法

设备费用推算法也称比例估算法，这种方法是以拟建项目或装置的设备费为基数，根据已建成的同类项目的建筑安装工程费和其他费用等占设备价值的百分比，求出相应的建筑安装工程及其他有关费用，再加上拟建项目的工程建设其他费用，其总和为拟建项目或装置的投资额。这种方法适用于设备投资占比例较大的项目。计算式见式(4-2)。

$$I = E(1 + f_1 P_1 + f_2 P_2 + f_3 P_3) + C \tag{4-2}$$

式中：　I——拟建项目的投资额；

E——拟建项目的设备购置费；

P_1、P_2、P_3——分别为已建项目建筑工程、安装工程和其他费用占设备费的百分比；

f_1、f_2、f_3——分别为 P_1、P_2、P_3 相应由于时间因素引起的定额、价格、费用标准等变化的综合调整系数；

C——拟建项目的其他费用。

【例4-2】某套装置的设备购置费为 45000 万元，根据以往资料，与设备配套的建筑工程、安装工程和其他费用占设备费用的百分比分别是 42%、18% 和 10%。假定各种工程费用的上涨与设备费用上涨同步，即 f_1、f_2、f_3 都为 1，试估算工程建设投资。

【解】利用式(4-2)计算得

$I = 45000 \times (1 + 0.42 + 0.18 + 0.10) = 76500$（万元）

2.分项指标估算法

分项指标估算法是根据国家有关规定，国家或行业、地方的定额指标和取费标准，以及设备和主材价格等，按建设投资的一般工作分解结构，自下而上分类分层逐项估算建设投资当中的各分项投资，最后汇总各分项投资而得出建设投资。这种方法，需要相关专业提供较为详细的资料，有一定的估算精度，且精度相对较高。

（1）建筑安装工程费用估算

建筑工程费用估算需要依据行业或专门机构发布的建筑工程定额、取费标准进行。

安装工程费用一般根据行业或专门机构发布的安装工程定额、取费标准进行估算,具体计算可按安装费费率、每吨设备安装费指标或每单位安装实物工程量费用指标进行估算。估算公式见式(4-3)~式(4-5)。

$$安装工程费 = 设备原价 × 安装费费率 \tag{4-3}$$

$$安装工程费 = 设备吨位 × 每吨设备安装费指标 \tag{4-4}$$

$$安装工程费 = 安装实物工程量总量 × 每单位安装实物量工程量费用指标 \tag{4-5}$$

(2)设备及工器具购置费用估算

设备购置费用一般的估算公式见式(4-6)、式(4-7)。

$$设备购置费用 = 设备原价(国产或进口) + 设备运杂费(国产或进口) \tag{4-6}$$

工器具购置费用一般的估算公式为

$$工器具及生产家具购置费 = 设备购置费用 × 定额费率 \tag{4-7}$$

(3)工程建设其他费用估算

工程建设其他费用包括很多分项费用,各分项费用应分别按有关计费标准和费率估算。如土地使用费,经主管部门批准征用建设用地的国家投资项目,在投资估算的其他费用中应按国家规定的标准估算出土地征用费、耕地占用税、新菜地开发建设基金及筹建期的土地使用税等。其中土地征用费包括土地补偿费、青苗补偿费、居民安置费、地面附属物拆迁补偿费、征地管理费等。随着城市土地市场的建立,投资者按实际获得的土地使用权所付的代价估算投资。其中还应包括政府征收的契税、增值税和土地占用费等。

(4)预备费用估算

基本预备费和价差预备费的计算式见式(4-8)、式(4-9)。

$$基本预备费 = (工程费用 + 工程建设其他费用) × 基本预备费率 \tag{4-8}$$

价差预备费一般根据国家规定的投资综合价格指数按复利法计算,其估算公式为

$$PF = \sum_{t=0}^{N} I_t \left[(1 + f)^t - 1 \right] \tag{4-9}$$

式中:PF——涨价预备费;

I_t——建设期第 t 年的计划投资额,包括工程费用、工程建设其他费用、基本预备费;

N——建设期年份数;

f——年平均物价预计上涨率。

(5)建设期借款利息

建设期利息可按当年借款在年中支出考虑,即当年借款按半年计息,在以后年份全年均计息。在项目建设期,由于项目正在建设,不可能有效益偿还借款利息,所以每一计息期的利息加入本金,下一计息周期一并计息。建设期每年利息的计算公式见式(4-10)。

$$I_t = \left(P_{t-1} + \frac{1}{2}A_t \right) \cdot i \tag{4-10}$$

式中:I_t——建设期第 t 年应计利息;

P_{t-1}——建设期第 $t-1$ 年年末的借款余额,其大小为第 $t-1$ 年年末的借款本金累计加此时借款利息累计;

A_t——建设期第 t 年借贷款;

i——借款利息。

(6)固定资产投资方向调节税的估算

计算式见式(4-11)。

固定资产投资方向调节税 =（工程费用 + 工程建设其他费用 + 预备费用）× 适用的税率

$$\text{(4-11)}$$

投资估算的方法很多,应根据项目的具体特点和当时掌握的资料和研究深度,力求准确,通常希望在投资项目决策前的估算误差在10%以内。

三、流动资金投资的估算方法

工程项目建成以后,要维持正常生产和运营,在生产和运营过程中,总有一部分资金被长期占用,如以原材料、在产品、库存品的形式被占用,以及在销售过程中交易方式引起的应收及预付账款都会占用部分资金。因此,需要估算这些日常生产经营中被占用的资金,即估算流动资金。流动资金的估算一般采用两种方法,即扩大指标估算法与分项详细估算法。

1.扩大指标估算法

扩大指标估算法也称按比例估算法,是按销售收入、经营成本或固定资产投资的一定比例估算。这种估算方法精度不高,适用于项目建议书阶段的流动资金估算,计算见式(4-12)。

流动资金 = 计算基数 × 流动资金所占的比例 　　　　　　　　(4-12)

2.分项详细估算法

分项详细估算法是按流动资金的构成子项分别进行估算,再进行汇总。其基本思路是:先按照项目各年生产运行的强度,估算出各大类的流动资产的最低需要量;加总后减去该年正常情况下的流动负债,即该年需要的流动资金,再减去上年已注入的流动资金,就得到该年流动资金的增加额。当项目达到正常的生产运行水平后,流动资金就可以不再投入。计算式见式(4-13) ~ 式(4-15)。

流动资金 = 流动资产 – 流动负债 　　　　　　　　　　　　(4-13)

流动资产 = 现金 + 应收及预付账款 + 存货 + 待摊费用 　　　(4-14)

流动负债 = 应付账款 + 应付票据 + 预收账款 　　　　　　　(4-15)

四、工程项目融资方式分析

工程项目融资是指为项目投资而进行的资金筹措行为。资金是项目实施的前提条件,没有足够的资金,项目建设和运行就没有保障。因此,通过何种渠道、采用何种方式,以较低的成本筹集到项目所需的资金,是保证工程项目顺利实施及充分发挥作用的重要环节。

1.工程项目资金来源构成

从总体上看,项目的资金来源可分为投入资金和借入资金,前者形成项目的资本金,后者形成项目的负债。

项目资本金是指投资项目总投资中必须包含一定比例的、由出资方实缴的资金,这部分资金对项目的法人而言属非负债金。项目资本金的形式,可以是现金、实物、无形资产,但无形资产的比重要符合国家有关规定。根据出资方的不同,项目资本金分国家出资、法人出资和个人出资。

借入资金是指通过国内外银行借款、发行债券、国际金融组织借款、外国政府借款、出口信贷等方式筹集资金。

通过举债方式获得资金来满足生产经营需要是现代企业一种有效的经营方式。负债经营对现代企业经营来说是一把"双刃剑",可以提高企业的市场竞争能力,扩大生产规模,使企业获得财务杠杆利益;同时,也会增加企业的财务风险。

根据《国务院关于固定投资项目试行资本金制度的通知》的规定,除公益性项目不实行资本金制度(资金主要由政府用财政资金安排),对于各类经营性投资项目(包括国有单位的基本建设、技术改造、房地产开发项目和集体投资项目),必须首先落实资本金,才能进行建设。项目法人不承担资本金部分的任何利息和债务。投资者可按其出资的比例依法享有所有者权益,也可以转让其出资,但不得以任何方式抽回。

计算资本金基数的总投资,是指投资项目的固定资产投资与铺底流动资金之和,铺底流动资金按照全部流动资金的30%计算。投资项目资本金占总投资的比例,根据不同行业和项目的经济效益等因素确定,目前具体规定如下:

(1)钢铁、电解铝项目,资本金比例为40%及以上。

(2)水泥项目,资本金比例为35%及以上。

(3)煤炭、电石、铁合金、机场、港口、沿海及内河航运、其他房地产开发项目等,资本金比例为30%及以上。

(4)铁路、公路、城市轨道交通、化肥(钾肥除外)项目,资本金比例为25%及以上。

(5)保障性住房和普通商品住房项目、其他项目,资本金比例为20%及以上。

投资项目资本金的具体比例,由项目审批单位根据投资项目的经济效益以及银行贷款意愿和评估意见等情况,在审批可行性研究报告时核定。经国务院批准,对个别情况特殊的国家重点建设项目,可以适当降低资本金比例。投资项目的资本金一次认缴,并根据相关规定比例逐年到位。

2.项目资本金融资方式

根据国家法律、法规规定,工程项目可通过争取国家财政预算内投资、发行股票、自筹投资和利用外资直接投资等多种方式来筹集资本金。

(1)国家预算内投资

国家预算内投资,简称"国家投资",是指以国家预算资金为来源并列入国家计划的固定资产投资。目前包括:国家预算、地方财政、主管部门和国家专业投资拨给或委托银行给建设单位的基本建设拨款,中央基本建设基金拨给企业单位更新改造的拨款,以及中央财政安排的专项拨款中用于基本建设的资金。

国家预算内投资目前虽然占全社会固定资产总投资的比重比较低,但它是能源、交通、原材料以及国防科研、文教卫生、行政事业工程项目投资的主要来源,对于整个投资结构的调节起着主导性的作用。

(2)自筹投资

自筹投资是指建设单位报告期内收到的用于进行固定资产投资的上级主管部门、地方和单位、城乡个人的自筹资金。目前,自筹投资约占全社会固定资产投资总额的一半,已经成为筹集工程项目资金的主要渠道。工程项目自筹资金的来源必须正当,应该上缴财政的各项资金和国家有指定用途的拨款,以及银行贷款、信托投资、流动资金则不可用于自筹投资。自筹投资必须纳入国家计划,并控制在国家确定的投资总额规模以内。自筹投资要符合一定时期国家确定的投资使用方向,投资结构趋向应该合理,以提高自筹投资的经济效益。

(3)发行股票

股票融资是指资金不通过金融中介机构,借助股票这一载体直接从资金盈余部门流向资金短缺部门,资金供给者作为所有者(股东)享有对企业控制权的融资方式。这种控制权是一

种综合权利,如参加股东大会、投票表决、参与公司重大决策,收取股息、分享红利等。它具有以下几个特点:

①有弹性。由于股息或红利不像利息那样必须按期支付,当公司经营不佳或现金短缺时,董事会有权决定不发股息或红利,因而公司融资风险低。

②无到期日。其投资属永久性投资,公司不需为偿还资金而担心。

③资金成本高。债券或银行贷款的利息可在所得税前扣除,而股息和红利须在所得税后利润中支付,因而要相对多缴纳所得税,这样就使股票筹资的资金成本大大高于债券筹资或银行贷款的资金成本。

(4)吸收国外资本直接投资

吸引国外资本直接投资主要包括与外商合资经营、合作经营、合作开发及外商独资经营等形式,国外资本直接投资方式的特点是:不发生债权债务关系,但要让出一部分管理权,并且要支付一部分利润。

3.项目负债筹资方式

项目的负债是指项目承担的能够以货币计量且需要以资产或者劳务偿还的债务。它是项目筹资的重要方式,一般包括银行贷款、发行债券、设备租赁和借入国外资金等筹资渠道。

(1)银行贷款

项目银行贷款是银行利用信贷资金所发放的投资性贷款。20世纪80年代以来,随着投资管理体制、财政体制和金融体制改革的推进,银行信贷资金有了较快发展,成为建设项目投资资金的重要组成部分。银行贷款分为商业性银行贷款和政策性银行贷款。

目前,全国性商业银行主要有中国工商银行、中国农业银行、中国银行、中国建设银行、交通银行、中信银行、中国光大银行、中国民生银行、兴业银行等。

国家政策性银行贷款一般期限较长、利率较低,并配合国家产业政策的实施,采取各种优惠政策。国家政策性银行贷款包括国家开发银行贷款、中国进出口银行贷款和中国农业发展银行贷款。

(2)发行债券

债券是借款单位为筹集资金而发行的一种信用凭证,它证明持券人有权按期取得固定利息并到期收回本金。根据发行范围,债券分为国内债券、国际债券。国内债券又分为国家债券、地方政府债券、企业债券和金融债券。

(3)设备租赁

设备租赁是指出租人和承租人之间订立契约,由出租人应承租人的要求购买其所需的设备,在一定时期内供其使用,并按期收取租金。租赁期间设备的产权属出租人,用户只有使用权,且不得中途解约。期满后,承租人可以从以下的处理方法中选择:将所租设备退还出租人、延长租期、作价购进所租设备、要求出租人更新设备,另订租约。

①融资租赁。

融资租赁是设备租赁的重要形式,它将贷款、贸易与出租三者有机地结合在一起。其出租过程为:先由承租人选定制造厂家,并就设备的型号、技术、价格、交货期等与制造厂家商定;再与租赁公司就租金、租期、租金支付方式等达成协议,签订租赁合同;然后由租赁公司通过向银行借款等方式筹措资金,按照承租人与制造厂家商定的条件将设备买下;最后根据合同出租给承租人。融资租赁是一种融资与融物相结合的筹资方式。它不需要像其他筹资方式那样,等筹集到足够的货币资金后再去购买长期资产。同时,融资租赁还有利于及时引进设备,加速技术改造。但融资租赁的成本相对较高,一般情况下,融资租赁的资金成本率比其他筹资方式(如债券和银行贷款)的资金成本率要高。

②经营租赁。

经营租赁是为了满足经营使用上的临时或季节性需要而发生的资产租赁。经营租赁是一种短期租赁形式,即出租人将自己经营的出租设备进行反复出租,直至设备报废或淘汰为止的租赁业务,出租人不仅要向承租人提供设备的使用权、还要向承租人提供设备的保养、保险、维修和其他专门性技术服务。

(4)借用国外资金

借用国外资金大致可分为以下几种途径:外国政府贷款;国际金融组织贷款;国外商业银行贷款;在国外金融市场上发行债券;吸收外国银行、企业和私人存款;利用出口信贷。

①外国政府贷款。

指外国政府通过财政预算每年拨出一定款项,直接向我国政府提供的贷款。这种贷款的特点是利率低(年利率一般为2%~3%),期限较长(平均为20~30年),但数额有限。所以这种贷款比较适合用于建设周期长、金额较大的工程建设项目(如发电站、港口、铁路及能源开发等项目)。

②国际金融组织贷款。

国际金融组织是指国际货币基金组织、世界银行、国际开发协会、国际金融公司、亚洲开发银行、联合国农业发展基金会等。国际金融组织贷款旨在帮助成员国开发资源、发展经济和平衡国际收支。其贷款发放对象主要有以下几个方面:对发展中国家提供以发展基础产业为主的中长期贷款,对低收入的贫困国家提供开发项目以及文教建设方面的长期贷款,对发展中国家的私人企业提供小额中长期贷款。

③国外商业银行贷款。

国外商业银行贷款包括国外开发银行、投资银行、长期信用银行以及开发金融公司对我国提供的贷款。建设项目投资贷款主要是向国外银行筹措中长期资金,一般通过中国银行、国际信托投资公司和中国投资银行办理。这种贷款的特点是可以较快筹集大额资金,借得资金可由借款人自由支配,但利息和费用负担较重。

④出口信贷。

出口信贷是西方国家政府为鼓励资本和商品输出而设置的专门信贷。这种贷款的特点是利息率较低,期限一般为10~15年,借方所借款项只能用于购买出口信贷国的设备。出口信贷可根据贷款对象的不同分为买方信贷与卖方信贷。买方信贷是指发放出口信贷的银行将贷款直接贷给国外进口者(即买方);卖方信贷是指发放出口信贷的银行将资金贷给本国的出口者(即卖方)以便卖方将产品赊卖给国外进口者(即买方),而不致发生资金周转困难。

4.基础设施项目融资方式

基础设施由于其公共服务性,通常需要由政府投资运营、管理。传统上我国采取有政府直接投资并管理或由政府控制的国有企业投资运营两种投资方式。随着国家投资体制改革,在基础设施投资方面,开始引入新的投资体制,以特许经营的方式引入非国有的其他投资人投资。

基础设施特许经营,是由国家或地方政府将基础设施的投资和经营权,通过法定的程序,有偿或者无偿地交给选定的投资人投资经营。典型的基础设施特许经营方式有:BOT、PPP、

TOT、ABS 等方式。

（1）BOT 融资

BOT 是 20 世纪 80 年代中后期发展起来的一种主要用于公共基础设施建设的项目融资方式。BOT 即英文 Build-Operate-Transfer 的简称，即"建设—经营—移交"。典型的 BOT 形式，是由项目所在国政府或其所属机构为项目的建设和经营提供一种特许权协议（Concession Agreement）作为项目融资的基础，是政府同私营部门的项目公司签订合同，由项目公司融资和建设基础设施项目。项目公司在特许权协议期内拥有、运营和维护这项设施，通过收取使用费或服务费回收投资，并取得合理利润。特许权协议期满后，这项设施的所有权无偿移交给政府。

BOT 项目主要用于发展收费公路、发电厂、铁路、废水处理设施和城市地铁等基础设施项目。BOT 方式在实际运用过程中，还演化出几十种类似的形式。

（2）PPP 融资

20 世纪 90 年代后，出现一种崭新的融资模式——PPP 模式（Public-Private-Partnership），是政府与民间投资人合作投资基础设施的一种方式。在这种方式下，政府通过法定程序选定基础设施的投资运营商，政府将基础设施的投资经营权以特许经营方式授予选定的投资运营商，政府同时对基础设施的投资提供包括投资资金、运营补贴、减免税收在内的资金支持，或者给予其他支持。政府也可能从基础设施的经营中分享收益。特许经营期末，基础设施以有偿或者无偿的方式转交给政府，或者重新安排继续特许经营。

PPP 模式是一种优化的项目融资与实施模式，以各参与方的"双赢"或"多赢"作为合作的基本理念，其最大的特点是：将私人部门引入公共领域，从而提高了公共设施服务的效率和效益，避免了公共基础设施项目建设超额投资、工期拖延、服务质量差等弊端。同时，项目建设与经营的部分风险由特殊目标公司承担，分散了政府的投资风险。PPP 通过让私人部门在传统的政府领域发挥比原来更为重要的角色，使得在一个市场中获得的经验和技巧能够为其他市场所共享，刺激了经济活动，提高了市场运作效率，为经济的长期发展提供了动力。目前 PPP 融资模式在公共基础设施领域，尤其是在大型、一次性的项目，如公路、铁路、地铁等的建设中扮演着重要角色。

（3）TOT 融资

所谓 TOT（Transfer-Operate-Transfer）方式，是从特许经营方式 BOT 演变而来。它是指政府或需要融入现金的企业，将建设好的公共工程项目，如桥梁、公路，移交（T）给外商企业或私营企业（O）进行一定期限的运营管理，凭借项目在未来若干年内的现金流量，一次性地从外商企业或私营企业那里融得一笔资金，用于建设新的项目。外商企业或私营企业利用获取的经营权，在一定期限内获得收入，在合约期满之后，再把它交回（T）给所建部门或单位。TOT 方式可以积极盘活资产，只涉及经营权或收益转让，不存在产权、股权问题，可以为已经建成项目引进新的管理，为拟建的其他项目筹集资金。如上海的南浦大桥和杨浦大桥就是采用的这种方式。

（4）ABS 融资

ABS（Asset-Backed-Securitization，基于资产的证券化）融资是在 BOT 融资的基础上发展起来的以项目所属的资产为支撑的证券化融资方式。即以项目所拥有的资产为基础，以项目资产可以带来的预期收益为保证，通过在资本市场发行债券来募集资金的一种项目融资方式。ABS 融资由于能够以较低的资金成本筹集到期限较长、规模较大的项目建设资金，这对于基础设施项目来说,无疑是一个比较理想的项目融资方式。目前 ABS 融资方式在电信、电力、供水、排污、环保等领域的基本建设、维护、更新改造及扩建项目中得到了广泛的应用。

五、资金成本

1.资金成本的构成

资金成本是指项目筹集和使用资金而付出的代价。由资金占用费和资金筹集费两部分组成,见式(4-16)。

$$资金成本 = 资金占用费 + 资金筹集费 \qquad (4\text{-}16)$$

资金占用费是指使用资金过程中发生的向资金提供者支付的代价,包括借款利息、债券利息、优先股利息、普通股红利及权益收益等。资金占用费一般与所筹集资金的多少以及所筹集资金使用时间的长短有关,具有经常性、定期性支付的特征,是资金成本的主要内容。

资金筹集费是指在资金筹措过程所发生的各种费用。包括律师费、资信评估费、公证费、证券印刷费、发行手续费、担保费、承诺费、银团贷款管理费等。资金筹集费一般属于一次性费用,筹资次数越多,资金筹集费也就越大。

2.资金成本的计算

资金成本可用绝对数表示,也可用相对数表示。为便于分析比较,资金成本一般用相对数表示,称之为资金成本率。其一般计算公式见式(4-17)。

$$K = \frac{D}{P - F}$$

或

$$K = \frac{D}{P(1 - f)} \qquad (4\text{-}17)$$

式中:K——资金成本率(一般通称为资金成本);

D——资金占用费;

P——筹集资金总额;

F——资金筹资费;

f——筹资费费率(即资金筹资费占筹集资金总额的比率)。

资金成本是选择资金来源、拟定筹资方案的主要依据,也是评价投资项目可行性的主要经济指标。

3.各种资金来源的资金成本

(1)优先股成本

公司发行优先股股票筹资,需支付的筹资费有注册费、代销费等,其股息也要定期支付,但它是公司用税后利润来支付的,不会减少公司应上缴的所得税。优先股资金成本率可按式(4-18)计算。

$$K_P = \frac{D_P}{P_0(1 - f)}$$

或

$$K_P = \frac{P_0 \cdot i}{P_0(1 - f)} = \frac{i}{1 - f} \qquad (4\text{-}18)$$

式中:K_P——优先股成本率;

D_P——优先股每年股息;

P_0——优先股票面值;

i——股息率。

(2)普通股成本

普通股的股利往往不是固定的,通常有逐年上升的趋势。如果假定每年股利增长率为g,第一年的股利为D_1,则第二年为$D_1(1+g)$,第三年为$D_1(1+g)^2$,⋯⋯第n年为$D_1(1+g)^{n-1}$。因此,计算普通股成本率的公式见式(4-19)。

$$K_C = \frac{D_1}{P_0(1-f)} + g = \frac{i}{1-f} + g \tag{4-19}$$

式中:K_C——普通股成本率;

D_1——每年固定股利总额;

P_0——普通股票总面值或市场发行总额;

i——固定股利率。

(3)债券成本

企业发行债券后,所支付的债券利息列入企业的费用开支,因而使企业少缴一部分所得税,两者抵消后,实际上企业支付的债券利息仅为:债券利息×(1−所得税税率)。因此,债券成本率可以按式(4-20)计算。

$$K_B = \frac{I(1-T)}{B_0(1-f)}$$

或

$$K_B = i \cdot \frac{(1-T)}{(1-f)} \tag{4-20}$$

式中:K_B——债券成本率;

I——债券年利息总额;

B_0——债券的票面价值;

T——所得税税率;

i——债券年利息利率。

(4)银行借款

向银行借款,企业所支付的利息和费用一般可作企业的费用开支,相应减少部分利润,会使企业少缴一部分所得税,因而使企业的实际支出相应减少。

对每年年末支付利息、贷款期末一次全部还本的借款,其借款成本率计算式见式(4-21)。

$$K_g = \frac{I(1-T)}{G-F} = i \cdot \frac{(1-T)}{(1-F)} \tag{4-21}$$

式中:K_g——借款成本率;

I——贷款年利息;

G——贷款总额;

F——贷款费用;

i——贷款年利率;

T——所得税税率。

（5）租赁成本

企业租入某项资产，获得其使用权，要定期支付租金，并且租金列入企业成本，可以减少应付所得税。因此，其租金成本率计算式见式（4-22）。

$$K_{\mathrm{L}} = \frac{E}{P_{\mathrm{L}}} \times (1 - T) \tag{4-22}$$

式中：K_{L}——租赁成本率；

P_{L}——租赁资产价值；

E——年租金额；

T——所得税税率。

（6）保留盈余成本

保留盈余又称为留存收益，其所有权属于股东，是企业资金的一种重要来源。企业保留盈余，等于股东对企业进行追加投资。股东对这部分投资与以前缴给企业的股本一样，也要求有一定的报酬，所以保留盈余也有资金成本。它的资金成本是股东失去向外投资的机会成本，因此与普通股成本的计算基本相同，只是不考虑筹资费用。其计算公式见式（4-23）。

$$K_{\mathrm{R}} = \frac{D_{\mathrm{P}}}{P_0} + g = i + g \tag{4-23}$$

式中：K_{R}——保留盈余成本率；

D_{P}——每年固定股利总额；

P_0——普通股票总面值或市场发行总数。

4.利用资金成本进行筹资方案的选择

在市场经济条件下，只有在投资项目的资金利润率高于其资金成本率时，项目才具有投资的价值。因此，在进行筹资方案选择时，应将不同方案的平均资金成本率进行比较，在满足企业生产经营对资金需要的前提下，力求资金成本达到最低水平。全部资金来源的平均资金成本率通常是用加权平均来计算，其计算公式见式（4-24）。

$$K = \sum_{i=1}^{n} \omega_i \cdot K_i \tag{4-24}$$

式中：K——平均资金成本率；

ω_i——第 i 种资金来源占全部资产的比重；

K_i——第 i 种资金来源的资金成本率。

【例4-3】某公司账面反映的长期资金共500万元，其中长期借款100万元，应付长期债券50万元，普通股250万元，保留盈余100万元，其资金成本率分别为6.7%、9.17%、11.26%、11%，问该公司的平均资金成本率是多少？

【解】利用式（4-24）计算得

$$6.7\% \times \frac{100}{500} + 9.17\% \times \frac{50}{500} + 11.26\% \times \frac{250}{500} + 11\% \times \frac{100}{500} = 10.09\%$$

第三节 ▷ 折旧、利润与所得税

本节对项目运营期的发生的成本、销售收入、税金、利润等经济要素进行分析，理解并掌握上述经济要素的知识内容对正确进行工程项目的财务评价至关重要。

一、固定资产与折旧

1.固定资产的损耗

固定资产在使用过程中必然会发生损耗,固定资产由新变旧,它的原始价值也随之而逐渐减小或丧失。这种损耗,一般有两种形式。一种是由于生产和自然因素而引起的有形磨损,亦即机械磨损(或称物理磨损),其磨损程度可以根据固定资产(设备)的使用年限来进行计算。实际损耗量可通过提取折旧费得到补偿。所谓折旧即是固定资产的实际损耗值。

另一种损耗则是因社会因素或人为因素引起的无形磨损(或称精神磨损)。产生无形磨损的原因,一是由于新技术的发展,使得生产同类型的设备的费用降低,引起原设备的贬值;二是由于出现了效率更高、性能更好、效益更大的先进设备,使现有设备继续使用在经济上不合算,被迫提前废弃更新而造成的损耗。这种无形损耗的程度,一般是根据当时的实际情况对固定资产的价值进行重新估算。固定资产的原始价值与重估值之差额即为其损耗贬值。

在生产过程中,固定资产保持原有的实物形态,但其价值随磨损程度以折旧形式逐渐地转移到产品成本中去,并随着产品销售而逐渐获得补偿。因此,固定资产在使用过程中,束缚在其实物形态上的价值是逐年递减的,另以折旧基金形式积存的价值则逐年递增,一直到固定资产不能继续使用,然后,再把积存的全部折旧基金用以更新固定资产,于是这一部分资金又由货币形态还原为实物形态,如此往复循环周转。

2.固定资产折旧

折旧就是把工程或设备逐渐损耗的价值,在使用期内以货币形式将其逐年提取积累起来,用以更新工程或购置设备。从生产费用角度来看,折旧是把工程或设备逐渐损耗的价值,转移到产品的成本中去,并通过产品的销售而得以补偿。从资金回收角度来看,折旧是资金回收的重要手段,即是从固定资产中逐年提取的一项专款,最后积累到相当于固定资产的原值,作为更新或改造设备的基金,以保证继续生产。

在工程经济计算中,计算投资效益、投资回收期等经济指标时,要把折旧作为一种收入,构成投资回收额的一个主要组成部分(另一主要部分为利润);在计算项目贷款的偿还能力时,折旧收入是偿还项目贷款的一项重要来源;在计算年费用时,折旧费则是一项特殊的支出。在工程项目的现金流量分析中,折旧是一项非现金流出,因为折旧是建设投资所形成的固定资产的补偿价值,如将其计入现金流出就会造成与建设投资现金流出的重复计算。但折旧会影响运营期所得税的计算,在进行税后工程经济分析时,又必须将其计入总成本费用中来计算利润,从而计算所得税。

折旧是一个会计上的概念,它确立了一项对税前收益的年(季、月)度抵减值,如此,时间流逝和使用消耗对一项资产在价值上的影响就反映在公司的财务报告中了。现行财务制度规定应计提折旧的固定资产有:房屋及建筑物、在用的机器设备、仪器仪表、运输车辆及工具器具等;季节性停用及修理停用的设备;融资租入和以经营租赁方式租出的固定资产。不计提折旧的固定资产有:未使用或不需用的机器设备、以经营租赁方式租入的固定资产;在建工程项目交付使用以前的固定资产;已提足折旧仍继续使用的固定资产;按规定单独作价作为固定资产入账的土地等。

企业一般应当按月提取折旧,当月增加的固定资产,当月不提折旧,下月起计提折旧;当月减少的固定资产,当月照提折旧,从下月起不提折旧。固定资产提足折旧后,不管能否继续使用,均不再提取折旧;提前报废的固定资产,也不再补提折旧。

3.折旧的计算方法

财务制度规定,施工企业计提折旧一般采用平均年限法和工作量法。技术进步较快或使用寿命受工作环境影响较大的施工机械和运输设备等,经财政部批准,可采用双倍余额递减法或年数总和法计提折旧。

企业按财务制度的有关规定,有权选择具体折旧方法和折旧年限,在开始实行年度前报主管财政机关备案。折旧年限和折旧方法一经确定,不得随意变更。需要变更的,由企业提出申请,并在变更年度前报主管财政机关批准。

(1)平均年限法,也称直线折旧法。它是按照固定资产的预计使用年限平均分摊固定资产折旧额的方法。这种方法计算的折旧额在各个使用年(月)份都是相等的,折旧的累计额所绘出的图线是直线。

平均年限法的固定资产折旧率和折旧额的计算公式见式(4-25)。

$$\begin{cases} 年折旧率 = \dfrac{1 - 预算净残值率}{折旧年限} \times 100\% \\ 月折旧率 = 年折旧率 \div 12 \\ 月折旧额 = 固定资产原值 \times 月折旧率 \end{cases} \quad (4\text{-}25)$$

净残值率按照固定资产原值的3% ~5%确定,净残值率低于3%或高于5%的,由企业自主确定,报主管财政机关备案。

(2)工作量法。工作量法是按照固定资产生产经营过程中所完成的工作量计提其折旧的一种方法,是平均年限法派生出的方法。适用于各种时期使用程度不同的专业大型机械、设备。

采用工作量法的固定资产折旧额的计算公式见式(4-26)~式(4-28)。

按照行驶里程计算折旧的公式

$$\begin{cases} 单位里程折旧额 = \dfrac{原值 \times (1 - 预计净残值率)}{规定的总行驶里程} \\ 月折旧额 = 月实际行驶里程 \times 单位里程折旧率 \end{cases} \quad (4\text{-}26)$$

按照工作小时计算折旧的公式

$$\begin{cases} 每工作小时折旧率 = \dfrac{原值 \times (1 - 预计净残值率)}{规定的总工作小时} \\ 月折旧额 = 月实际工作小时 \times 每工作小时折旧额 \end{cases} \quad (4\text{-}27)$$

按台班计算折旧的公式

$$\begin{cases} 每台班折旧额 = \dfrac{原值 \times (1 - 预计净残值率)}{规定的总工作台班} \\ 月折旧额 = 月实际工作台班 \times 每台班折旧额 \end{cases} \quad (4\text{-}28)$$

(3)双倍余额递减法。它是按照固定资产账面净值和固定的折旧率计算折旧的方法,是快速折旧法的一种。其年折旧率是平均年限法的两倍,并且在计算年折旧率时不考虑预计净残值率。计算月折旧额时,以固定资产账面净值(即固定资产原值减去已提折旧后的余额)为基数。采用这种方法时,折旧率是固定的,但计算基数逐年递减,因此计提的折旧额也逐年递减。

采用双倍余额递减法的固定资产折旧率和折旧额的计算公式见式(4-29)。

$$\begin{cases} 年折旧率 = \dfrac{2}{折旧年限} \times 100\% \\ 月折旧率 = 年折旧率 \div 12 \\ 月折旧率 = 固定资产账面净值 \times 月折旧率 \end{cases} \quad (4\text{-}29)$$

实行双倍余额递减法的固定资产,应当在其固定资产折旧年限到期前两年内,将固定资产净值扣除预计净残值后的净额平均摊销。

【例4-4】某项固定资产原值为10000元,预计净残值为400元,预计使用年限为5年。采用双倍余额递减法计算各年的折旧额。

【解】年折旧率 = 2 ÷ 5 = 40%

第一年折旧额:10000 × 40% = 4000(元)

第二年折旧额:(10000 − 4000) × 40% = 2400(元)

第三年折旧额:(10000 − 4000 − 2400) × 40% = 1440(元)

第四年折旧额:(10000 − 4000 − 2400 − 1440 − 400) ÷ 2 = 880(元)

第五年折旧额:(10000 − 4000 − 2400 − 1440 − 400) ÷ 2 = 880(元)

(4)年数总和法,也称年数总额法。它是以固定资产原值减去预计净残值后的余额为基数,按照逐年递减的折旧率计提折旧的一种方法,是加速折旧法的一种。其折旧率以该项固定资产预计尚可使用的年数(包括当年)作分子,而以逐年可使用年数之和作分母。分母是固定的,而分子逐年递减,所以折旧率也逐年递减。采用这种方法时,计算基数是固定的,但折旧率逐年递减,因此计提的折旧额也逐年递减。

采用年数总和法的固定资产折旧率和折旧额的计算公式见式(4-30)。

$$\begin{cases} 年折旧率 = \dfrac{折旧年限 - 已使用年限}{折旧年限 \times (折旧年限 + 1) \div 2} \times 100\% \\ 月折旧率 = 年折旧率 \div 12 \\ 月折旧额 = (固定资产原值 - 预计净残值) \times 月折旧率 \end{cases} \quad (4\text{-}30)$$

【例4-5】利用上例4-4数据,采用年数总和法计算各年的折旧额。

【解】计算折旧的基数 = 10000 − 400 = 9600(元)

年数总和 = 5 + 4 + 3 + 2 + 1 = 15(年)

或 5 × (5 + 1) ÷ 2 = 15(年)

第一年折旧额:9600 × 5 ÷ 15 = 3200(元)

第二年折旧额:9600 × 4 ÷ 15 = 2560(元)

第三年折旧额:9600 × 3 ÷ 15 = 1920(元)

第四年折旧额:9600 × 2 ÷ 15 = 1280(元)

第五年折旧额:9600 × 1 ÷ 15 = 640(元)

4.固定资产修理

固定资产修理费用,计入当期成本、费用。修理费用发生不均衡、数额较大的,可以采取分期摊销或预提的办法,并报主管财政机关备案。

(1)固定资产中小修理,也称"经常修理",是指为保持固定资产正常工作效能所进行的经常修理,是固定资产计划预防修理制度的内容之一。中小修理的特点是:经常性、间隔时间短、修理范围小、费用支出少。中小修理一般在费用发生时,一次计入成本、费用。

(2)固定资产大修理,指为恢复固定资产原有生产效能和保持正常使用年限而对固定资产所做的全面、彻底修理。一般按技术规程规定,若干年进行一次。其特点是:间隔时间长、修理范围大、所需费用多,具有固定资产局部再生产性质。

二、总成本费用与经营成本

企业要销售产品必须先生产出产品,为此要消耗各种原材料、燃料等,支付人工工资,以及为组织和管理生产而发生各项费用。

成本和费用是相互关联又相互区别的一对概念,成本一定是费用,但费用不一定是成本。成本的范围小,费用的范围大,成本是将有关费用按一定的对象进行归集分配后形成的。因此,可以说成本是对象化的费用。

1.总成本费用构成

总成本费用是指在一定时间内(一般为一年)为生产和销售产品而支付的全部成本费用。工程项目总成本费用通常按要素成本法分类。所谓要素成本法是指按生产费用的经济性质划分费用要素,即按制造产品时所消耗的原始形态划分,不考虑这些费用产生的用途和发生的地点,只要性质相同都归为一类。此时,工程项目总成本费用的构成如图4-2所示。

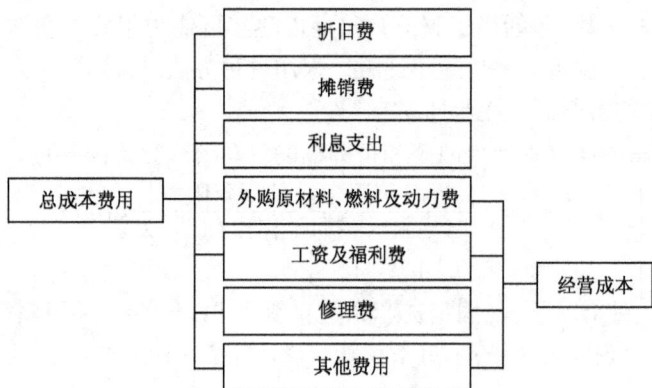

图4-2 总成本费用与经营成本的构成

即

$$总成本费用 = 外购原材料、燃料及动力费 + 工资及福利费 + 修理费 +$$
$$折旧费 + 摊销费 + 利息支出 + 其他费用 \tag{4-31}$$

在工程经济分析中,工程项目总成本费用并不等于现金流量表中的现金流出。外购原材料、燃料及动力费、工资及福利、修理费和其他费用是现金流出,但折旧费和摊销费(指无形资产及其他资产等一次性投入费用的分摊)则不计入现金流出。因为折旧费是建设投资所形成的固定资产的补偿价值,是以前一次性投资支出的分摊,如将其计入现金流出会造成与建设投资现金流出的重复计算;同样,无形资产及其他资产摊销费也是建设投资所形成的,只是项目内部的现金转移,而非现金支出。但在按年计算成本费用、利润和所得税时,显然应把它们看做是成本费用的组成部分。

利息支出是使用借贷资金所要付出的代价,对于项目来说是实际的现金流出。在新财务会计制度下,实行的是税后还贷,借款的本金要用税后利润和折旧来归还,而生产经营期的利息可计入财务费用。但在考察全部投资(包括资本金和债务资金)的经济效果时,由于不考虑资金的来源问题,故在这种情况下也不考虑贷款利息的支出,因为利息可以看作债权投资者的获利,是投资收益的组成部分。而在资本金财务现金流量表分析中,利息支出则单独列出来,作为总成本费用的一项组成部分。

2.经营成本

通俗地讲,经营成本是指在一年的会计周期内,纯粹为了生产经营活动而在当年支出的费用,表示项目年度的资金流出量。经营成本的构成内容及与总成本的费用的关系分别见式(4-32)及式(4-33)。

$$经营成本 = 外购原材料、燃料及动力费 + 工资及福利费 + 修理费 + 其他费用 \quad (4-32)$$

$$经营成本 = 总成本费用 - 折旧费 - 摊销费 - 利息支出 \quad (4-33)$$

总成本费用估算表见表4-1。

总成本费用估算表　　　　　　　　　　　　　　表4-1

序　号	项　　目	计　算　期						
		1	2	3	4	5	…	n
1	外购原材料							
2	外购燃料及动力费							
3	工资及福利费							
4	修理费							
5	其他费用							
6	经营成本(1+2+3+4+5)							
7	折旧费							
8	摊销费							
9	利息支出							
10	总成本费用合计(6+7+8+9)							
	其中:可变成本							
	固定成本							

三、销售收入与销售税金及附加

1.销售收入

产品销售收入是指项目建成投产后各年销售产品(或提供劳务)取得的收入,如高速公路建成后收取的道路通行费、水电工程建成售出电量得到收入等。销售收入取决于销量和产品销售单价两个因素见式(4-34)。

$$销售收入 = 产品年销量 × 产品销售单价 \quad (4-34)$$

在计算项目的销售收入时,一般假设生产出来的产品能够全部售出,即销售量等于生产量。对生产多种产品和提供多项服务的,应分别计算各种产品及服务的销售收入。对不便按详细产品分类计算销售收入的,可采取折算为标准产品的方法计算销售收入。

2.销售税金及附加

税收作为国家取得财政收入的手段,具有强制性、无偿性、固定性等特点。根据我国税制规定,产品销售税金及附加有增值税、营业税、消费税、城市建设维护税、资源税、教育费附加等。根据投资项目性质征收不同的税金及附加,对于工程建设项目来说,产品销售税金及附加主要有三大税,即营业税、城市建设维护税及教育费附加。产品销售税金及附加一般从销售收入中扣除,所得税从利润总额中征收。

（1）营业税

营业税是对我国境内提供应税劳务、转让无形资产或销售不动产的单位和个人就其取得的营业额征收的一种流转税。

营业额按行业设置税目,实行行业差别比例税率,对经营同一业务的纳税人适用同一税率,对经营不同业务的纳税人适用不同的税率。具体税率一般有3%和5%两档,对于娱乐行业实行5%~20%的幅度税率。营业税的计税依据为纳税人实现的营业额,计算式见式(4-35)。

$$应纳营业税额 = 营业额 \times 适用税率 \tag{4-35}$$

对于建筑业,适用税率为3%。

（2）城市建设维护税

它属于特定目的税,是国家为加强城市的维护建设,扩大和稳定城市维护建设资金的来源而采取的一项税收措施。计算式见式(4-36)。

$$应纳税额 = (增值税 + 消费税 + 营业税) \times 适用税率 \tag{4-36}$$

适用税率为:城市7%,县城5%,村镇1%。

（3）教育费附加

教育费附加是为了加快地方教育事业的发展,扩大地方教育经费的资金来源而开征的。教育附加收入纳入预算管理,作为教育专项基金,主要用于各地改善教学设施和办学条件。计算式见式(4-37)。

$$应纳教育费附加额 = (增值税 + 消费税 + 营业税) \times 3\% \tag{4-37}$$

四、利润及利润分配

1.利润总额与税后利润

利润总额是企业在一段时期内生产经营活动的最终财务成本。它集中反映了企业生产经营各方面的效益。税后利润是指利润总额缴纳所得税后的余额。计算式见式(4-38)、式(4-39)。

$$利润总额 = 产品销售收入 - 总成本费用 - 销售税金及附加 \tag{4-38}$$

$$税后利润(净利润) = 利润总额 - 所得税 \tag{4-39}$$

2.所得税

根据税法的规定,企业取得利润后,均应依法向国家缴纳企业所得税。正常情况下,企业所得税税率分为三档,一般企业实行25%的基本税率;高新技术企业实行15%的优惠税率;小型微利企业实行20%的低税率。

按照现行财务制度的规定,企业实现的利润总额,应先按国家规定作相应的调整,然后依法缴纳所得税。这里所说的调整,主要是指弥补以前年度的亏损。因为企业发生的年度亏损,可以用下一年度的税前利润(所得税前的利润)弥补;下一年度利润总额不足弥补的,可以在5年内延续弥补;5年内不足弥补的,才用税后利润来弥补。所以企业实现的利润总额,要先弥补以前5年内发生的亏损,然后据以计算应缴所得税。计算式见式(4-40)、式(4-41)。

$$企业所得税 = 应纳税所得额 × 所得税率 \tag{4-40}$$

$$应纳所得税额 = 利润总额 ± 税收调整项目金额 \tag{4-41}$$

【例4-6】某企业某年销售收入6000万元,该年总成本费用3640万元,企业该年销售税金及附加60万元,所得税率25%。问企业该年的利润总额为多少? 该年的企业所得税为多少? 该年的企业净利润是多少? 若企业前一年度亏损300万元(即利润总额为-300万元),试计算该年的企业所得税。

【解】该年的利润总额 = 6000 - 3640 - 60 = 2300(万元)

该年的所得税 = 2300 × 25% = 575(万元)

该年的净利润 = 2300 - 575 = 1725(万元)

若企业前一年度亏损300万元,该年的利润总额首先弥补前一年度亏损的300万元,则该年应纳所得税额为2300 - 300 = 2000万元。

该年的企业所得税 = 2000 × 25% = 500(万元)

3. 利润分配

利润分配是企业根据国家有关规定和投资者的议决,对企业净利润(税后利润)所进行的分配。利润分配顺序和结果不仅关系到所有者的合法权益是否得到保护,还关系到企业能否长期稳定的发展。企业向股东(投资者)分派股利(分配利润),应按一定顺序进行,按照我国《中华人民共和国公司法》的有关规定,利润分配应按如下顺序进行。

(1)弥补以前年度的亏损

当一个持续经营的公司发生了亏损,资本就受到了侵蚀,如果尚未弥补亏损就分割利润,就等于把资本当利润分掉,损害了投资者的利益,所以利润总额首先要弥补以前年度亏损。为了确保国家税收的稳定和促进公司尽快扭亏为盈,国家规定了5年内延续弥补亏损的期限。延续5年未弥补的亏损,用税后净利润弥补。

(2)提取法定盈余公积金

法定盈余公积金是国家统一规定必须提取的公积金,其目的有两个方面:一是保证公司未来的亏补能力和资本保全,二是为了公司的持续稳定发展,必须在个人和集体性分配之间,留足公司生产发展所需的财力。法定盈余公积金按照税后净利润扣减前项弥补亏损后的10%提取,当积累额达到项目法定注册资本金的50%时可不再提取,超出部分可转增为资本金。

(3)提取法定公益金

公益金主要用于企业职工集体福利设施,这是我国为了保证企业职工集体福利的不断提高,在投资者个人分配之前硬性分配的部分。公益金按当年税后净利润扣减前项弥补亏损后的5%~10%提取。

(4)应付利润

即向投资者分配利润。企业以前年度未分配利润,可以并入本年度向投资者分配;企业当年无利润,不得向投资者分配利润。分配方式可按投资协议、合同、法律法规规定进行分配。

(5)未分配利润

可供分配利润减去盈余公积金和应付利润后余额,即为未分配利润。

第四节 > 折旧、利息、财务价格与税后现金流

一、折旧与税后现金流

税后现金流量分析与税前现金流量分析一般采用相同的方法计算获利能力,唯一不同的是把由所得税产生的费用(或节减)加进去,把税前现金流量换算成税后现金流量。所得税的支出对现金流量的影响很大,甚至有时某个投资项目的成败取决于所得税支出的高低。

从税前投资现金流量看,似乎与折旧没有关系。确实,如前所述它本身不作为全部投资的现金流出。但是,当我们考虑所得税,把所得税看作是现金流出时,折旧就会对税后现金流产生影响了。因为计算利润总额时要将折旧考虑到总成本中去,减少了利润额,从而少交了所得税,即它可以抵扣所得税。折旧越多(快),相应地所交所得税就越少,税后的净现金流就越多。比如在总的折旧额不变的情况下,采用加速折旧方法比平均折旧法就会使得所得税晚交,从而会提高投资收益率水平。

二、利息与税后现金流

同理,利息对税后现金流也是有影响的。增加借款比例(资本结构中负债比例越高)对直接投资者是有利的。这是因为一方面建设期借款利息可以形成资产的原值,提高了折旧额;另一方面,在生产经营期增加了利息的支出,这都可以减少所得税的支出,使自有资金(资本金)的盈利水平提高。此外,投资者利用债务资金,分散自有资金在不同项目上,还可以减少投资的风险。所谓"不要把全部鸡蛋都装在一个篮子里"就是这种考虑的体现。因此,投资者会尽可能地减少自有资金(资本金)的出资额,把余下的自有资金投向类似的项目,使整个自有资金投资的盈利能力提高。人们把投资者的这种做法叫作"杠杆原理"。

当然投资者利用"杠杆原理"也不是绝对的。首先,根据政策和法规规定,对投资项目实行最低资本金制度,对负债的比例是有所限制的。同时,还规定企业筹集的资本金在生产经营期内不得以任何方式抽走。其次,当多余的自有资金找不到较好的其他投资机会时,减少自有资金的出资也未必有利。

三、财务价格体系与税后现金流

1.影响价格变动的因素

影响价格变动因素很多,可归纳为两类:一是相对价格变动因素,二是绝对价格变动因素。

相对价格是指商品间的价格比例关系。导致商品相对价格发生变化的因素很复杂,如供应量的变化、价格政策的变化、劳动生产率变化等可能引起商品间比价的改变;消费水平变化、消费习惯改变、可替代产品出现等引起供求关系发生变化,从而使供求均衡价格发生变化,引起商品间比价的改变。

绝对价格是指用货币单位表示的商品价格水平。绝对价格变动一般体现为物价总水平的变化,即因货币贬值(通货膨胀)引起的所有商品价格的普遍上涨,或因货币升值(通货紧缩)引起的所有商品价格的普遍下降。

2.财务价格体系及对税后现金流的影响

在项目财务分析中,要对项目整个计算期内的价格进行预测,涉及如何处理价格变动的问题。在整个计算期的若干年内,是采用同一个固定价格,还是各年都变动及如何变动。这就是投资项目的财务分析应采用什么价格问题。通常财务分析涉及的价格有三种,即常价、时价和实价,分别形成了不同的价格体系。

(1)常价。常价指的是采用分析当时的价格总水平,不考虑价格总水平的上涨(假定没有通货膨胀),只考虑相对价格的变动,这是通常做盈利能力分析的假设,能够得到盈利水平的实际值,免去了对通货膨胀的预测。常价是确定项目涉及的各种货物预测价格的基础,也是估算建设投资的基础。

(2)时价。时价指的是任何时候的当时市场价格,既包含物价相对价格变动,又含有通货膨胀的因素。按这样计算的现金流量及内部收益率指标都含有物价总水平上涨(通货膨胀)的水分,但优点是现金流的数值与实际发生的相吻合。

(3)实价。实价指的是在时价的基础上剔除通货膨胀的因素(水分),保留相对价格变动的影响。若2014年某货物A的常价为100元,时价上涨率为2%,则2015年的时价为$[100 \times (1+2\%)] = 102$元;若2014年物价总水平上涨率为3.5714%,则2015年货物A的实价为$[102/(1+3.5714\%)]$,即98.48元,这可以说明,虽然看起来2015年A的价格比2014年上涨了2%,但扣除物价总水平上涨影响后,货物A的实际价格反而比2014年降低了,这是由于某种原因使得其相对价格发生了变动。如果把实际价格的变化率称为实价上涨率,那么货物A的实价上涨率为:$[(1+2\%)/(1+3.5714\%)] - 1 = -1.52\%$。

只有当时价上涨率大于物价总水平上涨率时,该货物的实价上涨率才会大于零,此时说明该货物价格上涨超过物价总水平的上涨。设第i年时价上涨率为c_i,物价总水平上涨率为f_i,则第i年的实价上涨率r_i见式(4-42)。

$$r_i = \frac{1+c_i}{1+f_i} - 1 \qquad (4\text{-}42)$$

若各种货物的时价上涨率等于通货膨胀率,那么实价上涨率为零。

作为盈利性分析,我们希望用实价,因为只有按这样的价格得出的盈利水平才是投资者所能得到的,既考虑了物价相对变动,又不含通货膨胀的水平。

需要指出的是,按照通货膨胀的定义,由于货币贬值引起的投入物和产出物的上涨的比率可以认为是相同的,那么各种现金流入和现金流出都具有相同的物价上涨率,如收入、经营成本以及利息都随相同的通货膨胀率而上升,那么按实价的收益率和不考虑通货膨胀的按常价的收益率是相等的。但是,由于折旧一般不会随物价水平上涨而上升,现金流出中的所得税不完全按同一比率上升,所以两者的税后净现金流不会相等。按实价的净现金流要小于按常价(不考虑或没有通货膨胀)的净现金流。这是因为折旧没有随通货膨胀而升高,造成利润虚增,所得税多交,而使投资者吃亏了。用实价的净现金流可以显示由通货膨胀而引起的投资者的损失。具体计算见例4-7。

【例4-7】 某项目的初始投资为1500万元(假设发生在第一年初),计算期为5年,余值忽略不计。根据投入和产出的相对价格变动,对其常价现金流量进行了预测,其有关数据见表4-2。预计今后若干年的通货膨胀率为3%,所得税率为25%。折旧费每年250万元,借款利息偿付150万元。假定是利率随通货膨胀率浮动。试分别求全部投资的税后常价、时价和实价内部收益率。

常价下的现金流量表(单位:万元)　　　　　表 4-2

序号	年末	0	1	2	3	4	5
1	销售收入 R		800	1000	1000	1000	1000
2	经营成本 C		300	400	400	400	400
3	折旧费 D		250	250	250	250	250
4	利息 I		150	150	150	150	150
5	税前利润(1−2−3−4)		100	200	200	200	200
6	所得税 T(5)×25%		25	50	50	50	50
7	税后净现金流量 F(1−2−6)	−1500	475	550	550	550	550

【解】 (1)常价的现金流量不考虑通货膨胀(假定没有通货膨胀),直接按表 4-2 的第 7 行净现金流量(−1500,475,550,550,550,550)求内部收益率 $i'_C = 22.41\%$。

(2)假定有通货膨胀率 3%,现金流量调整为时价,注意折旧维持原数值(表 4-3)。

时价下的现金流量表(单位:万元)　　　　　表 4-3

序号	年末	0	1	2	3	4	5
1	销售收入 R		824.00	1060.90	1092.73	1125.51	1159.27
2	经营成本 C		309.00	424.36	437.09	450.20	463.71
3	折旧费 D		250.00	250.00	250.00	250.00	250.00
4	利息 I		154.50	159.14	163.91	168.83	173.89
5	税前利润(1−2−3−4)		110.50	227.41	241.73	256.48	271.67
6	所得税 T(5)×25%		27.63	56.85	60.43	64.12	67.92
7	税后净现金流量 F(1−2−6)	−1500	487.37	579.69	595.21	611.19	627.74

按时价的内部收益率用净现金流量(−1500,487.37,579.69,595.21,611.19,627.74)求得内部收益率 $i'_f = 25.67\%$。

(3)实价的净现金流可以对表 4-3 的各现金流剔除通货膨胀的影响,即用物价指数(1+0.03%)t 除以各年的现金流量,得到用实价表示的现金流(表 4-4)。

实价下的现金流量表(单位:万元)　　　　　表 4-4

项次	年末	0	1	2	3	4	5
1	销售收入 R		800	1000	1000	1000	1000
2	经营成本 C		300	400	400	400	400
3	折旧费 D		242.72	235.65	228.79	222.12	215.65
4	利息 I		150	150	150	150	150
5	税前利润(1−2−3−4)		107.28	214.35	221.21	227.88	234.35
6	所得税 T(5)×25%		26.82	53.59	55.30	56.97	58.59
7	税后净现金流量 F(1−2−6)	−1500	473.18	546.41	544.70	543.03	541.41

得到实价的内部收益率 i'_r 为 22.01%,明显地小于不考虑通货膨胀的内部收益率 22.41%。从表中可看出,这是由于折旧少提,造成所得税流出增加所致。还可以对这些结果

验算,即

$$i_r = \frac{(1 + i_f')}{(1 + f)} - 1 = \frac{(1 + 0.2569)}{1 + 0.03} - 1 = 22.01\%$$

结果是一致的。

在通货膨胀不严重时,可以用常价计算投资盈利水平,即忽略通货膨胀的影响,不会产生太大的误差。当通货膨胀显著时,实价的收益率要小于常价的收益率,必要时可提出加快折旧或调整资产原值,以避免投资者的损失,在存在通货膨胀的情况下,只有实价内部收益率反映投资者实际盈利水平。

3.财务分析的取价原则

现金流量分析原则上应采用实价体系。采用实价为基础计算净现值和内部收益率进行现金流量分析是比较通行的做法。这样做,便于投资者考察投资的实际盈利能力。因为实价体系排除了通货膨胀因素的影响,消除了因通货膨胀(物价总水平上涨)带来的"浮肿净现金流量",能够相对真实地反映投资的盈利能力,为投资决策提供较为可靠的依据。

在进行偿债能力分析和财务生存能力分析时原则上应采用时价体系。为了满足实际投资的需要,在投资估算中应该同时包含两类价格变动因素引起投资增长的部分,一般通过计算涨价预备费来体现。同样,在融资计划中也应考虑这部分的费用,在投入运营后的还款计划中自然包括该部分费用的偿还。因此,只有采用既包括了相对价格变化,又包含了通货膨胀因素影响在内的时价价值表示投资费用、融资数额进行计算,才能真实反映项目的偿债能力和财务生存能力。

第五节 ▶ 投资项目盈利能力与清偿能力分析

盈利能力和清偿能力分析是为了给工程项目的投资决策和融资决策提供依据。项目的盈利能力和清偿能力主要取决于项目的收益和费用的大小及其在时间上的分布,同时也取决于项目的融资方案。这就要通过编制报表以及计算相应的评价指标来进行判断和方案的选择。

🌐 一、盈利能力分析

1.融资前盈利能力分析

融资前盈利能力分析是指在未知资金来源的情况下,以融资前的全部投资为基础,不考虑债务资金的筹集、使用和还本付息等融资问题对项目建设和运营效益的影响,以融资前的利润和所得税,编制全部投资现金流量表,计算融资前项目的财务净现值、内部收益率、投资回收期等经济评价指标。据此,判断项目财务的生存能力。融资前盈利能力分析,可作为投资决策的依据和融资方案研究的基础。

全部投资现金流量表见本节"一个演示性例子"中表4-8所示。

2.融资后盈利能力分析

融资后盈利能力分析主要是以初步融资方案为基础,考虑债务资金的筹集、使用和还本付息等融资问题对项目建设和运营效益的影响,以融资后的利润扣减所得税,编制项目权益资金投资现金流量表,计算相应评价指标,判断项目在融资条件下的合理性。

全部投资现金流量表反映的是全部投资者在该项目上资金投入和收入的情况。投资中包括了投资者的出资部分,也包括负债资金。权益资金投资现金流量表与全部投资现金流量表不同的是,现金流出的投资中只包括权益投资,同时增加了借款的本金偿还和利息的支付。

权益投资是指项目投资者的出资额,并假定债务资金投资(包括融资租赁的固定资产投资)与权益投资之和等于建设投资(含建设期利息的支付),借款本金偿还中包括融资租赁的租赁费。权益投资中包括用于建设投资、流动资金和建设期利息的权益资金。

在市场经济条件下,对项目整体获利能力有所判断的基础上,权益投资盈利能力指标是比较和取舍融资方案的重要依据。

权益资金投资现金流量表见本节"一个演示性例子"中表4-13所示。

3.一个演示性例子

(1)融资前盈利能力分析

(本例引自参考文献[7])某工业项目计算期为15年,建设期为3年,第四年投产,第五年开始达到生产能力。

①设投资(固定资产投资)8000万元分年投资情况如表4-5所示。

分年投资情况(单位:万元)　　　　表4-5

年份 项目	1	2	3	合计
建设投资	2500	3500	2000	8000

该项目的固定资产综合折旧年限为15年,残值率为5%。期末余值等于账面余值。

②流动资金投资约需2490万元。

③营业收入、营业税金及附加和经营成本的预测值见表4-6,其他支出忽略不计。

营业收入、营业税金及附加和经营成本的预测值(单位:万元)　　　　表4-6

年份 内容	4	5	6	…	15
营业收入	5600	8000	8000	…	8000
营业税金及附加	320	480	480	…	480
经营成本	3500	5000	5000	…	5000

【解析】在计算折旧、利润和所得税时,均不考虑资金来源,即不考虑借款和利息。

①固定资产折旧计算。

平均折旧年限为15年,残值率5%,则

$$年折旧额 = \frac{8000 \times (1 - 5\%)}{15} \approx 507(万元)$$

第15年末回收固定资产余值(假定回收余值与账面余值相等)为

$$8000 - 507 \times 12 = 1916(万元)$$

②利润与所得税计算。

融资前的利息支出为零,利润与所得税的计算如表4-7所示。据以编制全部投资现金流量表。

利润与所得税计算表(融资前)(单位:万元)　　　　　　　　　　表4-7

序号	项目	计　算　期											
		4	5	6	7	8	9	10	11	12	13	14	15
1	营业收入	5600	8000	8000	8000	8000	8000	8000	8000	8000	8000	8000	8000
2	营业税金及附加	320	480	480	480	480	480	480	480	480	480	480	480
3	总成本费用	4007	5507	5507	5507	5507	5507	5507	5507	5507	5507	5507	5507
3.1	经营成本	3500	5000	5000	5000	5000	5000	5000	5000	5000	5000	5000	5000
3.2	折旧费	507	507	507	507	507	507	507	507	507	507	507	507
3.3	利息支出	0	0	0	0	0	0	0	0	0	0	0	0
4	利润总额(1-2-3)	1273	2013	2013	2013	2013	2013	2013	2013	2013	2013	2013	2013
5	所得税(4×25%)	318	503	503	503	503	503	503	503	503	503	503	503
6	税后利润	955	1510	1510	1510	1510	1510	1510	1510	1510	1510	1510	1510

③全部投资现金流量表(表4-8)及内部收益率。

全部投资现金流量表(融资前)(单位:万元)　　　　　　　　　　表4-8

序号	项目	计　算　期													
		1	2	3	4	5	6	7	8	9	10	11	12	13	14	15
1	现金流入				5600	8000	8000	8000	8000	8000	8000	8000	8000	8000	8000	12406
1.1	销售收入				5600	8000	8000	8000	8000	8000	8000	8000	8000	8000	8000	8000
1.2	回收固定资产余值															1916
1.3	回收流动资金															2490
2	现金流出	2500	2500	4490	3820	5480	5480	5480	5480	5480	5480	5480	5480	5480	5480	5480
2.1	建设投资(不含建设期利息)	2500	3500	2000												
2.2	流动资金			2490												
2.3	经营成本				3500	5000	5000	5000	5000	5000	5000	5000	5000	5000	5000	5000
2.4	营业税金及附加				320	480	480	480	480	480	480	480	480	480	480	480
3	所得税前净现金流量(1-2)	-2500	-3500	-4490	1780	2520	2520	2520	2520	2520	2520	2520	2520	2520	2520	2520
4	累计所得税前净现金流量	-2500	-6000	-10490	-8710	-6190	-3670	-1150	1370	3890	6410	8930	11450	13970	16490	23416
5	所得税				.318	503	503	503	503	503	503	503	503	503	503	503
6	所得税后净现金流量(3-5)	-2500	-3500	-4490	1462	2017	2017	2017	2017	2017	2017	2017	2017	2017	2017	6423
7	累计所得税后净现金流量	-2500	-6000	-10490	-9028	-7012	-4995	-2978	-961	1056	3072	5089	7106	9123	11139	17562

根据表4-8的最后一行数字,计算得到全部投资后的税后内部收益率 IRR = 14.17%,投资回收期 P_t = 8.48 年。

该项目的投资内部收益率超过14%,我们可以以这个数值与可能的资金来源成本进行比较,以确定是否有必要进一步研究。即使长期借款的利率为16%,全部通过借贷筹资,还是具有偿付能力的,因为 $IRR = 14.17\% > (1-25\%) \times 16\% = 12\%$。如果权股融资要求的投资回报率高达15%,而又能设法从银行借到一半的初始投资,长期贷款利率为10%,那么加权平均的资金成本是

$$WACC = 0.5 \times 15\% + 0.5 \times (1-25\%) \times 16\% = 7.5\% + 6\% = 13.5\%$$

项目的内部收益率还是大于资金成本,说明这个项目从盈利能力上还是可以考虑的。

(2)融资后盈利能力分析

对项目进行融资前的初步分析后,如果给定的融资方案如下:

①建设投资为8000万,权益投资为4000万,分年出资为1500万元、1500万元和1000万元,不足的部分向银行借款。银行贷款条件是年利率10%,建设期只计息不付息还款,将利息按复利计算到第四年初,作为全部借款本金。投产后(第四年末)开始还贷,每年付清利息,并分10年等额还本。

②流动资金投资2490万元,便于计算,假设全部向银行借款(始终维持借款状态),年利率也是10%。

【解析】 融资后的盈利能力分析可按以下步骤进行。

①借款需要量计算(表4-9)。

借款需要量计算表(单位:万元)　　　　表4-9

项目 ＼ 年末	1	2	3	4	合计
建设投资总数	2500	3500	2000		8000
净营运资金			2490		2490
权益资金	1500	1500	1000		4000
借款需要量	1000	2000	3490		6490

②固定资产投资借款建设期利息计算(表4-10)。

假定每年借款发生在年中,当年借款额只计一半利息。第四年初累计的欠款即为利息资本化后的总本金。

建设期利息计算表(单位:万元)　　　　表4-10

项目 ＼ 年末	1	2	3	4	附注
年初欠款	0	1050	3255	4631	
当年借款	1000	2000	1000		建设期利息为631
当年利息	50	205	376		
年末欠款累计	1050	3255	4631		

③固定资产折旧计算。

融资后的年折旧费计算,建设期利息计入固定资产原值内,年折旧费为

$$年折旧额 = \frac{(8000+631)(1-5\%)}{15} \approx 547(万元)$$

第15年末回收固定资产余值为

$$(8000+631) - 547 \times 12 \approx 2071(万元)$$

④固定资产投资还款计划与利息计算。

根据与银行商定的条件,第四年开始支付每年的利息再还本金的1/10,10年内还清,利息可计入当期损益(表4-11)。

固定资产投资还贷计划与利息计算表(单位:万元)　　　　　　　　　　表4-11

年末 项目	4	5	6	7	8	9	10	11	12	13
期初本息余额	4631	4167	3704	3241	2778	2315	1852	1389	926	463
本期付息	463	417	370	324	278	232	185	139	93	46
本期还本	463	463	463	463	463	463	463	463	463	463
期末本息余额	4167	3704	3241	2778	2315	1852	1389	926	463	0

⑤利润与所得税计算。

融资后的利润与所得税的计算如表4-12所示,据以编制权益资金投资现金流量表。

利润与所得税计算表(融资后)(单位:万元)　　　　　　　　　　表4-12

序号	项目	计 算 期											
		4	5	6	7	8	9	10	11	12	13	14	15
1	营业收入	5600	8000	8000	8000	8000	8000	8000	8000	8000	8000	8000	8000
2	营业税金及附加	320	480	480	480	480	480	480	480	480	480	480	480
3	总成本费用	4759	6212	6166	6120	6073	6027	5981	5935	5888	5842	5796	5796
3.1	经营成本	3500	5000	5000	5000	5000	5000	5000	5000	5000	5000	5000	5000
3.2	折旧费	547	547	547	547	547	547	547	547	547	547	547	547
3.3	利息支出	712	666	619	573	527	481	434	388	342	295	249	249
4	利润总额 (1-2-3)	521	1308	1354	1400	1447	1493	1539	1585	1632	1678	1724	1724
5	所得税(4×25%)	130	327	338	350	362	373	385	396	408	420	431	431
6	税后利润	391	981	1015	1050	1085	1120	1154	1189	1224	1259	1293	1293

⑥权益资金投资现金流量表(表4-13)。

权益资金投资现金流量表(单位:万元)　　　　　　　　　　表4-13

序号	项目	计 算 期														
		1	2	3	4	5	6	7	8	9	10	11	12	13	14	15
1	现金流入	0	0	0	5600	8000	8000	8000	8000	8000	8000	8000	8000	8000	8000	12561
1.1	营业收入				5600	8000	8000	8000	8000	8000	8000	8000	8000	8000	8000	8000
1.2	回收固定资产余值															2071
1.3	回收流动资金															2490
2	现金流出	1500	1500	1000	5125	6936	6901	6866	6832	6797	6762	6727	6693	6658	6160	8650
2.1	权益投资	1500	1500	1000	0	0	0	0	0	0	0	0	0	0	0	0
2.2	借款本金偿还	0	0	0	463	463	463	463	463	463	463	463	463	463	0	2490

序号	项目	计　算　期													
		1	2	3	4	5	6	7	8	9	10	11	12	13	14	15
2.3	借款利息支付	0	0	0	712	666	619	573	527	481	434	388	342	295	249	249
2.4	经营成本				3500	5000	5000	5000	5000	5000	5000	5000	5000	5000	5000	5000
2.5	营业税金及附加				320	480	480	480	480	480	480	480	480	480	480	480
2.6	所得税				130	327	338	350	362	373	385	396	408	420	431	431
3	净现金流量	-1500	-1500	-1000	475	1064	1099	1134	1168	1203	1238	1273	1307	1342	1840	3911

权益资金投资的内部收益率 IRR = 20.10%。

如果企业(投资者)现有投资机会最低吸引力的收益率 MARR 不高于20%,该项目对投资者还是有吸引力的。

二、清偿能力分析

1.资金来源与运用表分析

资金来源与运用表列出了项目计算期内的资金来源、资金运用、盈余资金和累计盈余资金,通过资金来源与资金运用的差额反映项目各年的资金盈余或短缺情况。项目的资金筹措方案和借款及偿还计划应能使表中各年度的累计盈余资金额始终大于或等于零,否则,项目将因资金短缺而不能按计划顺利进行。

一般说来,项目在筹建的后期到生产经营达到正常的这段时间资金平衡最为困难,此时项目占用的资金量大,利息支付也多,借款也开始要求偿还;而投产试生产阶段成本费用高,产量低,资金流入偏少。因此,有必要逐年甚至逐季逐月地予以平衡,做到事先心中有数,未雨绸缪。资金平衡分析可通过编制资金来源与运用表来进行。

资金来源与运用表如本节"一个演示性例子(续)"中表4-16所示。

2.资产负债表的预测

清偿能力分析除了考察投资项目各时刻的资金平衡情况外,还有必要考察企业(项目)的资产负债变化情况,保证项目(企业)有较好的清偿能力和资金流动性,这些分析可通过资产负债表的预测来实现。

资产负债表和前面介绍的现金流量表(包括利润与利润分配表、资金来源与运用表)的一个根本区别在于前者记录的是存量而后者是流量。所谓存量是指某一时刻的累计值;流量反映的是某一时段发生资金流量值。资产负债表中的基本恒等关系是:资产 = 负债 + 所有者权益。

资产负债表如本节"一个演示性例子(续)"中表4-17所示。

3.清偿能力分析主要指标

根据资产负债表可计算资产负债率、流动比率、速动比率等指标。根据借款还本付息计划表可计算借款偿还期、利息备付率、偿债备付率等指标。

(1)资产负债率

资产负债率是负债与资产之比,它是反映企业各个时刻所面临的财务风险程度及偿债能力的指标。计算式见式(4-43)。

$$资产负债率 = \frac{负债合计}{资产合计} \tag{4-43}$$

资产负债率到底多少合适,没有绝对的标准,一般认为 0.5~0.8 是合适的。负债比率高,以此赋予自有资金有较高的财务杠杆力,即用较少的自有资金来控制整个项目。同时,可以说明项目信誉好而举债较多,也可能说明项目运营状况欠佳不得不举债。但是,另一方面,资产负债比率高,项目的风险也越大,因为自有资金的大部分形成土地使用权、房屋和机械设备,变现较为困难,除非企业宣告破产。因此,银行和债权人一般不愿意贷款给自有资金出资额低于总投资的 50% 的项目。

当资产负债率太高时,可以通过增加资本金出资和减少利润分配等途径来调节。

(2)流动比率

流动比率是企业各个时刻偿付流动负债能力的指标。计算式见式(4-44)。

$$流动比率 = \frac{流动资产总额}{流动负债总额} \tag{4-44}$$

由于流动资产总额中包括存货,这些存货在通常情况下也不易立即变现,所以该指标不能确切反映瞬时的偿债能力。

(3)速动比率

速动比率是企业各个时刻用可以立即变现的货币资金偿付流动负债能力的指标。计算式见式(4-45)。

$$速动比率 = \frac{流动资产总额 - 存货}{流动负债总额} \tag{4-45}$$

一般认为,流动比率应不小于 1.2~2.0,速动比率应不小于 1.0~1.2。

当流动比率和速动比率过小时,应设法减少流动负债,通过减少利润分配、减少库存等办法增加盈余资金。例如增加长期借款(负债)等方法来加以调整。

(4)建设投资借款偿还期

借款偿还期是指以项目投产后获得的可用于还本付息的资金(按最大偿还能力计算),还清借款本息所需的时间。

计算借款偿还期的关键是要明确项目可用于还款的来源,尽可能做到偿还的来源与偿还的对象相一致。对于税利分流和税后还贷的项目,可作为偿还项目建设投资贷款本金的来源有税后利润、折旧及其他收益。

由于每年的利息取决于年初的欠款余额,而利润的计算又取决于利息的大小,因此,在这种情况下,利润的计算和利息的计算无法独立进行。在实际工作中,借款偿还期(从借款开始年计算;当从投产年算起时,应予注明)通常借助借款还本付息计算表推算,以年表示。其具体推算公式见式(4-46)。

$$P_t = (借款偿还开始出现盈余的年份数 - 1) + \frac{上一年度应偿还借款额}{当年可用于还款的资金额} \tag{4-46}$$

借款偿还期如能满足贷款机构的期限要求,即认为项目具有借款偿还能力。借款偿还期指标适用于尽快还款的项目,不适用于已约定借款偿还期的项目。对于已约定借款偿还期的项目,应采用利息备付率和偿债备付率指标。

【例4-8】 已知某项目借款还本付息数据如表4-14所示,借款利率为6%,计算该项目的借款偿还期。

某项目借款还本付息计算表(单位:万元)

表4-14

序号	计算期	1	2	3	4	5	6	7
1	建设期贷款	600	800					
1.1	建设期贷款利息	18	61.08					
2	还款资金来源 (2.1+2.2-2.3)			400	500	500	500	500
2.1	税后利润			300	410	410	410	410
2.2	用于还款的折旧和摊销费			160	160	160	160	160
2.3	还款期企业留利			60	70	70	70	70
3	年末借款累计	618	1479.08	1079.08	579.08	79.08	-420.92	

【解】 建设期工程项目当年贷款额按年中计息(即计算一半利息),到下一年度则计算全年利息。

第一年利息

$$I_1 = \frac{1}{2} \times 600 \times 6\% = 18(万元)$$

第二年利息

$$I_2 = (600 + 18 + \frac{1}{2} \times 800) \times 6\% = 61.08(万元)$$

根据式(4-46),可以得到

$$P_t = (6-1) + \frac{79.08}{500} = 5.16(年)$$

(5)利息备付率和偿债备付率

通常,贷款机构对于贷出的款项会预先设定借款偿还期,如7年、10年或更长的期限。对于预先设定借款偿还期的项目,可以采用利息备付率和偿债备付率指标分析项目的偿债能力。

①利息备付率。

利息备付率,也称已获利息倍数,是指项目在借款偿还期内,各年可用于支付利息的息税前利润与当期应付利息费用的比值。计算式见式(4-47)。

$$利息备付率 = \frac{税息前利润}{当期应付利息} \tag{4-47}$$

式中,税息前利润指的是利润总额与计入总成本费用的利息之和;当期应付利息是指计入总成本费用的全部利息(包括建设投资和流动资金的利息)。

利息备付率表示项目利润偿付利息的保证倍率。对于正常运营的企业,利息备付率应当大于2;否则表示项目付息能力保障度不足。利息备付率可以按年计算,也可以按整个借款期计算。

②偿债备付率。

偿债备付率是指项目在借款偿还期内,各年可用于还本付息资金与当期应还本付息金额的比值。计算式见式(4-48)。

$$偿债备付率 = \frac{可用于还本付息资金}{当期应还本付息金额} \tag{4-48}$$

式中,可用于还本付息的金额是指可用于还款的税后利润、折旧和摊销、成本中列支的利息费用等;当期应还本付息的金额包括当期应还贷款本金及计入成本费用的利息。

偿债备付率表示可用于还本付息的资金偿还借款本息的保证倍率。偿债备付率在一般情况下应大于1。当偿债备付率小于1时,表示当年资金来源不足以偿付当期债务,需要通过短期借款偿付已到期债务。偿债备付率可以按年计算,也可以按整个计算期计算。

4.一个演示性例子(续)

接着前面"盈利能力分析"中演示性例子,进行清偿能力的分析。假定利润的分配是按以下原则进行的:按当年税后利润的10%提取盈余公积金(如果企业以前年度有亏损,则按弥补亏损后的数字提取10%);余下部分全部作为应付利润分配,如果当年折旧费不足以归还借款的本金,则先归还借款本金后再分配利润。

利润分配表见表4-15,该例固定投资中的借款都是长期借款;流动资金全部由短期借款解决,在第三年末一次性投入。当年还款后当年再借,互相抵消,直到计算期末还清,故每年只支付流动资金的利息。另外,建设期利息不论支付与否,均计入相关的资产原值,但是在资金平衡分析时,只把实际支付的利息列为资金运用。资金来源与运用如表4-16所示。

利润分配表(单位:万元)　　　　　　　　　　表4-15

项目　　　年份	计 算 期											
	4	5	6	7	8	9	10	11	12	13	14	15
利润总额	521	1308	1354	1400	1447	1493	1539	1585	1632	1678	1724	1724
所得税	130	327	338	350	362	373	385	396	408	420	431	431
税后利润	391	981	1015	1050	1085	1120	1154	1189	1224	1259	1293	1293
盈余公积金	39	98	102	105	108	112	115	119	122	126	129	129
应付利润	352	883	914	945	976	1008	1039	1070	1101	1133	1164	1164
未分配利润	0	0	0	0	0	0	0	0	0	0	0	0

从表4-16中可以看出,建设期完全按照需要借款,是有一定的风险的(没有盈余资金)。生产经营期开始后累计盈余资金逐步增加,资金平衡上不会出现问题。累计的盈余资金可通过短期的资金运作或对外投资争取更好的收益。

该例的资产负债表的预测如表4-17所示。由于例中没有提供流动资产的结构和应付账款,假定应收账款等于应付账款,互相抵消后,流动资产中只列流动资金数。无形资产和递延资产也无数据。

该例的建设投资借款偿还期计算如表4-18所示。计算借款偿还期的关键是要明确项目可用于还款的来源,尽可能做到偿还的来源与偿还的对象相一致。对于税利分流和税后还贷的项目,建设投资借款的本金由税后的利润加上折旧来归还,必要的话,还可以扣除项目在还款期间的留利和留用的折旧。这类项目的建设投资借款利息和流动资金的利息一样,可以进入总成本费用,因此税后利润和折旧只用来还本就可以了。由于每年的利息取决于年初的欠款余额,而利润的计算又取决于利息的大小,因此,在这种情况下,利润的计算和利息的计算无法独立地进行。例如第四年初的固定投资欠款为4631万元(包括建设期利息后的数字),假定可由全部税后利润和折旧还本。

借款偿还期是在全部税后利润和折旧费先用于归还建设投资借款的情况下算出的偿还期,这个指标将随着借款比例的不同而不同,并不能说明项目本身的盈利性。

表 4-16

资金来源与运用表（单位：万元）

序号	项目	计算期 1	2	3	4	5	6	7	8	9	10	11	12	13	14	15	期末余值
1	资金来源	2500	3000	4490	1068	1854	1901	1947	1993	2039	2086	2132	2178	2225	2271	2271	4561
1.1	利润总额				521	1308	1354	1400	1447	1493	1539	1585	1632	1678	1724	1724	
1.2	折旧与摊销费				547	547	547	547	547	547	547	547	547	547	547	547	
1.3	长期借款	1000	2000	1000													
1.4	短期借款	0	0	2490													
1.5	权益资金	1500	1500	1000													
1.6	回收固定资产余值																2071
1.7	回收流动资金																2490
2	资金运用	2500	3500	4490	945	1673	1715	1758	1801	1844	1887	1930	1972	2015	1595	1595	2490
2.1	建设投资	2500	3500	2000	0	0	0	0	0	0	0	0	0	0	0	0	
2.2	建设期利息																
2.3	流动资金		0	2490	0	0	0	0	0	0	0	0	0	0	0	0	
2.4	所得税				130	327	338	350	362	373	385	396	408	420	431	431	
2.5	应付利润				352	883	914	945	976	1008	1039	1070	1101	1133	1164	1164	
2.6	长期借款本金偿还				463	463	463	463	463	463	463	463	463	463	0	0	
2.7	短期借款本金偿还																2490
3	盈余资金	0	0	0	123	182	185	189	192	196	199	202	206	209	676	676	2071
4	累计盈余资金	0	0	0	123	304	489	678	870	1065	1264	1467	1673	1882	2558	3234	5305

表 4-17

资产负债表（单位：万元）

序号	项　目	1	2	3	4	5	6	7	8	9	10	11	12	13	14	15
								计　算　期								
1	资产	2550	6225	11121	10697	10332	9970	9612	9257	8906	8559	8215	7874	7537	7666	7795
1.1	流动资产总额	0	0	2490	2613	2794	2979	3168	3360	3555	3754	3957	4163	4372	5048	5724
1.1.1	货币资金	0	0	0	123	304	489	678	870	1065	1264	1467	1673	1882	2558	3234
1.1.2	流动资产			2490	2490	2490	2490	2490	2490	2490	2490	2490	2490	2490	2490	2490
1.2	在建工程	2550	6255	8631												
1.3	固定资产净值				8084	7537	6991	6444	5898	5351	4804	4258	3711	3165	2618	2071
2	负债及所有者权益	2550	6255	11121	10697	10332	9970	9612	9257	8906	8559	8215	7874	7537	7666	7795
2.1	流动负债总额	0	0	2490	2490	2490	2490	2490	2490	2490	2490	2490	2490	2490	2490	2490
2.1.1	短期借款															
2.1.2	应付账款															
2.2	建设投资借款	1050	3255	4631	4167	3704	3241	2778	2315	1852	1389	926	463	0		
2.3	负债小计(2.1 + 2.2)	1050	3255	7121	6657	6194	5731	5268	4805	4342	3879	3416	2953	2490	2490	2490
2.5	所有者权益	1500	3000	4000	4039	4137	4239	4344	4452	4564	4680	4799	4921	5047	5176	5305
2.5.1	权益投资	1500	3000	4000	4000	4000	4000	4000	4000	4000	4000	4000	4000	4000	4000	4000
2.5.2	累计盈余公积金				39	137	239	344	452	564	680	799	921	1047	1176	1305
2.5.4	累计未分配利润															
	资产负债率	0.412	0.520	0.640	0.622	0.600	0.575	0.548	0.519	0.488	0.453	0.416	0.375	0.330	0.325	0.319

建设投资借款偿还期计算(单位:万元)　　　　　表 4-18

项　目	计　算　期					备　注
	4	5	6	7	8	
1.年初欠款	4631	3693	2130	450		
2.还款来源						
营业收入	5600	8000	8000	8000		
－经营成本	3500	5000	5000	5000		
－折旧费	547	547	547	547		
－建设投资借款利息	463	369	213	45		
－流动资金利息	249	249	249	249		按年初欠款的10%计算利息
－营业税金及附加	320	480	480	480		
利润总额	521	1355	1511	1679		
－所得税	130	339	378	420		
税后利润	391	1016	1134	1260		
＋折旧费	547	547	547	547		
3.年末欠款	3693	2130	450	0		

如果说全部用税后利润加折旧来归还建设投资的借款本金,则在第 7 年间可以还清。由公式(4-46)可得

$$借款偿还期 = 7 - 1 + \frac{450}{1260 + 547} = 6.25(年)$$

第六节 ▶ 国民经济评价理论与方法

本章前面几节对项目财务评价的参数、内容与方法进行了详细介绍,可知财务评价主要是从企业(财务主体)和投资者的角度考察项目的效益。由于企业利益并不总与国家和社会利益完全一致,项目的财务盈利性至少在以下几个方面可能难以全面正确地反映项目的经济合理性:①国家给予项目补贴;②企业向国家缴税;③某些货物市场价格可能的扭曲;④项目的外部效果(间接效益和间接费用)。因而需要从项目对社会资源增加所做贡献和项目引起社会资源耗费增加的角度进行经济分析(即国民经济评价),以便正确反映项目对社会福利的净贡献。

在现实经济中,由于市场本身的原因及政府不恰当的干预,都可能导致市场配置资源的失灵,市场价格难以反映项目各项效益和费用的真实经济价值,需要通过国民经济评价来予以正确反映,判断项目的经济合理性,为投资决策提供依据。市场配置的失灵主要体现在以下几类项目:

(1)具有自然垄断特征的项目。

(2)产出具有公共产品特征的项目。

(3)外部效果显著的项目。

(4)国家控制的战略性资源开发和关系国家经济安全的项目。

（5）受过度行政干扰的项目。

国民经济评价以支付意愿与消费者剩余、影子价格、机会成本、转移性支付等理论为基础，采用费用效益分析法分析计算项目对社会经济的净贡献，评价投资项目的经济合理性。

一、费用效益分析法

1.费用效益分析的概念

费用效益分析是依据福利经济学理论建立起的一种经济分析方法，是按合理配置资源的要求，采用社会折现率、影子汇率、影子工资和货物影子价格等经济分析参数，从项目对社会经济所作贡献以及社会经济为项目付出代价（资源价值消耗）的角度，识别项目的效益和费用，分析计算项目对社会经济的净贡献，评价投资项目的经济合理性或对各备选项目进行权衡比较。它是解决公益性项目和基础设施等准公益性项目决策的一种有效方法。

2.费用与效益的识别

费用效益分析法遵循统一的费用与效益划分原则，凡项目对国民经济所作的贡献，均计为项目的效益；凡国民经济为项目付出的代价均计为项目的费用。也就是说，项目的国民经济效益是指项目对国民经济所作的贡献，包括项目的直接效益和间接效益；项目的国民经济费用是指国民经济为项目付出的代价，包括直接费用和间接费用。判别项目的效益和费用，要使用"有无"对比的方法，即将"有"项目（项目实施）与"无"项目（项目不实施）的情况加以对比，以确定某项效益和费用的存在。

（1）直接效益与直接费用

项目的直接效益是指由项目产出物产生并在项目范围内计算的经济效益，一般表现为项目为社会生产提供的物质产品、科技文化成果和各种各样的服务所产生的效益。如工业项目生产的产品、运输项目提供的运输服务、邮电通讯项目提供的邮政通信服务、医院提供的医疗服务、学校提供的学生就学机会等。这种效益有多种表现：当项目的产出物满足国内新增需求时，表现为国内新增需求的支付意愿；当项目的产出物替代效益较差的其他厂商的产品或服务时，使被替代厂商减产或停产，从而使国家有用资源得到节省，这种效益表现为这些资源的节省；当项目的产出物使得国家增加出口或减少进口，这种效益表现为外汇收入的增加或支出的减少。

对于一些目标旨在提供社会服务的行业项目，其产生的经济效益与在财务分析中所描述的营业收入无关。例如，交通运输项目产生的经济效益体现为时间节约、运输成本降低、交通事故减少等，教育项目、医疗卫生和卫生保健项目等产生的经济效益体现为人力资本增值、生命延续或疾病预防等。

项目的直接费用是指项目使用投入物所产生并在项目范围内计算的经济费用，一般表现为投入项目的各种物料、人工、资金、技术以及自然资源带来的社会资源的耗费。这种资源消耗也有多种表现：当社会扩大生产供给规模时所耗用的资源费用；或者当社会不能增加供给时，导致其他人被迫放弃使用这些资源，这种资源消耗表现为其他人被迫放弃的效益；当项目的投入物导致增加进口或减少出口时，这种效益表现为国家外汇支出的增加或外汇收入的减少。

直接费用一般在项目的财务分析中已经得到反映，尽管有时这些反映会有一定程度的价值失真。对于价值失真的直接费用在费用—效益分析中应按影子价格重新计算。

（2）间接效益与间接费用

在国民经济评价中,建设项目的费用和效益不仅体现在它的直接投入物和产出物中,还会在国民经济相邻部门及社会中反映出来,这就是项目的间接效益(外部效益)和间接费用(外部费用),又统称为外部效果。项目外部效果是指由项目引起的可能会对其他社会群体产生正面或负面影响,而项目本身却不会承担相应货币费用或相应的货币效益。

例如公路项目的实施为国民经济其他部门、其他建设项目或工农业产品的生产和销售创造了有利条件,能迅速形成带状经济区,产生"通道效应",从而推动区域经济的增长。再比如项目使用劳动力,使得劳动力熟练化,由没有特别技术的非熟练劳动力经训练转化为熟练劳动力;城市地下铁道建设,使得地铁沿线附近房地产升值的效益等都为项目的间接效益。而项目对自然环境造成的损害(空气污染和环境干扰等)、项目产品大量出口从而引起我国这种产品出口价格下降等则是项目的间接费用。项目的间接效益和间接费用一般不会在财务评价中得到反映。

外部效果的计算范围应考虑环境及生态影响效果、技术扩散效果和产业关联效果。一般计算一次性的外部影响效果。计算外部效果应明确项目"范围"的边界。根据具体项目情况合理确定项目扩展的边界。有条件时可将具有相互关联的项目合在一起作为"项目群"进行评价,使外部效果的处理内部化。

①环境及生态影响效果。

有些项目会对自然环境产生污染,对生态环境造成破坏。主要包括:排放污水造成水污染、排放有害气体和粉尘造成大气污染、噪声污染、放射性污染、临时性的或永久性的交通阻塞、对自然生态造成破坏等。

项目造成的环境污染和生态破坏,是项目的一种间接费用,这种间接费用一般较难定量计算,近似的可按同类企业所造成的损失估计,或按恢复环境质量所需的费用估计。有些项目含有环境治理工程,会对环境产生好的影响,评价中也应考虑相应的效益。环境影响有时不能定量计算,至少也应当作定性描述。

②技术扩散效果。

一个技术先进项目的实施,由于技术人员的流动,技术在社会上扩散和推广,整个社会都将受益。但这类外部效果通常难于定量计算,一般只作定性说明。

③产业关联效果。

产业关联效果包括对上游企业和下游企业的关联效果。对下游企业的关联效果主要是指生产初级产品的项目对以其产出物为原料的经济部门产生的效果;对上游企业的关联效果是指一个项目的建设会刺激那些为该项目提供原材料或半成品的经济部门的发展。例如兴建汽车厂,会对为汽车厂生产零部件的企业产生刺激,对钢铁生产企业产生刺激。

(3)转移支付

在项目的费用或效益的计算过程中,将会遇到税金、补贴、借款利息的处理问题。这些都是企业财务评价中实际的现金支出或收入。但从国民经济评价角度看,企业向国家纳税,向国内银行支付利息,或企业从国家得到某种补贴,都未造成社会资源的减少或增加,不能计为项目的费用或效益,而只是表现为资源的使用权从社会的一个实体转移到另一个实体手中,即国民经济系统内部各部门之间的相互转移,这种转移称为"转移支付"。在财务评价基础上进行国民经济评价时,要注意从财务效益和费用中剔除转移支付部分。

①税收。

在项目财务评价中,项目上缴纳税金后减少其净收益,税金是一项财务支出,但项目纳税并未减少国民收入,也未能产生社会资源的变动,只是将项目的这笔货币收入转移到政府手中。由于费用效益分析是从社会资源增减的角度来考虑项目的费用和效益的,税金并不反映资源的变动。因此,税金在费用效益分析中不能作为项目的费用。

②国内借款利息。

国内借款利息在项目财务评价的自有资金现金流量表中是一项费用。对于费用效益分析来说,利息是利润的转化形式,它表示项目对国民经济的贡献有一部分转移到了贷款机构,是企业与银行之间的一种资金所有权的转移。这种转移并没有因此而增加或减少国民经济的收入或资源消耗。因此,国内借款利息在费用效益分析中不能计为项目的费用。但国外借款利息的支付产生了国内资源向国外的转移,则必须计为项目的费用。

③补贴。

补贴是根据国家政策的规定给予某种产品的价格补贴。政府对项目的补贴,仅仅表示国民经济作为项目所付出的代价中,有一部分来自政府财政支出中补贴这一项。如公路建设中的供电贴费等,这种补贴减少了国家的财政收入,增加了企业的财政收入,但不影响整个社会资源的增加或减少。因此,补贴不是费用效益分析中的效益。

企业向职工支付工资,也是社会内不同成员之间的相互支付,是不是也能把工资看成是"转移支付"呢?现在一般不这样认识,因为劳动力是一种资源,项目使用了劳动力,就消耗了社会资源,就会产生费用。但是财务上的工资并不一定与实际的劳动力资源价值相等,需要用真实的劳动力资源价值代替财务工资,以计算劳动力费用。

3. 费用与效益的计算方法

国民经济评价的费用与效益通常可以在财务分析的基础上进行调整而得,具体调整内容与范围如下:

(1)调整建设投资。即用影子价格、影子汇率逐项调整构成投资的各项费用,建筑安装工程费按材料费、劳动力的影子价格进行调整;土地费用按土地影子价格进行调整;并剔除相关税金、国内借款建设期利息等转移性支付项目。

(2)调整流动资金。财务账目中的应收、应付款项及现金并没有实际耗用国民经济资源,在国民经济评价中应将其从流动资金中剔除。如果财务评价中的流动资金是采用扩大指标法估算的,国民经济评价仍应按扩大指标法,以调整后的销售收入、经营费用等乘以相应的流动资金指标系数进行估算;如果财务评价中的流动资金是采用分项详细估算法进行估算的,则应用影子价格重新分项估算。

(3)计算间接效益和间接费用。根据项目的具体情况,识别在财务分析中未反映的可以量化的项目外部效益和外部费用。分析确定哪些是项目重要的外部效果,需要采用什么方法估算,并保持效益费用的计算口径一致。

(4)调整经营期成本。剔除经营期销售税金及附加、增值税、国内借款利息等转移性支付;用影子价格调整各项经营成本,对主要材料、燃料及动力费用用影子价格进行调整,对劳动工资及福利,用影子工资进行调整。

(5)调整销售收入。即用影子价格调整计算项目产出物的销售收入(交通运输项目国民经济效益不按产出物影子价格计算,而是采用由于节约运输时间、费用等的效益计算)。

(6)调整外汇价值。即对国民经济评价各项销售收入和费用支出中的外汇部分,用影子汇率进行调整,计算外汇价值;从国外引入的资金和向国外支付的投资收益、货币本息,也应用影子汇率进行调整。

国民经济评价的费用与效益也可采用直接法进行计算,即直接以货物影子价格、影子工资、影子汇率和土地影子费用等,估算项目的固定资产投资、流动资金、经济费用和经济效益。但首先要正确识别效益和费用的计算范围,包括直接效益、直接费用和间接效益、间接费用。

二、资源最优配置理论

项目费用效益分析的最终目的就是使有限的资源达到最优配置。福利经济学是最早、最系统地对资源最优配置进行研究的学说。福利经济研究的核心内容是如何最适度地进行资源配置,实现生产出的国民收入(全社会经济福利)最大化。由于全社会福利的大小取决于个人福利的好坏;个人福利的大小则依赖于个人对效用满足的价值判断,而判断的标准是因人而异的,这样似乎福利经济学不够严谨。

意大利经济学家帕累托提供了一种最优配置的判断标准,称之为帕累托最优状态标准。于是,福利经济学最终把实现帕累托(Pareto)最优状态作为研究的核心,从而明确了其研究的主题,形成了以帕累托最优状态为中心的资源最优配置理论。

一般认为帕累托最优状态是一个社会资源最优配置状态,或称之为资源配置的经济有效性的标准。帕累托最优是这样描述的:资源的重新配置已经不可能使任何一个人的经济状况变好,除非至少使另一个人的经济状况变坏。也就是说,在这种状态中,如果不减少一个人或一些人的效用水平,就无法使另一个人或另一些人的效用水平增加。如果资源分配不处于帕累托最优状态,就可以通过资源的重新配置,在不降低某些人的经济待遇情况下,可以使另一些人过得比以前更好,从而整个社会的经济福利便得到提高。这种"重新配置"称为"帕累托改进"。

三、支付意愿与消费者剩余理论

支付意愿与消费者剩余是经济学中的两个重要概念,也是在公路建设项目的国民经济评价中计算公路建设项目效益的理论基础。1844 年,法国人杜比(Dupuit)首次运用了支付意愿理论来计算公路建设项目的投资效益。当时,法国的公用事业管理局遇到了一个非常令人头疼的项目决策问题,其情况如下:某地有一渡口,由于交通拥挤,准备修建一座大桥,大桥的建设资金通过收费来回收。经交通需求分析与预测,得出收费价格与交通量的关系如图 4-3 所示。

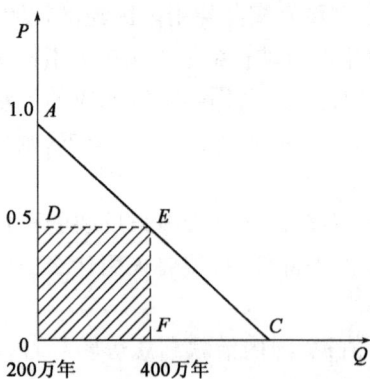

图 4-3 收费价格与交通量关系图

图 4-3 中,纵坐标 P 表示收费价格,横坐标 Q 表示不同收费价格下的大桥交通量。交通需求分析与预测结果表明,当收费价格为 0 时,大桥上的交通量将达到最大,即 400 万/年;而当收费价格为 1 元时,大桥上的交通量为 0,即全部交通量仍走渡口。很显然,当收费价格为 0.5 元时,业主的收费收入最大,为:$0.5 \times 200 = 100$ 万元/年。

设该项目的使用寿命无限,贴现率为 5%,则使用无限寿命期的现值公式可算出该项目在寿命期内的最大收费收入为:$100 \div 5\% = 2000$ 万元,即图 4-3 中阴影部分的面积。而该项目所需要的投资为 2500 万元。所以,从项目的财务收入与支出考虑,该项目不值得投资。于是,法国公用事业管理局做出了不宜投资的结论。

但工程师杜比坚决反对,他认为,收费收入只是大桥创造的国民经济效益的一个部分,另有一部分效益转移到了消费者身上,即图 4 - 3 中 △ADE 的面积,经计算为 1000 万元。这转移到消费者身上的 1000 万元效益,就是经济学中的所谓消费者剩余。杜比认为,大桥的全部效益应为收费收入加消费者剩余,即应为消费者的支付意愿。本项目中,消费者的支付意愿为:2000 + 1000 = 3000 万元,超出投资 500 万元。因此,从建设项目的国民经济效益考虑,杜比认为应该进行该项目的投资。

从以上示例可以看出,国民经济评价的效益是从消费者的受益角度来进行计算的,计算方法是以消费者的支付意愿为基础。在图4-3 的示例中,当交通量趋近于 0 时,消费者的支付意愿趋近于 1,即有一部分消费者愿以 1 元的价格来走大桥;当收费价格定为 0.5 元时,这部分消费者节省了部分(即 0.5 元)费用,这费用就是消费者剩余。在每年通过的 200 万交通量中,其消费者剩余的总和为 $1/2 \times 0.5 \times 200 = 50$ 万元/年,整个寿命期内的消费者剩余为:$50 \div 0.5\% = 1000$ 万元。

支付意愿理论成了公路建设项目效益计算的理论基础,现今的《公路建设项目经济评价方法与参数》正是采用这一理论来计算公路建设项目的效益的。

🌐 四、影子价格与机会成本理论

机会成本是经济学中的又一重要概念,它是国民经济评价中费用计算的理论基础。机会成本是指由于放弃某一个投资机会所牺牲的收益。在国民经济评价中,其人工费、征地费均可根据机会成本来确定。但在其他资源市场中,由于资源有多种投资机会,且所牺牲的收益也不明确,因此,在国民经济评价中仅依靠机会成本来计算资源费用难度很大,甚至不可能,应通过影子价格来计算。

影子价格是经济学中的另一重要概念,它是国民经济评价中价格计算的理论基础。影子价格的概念最初来自于线性规划,是指目标函数处于最优状态下时,各种资源的价值。影子价格是一种能充分反映资源价值的价格。由于市场价格经常与价值相背离,因此,国民经济评价中要使用影子价格来计算所消耗的各种资源的价值,而不能直接使用市场价格计算。

经济学理论表明,当资源处于完全竞争的市场条件下时,其市场价格就是影子价格。所谓完全竞争的市场是指一种竞争不受任何阻碍和干扰的市场结构,它的成立必须同时具备以下条件:

(1)市场上有为数极多的小规模买者与卖者(无法形成垄断,任何单个卖者或买者都只是价格的接受者,而不是价格的决定者)。

(2)产品是同质的,无差异的,卖方无法通过自己的产品差别来控制价格。

(3)各种资源都可以完全自由流动而不受限制。

(4)买者和卖者完全掌握着产品和价格信息。

可以证明,当资源处于完全竞争的市场条件下时,其市场价格必然反映资源的机会成本。如果某机器生产 A、B 两种产品的生产决策中,选择 A 产品,随之市场上 A 产品的数量会大量增加,而 B 产品的数量会大量减少。在供求规律的作用下,这种产品数量的变化将导致市场价格发生变化,其结果是 A 产品的销售价格下降,销售利润减小,B 产品的销售价格上扬,销售利润增加,直到两种产品的机会成本相等时为止。此时的市场价格反映的是资源的机会成本。实际上,在完全竞争的市场条件下,A、B 两种产品机会成本不等的情况是不会存在的,市场价格必然反映资源的机会成本。

所以,在进行国民经济评价时,只要找出完全竞争的市场,然后根据完全竞争的市场价格来计算资源的费用,则这种费用代表了资源的价值。那么,现实生活中完全竞争的市场是否存在呢? 应当说,完全符合上述条件的完全竞争市场是不存在的,但国际市场与完全竞争的市场结构极为类似。所以,通常假定国际竞争市场是一种完全竞争市场,那么,国际市场上的资源价格,就是资源的影子价格。实际工作中,资源影子价格就是根据这一基本假定来计算的。

复习思考题

1. 简述工程项目总投资的构成及估算方法。

2. 什么是折旧? 为什么折旧不能作为现金流出?

3. 项目的融资方式有哪些?

4. 发行股票的融资方式有哪些优缺点? 发行债券的融资方式有哪些优缺点?

5. 分析销售收入、总成本、税金、利润的关系。

6. 分析全部投资的净收益来源及构成要素之间的关系。

7. 分析资本金投资的净收益来源及构成要素之间的关系。

8. 解释借款偿还期、利息备付率和偿债备付率的含义。

9. 简述费用效益分析法,并阐述如何对效益和费用进行识别。

10. 简述国民经济评价的基础理论。

11. 一项价值为 280000 元的资产,据估计服务年限为 15 年,净残值为资产原值 1%。用下述方法计算第 6 年的折旧费和第 6 年底的账面价值:(1)直线折旧法;(2)年数总和折旧法;(3)双倍余额递减法。

12. 按时价的投资项目的净现金流量分别是(-1500,250,500,500,500,500,950),通货膨胀率平均是 4%,求按实价计算的内部收益率。

13. 在其他条件相同的情况下,通货膨胀对政府(财政)、银行和企业(投资者)三者的利益格局会产生怎样的变化? 对谁有利? 对谁不利? 为什么?

14. 把本章"一个演示性的例子"中固定资产借款的年利率改为 6%,固定资产的残值率改为 4%,其他数据资料相同。请编制建设投资还贷计划和利息计算表、利润与所得税计算表、全部投资现金流量表、权益资金投资金现金流量表,并计算相应评价指标。

15. 工程项目的盈利能力分析和清偿能力分析分别有什么作用? 在盈利能力分析时,以全部投资和权益投资金流量表来计算相关盈利指标分别具有什么样的意义?

16. 某项目建设期两年,第一年贷款 100 万元,第二年贷款 200 万元,贷款分年度均衡发放,年利率 10%。若按年中计息方式计算,问建设期间贷款利息为多少?

17. 表 4-8 的全部投资现金流量表所计算出的净现金流量是所得税后的净现金流量,并以此得出所得税后内部收益率和投资回收期。试删除表 4-8 中"5.所得税"这一项,重新计算所得税前的净现金流量及相应的内部收益率和投资回收期指标,并与税后的相应指标进行比较,思考税前和税后的指标区别在哪? 有何作用?

第五章
公路建设项目可行性研究

可行性研究是对公路工程项目投资前的综合研究工作,是在 20 世纪初随着技术经济和管理科学的发展而产生的。早在 20 世纪 30 年代,美国在开发田纳西河流时就开始把可行性研究方法运用于流域开发的整个过程,使得工程建设稳步发展,取得了显著的经济效益。在这之后,可行性研究作为一门学科不断充实和完善,被大多数发达国家所接受。特别是 20 世纪 60 年代以后,随着技术、经济及管理科学的突飞猛进,使可行性研究渗透到很多领域,应用范围更加广泛,不仅用于研究工农业生产方面的工程项目建设问题,而且也推广到能源、交通等方面。

第一节 ▷ 公路建设项目可行性研究概述

一、可行性研究概念、地位及作用

1.可行性研究的概念

可行性研究是一种运用多种学科(包括工程技术学、社会学、经济学及系统工程学等)知识,对拟建项目的必要性、可能性以及经济、社会有利性进行全面、系统、综合的分析和论证,以便进行正确决策的研究活动,是一种综合的经济分析技术。

具体地讲,可行性研究一般要求回答下述 5 个问题:

(1)说明要干什么及投资项目的基本情况。

(2)说明为什么要建设这个项目,项目的结构、工艺、施工等方案的技术可行性、建设规模、原材料供应、远景发展预测及其与环境保护的协调关系、经济的合理性。

(3)项目建设位置、当地自然条件和社会条件、线路(站、场)位置方案比较情况。

(4)项目何时开始投资,建设时期,投资回收期,选择投资的最佳时机。

(5)项目的资金筹措,工程建设、经济管理等事项的责任者,投标承包方式等。

为了准确而科学地解答这 5 个问题,必须深入调查研究,收集大量数据,运用系统工程学原理和经济学原理对研究对象进行技术与经济两个方面的综合预测与论证评价,才能得出向投资者推荐的最佳方案。所以,可行性研究又是一项系统性、综合性很强的工作,需要有科学的工作方法和严密的工作程序作保证才能完成。

公路建设项目可行性研究是对项目建设的必要性、技术可行性、经济合理性和实施可能性进行综合性研究论证的工作,是公路建设项目前期工作的重要组成部分,是建设项目决策的主要依据。

2.可行性研究的地位和作用

公路建设项目要经历投资前期、实施期及经营期三个时期。其中前期工作包括：机会研究、预可行性研究、项目建议书、工程可行性研究、项目评估、投资决策。公路建设项目可行性研究是项目投资前期阶段中的一项重要工作，是研究和控制的重点。可行性研究通过对与拟建项目投资效果有关的所有因素进行综合研究分析，提出切实可行的决策和方案，以避免和减少项目投资决策的盲目性，提高建设投资的综合效益，保证项目选择准确、方案科学、工期合理、投资可控、效益良好。

可行性研究在项目建设过程中所起的作用主要有以下几个方面：

（1）作为项目投资决策的依据。投资者决定是否投资建设一个工程项目，主要依据工程可行性研究报告作出。

（2）作为编制设计任务书的依据。可行性研究中已对建设必要性、建设规模、技术标准、工期安排、建设投资、经济评价等诸多方面进行了详细的论证，经审查批准后，可以此作为基础编制设计任务书。

（3）作为初步设计的依据。在可行性研究中，对项目的建设标准、规模、起讫点、主要控制点、主要构造物设置及选型、总体布置、重大技术措施等进行了方案论证和比选，确定了设计原则，推荐了建设方案，经审查批准下达设计任务书，初步设计应以此为基础。

（4）作为向银行申请贷款的依据。世界银行等国际金融机构都把可行性研究报告作为给建设项目贷款的先决条件。我国的建设银行也对可行性研究报告予以审查，确认建设项目经济效果较好，具有偿还能力，不会承担很大风险之后，才会给予贷款。

（5）作为公路建设项目后评价的参考和依据。目前我国正在逐步推行建设项目后评价，其中的一项主要内容，就是对前期工作的评价，包括对项目建设必要性、技术可行性及经济合理性的再认识等，这些必须以前期的可行性研究为基础。

二、公路建设项目可行性研究的阶段划分

公路建设项目可行性研究按其工作阶段分为预可行性研究和工程可行性研究。

1.预可行性研究

公路建设项目预可行性研究要求通过实地踏勘和调查，重点研究项目建设的必要性和建设时机，初步确定建设项目的通道或走廊带，并对项目的建设规模、技术标准、建设资金、经济效益等进行必要的分析论证，编制研究报告，作为项目建议书的依据。

编制预可行性研究报告，应以项目所在地区域经济社会发展规划、交通发展规划和其他相关规划为依据。

2.工程可行性研究

公路建设项目工程可行性研究，要求进行充分的调查研究，通过必要的测量和地质勘查，对可能的建设方案从技术、经济、安全、环境等方面进行综合比选论证，研究确定项目起、终点，提出推荐方案，明确建设规模，确定技术标准，估算项目投资，分析投资效益，编制研究报告。

编制工程可行性研究报告，原则上以批准的项目建议书为依据。工程可行性研究报告一经批准，即为初步设计应遵循的依据。工程可行性研究阶段投资估算与初步设计概算之差，应

控制在投资估算的 10% 以内。

公路建设项目可行性研究报告应在对可能的工程建设方案进行初步比选的基础上,筛选出有比较价值的方案,进一步做同等深度的技术、建设费用、经济效益比选。二级及以上公路的预可行性研究、工程可行性研究阶段的路线方案,应分别在 1:5 万、1:1 万或更大比例尺地形图上进行研究,其中特殊困难路段需分别在 1:1 万、1:2000 地形图上进行研究。

第二节 ▷ 工程可行性研究的主要内容

🌐 一、依据

对一个拟建公路项目进行可行性研究,必须在国家有关的规划、政策、法规的指导下完成,同时,还要有相应的各种技术资料。一般来说,应具备以下依据:

(1)国家、地区、部门有关的发展规划、计划文件,包括国家和地区的经济和社会发展战略及规划,国家和地区的交通发展战略与规划,公路网络发展战略与规划,以及相关的政策、规定等。

(2)项目主管部门对项目建设要求、请示的批复。

(3)项目建议书及其审批文件。

(4)项目承办单位委托进行可行性研究的合同或协议。

(5)国家有关经济、交通法规,如引进外资、筹资、贷款等方面的法规。

(6)国家有关公路建设方面的技术标准、规范、定额等资料。

(7)项目所在地自然、经济、社会的历史记录和现状。

(8)试验试制报告,在进行可行性研究之前,对某些需要经过实验的问题,应由项目承办单位委托有关单位进行试验或测试,并将其结果作为可行性研究的依据。

🌐 二、主要内容

根据可行性研究的目的和要求,公路建设项目可行性研究中需要论证和研究的主要内容一般应包括如下几个方面:

(1)区域或地区综合运输网交通运输现状,现有公路在综合运输网中的地位和作用。

(2)现有公路技术状况及存在的问题。

(3)公路建设项目提出的背景,建设的必要性、紧迫性及社会意义。

(4)公路项目所在地区的经济特征及其与建设项目的关系,包括历年地区国民经济部门结构、布局、发展趋势和地区的城镇发展规划、交通运输结构、发展趋势;以及地区经济结构和经济指标与公路客货运输量、交通增长的关系,其他有关因素与公路运输量、交通量的关系。

(5)公路运输量、交通量预测。

(6)公路建设规模与技术标准,如公路等级和建设方案、建设里程、技术标准、主要技术指标及其与互通式立交连接道路的改建情况等。

(7)建设条件,如工程项目的地理位置,地质、气候、水文条件,有关科研、试验的结论,沿线筑路材料来源分布及运输条件分析,社会环境分析等。

（8）路线走向、方案比选和主要控制点。

（9）主要工程数量，征地、拆迁数量及水利、电力、通信、铁路等部门的拆迁协调等。

（10）投资估算和资金筹措，包括主体工程的投资和使用计划，附属、配套工程的投资和使用计划，建设总投资，拟利用外资的工程及计划，资金来源及筹措方式等。

（11）建设安排和实施计划，包括工期安排和资金安排两部分。

（12）经济评价，内容包括国民经济评价参数的确定，国民经济评价的计算及评价结果，以及敏感性分析。

（13）收费公路的财务分析，如收费制式、收费标准及收费收入、财务分析、国内外贷款偿还能力分析等。

（14）环境影响评价、社会评价、土地利用评价和节能评价等。

三、可行性研究报告编制程序和有关规定

编制可行性研究报告，应严格执行国家的各项政策和交通运输部颁布的技术标准、规范等，研究工作必须科学、客观公正。应按交通运输部 2010 年 4 月颁布的《公路建设项目可行性研究报告编制办法》要求的内容和格式进行。有关经济评价和交通量预测应分别按《公路建设项目经济评价方法与参数》（2010 年）和《公路建设项目交通量分析与预测方法》（2010 年）办理，在编制投资估算时应按交通运输部颁布的《公路工程基本建设项目投资估算编制办法》（2011 年）和《公路工程估算指标》（2011 年）的规定办理，同时参考《公路工程基本建设项目概算预算编制办法》（2008 年）的相关规定。

公路建设项目可行性研究报告必须由具有相应工程咨询资质的机构编制，编制单位要对报告的质量负责。多个编制单位共同承担项目时，应确定一个主办单位。主办单位应负责协调相关参加单位承担的工作，使各部分工作相互衔接，内容统一。主办单位应对研究报告全面负责。公路建设项目可行性研究报告编制完成后，经项目负责人、编制单位的技术负责人和单位主管签字后报送主管部门或委托单位。

公路建设项目可行性研究报告的审查应按国家相关规定办理。需中央政府审批的项目先由地方政府进行预审，提出预审意见，对报告进行修改完善后再上报审批。已经完成的公路建设项目可行性研究报告，其基础依据有重大变化时，应及时修改完善或重新编制；已经批复的报告，应重新报批。

公路建设项目可行性研究报告由主报告及附件两部分组成，其文本格式及内容要求见本书附录 Ⅰ。幅面尺寸：主报告采用 297mm × 210mm（A4），附件图册采用 297mm × 420mm（A3）。封面颜色：预可行性研究报告采用淡黄色；工程可行性研究报告采用墨绿色。

四、可行性研究项目评估

可行性研究虽然已使投资项目决策向科学化、系统化方面前进了一步，但是由于决策主体受自身利益的局限以及其他因素的影响，还必须在公正立场上和更为科学、周密的层次上进行项目评估，对可行性研究报告进一步进行论证和决定取舍。

1.可行性研究项目评估概念

项目评估是对拟建项目的审查和估价，通常只在项目可行性研究报告的基础上从建设项目的必要性和技术经济的合理性方面，进行全面审查和评价，为实现科学投资决策提供依据，

它是银行进行投资贷款的先决条件。由于项目评估注重从客观角度研究项目,尤其侧重研究投资项目对国民经济和社会发展的作用和意义,所以它是解决投资项目微观效益和宏观效益一致性的科学方法。

项目可行性研究报告,一般都是由部门或地方提出,有些地方和部门为了争项目,往往只说有利的,不说不利的,为项目能够顺利通过审批进行论证,以致有许多问题不能在项目开始建设以前发现和解决,当项目建成问题暴露后,已经带来的损失和浪费就无法挽回。所以,在项目可行性研究的基础上再由社会有资格、有信誉的咨询机构进行项目评估,一方面可以推动项目前期工作进行充分的调查研究和分析论证,另一方面聘请大批的各方面专家对项目进行审核。这样可以不受地方和部门的影响,做到客观公正的审核评价。

2.可行性研究项目评估的任务和内容

（1）项目评估的任务

项目评估的任务是从技术、财务、经济、组织等方面审核项目可行性研究报告中所反映的各项内容和指标是否符合实际,是否积极可行,以此判断项目建设的必要性和技术经济合理性。

（2）项目评估的内容

根据上述任务,项目评估的内容为:

①建设必要性和预测的评估。主要评估项目建设是否符合国家有关方针政策、法令和规定,是否符合国民经济发展规划和行业、地区规划;分析项目建设对国民经济和行业、地区发展的作用,确定项目是否建设及建设的规模大小。

②项目建设条件的评估。主要评估项目资源条件是否可靠,水文地质、工程地质是否清楚,原材料供应的稳定性和经济合理性,燃料动力供应能否保证,交通运输条件、环境保护措施是否落实,方案是否合理等。

③技术评估。技术评估主要根据国家有关的技术政策,对建设项目选用的工艺技术及技术装备的先进性、适用性和经济性进行评估。

④投资和财务评估。对可行性研究报告中有关投资和财务基本数据进行审查和重新计算,为企业经济效益和国民经济效益评估作准备和提供依据。需要审查和重新审查计算的投资和财务数据有:投资估算,资金来源,投资构成,各项费用计算,税收,利润及各项技术经济指标,贷款条件和利率,贷款偿还能力等。

⑤企业经济效益评估。按现行各项制度和规定对建设项目的经济效益进行评估,即对项目的盈利能力和贷款偿还能力评估。

⑥国民经济效益评估。从宏观角度,从国家和全社会的利益出发对项目所支出的费用与全社会公路使用者所得到的效益两个方面进行比较来评价。

⑦不确定性分析。主要针对建设项目过程中不可预见的因素,用科学方法分析预测由于不确定因素的变化,对建设项目经济效益的影响程度,从而决定项目取舍。

⑧总评估。评估项目在经济上是否合理,技术上是否可行,投资来源和筹措方式是否可靠,项目建设是否必要等。

经过以上内容的审查评估,最后写出评估报告。要求如实反映评估情况和评估结论,供决策者参考。

第三节 ▶ 公路建设项目可行性研究的工作程序

公路建设项目可行性研究是一项工作量大、涉及面广的社会系统工程,同时涉及多学科交叉,因此,公路建设项目可行性研究工作必须按照一定的步骤循序渐进的开展,一般的工作步骤如图5-1 所示。

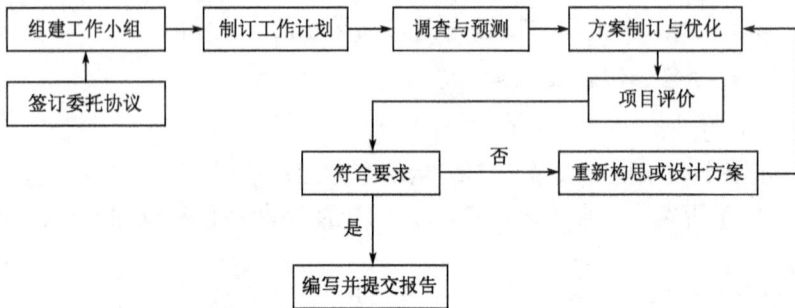

图5-1 可行性研究的基本工作步骤

(1)组成可行性研究领导小组。

可行性研究的领导小组,必须是由具有较丰富的公路勘测、设计、施工的工程实践经验和对宏观经济、公路经济、交通工程等有较广博知识的人员构成,领导小组负责对可行性研究工作的组织、领导、督促和检查,保证公路建设项目可行性研究的关键步骤和工作能顺利开展。

(2)前期技术准备。

在综合交通调查实施前,必须先拟定工作计划和进度、划分项目影响区域、影响区域的相关数据编码、调查表格的设计、人员的组织及培训、任务的落实等准备工作。

(3)外业踏勘和调查。

包括经济调查、交通量调查、路况调查、地形图或航测照片定线、线路桥隧踏勘、地质调查,建筑材料调查以及必要的线路桥隧测量和地质勘察钻探等工作。

机动车起讫点调查(OD 调查)的布点应在准备工作阶段初步拟好,外业阶段先与项目所在地区公路管理部门商定,然后布置到各调查点,组织交通、路政、监理、运营等部门协同完成。

(4)调查资料整理、计算与分析。

可行性研究工作的调查量大,涉及面广,应及时对调查资料进行整理,按一定的格式录入计算机,并进行相关分析。

(5)主要问题研究。

包括公路运输量、交通量预测和评价、工程规模与技术标准的确定,路线和桥隧方案研究,环境保护工作,工程量估算、投资估算与资金筹措方案分析,经济评价,建设安排等。

(6)编制报告文本及绘制附表、附图。

第四节 > 环境影响评价与社会评价

一、环境影响评价

公路建设项目的实施一般会引起项目所在地社会环境、自然环境和生态环境的变化,对环境状况、环境质量产生不同程度的影响。环境影响评价是在研究确定场址方案和技术方案中,调查研究环境条件,识别和分析拟建项目影响环境的因素,提出预防或减轻不良环境影响的措施。

在可持续发展战略思想的指导下,我国十分重视环境保护工作,先后出台了一系列有关环境保护的政策法规。交通部继 1990 年发布《交通建设项目环境保护管理办法》后,在 1996 年和 1998 年又相继发布了《公路建设项目环境影响评价规范(试行)》(JTJ 005—1996)和《公路环境保护设计规范》(JTJ/T 006—1998),2006 年颁布了《公路建设项目环境影响评价规范》(JTG B03—2006)。公路建设项目的设计和施工越来越重视对自然环境的保护。公路建设项目环境影响评价已成为项目可行性研究的重要组成部分。

1.公路工程项目对环境的影响

(1)对生态环境的影响:

①对森林、人工系统的影响。

②对草原等天然植被的破坏。

③对路沿线地区土壤质量的影响。

④对农业生产的影响。

⑤对土壤侵蚀的影响。

⑥对野生动植物的影响。

(2)对社会经济环境的影响:

①对公路沿线地区社会经济发展规划的影响。

②对公路沿线地区产业结构的影响。

③对公路沿线地区土地使用及价值的影响。

④对公路沿线地区单位及居民房屋的拆迁影响(拆迁补偿及再安置)。

⑤对公路沿线地区基础设施(建筑、交通、水、暖、电、通信等基础设施)的影响。

⑥对地区科技、文化、教育的影响。

⑦对地区医疗卫生的影响。

⑧对公路沿线地区人民群众生活质量的影响。

⑨对地区资源(土地、矿产、旅游及文化资源)利用的影响。

⑩对地区自然保护、风景区及景观环境的影响。

(3)对自然环境的影响:

①对公路沿线地区声环境质量的影响。

②对公路沿线地区环境空气质量的影响。

③对公路沿线地区水环境质量的影响。

2.公路环境影响分析评价的内容

根据环境组成特征和项目对环境影响的特点,公路工程项目环境影响评价一般分为社会环境影响评价、生态环境影响评价、环境空气影响评价、环境噪声影响评价。

(1)环境现状调查及评价

环境现状调查及评价是环境影响要素识别和评价因子筛选的基础,是环境影响评价的准备工作,因此建设项目评价范围内的环境现状调查及评价是环境评价的首要工作,环境现状调查及评价的主要内容有:

①社会环境现状调查评价内容。

调查建设项目沿线的社区划分、隶属关系、地理位置、社区面积;调查社区内的人口分布、劳动就业等情况;调查建设项目沿线地区主要国民经济指标,并计算其人均占有量,评价其发展水平;调查人口居住分布,土地隶属状况,道路交通状况;调查影响区内人均生活收入情况,并与该地区所在省(区)的人均收入比较,评述生活现状水平;调查社区内的公共医疗保健设施及人群健康状况,评述医疗卫生保健事业水平;调查社区内的文化教育设施现状,评述文化教育事业水平;调查交通、通信设施现状,并分析其相互关系;调查评述范围内的水利排灌设施的使用情况;调查沿线地区的土地资源、矿产资源的种类,开发利用现状;调查已开发和未开发的旅游资源在沿线的分布情况;调查文物古迹保护区现状;调查区域内原有景观资源,确定景观环境区域内的自然景观和人文景观的保护目标。

②自然环境、生态环境现状调查评价内容。

通过收集当地文献资料或向有关专家咨询,调查野生动物的种类、保护级别、分布概况、现存数量、栖息环境特征、生活习性、活动规律、经济和学术价值等;调查野生植物的种类、优势群落组成、保护级别、分布概况、植被覆盖率、生长习性、经济和学术价值等,对受国家保护的野生动植物进行评述;调查沿线土壤侵蚀状况,土壤侵蚀类别、地貌、地址、植被覆盖率、降雨情况及土壤侵蚀模数等。给出各调查项目的结果,综合评述路线所经过的国家、省(区)、县等各级人民政府批准的水土流失重点防治区和一般地区的水土流失现状与治理情况;调查沿线评述范围内地面水域及功能分类,了解工程的施工方案、生活服务区及规模,调查公路建设项目两侧地表径流方位及水域功能,调查评述范围内现有水域污染排放源,对水环境现状进行评述。

③环境空气现状调查评价内容。

调查沿线地貌特点和现有工业污染源的排放特性,收集当地政府制定的功能划分、环境空气执行标准和发展规划,划分评价路段,确定环境空气敏感点;收集评价区内环境空气常规监测资料,统计分析各点的主要污染物的浓度值、超标量和变化趋势等;收集评价路段近3~5年常规气象资料,包括年、季、月的气温、降雨、湿度、日照、主导风向、平均风速、稳定度出现频率等内容;以环境空气敏感点为主,兼顾全路均布性原则,布设有代表性、能反映路段内环境空气污染水平和浓度分布规律的监测点,按国家现行检测方法对环境空气进行检测;分析现状检测因子的一次最高值和日均浓度值变化范围、超标率及超标原因,并对环境空气质量现状作出评价。

④声环境现状调查评价内容。

对环境噪声影响重点评价对象的一般状况进行调查与分析。在路线平面图中标出重点评价对象,并列表给出评价对象的桩号、距路中心线的距离、朝向、与路面的相对高度、受噪声影响的人数,并给出位置示意图。在重点评价地点(敏感点)布设检测点,按国家现行噪声检测方法对噪声现状进行检测。根据检测的环境值,进行环境噪声现状评价。当环境噪声现状值超标时,应说明超标的原因。

(2)环境影响预测及评价

在环境现状调查评价的基础上,根据公路等级和交通量预测值,对公路建设对公路环境的影响进行预测和评价。公路对环境影响预测及评价内容简述如下:

①环境影响预测分析评价。

结合地区发展规划,分析建设项目对地区经济发展布局、国民经济发展规划的影响。根据公路项目工程预可行性研究报告或可行性研究报告的有关内容,对公路项目的晋级、减少拥挤、缩短里程、节约时间、减少事故等经济效益进行预测,计算项目的内部收益率、净现值、效益费用比和投资回收期,进行财务评价、经济评价和经济敏感性分析。公路建设需征用带状区域内一部分群众的农田,通过调查,对被征地的乡镇、村、农产的耕地情况进行分类,分析耕地减少的数量及对农民人均收入的影响提出缓解影响的措施。对被拆迁的群众住房进行分类统计,分析补偿和再安置计划的合理性、可行性,进行居民生活质量影响分析。建设期机械化施工和营运期的公路交通将对新建公路沿线生活环境造成污染,但由于交通条件的改善,原有道路对沿线生活环境的影响将得到大大的缓解,从受影响的人数和影响程度综合分析公路建设对地区生活环境的影响。统计分析横向"通道"的数量位置,分析公路高路堤对群众横向交通的阻隔影响,提出缓解影响的措施。

基础设施是地区经济发展的基础,详细调查现有基础设施(公路、铁路、航道、管道运输、航空、通信设施及水利设施)的功能及分布位置,分析公路建设对基础设施的影响,统计需要迁移的基础设施的类别和数量,对迁移方案作出评述,对于不利影响提出相应的治理措施。

公路建设需征用土地,对路线永久性占地的数量、类型、农作物的种植类别、单产量及土地经济价值进行调查统计,分析公路建设对土地价值及使用效益的影响,提出保护耕地的对策。

当公路经过自然资源(矿产、旅游、文物古迹)开发区时,分析建设项目对资源开发利用的影响,对不利影响提出相应的保护治理对策。

②生态环境影响评价。

公路建设改变了沿线带状区域内野生动植物的生活、生长环境,分析生存环境的变化对动植物个体和群落的影响、对自然保护区的整体影响、对植物生长分布及动物活动规律和栖息环境的影响、对植被覆盖率的影响等。根据预测对影响程度进行综合分析,评述影响范围、程度、形式和持续时间等,由评述结论,综合建设项目的不利影响,对恢复动植物生态环境及减少不利影响提出措施或建议。

汽车尾气中的铅对土壤和农作物的污染分析可采用铅的环境评价指数法进行,根据土壤环境中铅含量预测结果和土壤铅环境容量,对评价范围内土壤中铅含量作出趋势分析,评述沿线土地利用前景以及土壤环境变化对农牧作物产生的影响。根据预测结果,结合公路沿线的具体情况,提出防治土壤铅污染的具体对策,对评价范围内土地的合理种植提出建议。

分析公路建设对水环境的影响时,首先预测公路施工期污水和营运期路面雨水径流量、生活服务区污水和洗车污水的排放量,计算污染物排放浓度,并分析其对水体的影响。当有害成分含量值高于排放标准时,必须进行污水处理。当路线经过当地政府部门确定的饮用水源地时,应对公路选线、桥址选择提出水环境保护要求。分析交通事故对水体造成污染的可能性,提出应急处理措施。

③环境空气影响评价。

根据公路预测交通量、气象、工程及地形环境特征,选择具有代表性的路段,采取"以点为主,点线结合,反馈全线"的评价原则,预测车辆排放污染物扩散浓度,将各线源贡献量叠加,预测交通枢纽的影响。采用模式计算或类比法将预测点的预测浓度与背景浓度叠加后与标准值比较,分析其达标和超标情况,对敏感点分析出现超表时的气象条件和污染程度,根据预测污染程度,做出评价结论,提出环境保护治理措施。

④环境噪声影响评价。

环境噪声影响评价的对象为环境噪声敏感建筑物,一般以200人以上的学校教室、50户以上的居民住宅、20张床位以上的医院病房、疗养院住房及特殊宾馆等作为重点评价对象。对一般评价对象中需要进行城市规划的路段,画出不同的评价时期的公路交通噪声等声级线图,并标出昼夜70dB与夜间55dB等声级线。对重点评价对象,应定量计算不同评价时期的环境噪声值,并按评价标准予以评价。对于交通噪声防治对策,应进行多方案的技术与经济论证,提出分期实施方案或建议。简要评述公路施工期环境噪声的影响程度,提出噪声防治对策和建议。

(3)防治措施与对策建议

在环境影响评价的基础上,描述建设项目对环境造成的直接或间接的不利影响,提出将这些不利影响降低到最低程度或消除这些影响的方法与措施方案。对投资较大的措施进行多方案比较。对环境有重大的不利影响时,提出如何调整和完善公路项目设计和线位方案,把不利的环境影响降低到最低程度,并在实施计划和设计中提出消除、减缓或改善环境质量的要求;积极探索改善和提高人类生存环境的可能性。提出项目建设期和营运期环境影响监督与检测计划建议。

(4)经济损益分析

在项目预可行性研究报告或可行性研究报告经济效益分析的基础上,定量或定性的评价项目的社会经济效益,估算直接环境保护的投资:噪声防治设施投资、环境保护设施和设备投资、环境保护管理机构和人员所需经费(一般按20年估算)、营运期的环境监测经费、绿化工程投资等。根据环境特点和部分工程所起到的环境保护作用,估计兼顾环境保护作用的工程设施投资;如通道工程投资、防护工程投资、排水工程投资,计算直接环境保护投资占总投资(工程估算投资加环保估算投资)的比例及环保投资加兼顾环境保护作用的工程设施投资占总投资的比例,分析环境保护投资占总投资比例的合理性,对建设项目环境损益给出定量或定性结论。

二、社会评价

社会评价是分析拟建项目对当地社会的影响和当地社会条件对项目的适应性和可接受程度,评价项目的社会可行性。公路建设项目往往涉及多种复杂的社会因素(如大量移民搬迁、大量占用农田),社会影响比较久远,社会效益比较显著,也容易产生较突出的社会矛盾,含有较大的社会风险。因此,需要对其从社会角度进行分析评价,分析项目涉及的各种社会因素,评价项目的社会可行性,提出项目与当地社会协调关系,规避社会风险,促进项目顺利实施,保证社会稳定。

1.社会评价的内容

社会评价从以人为本的原则出发,研究内容包括项目的社会影响分析、项目与所在地区的互适性分析和社会风险分析三个方面的内容。

(1)社会影响分析

社会影响分析在内容上可分为3个层次4个方面的分析,即分析在国家、地区、项目(社区)3个层次上展开,包括项目对社会环境方面、社会经济方面、自然与生态环境方面和自然资源方面的影响。包括正面影响(通常称为社会效益)和负面影响。

①项目对所在地居民收入的影响。主要分析预测由于项目实施可能造成当地居民收入增加或者减少的范围、程度及其原因;收入分配是否公平,是否扩大贫富收入差距,并提出促进收入公平分配的措施建议。扶贫项目,应着重分析项目实施后,能在多大程度上减轻当地居民的贫困和帮助多少贫困人口脱贫。

②项目对所在地区居民生活水平和生活质量的影响。分析预测项目实施后居民居住水平、消费水平、消费结构、人均寿命的变化及其原因。

③项目对所在地区居民就业的影响,分析预测项目的建设、运营对当地居民就业结构和就业机会的正面影响与负面影响。其中正面影响是指可能增加就业机会和就业人数,负面影响是指可能减少原有就业机会及就业人数,以及由此引发的社会矛盾。

④项目对所在地区不同利益群体的影响,分析预测项目的建设和运营使哪些人受益或受损,以及对受损群体的补偿措施和途径。

⑤项目对所在地区弱势群体利益的影响,分析预测项目的建设和运营对当地妇女、儿童、残疾人员利益的正面影响或负面影响。

⑥项目对所在地区文化、教育、卫生的影响,分析预测项目的建设和运营期间引起当地文化教育水平、卫生健康程度的变化以及对当地人文环境的影响,提出减小不利影响的措施建议。公益性项目要特别加强这项内容的分析。

⑦项目对当地基础设施、社会服务容量和城市化进程等的影响,分析预测项目的建设和运营期间,是否可能增加或者占用当地的基础设施,包括道路、桥梁、供电、给排水、供汽、服务网点,以及产生的影响。

⑧在地区少数民族风俗习惯和宗教的影响,分析预测项目建设和运营,是否符合国家的民族和宗教政策,是否充分考虑了当地民族的风俗习惯、生活方式或者当地居民的宗教信仰,是否会引发民族矛盾、宗教纠纷,影响当地社会安定。

通过以上分析,对项目的社会影响做出评价。编制项目社会影响分析表,填入各种影响范围、程度,可能出现的后果及措施建议。

(2)互适性分析

互适性分析主要是分析预测项目能否为当地的社会环境、人文条件所接纳,以及当地政府、居民支持项目存在与发展的程度,考察项目与当地社会环境的相互适应关系。

①分析预测与项目直接相关的不同利益群体对项目建设和运营的态度和参与程度,选择可以促使项目成功的各利益群体的参与方式,对可能阻碍项目存在与发展的因素提出防范措施。

②分析预测项目所在地区的各类组织对项目建设和运营的态度,可能在哪些方面、在多大

程度上对项目予以支持和配合。

③分析预测项目所在地区现有技术、文化状况能否适应项目建设和发展。主要为发展地方经济、改善当地居民生产生活条件兴建的水利项目、公路交通项目、扶贫项目,应分析当地居民的教育水平能否适应项目要求的技术条件,能否保证实现项目既定目标。

通过项目与所在地的互适性分析,就当地社会对项目适应性和可接受程度做出评价。编制社会对项目的适应性和可接受程度分析表。

（3）社会风险分析

项目的社会风险分析是对可能影响项目的各种社会因素进行识别和排序,选择影响面大、持续时间长,并容易导致较大矛盾的社会因素进行预测,分析可能出现这种风险的社会环境和条件。那些可能诱发民族矛盾、宗教矛盾的项目要注重这方面的分析,并提出防范措施。例如:进行大型水利枢纽工程的建设,就要分析项目占用地的移民安置和受损补偿问题。如果移民群众的生活得不到有效保障或生活水平大幅降低,受损补偿又不尽合理,群众抵触情绪就会产生,从而会直接导致项目工期的推延,甚至会给项目预期效益的实现带来风险。

通过分析社会风险因素,编制项目社会风险分析表。

2.社会评价的步骤

（1）社会调查

调查了解项目所在地区的社会环境等方面的情况。调查的内容包括所在地区的基本情况和受影响的社区的基本社会经济情况在项目影响时限内可能的变化。包括人口统计资料,基础设施与服务设施状况;当地的风俗习惯、人际关系;各利益群体对项目的反应、要求与接受程度;各利益群体参与项目的可能性,如项目所在地区干部、群众对参与项目活动的态度和积极性,可能参与的形势、时间,妇女在参与项目活动方面有无特殊情况等。社会调查可采用多种调查方法,如查阅历史文献、统计资料、问卷调查、现场访问、观察、开座谈会等。

（2）识别社会因素

分析社会调查获得的资料,对项目涉及的各种社会因素进行分类。一般可分成3类:

①影响人类生活和行为的因素。如:对就业的影响,对收入分配的影响,对社区发展和城市建设的影响,对居民身心健康的影响,对文化教育事业的影响,对社区福利和社会保障的影响等。

②影响社会环境变迁的因素。如:对自然和生态环境的影响,对资源综合开发利用的影响,对能源节约的影响,对耕地和水资源的影响等。

③影响社会稳定与发展的因素。如:对人民风俗习惯、宗教信仰、民族团结的影响,对社区组织结构和地方管理机构的影响,对国家安全和地区威望的影响等。

从这些因素中,识别与选择影响项目实施和项目成功的主要社会因素,作为社会评价的重点和论证比选方案的内容之一。

（3）论证比选方案

对项目建设方案设计中涉及的主要社会因素进行定性、定量分析,比选推荐社会正面影响大、社会负面影响小的方案。主要步骤如下:

①确定评价目标与评价范围。根据投资项目建设的目的、功能以及国家和地区的社会发展战略,对与项目相关的各社会因素进行分析研究,找出项目对社会环境可能产生的影响,确定项目评价的目标,并分析出主要目标和次要目标。

分析评价的范围,包括项目影响涉及的空间范围和时间范围。空间范围是指项目所在的社区、县市,有的大型项目如水利项目,影响区域涉及多个省市较为广泛的地域。时间范围是指项目的寿命期或预测可能影响的年限。

②选择评价指标。根据评价的目标,选择适当的评价指标,包括各种效益和影响的定性指标和定量指标。所选指标不宜过多(一般控制在50个以内),且要便于搜集数据和进行评定。

③确定评价标准。在广泛调查研究和科学分析的基础上,收集项目本身及评价空间范围内社会、经济、环境等各方面的信息,并预测在评价和项目建设阶段有无可能发生变化,然后确定评价的标准。定量指标的评价标准一定要明确给出。

④列出备选方案。根据项目的建设目标、不同的建设地点、不同的资金来源、不同的技术方案等,清理可供选择的方案,并采取拜访、座谈、实地考察等方式,了解项目影响区域范围内地方政府与群众的意见,将这些意见纳入方案比较的过程中。

⑤进行项目评价。根据调查和预测的资料,对每一个备选方案进行定量和定性评价。首先,对能够定量计算的指标,依据调查和预测资料进行测算,并根据一定标准评价其优劣。其次,对不能定量计算的社会因素进行定性分析,判断各种定性指标对项目的影响程度,揭示项目可能存在的社会风险。再次,分析判断各定性指标和定量指标对项目实施和社会发展目标的重要程度,对各指标进行排序并赋予一定的权重。对若干重要的指标,特别是不利影响的指标进行深入的分析研究,制订减轻不利影响的措施,研究存在的社会风险的性质与重要程度,提出规避风险的措施。最后,计算各指标得分和项目综合目标值,并对备选方案进行排序,得分高者中选;若出现得分相同情况,则以权重最大的某项指标为准,以该指标优者为优。

⑥专家论证。根据项目的具体情况,可召开相应规模的专家论证会,将选出的最优方案提交专家论证,对中选方案进行详细分析,就其不利因素、不良影响和存在的问题提出改进和解决办法,进一步补充和完善该方案。

⑦评价总结,编制"项目社会评价报告"。将对所评价项目的调查、预测、分析、比较的过程和结论,以及方案中的重要问题和有争议的问题写成一定格式的书面报告。在提出方案优劣的基础上,提出项目是否具有社会可行性的结论或建议,形成项目社会评价报告或篇章,作为项目决策者的决策依据之一。

复习思考题

1. 工程可行性研究的地位和作用是什么?

2. 公路工程可行性研究的特点是什么?

3. 公路工程可行性研究的内容有哪些?

4. 公路工程可行性研究报告编制的依据有哪些?

5. 公路建设项目可行性研究的工作步骤有哪些?

6. 什么叫环境影响?

7. 公路环境影响分析评价的内容有哪些?

8. 社会评价的内容有哪些?

9. 社会评价的基本步骤是什么?

第一节 ▷ 社会经济调查、分析与预测

一、项目社会经济调查

公路建设项目的立项和建设必须服务和适应社会经济的发展,并通过项目的建设促进社会经济加速发展。为了分析研究公路运输与社会经济发展的适应情况,论述公路项目建设的必要性,准确预测交通量的变化,准确地对建设项目进行国民经济评价和财务评价,进行公路项目可行性研究时,必须全面、系统、准确、及时地开展社会经济调查工作。

1.社会经济调查范围

公路是地区间社会经济联系的纽带,公路建设项目的目的是连接大小城镇,便于生产资源的合理流动和高效配置,促进区域内社会经济的快速发展。项目建设会给周边地区带来影响,通常用项目影响区这一概念来描述,根据受影响的大小可以划分为直接影响区和间接影响区,社会经济调查的地理范围重点在项目直接影响区。社会经济调查的时间范围则包括历史情况、现状和发展规划。主要指标的历史年份应满足趋势分析的需要,宜采用不少于 10 年的历史数据。

2.社会经济调查的内容

公路交通量是经济社会发展对公路交通需求的反映,其发生和发展与沿线的经济社会状况密切相关。经济社会调查的内容主要包括:

(1)与经济预测相关的政策

①区域经济发展规划、区域社会经济建设方针政策、国土开发利用规划。

②区域人口政策、资源开发、环境保护等方面的政策。

③综合运输发展规划,尤其是道路运输发展规划。

(2)区域人口调查

①总量指标,包括总人口、农业总人口和工业总人口等反映规划区域人口总量的有关指标。

②相对指标,包括人口密度、人口平均增长速度、人口自然增长速度等相对指标。

(3)资源环境调查

项目影响区域内自然资源的储量和分布从根本上决定了生产布局、社会经济结构和规模,也就决定了交通基础设施的布局。自然资源调查的主要内容有:矿产资源土地资源、水利资源、农林资源、旅游资源等,其中与交通运输关系比较密切的是矿产资源和旅游资源。

（4）经济方面的调查

①经济发展规划。主要包括产业规划、基础设施战略规划、经济发展战略规划。

②经济水平。经济水平是指经济发展的规模和发展程度的总体体现,主要调查项目影响区域和各分区域的总人口、各产业人口、总面积、社会总产值、主要产品产值、国民收入、人均收入等。

③经济结构。经济结构是指国民经济的组成和构造,包括产业结构(如一、二、三次产业的构成,农业、轻工业、重工业的构成等)、分配结构、交换结构(如价格结构、进出口结构等)、消费结构、技术结构、劳动力结构等。

④经济布局。调查的主要内容是项目区域内重要生产部门在空间上的分布,重点行业的专门化程度;重大经济布局的调整和安排,新建、扩建、改建的大型工厂,如汽车工业、电站等项目。

⑤建设投资。主要调查内容有:国家补助投资,地方政府自筹资金、贷款和合资或外资引进;道路建设造价;地方政府对道路建设优惠政策。

⑥对外贸易。主要包括对外贸易政策、对外贸易与经济增长关系、对外贸易商品结构和数量等。

3.调查方法

社会经济调查要完整而有效地搜集到各种相关资料,可以采用直接观察法、报告法、访问法等,它们各有不同特点及适用场合。

（1）直接观察法

直接观察法,即由调查人员到现场对调查对象进行观察计量的方法。这种方法能够保证所搜集资料的准确性,但需要大量的人力、物力、财力和较长的时间。这种方法在公路建设项目可行性研究中主要用于 OD 调查。

（2）报告法

报告法,是利用调查区域内企业、事业单位以及政府机关已有的统计报表和积累的资料,如:定期统计报表、各级政府的统计年鉴、国民经济发展规划与长期战略计划。这种方法节省搜集资料的时间,但不一定很准确。

（3）访问法

访问法分为口头询问法和被调查者自填法两种。

①口头询问法,是由调查人员对被调查者逐一采访,借以收集资料,或以座谈会的形式开展讨论以收集各项资料。该方法对实际情况了解比较深入,能保证调查资料的准确程度,但需要的调查人员较多,花费时间较长。

②被调查者自填法,即被调查者按实际情况一一填写,填写好后由调查人员审核收回。这种方法比口头询问法节省人力和时间,但被调查者必须具有较强的责任感,对调查对象有相当的了解,才能保证资料的准确性。

二、项目社会经济分析

社会经济分析是指利用社会经济资料对社会经济活动进行研究,分析社会经济增长或制约的影响因素,掌握社会经济的发展趋势,以便进行社会经济预测。主要内容包括区域经济社会人口发展特点分析、社会经济结构分析、社会经济发展趋势分析。

1.分析内容

(1)人口分析

主要是人口的增长分析,就一个地区或国家,人口的增长不仅取决于人口自然增长,还受到人口迁入和迁出的影响。人口自然增长的分析就是研究人口增长的规律,把握人口增长发展的趋势。人口的迁移规律主要取决于人口迁移政策和社会经济发展水平,具有明显的阶段性。特别是一些沿海发达地区、经济特区和一些大中城市,流动人口很多,所以公路影响区范围内流动人口应引起重视。

(2)资源分析

资源分析主要偏重于资源开发、燃料和原材料供需方面。

①资源开发分析目的是研究资源开发的趋势及规律,分析主要资源的储量、开发条件和资金投入情况。

②燃料和原材料供需分析。由于资源在地域上分布的不均衡,往往需要进行供需调配。供需分析的主要内容有:所需燃料、原材料的数额、品种、规格;需要调入或调出的数额、品种、规格;调入或调出的地域分布等。

(3)区域经济分析

区域经济分析是社会经济分析的重点,经济分析的内容十分广泛,但对公路建设项目来说,主要包括以下方面。

①经济总体水平及增长速度分析。

②经济构成情况分析。主要包括经济部门构成、产业构成、基础产业与其他产业发展的协调情况等。

③主要工农业产品产量分析,体现出该区域的产业优点和工农业各自的构成。

④居民人均收入及其变化分析。

⑤服务业发展与分析。分析第三产业增加值、占国民生产总值的比重、发展特点、地区分布及发展趋势。

⑥区域经济发展战略分析。着重分析经济发展的方向、战略目标、产业结构变革、产业布局等。

2.经济分析步骤

第一步,明确分析目的。只有明确了分析目的,才能确定要解决的重要问题,确定所采用的分析指标和分析方法等。

第二步,对各种来源的资料进行缜密评价。从调查、整理以至各种指标的计算等方面进行全面的分析和检查,要注意资料原来的分析任务及其计算范围、统计口径、计算方法等和现有的分析工作要求是否一致。

第三步,资料的整理、比较和分析。在资料评价之后,进一步从中选择编制工程可行性研究所需要的资料,作为分析依据,进行必要、科学地推算,寻求社会经济的内在联系及规律性,使社会经济分析工作由量见质。

第四步,做出结论。根据不同方法所做的分析工作,对所要解决的问题进行判断、概括和综合,得出分析的结果。这一阶段要求具有较高的理论水平和政策水平。

三、项目社会经济发展预测

1.经济预测步骤

项目社会经济发展预测工作应以项目影响区域内的社会经济发展历史与现状情况为基础,分析研究未来社会经济发展的主要影响因素,以及可能的发展潜力,结合国家确定的宏观经济发展战略和政策,以及有关省份的相关规划,采用定量和定性相结合的方法进行预测,将两种预测的结果比较、核对,分析其差异的原因,根据经验进行综合判断。

定量预测主要采用模型法,基本步骤为:

(1)确定预测目标。

(2)选择预测目标的影响变量因素。

(3)收集和整理分析数据资料。

(4)选择数学模型。

(5)建立数学模型。

(6)检验与验证数学模型。

(7)确定预测期自变量数值。

(8)预测。

(9)综合分析,确定预测结果。

2.人口预测

人口是影响交通需求的一个主要因素。人口流动是客运流量的构成基础,同时一个地区的人口数量是该区生产和消费水平的重要因素,对货物的流动方向和数量会产生很大的影响。因此分析未来年份的人口数量、流动情况和年龄分布特点,对交通需求预测是十分必要的。常用的模型有线性模型、Malthus 模型、Logistic 模型、回归模型等。

3.经济预测

经济预测方法较多,常用的有回归预测法、指数平滑法、时间序列法、弹性系数法等,下面重点介绍指数平滑法和回归预测法。

(1)指数平滑法

在社会经济活动中,某一变量或指标的数量值或观测值,按其出现时间的次序,以相同时间间隔而排列成一组数值 $x_1, x_2, x_3, \cdots x_n$,形成时间序列。简单的全期平均法是对时间序列的过去数据一个不漏的全部加以同等利用;移动平均法则不考虑远期的数据,而加权移动平均法中给予近期资料更大的权重;而指数平滑法则兼容了全期平均和移动平均所长,不舍弃过去的数据,但随着数据的远离,赋予逐渐收敛为零的权重。下面将详细介绍指数平滑法这种方法。

设 x_t 为时间序列中时点 t 的观测值,在第 t 时点的指数平滑值 S_t 为

$$S_t = \alpha \cdot x_t + (1 - \alpha)S_{t-1} \tag{6-1}$$

式中: S_t ——在时点 t 的平滑值;

S_{t-1} ——在时点 $t-1$ 的平滑值;

α ——平滑常数,其取值范围为 $[0,1]$。

由该公式可知：S_t 是 x_t 和 S_{t-1} 的加权平均数，随着 α 取值的大小变化，决定 x_t 和 S_{t-1} 对 S_t 的影响程度，由此，当时间数列相对平稳时，可取较大的 α；当时间数列波动较大时，应取较小的 α，以不忽略远期实际值的影响。根据公式 $S_1 = \alpha \cdot x_1 + (1 - \alpha)S_0$，如果能够找到 x_1 以前的历史资料，那么，初始值 S_0 的确定是不成问题的。如果仅有从 x_1 开始的数据，那么确定初始值的方法有：取 $S_0 = x_1$；或者 $S_0 = (x_1 + x_2 + x_3)/3$ 等等。在实际计算 S_t 时，仅需要两个数值，即 x_t 和 S_{t-1}，再加上一个常数 α，这就使指数滑动具有逐期递推性质，从而为预测带来了极大的方便。

①一次指数平滑。

当时间数列无明显的趋势变化，可用一次指数平滑预测。

令 $y_{t+1} = S_t, y_t = S_{t-1}$，则一次指数平滑预测公式见式(6-2)。

$$y_{t+1} = \alpha \cdot x_t + (1 - \alpha)y_t \tag{6-2}$$

式中：y_{t+1}——$t+1$ 期的预测值，即本期(t 期)的平滑值；

y_t——t 期的预测值，即上期的平滑值。

该公式又可以写作：$y_{t+1} = y_t + \alpha(x_t - y_t)$。可见，下期预测值是本期预测值与以 α 为折扣的本期实际值与预测值误差之和。

②二次指数平滑。

二次指数平滑是以相同的平滑系数对一次指数平滑数列 $S_t^{(1)}$ 再进行一次指数平滑，构成时间序列的二次指数平滑数列 $S_t^{(2)}$，计算式见式(6-3)。

$$\begin{cases} S_t^{(1)} = \alpha \cdot x_t + (1 - \alpha)S_{t-1}^{(1)} \\ S_t^{(2)} = \alpha S_t^{(1)} + (1 - \alpha)S_{t-1}^{(2)} \end{cases} \tag{6-3}$$

式中：$S_t^{(1)}$——一次指数平滑值；

$S_t^{(2)}$——二次指数平滑值。

二次指数平滑的预测模型见式(6-4)。

$$\begin{cases} y_{t+T} = a_t + b_t T \\ a_t = 2S_t^{(1)} - S_t^{(2)} \\ b_t = \dfrac{\alpha}{1 - \alpha}(S_t^{(1)} - S_t^{(2)}) \end{cases} \tag{6-4}$$

式中：y_{t+T}——$t+T$ 时点的预测值，而 T 就是以 t 为时间起点向未来延伸到 T 时刻。

③三次指数平滑。

当时间序列表现为二次曲线时，需要进行三次指数平滑，即在二次平滑的基础上再进行一次，其计算公式见式(6-5)。

$$\begin{cases} S_t^{(1)} = \alpha \cdot x_t + (1 - \alpha)S_{t-1}^{(1)} \\ S_t^{(2)} = \alpha S_t^{(1)} + (1 - \alpha)S_{t-1}^{(2)} \\ S_t^{(3)} = \alpha S_t^{(2)} + (1 - \alpha)S_{t-1}^{(3)} \end{cases} \tag{6-5}$$

三次指数平滑的预测模型见式(6-6)。

$$\begin{cases} y_{t+T} = a_t + b_t T + c_t T^2 \\ a_t = 3S_t^{(1)} - 3S_t^{(2)} + S_t^{(3)} \\ b_t = \dfrac{\alpha}{2(1-\alpha)^2} \left[(6-5\alpha)S_t^{(1)} - 2(5-4\alpha)S_t^{(2)} + (4-3\alpha)S_t^{(3)} \right] \\ c_t = \dfrac{\alpha^2}{2(1-\alpha)^2} \left(S_t^{(1)} - 2S_t^{(2)} + S_t^{(3)} \right) \end{cases} \qquad (6\text{-}6)$$

【例6-1】运用二次指数平滑法进行预测,计算数据及结果见表6-1。

计算数据及结果表

表6-1

t	年份	实际值	$S_t^{(1)}$	$S_t^{(2)}$	a_t	b_t	$T=1$ 时
1	2001	750	750	750	750	0	
2	2002	835	818	804.4	831.6	54.4	
3	2003	916	896.4	878	914.6	73.6	868
4	2004	996	976.1	956.5	995.7	78.4	988.4
5	2005	1079	1058.4	1038	1078.8	81.6	1074
6	2006	1158	1138.1	1118.1	1158.1	80	1160.4
7	2007	1240	1219.6	1199.3	1239.9	81.2	1238.1
8	2008	1330	1307.9	1286.2	1329.6	86.8	1321.1
9	2009	1417	1395.2	1373.4	1417	87.2	1416.4
10	2010	1509	1486.2	1463.6	1508.8	90.4	1506.2
11	2011						1599.2

【解】①确定初始值和加权因子:

$S_0^{(1)} = S_0^{(2)} = x_1 = 750$,$\alpha = 0.8$

②按公式计算 $S_t^{(1)}$,$S_t^{(2)}$,2001 年,$t=1$ 时:

$S_1^{(1)} = 0.8 x_1 + 0.2 S_0^{(1)} = 0.8 \times 750 + 0.2 \times 750 = 750$

$S_1^{(2)} = 0.8 S_1^{(1)} + 0.2 S_0^{(2)} = 0.8 \times 750 + 0.2 \times 750 = 750$

其他同理。

③计算平滑系数。

$a_t = 2S_t^{(1)} - S_t^{(2)}$

$b_t = \dfrac{\alpha}{1-\alpha}(S_t^{(1)} - S_t^{(2)}) = \dfrac{0.8}{0.2}(S_t^{(1)} - S_t^{(2)}) = 4(S_t^{(1)} - S_t^{(2)})$

如 $\begin{cases} a_2 = 2S_t^{(1)} - S_t^{(2)} = 2 \times 818 - 804.4 = 831.6 \\ b_2 = 4(S_t^{(1)} - S_t^{(2)}) = 4 \times (818 - 804.4) = 54.4 \end{cases}$

④建立预测模型,并预测。

$\hat{y}_{2011} = a_{2010} + b_{2010} T = 1508.8 + 90.4 = 1599.2$

若 $T=2$ 时,$\hat{y}_{2011} = a_{2009} + b_{2009} T = 1417 + 87.2 \times 2 = 1592.4$

说明:对应每一个 t 都有一模型可进行预测,较为准确的方法是:利用本期模型预测下一期预测目标(即 $T=1$)$\hat{y}_{t+1} = a_t + b_t$。

(2)回归预测法

①一元线性回归。

这是回归分析中最简单的也是最基本的方法。设所求的直线方程见式(6-7)。

$$\hat{y} = bx + a \tag{6-7}$$

对 y、x 观测得 n 组数据：$x_1, x_2, x_3, \cdots, x_n; y_1, y_2, y_3, \cdots, y_n$。

则方程计算值为 $\hat{y}_i = bx_i + a, (i = 1, 2, \cdots, n)$。

显然，y 点观测值与计算值的偏差 $y_i - \hat{y}_i$ 的符号有正有负，故采用 n 个偏差的平方和，表示 n 个点与相应直线在整体上的接近程度，计算式见式(6-8)。

$$Q = (y_1 - bx_1 - a)^2 + (y_2 - bx_2 - a)^2 + \cdots + (y_n - bx_n - a)^2 = \sum_{i=1}^{n}(y_i - bx_i - a)^2 \tag{6-8}$$

可由极值定理对上式求偏导，并令其等于零，即

$$\begin{cases} \dfrac{\partial Q}{\partial a} = \sum_{i=1}^{n}(y_i - bx_i - a) = 0 \\ \dfrac{\partial Q}{\partial b} = \sum_{i=1}^{n}(y_i - bx_i - a)x_i = 0 \end{cases}$$

可得式(6-9)。

$$\begin{cases} b = \dfrac{\sum\limits_{i=1}^{n}(x_i - \bar{x})(y_i - \bar{y})}{\sum\limits_{i=1}^{n}(x_i - \bar{x})^2} = \dfrac{\sum x_i y_i - n\overline{xy}}{\sum x_i^2 - n\bar{x}^2}, \quad \bar{x} = \dfrac{1}{n}\sum_{i=1}^{n}x_i, \bar{y} = \dfrac{1}{n}\sum_{i=1}^{n}y_i \\ a = \bar{y} - b\bar{x} \end{cases} \tag{6-9}$$

上述相应的直线叫做回归直线，对两个变量所进行的统计分析叫做回归分析。在很多情况下，实际数据并不存在良好的线性关系，这样就必须选用其他类型的函数关系来进行回归分析。比如：指数回归 $\hat{y} = ae^{bx}$，对数回归 $\hat{y} = b\ln x + a$，幂回归 $\hat{y} = ax^b$。通过变换转化为线性函数关系，a、b 仍可采用最小二乘法来确定。

②多元线性回归分析。

在经济预测中，当预测对象 y 受到多个因素 x_1、x_2、$\cdots$、x_m 的影响时，如果各个因素 x_i 与 y 的相关关系可同时近似地用线性函数关系表示，则可建立多元线性回归预测模型进行预测。设 y 对 x_1、x_2、$\cdots$、x_m 的 m 元线性回归方程见式(6-10)。

$$\hat{y} = b_0 + b_1 x_1 + b_2 x_2 + \cdots + b_m x_m \tag{6-10}$$

式中：b_0、b_1、b_2、$\cdots$、b_m ——模型的回归系数。

设因变量 y 与自变量 x_1、x_2、$\cdots$、x_m 共有 n 组实际观测数据如表 6-2 所示。

实际观测数据表　　　　　　　　　　　　　　　　　　　　表 6-2

y	x_1	x_2	$\cdots$	x_m
y_1	x_{11}	x_{12}	$\cdots$	x_{1m}
y_2	x_{21}	x_{22}	$\cdots$	x_{2m}
$\vdots$	$\vdots$	$\vdots$	$\cdots$	$\vdots$
y_n	x_{n1}	x_{n2}	$\cdots$	x_{nm}

令

$$Q = \sum_{i=1}^{n}(y_i - \hat{y}_i)^2 = \sum_{i=1}^{n}(y_i - b_0 - b_1 x_{i1} - b_2 x_{i2} - \cdots - b_m x_{im})^2 \qquad (6\text{-}11)$$

Q 为关于 b_0、b_1、b_2、$\cdots$、b_m 的 $m+1$ 元函数。根据微分学中多元函数求极值的方法，若使 Q 达到最小，则应有

$$\begin{cases} \dfrac{\partial Q}{\partial b_0} = -2\sum_{i=1}^{n}(y_i - b_0 - b_1 x_{i1} - b_2 x_{i2} - \cdots - b_m x_{im}) = 0 & (i = 1、2、\cdots、n) \\[2mm] \dfrac{\partial Q}{\partial b_j} = -2\sum_{i=1}^{n} x_{ij}(y_i - b_0 - b_1 x_{i1} - b_2 x_{i2} - \cdots - b_m x_{im}) = 0 & (j = 1、2、\cdots、m) \end{cases}$$

经整理得

$$\begin{cases} nb_0 + b_1\sum_{i=1}^{n} x_{i1} + b_2\sum_{i=1}^{n} x_{i2} + \cdots + b_m\sum_{i=1}^{n} x_{im} = \sum_{i=1}^{n} y_i \\[2mm] b_0\sum_{i=1}^{n} x_{i1} + b_1\sum_{i=1}^{n} x_{i1}^2 + b_2\sum_{i=1}^{n} x_{i1}x_{i2} + \cdots + b_m\sum_{i=1}^{n} x_{i1}x_{im} = \sum_{i=1}^{n} x_{i1}y_i \\[2mm] b_0\sum_{i=1}^{n} x_{im} + b_1\sum_{i=1}^{n} x_{im}x_{i1} + b_2\sum_{i=1}^{n} x_{im}x_{i2} + \cdots + b_m\sum_{i=1}^{n} x_{im}^2 = \sum_{i=1}^{n} x_{im}y_i \end{cases} \qquad (6\text{-}12)$$

令 $Y = (y_1, y_2, y_3, \cdots, y_n)^{\mathrm{T}}$，$B = (b_0, b_1, b_2, \cdots, b_m)^{\mathrm{T}}$

$$X = \begin{bmatrix} 1 & x_{11} & x_{12} & \cdots & x_{1m} \\ 1 & x_{21} & x_{22} & \cdots & x_{2m} \\ \vdots & \vdots & \vdots & \vdots & \vdots \\ 1 & x_{n1} & x_{n2} & \cdots & x_{nm} \end{bmatrix}$$

其矩阵形式为：$Y = XB$

$$X'X = \begin{bmatrix} 1 & 1 & 1 & \cdots & 1 \\ x_{11} & x_{21} & x_{31} & \cdots & x_{n1} \\ \vdots & \vdots & \vdots & \vdots & \vdots \\ x_{1m} & x_{2m} & x_{3m} & \cdots & x_{nm} \end{bmatrix} \begin{bmatrix} 1 & x_{11} & x_{12} & \cdots & x_{1m} \\ 1 & x_{21} & x_{22} & \cdots & x_{2m} \\ \vdots & \vdots & \vdots & \vdots & \vdots \\ 1 & x_{n1} & x_{n2} & \cdots & x_{nm} \end{bmatrix}$$

$$= \begin{bmatrix} n & \sum_{i=1}^{n} x_{i1} & \cdots & \sum_{i=1}^{n} x_{im} \\ \sum_{i=1}^{n} x_{i1} & \sum_{i=1}^{n} x_{i1}^2 & \cdots & \sum_{i=1}^{n} x_{i1}x_{im} \\ \vdots & \vdots & \vdots & \cdots \\ \sum_{i=1}^{n} x_{im} & \sum_{i=1}^{n} x_{im}x_{i1} & \cdots & \sum_{i=1}^{n} x_{im}^2 \end{bmatrix}$$

$$X'Y = \begin{bmatrix} 1 & 1 & 1 & \cdots & 1 \\ x_{11} & x_{21} & x_{31} & \cdots & x_{n1} \\ \vdots & \vdots & \vdots & \vdots & \vdots \\ x_{1m} & x_{2m} & x_{3m} & \cdots & x_{nm} \end{bmatrix} \begin{bmatrix} y_1 \\ y_2 \\ \vdots \\ y_n \end{bmatrix} = \begin{bmatrix} \sum_{i=1}^{n} y_i \\ \sum_{i=1}^{n} x_{i1}y_i \\ \vdots \\ \sum_{i=1}^{n} x_{im}y_i \end{bmatrix}$$

则 $X'XB = X'Y$ 成立,在 $X'X$ 的逆矩阵存在的情况下,则 $B = (X'X)^{-1}X'Y$,即可得到回归系数。

③回归模型的检验。

尽管回归分析模型的参数是基于最小二乘法原理,即求得偏差平方和最小,但这里所谓的偏差平方和最小仅仅是对样本数据本身而言的,最小二乘法本身不能证明回归模型能否成立,在多大程度上可接受。因此就需要有一定的标准和方法来对回归模型进行检验。

回归模型的检验方法有很多种,较常用的有相关系数检验、χ^2 检验、F 分布检验、t 分布检验等。请参阅数理统计方面的书籍。

第二节 ▷ 交通需求分析及交通量预测

交通需要分析及交通量预测是公路建设项目可行性研究的重要组成部分,是综合分析建设项目的必要性和可行性的基础,同时也是确定公路建设项目技术等级、工程规模以及经济评价的主要依据。由于公路建设项目主要涉及区域之间的社会经济联系和交通需求,因此公路建设项目交通需求预测主要采用较为成熟的四阶段预测法。

🌐 一、交通需求预测概述

交通预测需求量有多种方法,主要采用以出行起讫点矩阵为基础的四阶段预测法,即首先调查项目所在区域的社会经济、交通运输资料和 OD 分布情况,在分析该地区的社会经济、交通运输现状的基础上,预测其社会经济发展趋势,从而预测项目区域未来各小区的趋势和诱增交通产生与吸引量,然后进行交通量出行分布预测,得到未来特征年的出行分布 OD 表。由于预测期内项目区域交通路网或其他运输方式的可能建设,在充分考虑交通量分流影响的基础上,通过交通量分配,最终获得拟建公路项目交通量的预测结果。交通需求预测工作流程如图 6-1 所示。

🌐 二、交通调查

1.交通调查的目的

通过交通调查,得到交通运输系统、交通流等现状资料,评价交通运输系统的现状,分析交通系统存在的问题,为建设项目决策提供依据;以此为基础建立交通需求预测模型,对项目区域交通运输的发展趋势做出科学预测。

2.交通调查内容

交通调查是公路建设项目可行性研究的基础性工作,主要包括交通运输调查、基础设施调查和 OD 调查等,其中 OD 调查是公路建设项目可行性研究非常重要的一环。交通调查的地域范围社会经济调查一致,重点调查直接影响区。为满足项目交通量分析与预测的深度要求,项目影响区需要分为若干小区。交通调查的主要内容应分小区进行。

(1)综合交通运输调查内容

```
┌──────────────┐                      ┌──────────────┐
│  社会经济调查  │                      │   交通调查    │
└──────────────┘                      └──────────────┘
```

┌────┬────┬────┬────┐   ┌────┬────┬────┬────┬────┐
│经济发│基础设│产业│社会经│   │历年交│ OD调 │现状公│未来公│交通运│
│展战略│施战略│规划│济指标│   │通量调│ 查 │路网调│路网规│输发展│
│规划 │规划 │   │调查 │   │ 查 │   │ 查 │ 划 │规划 │
└────┴────┴────┴────┘   └────┴────┴────┴────┴────┘

┌────────┬──────────┐ ┌────────┬──────┬──────────┬──────────┐
│社会经济 │交通运输与社会经│ │综合运输 │现状 │公路客货车 │现状及未来 │
│发展预测 │济相关关系分析 │ │结构分析 │OD表 │辆特征分析 │公路网信息 │
└────────┴──────────┘ └────────┴──────┴──────────┴──────────┘

┌──────────────────┐ ┌──────────────────┐
│公路趋势交通量生成预测 │ │ 公路交通方式预测 │
└──────────────────┘ └──────────────────┘

┌──────────────────┐
│   交通量分布预测   │
└──────────────────┘

┌──────────────────┐   ┌──────────────────┐
│   特征年总 OD 矩阵 │◄───────│ 诱增及转移交通量预测 │
└──────────────────┘   └──────────────────┘

┌──────────────────┐
│ 公路路段交通量分配 │
└──────────────────┘

┌──────────────────┐
│ 特征年拟建项目交通量 │
└──────────────────┘

┌──────────────────────┐
│拟建项目技术标准论证、服务水平分析│
└──────────────────────┘

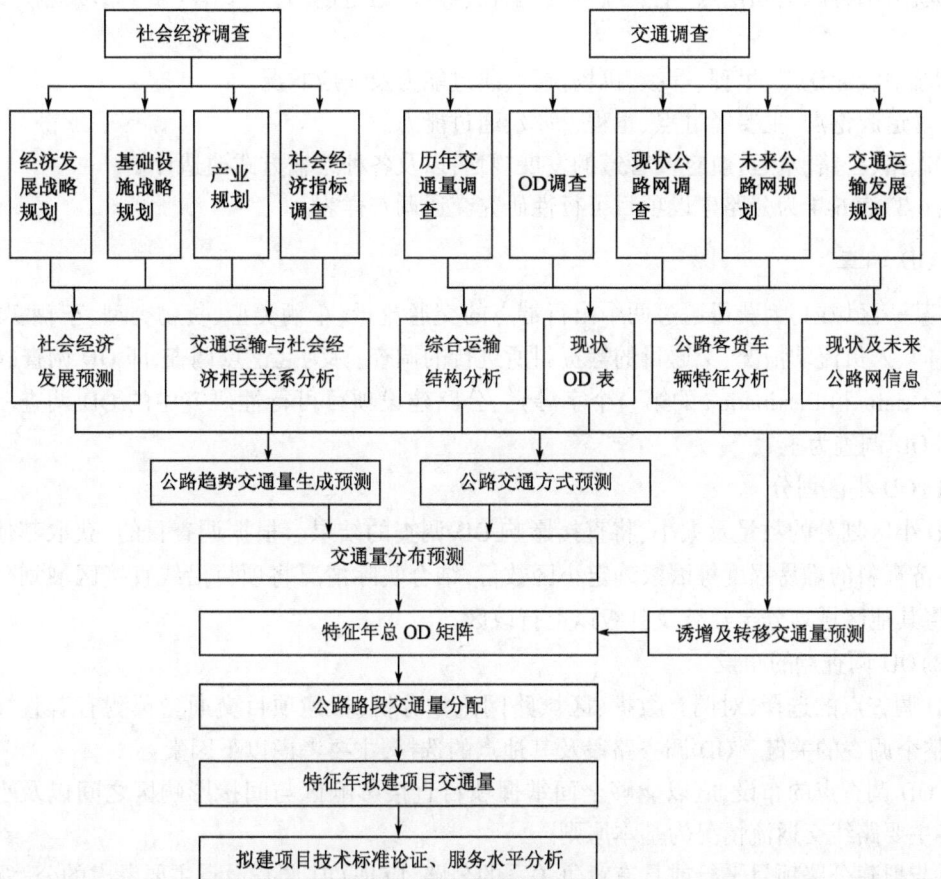

图 6-1　交通需求预测的流程

①铁路、公路、水运、航空及管道五大运输方式历年完成的客货运输量、货类及所占的比重。

②公路运输部门完成的历年公路客货运输量及周转量。

③国家、省级公路的历年交通量和县、乡级公路的基年交通量。

④铁路、公路、水运、航空及管道等运输方式的基年 OD 表。

⑤铁路、公路、水运、航空及管道等运输成本，平均速度，实载率，以及汽车平均工作率，平均车日行程，平均运距，运输效率指标等运营指标。

⑥运输工具保有量。

（2）基础设施调查内容

①公路网主要相关公路的路线名、起讫点、技术标准、主要技术指标、交通量、行车速度、行车时间、大桥及隧道、公路交叉、公路渡口、主要客（货）站场规模，以及公路养护管理、公路收费、交通事故情况。

②铁路网各线路起讫点、主要经过点、里程、等级、通过能力、主要客（货）站场规模及适应状况。

③航道网各航道起讫点、主要经过点、里程、等级、通过能力、主要客(货)站场规模及适应状况。

④航空线起讫点、里程、等级、机场位置、通过能力及适应状况。

⑤管道起讫点、主要经过点、里程、等级、通过能力。

⑥铁路、公路、水运、航空及管道的发展规划,以及各种运输方式改造计划。

表6-3、表6-4为公路建设项目可行性研究交通调查样表。

3.OD 调查

在某一区域内,为获得通过两个出行端点的交通流量、车辆类型、货物类型、车辆实载率、交通方向、人员流动情况、交通目的等资料所进行的调查,称为起讫点调查,即 OD 调查(OD 取自英文 Origin 和 Destination 的第一个字母)。公路建设项目可行性研究中的 OD 调查一般以机动车 OD 调查为主。

(1)OD 小区划分

OD 小区划分的数量及大小,将直接影响 OD 调查的结果。根据调查目的、获取其他相关社会经济资料的难易程度等因素确定小区数目,结合实际情况将项目沿线直接区域划分至乡镇级,将其他区域划分至县级及县级以上行政区。

(2)OD 调查点的布设

OD 调查点的选择,对调查数据、区域路网流量分析、拟建项目交通量预测有着直接的影响,是整个调查的关键。OD 调查路段及其地点的选择,主要考虑以下因素:

①OD 调查点的布设,应以能够全面掌握项目直接影响区与间接影响区之间以及小区内部等各主要路线交通流情况为基本原则。

②与拟建公路项目平行或具有竞争关系的公路,应是 OD 调查设点主要考虑的公路路线。

③为掌握互通立交转向交通量,应在与拟建公路项目交叉的主要公路上布设 OD 调查点。

④应在稍远离城镇的公路上布设 OD 调查点,以避免市内或短途交通的影响。

⑤同一调查点的上行与下行之间的距离以 50~100m 为宜,以免造成交通阻塞。

⑥在有典型代表性的路段上,可同时设置几个 12h 和 24h 交通量观测点,以准确掌握昼夜交通量的比例等交通特征。

⑦附近有收费站的,尽量将调查点设在收费站中,以减少对车辆通行的影响。

(3)OD 调查的具体实施

OD 调查的方法很多,有路边访问法、给驾驶员发明信片法、登记车辆牌照、家庭访问法等。我国目前多采用路边访问法。首先需要设计调查表格,内容包括:时间、车型、额定吨(座)位、实载吨(人)数、货类、起点、终点等。如果是机动车 OD 调查,对于农用车、摩托车和自行车可只统计数量。

在选定的 OD 调查点让车停下,访问员询问 OD 调查表中所需要资料,访问完毕,将写有该调查点编号的标签贴于车窗醒目处,这样一旦该车经过其他调查点时,不再进行访问调查,以避免重复统计。但车辆重新回到该调查点时,需再次访问。交通流量观测员的职责为观测记录经过 OD 调查点的交通量。统计全天车辆数,分车型、分时段记录,时段取为 1h,每小时正点换时段。表6-5为交通流量观测记录表。

区域综合交通运输基本概况调查表

表 6-3

调查单位：＿＿＿＿＿　市（地）＿＿＿＿＿　县（市、区）＿＿＿＿＿　填表时间：＿＿＿＿＿

年份	交通里程（km）						全社会运量（万人、万吨）											全社会周转量（万人公里、万吨公里）										
	铁路	公路	水运	空运	管道	合计	铁路		公路		水运		空运		管道	合计		铁路		公路		水运		空运		管道	合计	
							客运	货运	客运	货运	客运	货运	客运	货运	货运	客运	货运	客运	货运	客运	货运	客运	货运	客运	货运	货运	客运	货运
	1	2	3	4	5	6	7	8	9	10	11	12	13	14	15	16	17	18	19	20	21	22	23	24	25	26	27	28
2000																												
…																												
2013																												
2014																												

注：1. 客运单位为万人公里，货运单位为万吨公里。

2. 交通里程是指本调查区域的里程数，空运及水运里程按当地空运、水运部门的统计资料填报。

填表人：＿＿＿＿＿　复核人：＿＿＿＿＿

区域运输车辆构成基本概况调查表

表 6-4

调查单位：＿＿＿＿＿　市（地）＿＿＿＿＿　县（市、区）＿＿＿＿＿　填表时间：＿＿＿＿＿

年份	交通部门保有量（veh）												非交通部门保有量（veh）												轮胶拖拉机（veh）									摩托车	备注
	汽车合计	货车				客车				集装箱拖挂车	特种车		汽车合计	货车				客车				集装箱拖挂车	特种车		交通部门				非交通部门				合计		
		大型	中型	小型	小计	大型	中型	小型	小计					大型	中型	小型	小计	大型	中型	小型	小计				大型	中型	小型	小计	大型	中型	小型	小计			
2000																																			
…																																			
2013																																			
2014																																			

填表人：＿＿＿＿＿　复核人：＿＿＿＿＿

交通流量观测记录表 表 6-5

路线名称及编号： 　　　　　　　　　　　行车方向：1 ＿＿＿ 2 ＿＿＿

调查点编号： 　　　　　　　　　　　　　调查日期：

时段 ＼ 车型	小客车	大客车	小货车	中货车	大货车	拖挂车	摩托车

注：1. 小客车(≤12座)，大客车(＞12座)；小货车(≤2t)，中货车(＞2t 且≤7t)，大货车(＞7t 且≤14t)，拖挂车(＞14t)。

　　2. 时段按小时划分。

(4)OD 调查资料整理

首先，原始数据查对、鉴别、补遗、按统一口径编码、原始数据录入、利用计算机对录入的数据进行，以消除调查或录入时的误差。

根据 OD 调查点所在路段历年交通量观测资料对其进行年、月、周日、昼夜不均匀性调整，并以此推算出各调查点年均日交通量。调整公式见式(6-13)。

$$Q_{ijk} = V_{ijk} \times \alpha \times \gamma \times \beta_1 \times \beta_2 \qquad (6-13)$$

式中：Q_{ijk}——第 k 个调查点 i 区到 j 区的年平均日交通量；

　　　V_{ijk}——第 k 个调查点 i 区到 j 区的样本交通量；

　　　α——样本扩大系数；如果车辆被全部调查，则 $\alpha = 1$；否则 $\alpha = 1/$抽样率；

　　　γ——日昼比，即全日 24h 观测交通量与 OD 调查时段观测交通量之比；

　　　β_1——月交通量不均匀系数，$\beta_1 = $年平均日交通量/月平均日交通量；

　　　β_2——周日交通量不均匀系数，$\beta_2 = $周平均日交通量/观测日交通量。

β_1、β_2、γ 可从项目直接影响区或邻近地区的连续式观测站取得。

然后，将各调查点 OD 表汇总以形成全影响区 OD 表。合成的方法很多，如取大值法、简单求和法、发生(吸引)量法等。在具体项目中，应结合实际情况选择合适的方法。一般情况下，OD 表的合成常采用发生(吸引)量法，主要步骤如下：

①构筑影响小区的交通出行集。小区的交通出行集由所有从小区向外放射的公路上距小区最近的 OD 调查点(一个路径上只能有一个 OD 调查点)组成。交通出行集的个数等于影响小区的个数。

②合成该小区的发生(吸引)交通量。把该小区对应的交通出行集内所有 OD 表的该小区交通发生(吸引)交通量进行累加。具体见式(6-14)。

$$V_{ij} = \sum_{k=1}^{n} v_{ijk} \qquad (6-14)$$

式中：V_{ij}——小区 i 与小区 j 间的交通发生(吸引)量；

　　　v_{ijk}——第 k 个调查点的小区 i 与小区 j 间的交通发生(吸引)量；

　　　n——交通出行集内的调查点个数。

(5)OD 调查结果分析

利用数据库对 OD 调查数据进行统计分析，可得到项目区域车辆汇总 OD 表、项目区域货运车辆(或货运量)OD 表、项目区域客运车辆(或旅客人数)OD 表。

为了更好地分析区域内现状交通构成的地域特点，可将现状 OD 量分成三类：起讫点均在直接影响区的为"区域内交通"；起讫点有一端在直接影响区的为"区域内外交通"；起讫点均在直接影响区外的为"过境交通"。根据汇总得到区域全路网基年机动车 OD 出行矩阵,以分析调查区域内"区域内交通"、"区域内外交通"、"过境交通"三者所占比例,由现状 OD 表可绘出基年交通量期望路线图。

此外,还可以得到反映交通流特性方面的数据:

①车辆构成。在通道内各线路上行驶的车辆中各车型比例。

②时间分布。调查线路上高峰小时交通量及高峰率。

③高峰时段重交通方向系数。区域内各 OD 点高峰小时重交通方向系数最高值、最低值和平均值,由此建立各 OD 点高峰时段重交通方向系数表。

④白昼比系数。调查数据汇总计算得到各调查点白天 16h(6:00 ~ 22:00)、12h 交通量系数。

⑤车辆行驶效率。调查客车、货车的空载率、超载率、实载率,计算各车型车辆行驶效率,货车平均吨位等。

三、区域综合运输分析

区域综合运输分析是交通量预测的重要基础,其分析的主要内容包括综合运输特点分析、综合运输结构分析、综合运输发展趋势分析、现状公路网交通运行质量分析、交通运输与社会经济弹性分析。

1. 综合运输特点分析

对运输特点的分析必须建立在拥有各种运输方式 OD 资料的基础上。公路运输 OD 资料可以通过前述的交通调查得到,铁路运输、水运运输 OD 资料可通过铁路、水运相关部门收集得到。

(1)综合运输概况

研究区域内各种运输方式线路的长度、线路密度、走向以及各种运输方式运输量、周转量、运输能力等特点。

(2)客运特点

包括各运输方式承担的客运特点及其发展趋势分析;各运输方式的交通区间构成(区域内交通、区域内外交通、过境交通)及其发展趋势分析;各运输方式平均运距、分工特点及其发展趋势分析。

(3)货运特点

各运输方式承担的货类特点、货类构成、平均运距、分货类不同运输方式最佳分界点里程分析,以及各种运输方式的分工特点及其发展趋势分析。

(4)运输工具的特点

研究区域内各种运输方式的运输车辆数量、车型构成、吨(座)位、技术性能、客货比例等。其目的是了解这些车辆是否能够满足不同性质的客货运需要,以及随经济发展,哪部分客货量将会增加,对哪些车辆有更高、更多要求。

(5)区域综合运输发展趋势分析

侧重分析对拟建项目建设必要性的影响,对交通量分流作用、对拟建项目的选线定位、桥位、互通的确定带来的影响。

通过对各种运输方式运输特点、运输量、周转量、运输能力等进行分析,以及根据各种运输方式发展规划,可以为确定客运和分货类货运的交通方式分担率、未来年度车型构成提供基础资料,为定性定量预测综合运量、对各种运输方式内部运量和不同方式之间转移运量进行定性分析做准备。

2.综合运输结构分析

综合运输结构分析一般从两个方面来进行。第一,分析拟建项目影响区综合交通运输方式的构成、各种运输方式占运输总量的比重及其变化情况,并分析发生变化的原因。第二,介绍拟建项目走廊内主要相关的各种交通运输线路状况,包括运输线路的走向、长度、等级,以及历史发展沿革等,在此基础上分析拟建项目走廊内综合交通运输方式的构成,各种运输方式运量占走廊运输总量的比重及其变化情况,并分析发生变化的原因。

3.区域公路网交通运行质量分析

拟建公路项目势必对其他公路造成影响,同样,也会受相关公路的影响,所以针对相关公路的技术现状、交通量现状以及路网适应程度方面的分析很有必要。

(1)技术现状

道路的技术状况包括道路等级、道路通行能力、设计车速、车道数量以及服务水平等。确定拟建道路的技术标准非常关键,同样,已有道路运行是否合理有效,其技术状况起着决定性的作用。主要分析如下内容:相关道路的通行能力是否与道路等级相符合、设计车速与实际车速的偏差、车道数量是否适应交通需求、服务水平状况、相关公路的技术现状对拟建项目的影响。

(2)交通量现状

分析相关公路的现状交通量及交通构成,比较道路设计交通量与实际交通量的偏差以及引起交通量偏差的原因,分析拟建项目的建成对其交通量引起的变化趋势是诱增还是转移。

(3)路网适应程度

主要分析路网拥堵率和拥堵程度、路网事故率,以及路段实际车速、实际交通量等。

4.交通运输与社会经济弹性分析

弹性可简单地理解为反应性或敏感性,它是衡量某一变量的变化所引起的另一相关变量的相对变化的指标。运输弹性这一概念在运输经济分析中常常用到,用以衡量运输变动对经济变动的反应程度,即:弹性系数 e = 运输变化的百分率/经济变化的百分率。

这里的运输变化可分为运量变化和周转量变化,根据研究目的可单独分析各种运输方式,也可以分析综合运输。经济变化可以采用不同的经济指标来反映,如国内生产总值 GDP、工农业生产总值、人均收入等。如果经济增长或下降,使运输量以同一百分率增加或减少,则运输弹性 $e=1$;如果运输量变动幅度大于经济变动幅度,即 $e>1$,就叫运输弹性大,或运输有弹性;反之,$e<1$,就叫运输弹性小,或运输缺乏弹性。

根据国外经验,在工业化发展初期,交通运输的弹性系数较大,e 接近于 1;然后下降,e 小于 1。公路客运与货运相比,不同时期的增长率也不一样,在经济发展初期,货物增长速度比客运快,即货运弹性高于客运弹性。但在经济发展过程中,随着国民收入的增加及人民生活水平的提高,人们对出行的需求会不断增大,公路客运量(周转量)的增长速度及增长持续时间比同期公路货运量(周转量)的增长来得快和长,所以在相当长的时间内,客运弹性系数将接近乃至大于 1,然后开始下降。在经济发展后期,货运弹性一般小于客运弹性。当然,弹性系数与地区发展和综合运输网络的供给状况相关,因而也会出现一定的波动。

四、交通生成预测

交通生成预测是交通需求四阶段预测中的第一阶段。小区交通出行总量(交通发生、吸引量)是经济社会发展对交通运输需求的具体反映。小区交通出行总量(交通发生、吸引量)是社会经济发展对交通运输需求的具体反映。发生、吸引交通量的预测,应以社会经济发展趋势为基本依据。常用的预测方法有增长率法、回归分析法、强度指标法、弹性系数法等。

1.增长率法

增长率法是通过研究小区人口和其他经济指标增长情况,来确定小区交通出行增长率的预测方法。具体模型见式(6-15)。

$$\begin{cases} T_i = F_i \cdot T_{oi} \\ F_i = k \cdot \dfrac{p_i}{p_{oi}} \cdot \dfrac{E_i}{E_{oi}} \end{cases} \tag{6-15}$$

式中:T_i——将来预测特征年 i 区交通发生量(吸引量);

$\quad T_{oi}$——基年 i 区交通发生量(吸引量);

$\quad F_i$——基年至该预测特征年交通出行量增长倍数;

$\quad p_{oi}$——i 区基年人口;

$\quad p_i$——预测特征年 i 区人口;

$\quad E_{oi}$——基年 i 区经济指标;

$\quad E_i$——预测特征年 i 区经济指标;

$\quad k$——调整系数。

2.回归分析法

回归分析法是对发生、吸引交通量与人口、经济、土地利用指标等进行相关分析,建立发生、吸引交通量模型,预测将来发生、吸引量的一种方法。常用的模型形式见式(6-16)。

$$Y = a_0 + a_1 x_1 + a_2 x_2 + \cdots + a_n x_n \tag{6-16}$$

式中:$\quad Y$——区域发生(吸引)量;

$\quad x_1 、\cdots 、x_n$——区域社会经济指标;

$\quad a_0 、\cdots 、a_n$——回归参数。

本模型适用于区域经济结构、布局差别不大,经济与交通资料收集比较齐全的地区。而当区域社会经济快速发展,比如小汽车迅速增加,经济结构迅速变化时,可采用如下指数模型,见式(6-17)。

$$Y = a_0 \cdot x_1^{a_1} \cdot x_2^{a_2} \cdots x_n^{a_n} \tag{6-17}$$

式中符号意义同上式。

3.强度指标法

强度指标法(又叫生产率法、原单位系数修正法)是通过研究单位社会经济指标产生的小区交通出行量,预测将来发生、吸引量的一种方法。常用的强度指标有:人均交通出行量;单位经济指标(如国民生产总值等)交通出行量;单位运输工具交通出行量;各类土地单位面积交通出行量。

强度指标法模型见式(6-18)。

$$T_i = \frac{T_{oi}}{E_{oi}} \cdot E_i \cdot d \tag{6-18}$$

式中：T_i——将来预测特征年 i 区交通出行量；

T_{oi}——基年 i 区交通出行量；

E_{oi}——基年 i 区经济社会指标；

E_i——预测特征年 i 区经济社会指标；

d——交通出行强度指标修正系数。

4.弹性系数法

弹性系数法是通过变量之间变化率的关系来预测未来的变化。以公路客运量弹性系数预测为例，公路客运量与国民经济的发展有着密切的关系，国民经济发展速度快，公路客运量增长速度一般也快。这两种增长率之间的比例关系，可用公路客运量弹性系数 e 表示，见式(6-19)。

$$e = \frac{I_R}{I_E} \tag{6-19}$$

式中：e——公路客运量弹性系数；

I_R——公路客运量增长率；

I_E——国民经济增长率。

因此，只要确定了未来国民经济增长速度和公路客运量弹性系数，就可以得到未来预测特征年的公路客运量增长率，进而在预测基年的基础上计算得到未来预测年份的公路客运量。

🌐 五、交通方式分担预测

对于公路建设项目可行性研究，交通方式分担预测包含两部分内容。第一项内容是公路运输与铁路、航空、水运等运输方式之间的分担量预测；第二项内容是公路客、货运输中不同车型结构比例的预测。第二项分担量预测内容目前没有很好的适用模型，只能根据现状 OD 调查资料或交通量调查资料，综合地区未来机动车、非机动车保有量的发展预测近似地计算。

1.区域交通方式分担预测法

所需资料：①基年、预测年地区各节点间公路、铁路、水运等运费和运输时间；②基年地区公路、铁路、水运等运输方式客货运量 OD 分布表。

根据基年的公路、铁路、水运等运输方式客货运量 OD 分布表及运费、运输时间表，建立分担率预测模型，并进行标定、检验。通常采用如下，形式见式(6-20)。

$$\begin{cases} P_{ijk} = \dfrac{e^{-M_k}}{\sum\limits_{k=1}^{n} e^{-M_k}} \\ M_k = T_k + C_k \end{cases} \tag{6-20}$$

式中：P_{ijk}——第 i 小区到第 j 小区第 k 种运输方式客流或货流的分担率；

M_k——第 k 种运输方式的广义费用；

T_k——第 k 种运输方式的时间代价；

C_k——第 k 种运输方式的运行费用(以门到门计算)；

　　n ——区域拥有运输方式类型数。

　　根据上述方式分担模型,考虑未来地区各种方式的建设水平和运能变化,预测将来各小区间公路客货运分担率和分担量,见式(6-21)。

$$X_{ijk} = T_{ij} \times P_{ijk} \tag{6-21}$$

式中: X_{ijk} ——第 i 小区到第 j 小区第 k 种运输方式客运或货运量;

　　　　T_{ij} ——第 i 小区到第 j 小区全方式客运或货运量。

　　交通方式分担还可根据车辆效率法来计算,采用各小区之间载客(货)汽车保有量、平均工作率、平均实载率、平均车日行程、平均周转量、平均运距等指标。

　　2.车型结构比例预测及交通量折算

　　目前,对于车型结构比例的预测尚没有非常成熟的模型。经过大量公路建设可行性研究实践发现,通过对公路建设项目所在区域路网历年交通量的客货运车型组成的分析,发现车型比例的变化与项目影响区的 GDP 有着良好的相关关系,因此基于区域路网交通量的历年平均车型比例及历年 GDP 值,建立预测模型,见式(6-22)。

$$Y = \alpha X^{\beta} \tag{6-22}$$

式中: Y ——客货运分车型的比例;

　　　 X ——公路建设项目影响区 GDP 值;

　　α、β ——回归系数。

　　在上述模型的基础上,结合地区未来社会经济发展预测、机动车及非机动车拥有量的发展预测,以及项目影响区的实际情况,经反复论证,并请有经验的专家讨论最终确定未来特征年客货运车型结构比例。结合现状调查中得到的客货车平均座(吨)位、平均实载率等资料,可将客货运分车型的交通量折算成标准车(pcu)。

🌐 六、交通量分布预测

　　交通量分布预测是根据已预测的交通分区发生、吸引交通量及公路交通分担量推算各小区间交通出行分布的过程,即确定 OD 矩阵。通常交通量分布预测采用的方法有增长系数法、重力模型法、插入机会法、熵模型法等,其中最常用的是增长系数法和重力模型法。增长系数法包括均衡增长系数法、平均增长系数法、Detroit 法、Furness 法、Fratar 法等;而重力模型法则包括无约束重力模型、单约束重力模型、双约束重力模型等。

　　1.增长系数法

　　增长系数法,假设将来与现状小区划分一致,在现状分布交通量给定的情况下,预测将来的分布交通量。其特点是预测的 OD 分布量只与现状 OD 分布量、将来发生、吸引量有关,与起点、讫点之间的交通阻抗无关,要求有完整的基年 OD 表。当公路建设项目影响区的土地使用、交通源布局等有较大变化时,不宜采用增长系数法。

　　增长系数法的算法步骤如下:

　　①令计算次数 $k = 0$。

　　②给定 OD 表中现状基年值 $q_{ij}^{(k)}$、$g_i^{(k)}$、$a_j^{(k)}$、$T^{(k)}$ 及将来特征年发生量 G_i、吸引量 A_j 和生成量 X。

　　③求出各小区的发生与吸引交通量的增长率 $\alpha_i^{(k)}$、$\beta_j^{(k)}$,即

$$\alpha_i^{(k)} = \frac{G_i}{g_i^{(k)}}$$

$$\beta_i^{(k)} = \frac{A_j}{a_j^{(k)}}$$

④求第 $k + 1$ 次分布交通量的近似值 $q_{ij}^{(k+1)}$，即

$$q_{ij}^{(k+1)} = q_{ij}^{(k)} \cdot f(\alpha_i^{(k)}, \beta_j^{(k)})$$

⑤收敛判别：

$$g_i^{(k+1)} = \sum_j q_{ij}^{(k+1)}, a_j^{(k+1)} = \sum_i q_{ij}^{(k+1)}$$

$$1 - \varepsilon < \alpha_i^{(k+1)} = \frac{G_i}{g_i^{(k+1)}} < 1 + \varepsilon \tag{6-23}$$

$$1 - \varepsilon < \beta_j^{(k+1)} = \frac{A_j}{a_j^{(k+1)}} < 1 + \varepsilon \tag{6-24}$$

式中：g_i、G_i——分别为基年和将来特征年 OD 表中的发生交通量；

a_j、A_j——分别为基年和将来特征年 OD 表中的吸引交通量；

T、X——将来 OD 表中的生成交通量；

$\alpha_i^{(k+1)}$——i 小区的第 $k + 1$ 次计算发生增长系数；

$\beta_j^{(k+1)}$——j 小区的第 $k + 1$ 次计算吸引增长系数；

ε——任意给定的误差常数。

若式(6-23)和式(6-24)满足要求，则停止迭代；否则，令 $k = k + 1$，返回②继续迭代。

根据函数 $f(\alpha_i^{(k)}, \beta_j^{(k)})$ 的种类不同，增长系数法可以分为均衡增长系数法、平均增长系数法、Detroit 法、Furness 法和 Fratar 法，具体见式(6-25)~式(6-29)。

(1)均衡增长系数法

$$\begin{cases} f(\alpha_i^{(k)}, \beta_j^{(k)}) = \alpha_i^{(k)} \text{ 或 } f(\alpha_i^{(k)}, \beta_j^{(k)}) = \beta_j^{(k)} \\ q_{ij}^{(k+1)} = q_{ij}^{(k)} \cdot \alpha_i^{(k)} \text{ 或 } q_{ij}^{(k+1)} = q_{ij}^{(k)} \cdot \beta_j^{(k)} \end{cases} \tag{6-25}$$

(2)平均增长系数法

$$q_{ij}^{(k+1)} = \frac{\alpha_i^{(k)} + \beta_j^{(k)}}{2} q_{ij}^{(k)} \quad (k = 0, 1, 2, \cdots, n) \tag{6-26}$$

(3)Detroit 法

$$q_{ij}^{(k+1)} = \frac{\alpha_i^{(k)} \times \beta_j^{(k)}}{F^{(k)}} q_{ij}^{(k)} \quad (k = 0, 1, 2, \cdots, n) \tag{6-27}$$

式中：$F^{(k)}$——项目影响区交通生成总量的增长率，其计算公式为

$$F^{(k)} = \frac{X}{T^{(k)}} = \frac{\sum_i G_i}{\sum_i \sum_j q_{ij}^{(k)}} \text{ 或者 } F^{(k)} = \frac{X}{T^{(k)}} = \frac{\sum_j A_j}{\sum_i \sum_j q_{ij}^{(k)}}$$

(4)Furness 法

Furness 模型最重要的一点就是多次迭代，使得分布结果更为精确。

$$\begin{cases} q_{ij1}^{(k+1)} = q_{ij}^{(k)} \cdot \alpha_i^{(k)} \quad (j = 1, 2, \cdots, n) \\ q_{ij2}^{(k+1)} = q_{ij1}^{(k+1)} \cdot \beta_j^{(k+1)} \quad (i = 1, 2, \cdots, n) \\ \beta_j^{(k+1)} = \frac{a_j}{\sum_i q_{ij1}^{(k+1)}} \end{cases} \tag{6-28}$$

（5）Fratar 法

假设 i、j 小区间分布交通量 q_{ij} 的增长系数不仅与 i 小区的发生增长系数和 j 小区的吸引增长系数有关，还与整个项目区域的其他交通小区的增长系数有关。Fratar 法收敛速度快，迭代次数较少，应用较为广泛，其具体模型为

$$
\begin{cases}
L_{ij(i)}^{(k)} = \dfrac{\sum\limits_{j} q_{ij}^{(k)}}{\sum\limits_{j} q_{ij}^{(k)} \cdot \beta_{j}^{(k)}} \\[4mm]
L_{ij(j)}^{(k)} = \dfrac{\sum\limits_{i} q_{ij}^{(k)}}{\sum\limits_{i} q_{ij}^{(k)} \cdot \alpha_{i}^{(k)}} \\[4mm]
q_{ij}^{(k+1)} = q_{ij}^{(k)} \cdot \alpha_{i}^{(k)} \cdot \beta_{j}^{(k)} \cdot \dfrac{L_{ij(i)}^{(k)} + L_{ij(j)}^{(k)}}{2}
\end{cases}
\tag{6-29}
$$

【例6-2】 如有下列的 OD 表，试用 Fratar 法进行分布预测。

O＼D	1	2	3	g	α
1	0	10	20	30	2
2	10	0	15	25	3
3	20	15	0	35	1
α	30	25	35		
β	2	3	1		

【解】 （1）求 $\alpha_i^{(0)}$ 和 $\beta_j^{(0)}$

$$\alpha_1^{(0)} = 2, \alpha_2^{(0)} = 3, \alpha_3^{(0)} = 1, \beta_1^{(0)} = 2, \beta_2^{(0)} = 3, \beta_3^{(0)} = 1$$

（2）求 $L_{gi}^{(0)}$ 和 $L_{aj}^{(0)}$

$$L_{gi}^{(0)} = \frac{\sum\limits_{j} q_{1j}^{(0)}}{\sum\limits_{j} q_{1j}^{(0)} \cdot \beta_j^{(0)}} = \frac{30}{0 \times 2 + 10 \times 3 + 20 \times 1} = 0.6$$

$$L_{g2}^{(0)} = \frac{\sum\limits_{j} q_{2j}^{(0)}}{\sum\limits_{j} q_{2j}^{(0)} \cdot \beta_j^{(0)}} = \frac{25}{10 \times 2 + 0 \times 3 + 15 \times 1} = 0.714$$

$$L_{g3}^{(0)} = \frac{\sum\limits_{j} q_{3j}^{(0)}}{\sum\limits_{j} q_{3j}^{(0)} \cdot \beta_j^{(0)}} = \frac{35}{20 \times 2 + 15 \times 3 + 0 \times 1} = 0.412$$

$$L_{a1}^{(0)} = \frac{\sum\limits_{i} q_{i1}^{(0)}}{\sum\limits_{i} q_{i1}^{(0)} \cdot \alpha_i^{(0)}} = \frac{30}{0 \times 2 + 10 \times 3 + 20 \times 1} = 0.6$$

$$L_{a2}^{(0)} = \frac{\sum\limits_{i} q_{i2}^{(0)}}{\sum\limits_{i} q_{i2}^{(0)} \cdot \alpha_i^{(0)}} = \frac{25}{10 \times 2 + 0 \times 3 + 15 \times 1} = 0.714$$

$$L_{a3}^{(0)} = \frac{\sum\limits_{i} q_{i3}^{(0)}}{\sum\limits_{i} q_{i3}^{(0)} \cdot \alpha_i^{(0)}} = \frac{35}{20 \times 2 + 15 \times 3 + 0 \times 1} = 0.412$$

（3）求 $q_{ij}^{(1)}$

$$q_{11}^{(1)} = q_{11}^{(0)} \cdot \alpha_1^{(0)} \cdot \beta_1^{(0)} \cdot (L_{g1}^{(0)} + L_{a1}^{(0)})/2 = 0 \times 2 \times 2 \times (0.6 + 0.6)/2 = 0$$

$$q_{12}^{(1)} = q_{12}^{(0)} \cdot \alpha_1^{(0)} \cdot \beta_2^{(0)} \cdot (L_{g1}^{(0)} + L_{a2}^{(0)})/2 = 10 \times 2 \times 3 \times (0.6 + 0.714)/2 = 39.43$$

$$q_{13}^{(1)} = q_{13}^{(0)} \cdot \alpha_1^{(0)} \cdot \beta_3^{(0)} \cdot (L_{g1}^{(0)} + L_{a3}^{(0)})/2 = 20 \times 2 \times 1 \times (0.6 + 0.412)/2 = 20.24$$

$$\cdots$$

$$q_{31}^{(1)} = q_{31}^{(0)} \cdot \alpha_3^{(0)} \cdot \beta_1^{(0)} \cdot (L_{g3}^{(0)} + L_{a1}^{(0)})/2 = 20 \times 1 \times 2 \times (0.412 + 0.6)/2 = 20.24$$

$$q_{32}^{(1)} = q_{32}^{(0)} \cdot \alpha_3^{(0)} \cdot \beta_2^{(0)} \cdot (L_{g3}^{(0)} + L_{a2}^{(0)})/2 = 15 \times 1 \times 3 \times (0.412 + 0.714)/2 = 25.34$$

$$q_{33}^{(1)} = q_{33}^{(0)} \cdot \alpha_3^{(0)} \cdot \beta_3^{(0)} \cdot (L_{g3}^{(0)} + L_{a3}^{(0)})/2 = 0 \times 1 \times 1 \times (0.412 + 0.412)/2 = 0$$

经过一次迭代之后的交通分布量为:

O\D	1	2	3	g	G
1	0	39.43	20.24	59.67	60
2	39.43	0	25.33	64.76	75
3	20.24	25.33	0	45.58	35
a	59.67	64.76	45.58	170	
A	60	75	35		170

(4)重新计算 $\alpha_i^{(1)}$ 和 $\beta_j^{(1)}$

$$\alpha_1^{(1)} = G_1/g_1^{(1)} = 30 \times 2/59.67 = 1.006$$
$$\alpha_2^{(1)} = G_2/g_2^{(1)} = 25 \times 3/64.76 = 1.158$$
$$\alpha_3^{(1)} = G_3/g_3^{(1)} = 35 \times 1/45.58 = 0.768$$
$$\beta_1^{(1)} = A_1/a_1^{(1)} = 30 \times 2/59.67 = 1.006$$
$$\beta_2^{(1)} = A_2/a_2^{(1)} = 25 \times 3/64.76 = 1.158$$
$$\beta_2^{(1)} = A_3/a_3^{(1)} = 35 \times 1/45.58 = 0.768$$

(5)收敛判断

由于 $\beta_j^{(1)}$ 的误差超过了 5%,因此需要继续迭代计算。最终第 35 次迭代收敛。

2. 重力模型法

重力模型法是利用区域经济活动质量和交通出行阻抗情况预测将来交通出行分布的一种方法。前提假设: i 区到 j 区的分布量 q_{ij} 与 i 区的发生交通量 G_i 和 j 区的吸引交通量 A_j 的乘积成正比,与 i 区到 j 区之间的阻抗 R_{ij} 成反比。根据对约束条件的满足情况,重力模型可以分为以下几类:

(1)无约束重力模型

计算式见式(6-30)。

$$q_{ij} = kG_i^\alpha A_j^\beta f(R_{ij}) \qquad (6\text{-}30)$$

式中: q_{ij} ——交通小区 i 到交通小区 j 的交通分布量;

$\quad G_i$ ——交通小区 i 的交通产生量;

$\quad A_j$ ——交通小区 j 的交通吸引量;

$f(R_{ij})$ ——交通小区 i 到交通小区 j 的阻抗函数;

k、α、β ——待定参数。

常见的交通阻抗函数有以下几种形式,具体见式(6-31)~式(6-33)。

幂函数

$$f(R_{ij}) = R_{ij}^{-\gamma} \tag{6-31}$$

指数函数

$$f(R_{ij}) = e^{-\delta \cdot R_{ij}} \tag{6-32}$$

组合函数

$$f(Rc_{ij}) = R_{ij}^{\gamma} \cdot e^{-\delta \cdot R_{ij}} \tag{6-33}$$

此模型是早期的重力模型,模型本身不满足约束条件 $\sum_j q_{ij} = G_i$、$\sum_i q_{ij} = A_j$ 中的任意一个,因此称为无约束重力模型。待定参数 k、α、β 可根据现状 OD 调查资料用最小二乘法进行模型标定。根据众多经验,α、β 可取为:$\alpha = \beta$;$\alpha = \beta = 1$;$\alpha = \beta = 0.5$。

无约束重力模型的预测步骤是将未来的 G_i、A_j、R_{ij} 代入公式求出 q_{ij},根据 q_{ij} 再分别求发生量和吸引量,其结果不能和给定的未来 G_i、A_j 一致时,需要用增长率法进行收敛计算。若用平均增长率法进行迭代计算时,其公式为

$$q'_{ij} = q_{ij} \times \frac{1}{2} \left(\frac{G_i}{\sum_j q_{ij}} + \frac{A_j}{\sum_i q_{ij}} \right)$$

前一轮计算的 q'_{ij} 代替 q_{ij} 用上式反复计算,直到 $G_i / \sum_j q_{ij}$ 和 $A_j / \sum_i q_{ij}$ 接近于 1,此时的 q'_{ij} 即为预测的交通分布量。

(2)单约束重力模型

单约束重力模型分为两类:乌尔希斯重力模型(Voorhees 模型)和美国公路局重力模型(BPR 模型)。

①Voorhees 模型。

$$q_{ij} = \frac{f(R_{ij})}{\sum_j A_j f(R_{ij})} G_i A_j \tag{6-34}$$

式中符号意义同前。

以 $f(R_{ij}) = R_{ij}^{-\gamma}$ 为例进行模型参数标定,待定系数 γ 一般采用试算法来标定,选择某一控制指标,通过用模型重新计算分布量后求得的指标值与实际调查获得的指标值进行误差比较确定。其计算过程是:先假定一个 γ 值,利用现状 OD 统计资料所得的 G_i、A_j、R_{ij} 代入上式进行计算,所得到的计算交通分布称为 GM 分布,GM 分布的平均行程时间采用式(6-35)计算。

$$\bar{t} = \frac{\sum_i \sum_j q_{ij} R_{ij}}{\sum_i \sum_j q_{ij}} \tag{6-35}$$

GM 分布与现状分布的每次运行的平均行程时间之间的相对误差为 $\frac{|\bar{t} - \bar{t}'|}{\bar{t}'}$,相对误差超过某一限定值(通常取 3%)时,应调整 γ 值,进行下一轮计算。调整方法为:若 GM 分布的 $\bar{t}$ 大于现状分布的 $\bar{t}'$,可增大 γ,反之则减小 γ。

②BPR 模型。

$$q_{ij} = \frac{f(R_{ij}) k_{ij}}{\sum_j A_j f(R_{ij}) k_{ij}} G_i A_j \tag{6-36}$$

$$k_{ij} = \gamma_{ij} \frac{1 - Y_{ij}}{1 - Y_{ij} \gamma_{ij}}$$

式中：k_{ij}——交通调整参数；

γ_{ij}——i 小区到 j 小区的现状实际分布交通量与计算分布交通量之比；

Y_{ij}——i 小区到 j 小区的现状实际分布交通量与 i 小区的出行发生量之比。

此模型与 Voorhees 模型相比，引进了交通调整系数 k_{ij}。计算时，用与 Voorhees 模型相同的方法试算出待定系数 γ，并用模型计算 q_{ij}，最后计算 k_{ij}。

Voorhees 模型和 BPR 模型均满足出行约束条件，即 $\sum_j q_{ij} = G_i$，所以称为单约束模型。用上述两种重力模型进行交通分布预测时，将未来交通阻抗、发生量、吸引量代入模型即可计算初始分布量，常采用增长率法进行收敛计算。

（3）双约束重力模型

$$q_{ij} = a_i b_j G_i A_j f(R_{ij}) \tag{6-37a}$$

$$a_i = \left[\sum_j b_j A_j f(R_{ij}) \right]^{-1} \tag{6-37b}$$

$$b_j = \left[\sum_i a_i G_i f(R_{ij}) \right]^{-1} \tag{6-37c}$$

该模型满足边界约束条件 $\sum_j q_{ij} = G_i$，$\sum_i q_{ij} = A_j$；模型标定方法：以 $f(R_{ij}) = R_{ij}^{-\gamma}$ 为例进行模型参数 γ 的标定。首先给 γ 赋一初值，令 $b_j = 1$，用式（6-37b）计算 a_i；将求出的 a_i 代入式（6-37c）计算 b_j；如此反复，直到 $a_i^{N+1} \approx a_i^N$，$b_j^{N+1} \approx b_j^N$。然后将求得的 a_i 和 b_j 代入式（6-37a）计算 q_{ij}，接下来与 Voorhees 模型一样标定。

七、诱增及转移交通量预测

1.诱增交通量预测

诱增交通量是指由于建设项目的实施而新产生的交通量，主要是由于拟建项目的引入，改善了项目影响区的交通条件，诱发了原来潜在的交通量。诱发的潜在交通量表现在两个方面：其一是公路项目完成后带动影响区机动车数量的迅速增长；其二是拟建项目完成后增加了出行的方便性，减少了出行时间，从而使车辆的年平均出行次减少。由于道路的新建或改建，特别是高等级公路的建设，使项目影响区经济结构、产业布局发生变化，引起新的产业布局和开发项目，项目影响区经济将比正常更快的速度发展，产生的这种额外交通量也是诱增交通量的一部分。

一般来说，诱增交通量在项目建成初期增长较快，但一段时间后随其他交通设施的建设完成而趋于稳定。世界银行的经验表明，诱增比率一般在 10% 左右。诱增交通量的预测，通常采用基于行程时间的无约束重力模型推算，主要考虑各交通小区间的运行时间为阻抗，按照"有无对比法"原则，按现状区间交通出行量为零和不为零两种情况分别计算。

（1）现状区间交通出行量不为零

现状区间交通出行量不为零时，诱增交通量的预测采用式（6-38）形式。

$$Q'_{ij} = Q_{ij} \cdot \left[\left(\frac{D_{ij}}{D'_{ij}} \right)^{\gamma} - 1 \right] \tag{6-38}$$

式中：Q'_{ij}——交通区 i 到交通区 j 的诱增交通量；

Q_{ij}——交通区 i 到交通区 j 的趋势型交通量；

D_{ij}——无此项目时，交通区 i 到交通区 j 的出行时间；

D'_{ij}——有此项目时，交通区 i 到交通区 j 的出行时间；

γ ——重力模型参数。

（2）现状区间交通出行量为零

现状区间交通出行量为零时，诱增交通量的预测采用式（6-39）形式。

$$Q'_{ij} = K \cdot P_i^{\alpha} \cdot A_j^{\beta} \cdot \left[\left(\frac{1}{D'_{ij}} \right)^{\gamma} - \left(\frac{1}{D_{ij}} \right)^{\gamma} \right] \tag{6-39}$$

式中：　P_i ——i 区发生交通量；

　　　　A_j ——j 区吸引交通量；

K、α、β、γ ——重力模型参数。

其他符号意义同前。

上述公式中的重力模型参数应根据现状调查的 OD 出行矩阵和时间出行矩阵，通过回归分析标定得到。

2. 转移交通量预测

转移交通量是指拟建公路建成后，当存在其他交通方式并行的线路时，公路状况的改善必将从其他交通方式（包括铁路、水路、民航等）中吸引一部分交通量，称为转移交通量。

转移交通量是通过深入分析各种运输方式现状（包括运输设施、运输能力、运输量等）、未来发展规划（包括新增的运输能力、运输量预测等）、客货流特征（包括旅客运距构成、出行目的、旅途时间、票价、货物运输品种、运距及运费等），根据交通运输产业政策，采用定性与定量相结合的方法进行预测。具体货类及区间旅客出行的分流率可按式（6-40）计算。

$$\begin{cases} P_{ijk} = \dfrac{\mathrm{e}^{-M_k}}{\sum\limits_{k=1}^{n} \mathrm{e}^{-M_k}} \\ M_k = T_k + C_k \end{cases} \tag{6-40}$$

式中：P_{ijk} ——第 k 种运输方式的分流率；

　　　M_k ——第 k 种运输方式的广义费用；

　　　T_k ——第 k 种运输方式的时间代价；

　　　C_k ——第 k 种运输方式的运行费用（以门到门计算）；

　　　n ——区域内拥有运输方式类型数。

目前内河和沿海旅客运量较小，其中相当一部分是沿途游览，且水路旅客一般对时间要求相对不高，综合分析考虑水运旅客的特性，一般不考虑向公路发生转移，即使转移也数量较小，可忽略，因此在公路可行性研究中大多认为水运旅客不发生转移。根据我国公路和铁路的运输特点，确定一个适当的客运转移率较难，一般考虑短途客运的分流，考虑的因素有运输费用、运输时间、舒适性、方便性等。具有快捷、安全、舒适等特点的高速铁路的发展使得相当一部分客流转向铁路客运方式。

水运、铁路货运的转移，通过调查，一般采用定性分析的方法。只要其运距在公路经济运距之内（一般货物 100～150km，鲜活易腐货物 600～700km），就可以考虑部分转移或全部转移，转移的数量也与铁路的运输能力有关。

🌐 八、交通分配预测

交通量分配是利用公路网上的路线阻抗，把小区间的分布交通量分配到具体路线上的过程,从而得到公路建设项目未来特征年的交通量。此处的交通分布量是指将预测得到的项目影响区未来特征年趋势 OD 矩阵、诱增 OD 矩阵、转移 OD 矩阵合并而得到的未来特征年总 OD 分布矩阵。

根据分配原则是否满足 Wardrop 第一、第二原理,可以将交通分配模型分为两大类:非均衡分配模型和均衡分配模型。均衡分配模型一般都可归结为一个维数很大的凸规划问题或非线性问题,这类模型结构严谨,但计算很复杂,求解比较困难,在实际工程中难以应用。相比之下,非均衡分配模型结构简单,计算简便,因此在实际工程中得到了广泛的应用。常用的非均衡模型主要有最短路(全有全无)分配法、容量限制分配法、多路径分配法、容量限制—多路径分配法。

公路网上的路线阻抗一般采用时间距离或广义运行费用等路网参数来度量。在进行交通分配前应对分配模型进行检验,分配模型的检验包括路网描述参数的检验和路线阻抗模型的检验。检验时可将基年 OD 出行矩阵分配到基年路网上,比较分配结果和实际调查结果的差距,通过不断修正路网参数以及路线阻抗模型使两者基本吻合。

1.最短路分配法

最短路交通分配是一种静态分配,又叫全有全无分配。在该分配方法中,取路权(两交叉口间的出行时间)为常数,即假设车辆的路段行驶车速、交叉口延误不受路段、交叉口交通负荷的影响。每一 OD 点对应的 OD 量被全部分配在连接该 OD 点对的最短线路上,其他道路上分配不到交通量。

各 OD 对间的最短路线可用寻找最短路的各种算法来确定,如标号法、矩阵迭代法。最短路法简单,但离实际情况较远,没有考虑路段通行能力的限制,仅适用于各路线阻抗相差较大或单个路线的情况。

2.容量限制分配法

容量限制分配是一种动态的交通分配方法,它考虑了交叉口、路段的通行能力限制,比较符合实际情况。该方法先将 OD 表中的每一个 OD 量分解成 N 部分,即将原 OD 表分解成 N 个 OD 表,然后分 N 次用最短路分配模型分配 OD 量,每次分配一个 OD 分表,并且每分配一次,路权修正一次,路权采用路阻函数修正,直到把 N 个 OD 分表全部分配到网络上。分配步骤如下:

(1)初始化。将每组 OD 交通量平分成 N 等份,即使 $q_{rs}^n = \dfrac{q_{rs}}{N}$。同时令 $x_a^0 = 0, n = 1, \forall a$。

(2)更新路段行驶时间。$t_a^n = t_a \setminus x_a^{n-1}, \forall a$。

(3)增量分配。按(2)计算出的路段时间 t_a^n,用最短路分配法将 $q_{rs}^n = q_{rs}/N$ 分配到网络中去,得到一组附加交通流量 $\{F_a^n\}$。

(4)累加交通流量。即 $x_a^n = x_a^{n-1} + F_a^n, \forall a$。

(5)判断终止条件。如果 $n = N$,停止计算,当前路段流量即是最终分配结果;如果 $n < N$,令 $n = n + 1$,返回(2)。

容量限制分配方法简单,精度可以根据 N 的大小来调节,因而在实际中被采用。当 $N = 1$ 时为最短路分配;当 $N \to \infty$ 时,趋向均衡分配。但该方法仍然是近似算法,有时会将过多的流量分配到容量小的路段。

3. 多路径分配法

由出行者的路径选择特性可知,出行者总是希望选择最短、最快、最方便的路线出行,可称之为最短路因素;但由于交通网络的复杂性及交通状况的随机性,出行者在选择出行路线时往往带有不确定性,可称之为随机因素。多路径概率交通分配考虑最短路、随机两因素,其分配步骤与最短路径分配法完全一样;所不同的是每一次分配时,需要根据路线阻抗,寻求 i 区到 j 区包括最短路径与次短路径在内的若干路径,然后按照一定概率把分布交通量分配在这些路线上。各出行线路被选用的概率可用 Logit 路径选择模型计算,见式(6-41)。

$$P(r,s,k) = \frac{\exp\left[\dfrac{-\theta \cdot t(k)}{\bar{t}}\right]}{\sum\limits_{i=1}^{m}\exp\left[\dfrac{-\theta \cdot t(i)}{\bar{t}}\right]} \tag{6-41}$$

式中: $P(r,s,k)$ ——OD 量 $T(r,s)$ 在第 k 条出行路线上的分配率;

　　　　$t(k)$ ——第 k 条出行线路的路权(出行时间或费用);

　　　　$\bar{t}$ ——各出行路线的平均路权;

　　　　θ ——分配参数,取 $3.00 \sim 3.50$;

　　　　m ——有效出行线路条数。

该方法引进了有效路段和有效路径两个概念,有效路段 $[i,j]$ 为路段终点 j 比路段起点 i 更靠近出行终点 s 的路段。有效出行线路是由有效路段组成线路。运用本模型时,首先必须确定每一OD点对 (r,s) 的有效路段及有效出行线路。每一 OD 点对的出行量只在它相应的有效出行路线上进行分配。

4. 容量限制—多路径分配

在多路径分配模型中,认为路段行驶时间为一常数,这与实际的交通情况有一定的出入。容量限制—多路径分配模型中考虑了路权与交通负荷之间的关系及交叉口、路段通行能力的限制,使分配结果更加合理。与容量限制交通分配方法类似,采用容量限制—多路径分配出行量时,需先将原OD量分解成 N 个 OD 分表,然后分 N 次采用多路径分配模型分配 OD 量,每次分配一个 OD 分表,并且每次分配一次路权修正一次,直到把 N 个 OD 分表全部分配到网络上。

第三节 ▷ 远景交通量预测案例

以某项目交通量预测为例,项目组首先根据区域路网现状制订了区域交通调查(包括 OD 调查)实施计划,做了社会经济、交通运输、路网现状等方面调查的前期准备工作,对相关路段进行了公路交通 OD 调查,以此推算项目基年交通量OD,采用"四阶段法"预测项目的远景交通量。

本项目结合实际情况将项目沿线直接区域划分至乡镇级,将其他区域划分至县级及县级以上行政区,共划分了 24 个小区,同时为了从宏观上掌握区域交通流特征,便于大路网交通流分配,将 OD 小区合并为 8 个 OD 大区域,具体划分见图 6-2,OD 调查点位置设置见图 6-3,OD 调查车型划分及各车型折算系数见表 6-6。

OD 调查车型划分及各车型折算系数表　　　　表 6-6

汽车代表车型	车辆折算系数	说　明
一类车	1.0	≤12 座小客车,≤2t 小货车
二类车	1.5	13~19 座客车,2~5t 货车
三类车	2.0	20~49 座客车,5~11t 货车
四类车	2.5	≥50 座客车,11~18t 货车
五类车	3.0	18~25t 货车
六类车	3.5	25t 以上货车

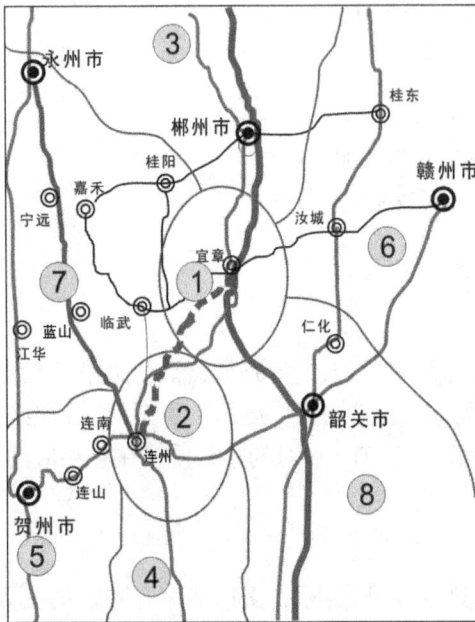

图 6-2　OD 大区域划分示意图

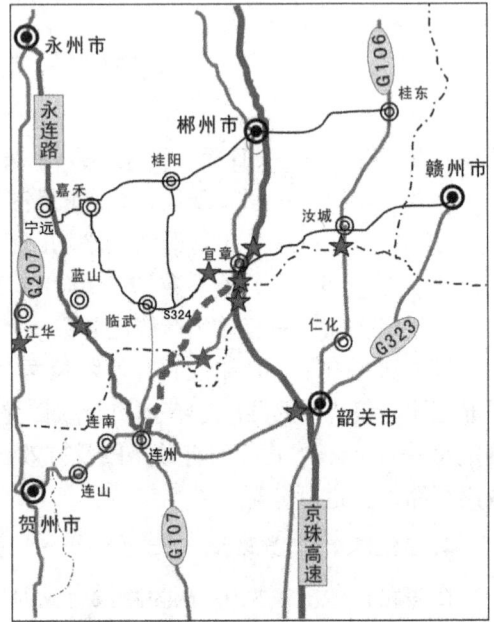

图 6-3　OD 调查点布设图

一、小区发生与吸引交通总量预测

交通量预测基年定为 2008 年,预测特征年确定为 2009 年、2010 年、2015 年、2020 年、2025 年、2028 年。

本项目道路连通了京珠高速公路和二广高速公路两大南北交通命脉,起到从京珠向二广分流的作用,其远景交通量将有相当一部分是南北向的长途运输车辆。同时,本项目还与湖南省、广东省,以及京珠、二广南北通道沿线的广大区域的国民经济发展息息相关。通过分析研究区域内交通量调查资料与其经济发展之间的相关关系,并实地走访和调查交通管理和有关部门,最后确定本项目交通量对国民经济的基础弹性系数,未来 OD 小区交通增长率则根据弹性系数法进行预测计算。表 6-7 所示为特征年 2028 年的发生与吸引交通总量预测结果。

特征年 2028 年小区发生与吸引交通总量预测结果表(单位:pcu/d)　　表 6-7

小区编号	发生量	到达量	小区编号	发生量	到达量
1	3758	3751	13	13884	13633
2	4349	3973	14	5001	5048

续上表

小区编号	发生量	到达量	小区编号	发生量	到达量
3	1111	1021	15	2708	2735
4	1305	1563	16	1958	1990
5	2664	2404	17	3535	4458
6	2558	2524	18	2611	3338
7	1870	1976	19	4578	4598
8	6571	6374	20	17818	17769
9	1191	1178	21	18682	18706
10	58031	58470	22	24416	24324
11	706	446	23	9897	9650
12	18121	17572	24	32169	31988

二、交通量分布预测

1. 趋势型交通量分布预测

本项目分布预测分别利用 Furness 模型和 Fratar 模型,然后进行模型组合,取两模型的均值结果得出最终分布预测的结果。表 6-9 所示为特征年 2028 年的 OD 预测结果。

2. 诱增型交通量分布预测

本项目以经济相关诱增模型计算的诱增比率为基础,综合 Delphi 法确定本项目的诱增交通量诱增比率,具体见表 6-8。表 6-10 所示为特征年 2028 年诱增 OD 表。

诱增交通量诱增率表　　　　　　　　　　　　　　表 6-8

期限		2009—2010	2011—2015	2016—2020	2021—2025	2026—2028
诱增比例 (%)	客车	10.31	9.24	7.35	5.43	4.08
	货车	9.24	8.75	6.43	4.31	3.02

3. 其他交通方式转移交通量预测

（1）铁路转移交通量分析

项目影响区域南北通道内主要有三条铁路通道:京广铁路、武广客运专线、洛湛铁路。京广铁路与京珠高速公路走向基本一致,目前,两者之间已经形成了比较稳定的运输格局。武广客运专线是京广客运专线的一部分,京广客运专线是我国规划的"四纵四横"快速客运网中的南北主骨架。武广客运专线建成后主要是分流京广铁路的流量,从总体上来看对京珠高速的分流影响不是太大,所以本项目不考虑武广客运专线的交通量转移。洛湛铁路在湘境段位于湖南省中部地区,主要布线于二广高速公路走廊带内,与本项目交通流量影响不大,所以,本项目也不考虑与洛湛铁路的交通量转移。

表 6-9

2028 年预测 OD 表（全车型、小区域）（单位：pcu/d）

O＼D	1	2	3	4	5	6	7	8	9	10	11	12	13	14	15	16	17	18	19	20	21	22	23	24	发生量
1	159	847	53	229	600	71	0	467	62	282	0	18	35	9	0	0	53	176	18	26	18	221	79	335	3758
2	767	0	0	353	0	0	0	18	0	0	0	0	0	0	0	0	362	573	335	406	97	485	106	847	4349
3	88	0	0	26	0	0	0	18	0	0	0	0	0	0	0	0	176	282	185	229	71	9	9	18	1111
4	247	35	18	406	0	0	0	26	18	370	0	0	18	0	0	0	141	247	97	53	35	0	0	0	1305
5	582	0	0	0	0	0	0	467	0	0	9	0	0	0	0	18	0	0	0	0	0	229	370	582	2664
6	79	0	0	0	0	0	0	0	0	0	0	0	0	0	0	0	141	35	79	370	221	600	459	573	2558
7	0	0	0	0	0	0	1067	0	0	0	0	0	0	0	0	0	9	9	18	26	26	212	159	344	1870
8	485	35	26	44	494	0	0	0	0	0	0	0	0	0	0	0	185	318	132	1067	573	1288	467	1455	6571
9	79	0	0	0	26	0	0	0	0	0	0	0	0	0	0	0	62	106	53	168	106	229	71	291	1191
10	273	0	0	0	26	0	0	0	0	0	0	0	0	0	0	0	565	194	2779	10082	10638	12305	5583	15586	58031
11	0	0	0	0	22	0	0	0	0	0	0	0	0	0	0	0	265	419	0	0	0	0	0	0	706
12	9	0	0	0	9	0	0	0	0	0	0	5800	607	89	89	18	1115	732	223	1115	2124	1071	794	4335	18121
13	53	0	0	0	9	0	0	0	0	0	0	617	0	0	0	0	759	132	406	2549	2690	1376	891	4402	13884
14	18	0	0	0	0	0	0	0	0	0	0	71	0	0	0	0	9	0	159	776	1103	750	370	1746	5001
15	0	0	0	0	0	0	0	0	0	0	0	97	0	0	0	0	18	0	79	476	547	406	185	891	2708
16	0	0	0	0	0	0	0	0	0	0	0	9	0	0	0	26	0	9	35	423	459	309	106	582	1958
17	56	275	148	99	0	134	14	127	56	459	176	868	600	28	21	0	0	0	0	0	0	473	0	0	3535
18	148	452	212	212	0	35	21	240	99	148	261	557	113	0	14	14	0	0	0	0	0	85	0	0	2611
19	26	326	176	106	0	88	26	141	71	2726	0	212	415	150	88	0	0	0	0	0	0	0	0	0	4578
20	35	397	238	44	0	362	35	1076	150	10161	0	1094	2558	767	485	415	0	0	0	0	0	0	0	0	17818
21	9	106	79	44	0	212	44	591	123	10585	0	2090	2681	1120	556	441	0	0	0	0	0	0	0	0	18682
22	203	503	18	0	238	591	238	1270	212	12252	0	1076	1350	767	397	326	600	97	0	0	0	4278	0	0	24416
23	88	115	18	0	362	476	150	459	79	5795	0	767	909	397	159	123	0	0	0	0	0	0	0	0	9897
24	344	882	35	0	600	556	379	1473	309	15692	0	4296	4349	1720	926	609	0	0	0	0	0	0	0	0	32169
到达量	3751	3973	1021	1563	2404	2524	1976	6374	1178	58470	446	17572	13633	5048	2735	1990	4458	3338	4598	17769	18706	24324	9650	31988	239491

表 6-10

2028 年诱增 OD 表（全车型、小区域）（单位：pcu/d）

O\D	1	2	3	4	5	6	7	8	9	10	11	12	13	14	15	16	17	18	19	20	21	22	23	24	发生量
1	6	34	2	9	24	3	0	19	2	11	0	1	1	0	0	0	2	7	1	1	1	9	3	13	151
2	31	0	0	14	0	0	0	1	0	0	0	0	0	0	0	0	15	23	13	16	4	19	4	34	174
3	4	0	0	1	0	0	0	1	0	0	0	0	0	0	0	0	7	11	7	9	3	0	0	1	45
4	10	1	1	16	0	0	0	2	0	0	0	0	1	0	0	0	6	10	4	2	1	0	0	0	52
5	23	0	0	0	0	0	0	19	1	15	0	0	0	0	0	1	0	0	0	15	0	9	15	23	107
6	3	0	0	0	0	0	43	0	0	0	0	0	0	0	0	0	6	1	3	1	9	24	18	14	103
7	0	0	0	0	0	0	0	0	0	0	0	0	0	0	0	0	0	0	1	2	1	8	6	58	75
8	19	1	1	2	20	0	0	0	0	0	0	0	0	0	0	0	7	13	5	43	23	52	19	12	264
9	3	0	0	0	1	0	0	0	0	0	0	0	0	0	0	0	2	4	3	6	4	9	3	0	48
10	0	0	0	0	0	0	0	0	0	0	0	25	24	0	0	0	23	8	111	404	427	493	224	625	2327
11	0	0	0	0	0	0	0	0	0	0	0	0	0	0	0	0	11	17	0	0	0	0	0	0	28
12	0	0	0	0	0	0	0	0	0	0	0	233	0	0	0	0	45	29	9	45	85	43	32	174	727
13	2	0	0	0	0	0	0	0	0	0	0	3	0	0	0	0	30	5	16	102	108	55	36	177	557
14	1	0	0	0	0	0	0	0	0	0	0	4	0	0	0	0	0	0	6	31	44	30	15	70	201
15	0	0	0	0	0	0	0	0	0	0	0	0	0	0	0	0	1	0	0	19	22	16	7	36	109
16	0	0	0	0	0	0	0	0	0	0	0	0	0	0	0	0	0	0	0	17	18	12	4	23	79
17	2	11	6	4	0	5	0	5	2	18	7	35	24	1	1	0	0	0	3	0	0	19	0	0	142
18	6	18	8	8	1	1	1	10	4	6	10	22	5	0	1	1	0	0	1	0	0	0	0	0	105
19	1	13	7	4	0	4	1	6	3	109	0	8	17	6	4	1	0	0	0	0	0	3	0	0	184
20	1	16	10	2	10	15	2	43	6	407	0	44	103	31	19	17	0	0	0	0	0	0	0	0	714
21	2	4	3	2	0	8	10	24	5	424	0	84	108	45	22	18	0	0	0	0	0	0	0	0	749
22	8	20	1	0	15	24	6	51	8	491	0	43	54	31	16	13	24	3	0	0	0	172	0	0	979
23	4	5	1	0	0	19	15	18	3	232	0	31	36	16	6	5	0	0	0	0	0	0	0	0	397
24	14	35	1	0	24	22	1	59	12	629	0	172	174	69	37	24	0	0	0	0	0	0	0	0	1290
到达量	150	159	41	63	96	101	79	256	47	2345	18	705	547	202	110	80	179	134	184	713	750	975	387	1283	9604

（2）水运和航空运输的转移交通量分析

在项目影响区域内，没有大的南北向水运航线，项目直接影响区内虽然有小的河流分布，但目前大都已经断航，且水运以短途运输为主，趋于萎缩趋势，与本项目不会构成竞争威胁。因此本项目不考虑水运运输的交通量转移。目前，项目影响区域附近没有客运机场，机场建设仍处于设想阶段，因此暂不考虑航空交通量的转移。

三、通道交通总量分配预测

趋势型交通量分布与诱增型交通量分布相加，即得到总交通量分布。本项目影响区域内南北向存在两大交通通道，即京珠高速公路（京港澳国家高速公路）和二广高速公路（二连浩特至广州国家高速公路），有 G107、G207、S216（永连公路）、京珠复线 4 条道路并行（或局部并行）。交通量分配按现状区域路网特征、规划路网特征及规划方案布局情况来进行，定量与定性相结合。

本项目采用容量限制多路径概率分配模型，拟建项目各路段分配结果见表 6-11、表 6-12。

交通量预测结果表　　　　　　　　　　　表 6-11

路段	项目	2009	2010	2012	2015	2020	2025	2028
路段一 (5.49km)	趋势	19897	22014	15728	20373	29276	39847	46751
	诱增	1960	1928	1156	1106	1194	1626	1440
	转移	—	—	—	—	—	—	—
	合计	21857	23943	16884	21480	30470	41473	48190
	增长率(%)	—	9.54	−16.03	8.36	7.24	6.36	5.13
路段二 (14.933km)	趋势	19499	21574	15413	19966	28690	39050	45816
	诱增	1815	1778	1133	1084	1558	1593	1411
	转移	—	—	—	—	—	—	—
	合计	21315	23352	16546	21050	30248	40644	47227
	增长率(%)	—	9.56	−15.82	8.36	7.52	6.09	5.13
路段三 (10.551km)	趋势	21252	23513	16799	21761	31269	42561	49934
	诱增	1979	1961	1235	1228	1698	1736	1793
	转移	—	—	—	—	—	—	—
	合计	23231	25474	18033	22989	32967	44297	51727
	增长率(%)	—	9.66	−15.86	8.43	7.48	6.09	5.30
路段四 (9.808km)	趋势	21672	23978	17131	22191	31887	43402	50921
	诱增	2018	1976	1259	1116	1731	2031	1670
	转移	—	—	—	—	—	—	—
	合计	23690	25954	18390	23307	33619	45433	52591
	增长率(%)	—	9.56	−15.82	8.22	7.60	6.21	5.00

续上表

路段	项目	2009	2010	2012	2015	2020	2025	2028
路段五 (7.669km)	趋势	22108	24460	27786	35993	51721	70397	82593
	诱增	2058	2016	2042	1954	2808	2329	2544
	转移	—	—	—	—	—	—	—
	合计	24166	26476	29828	37947	54529	72726	85137
	增长率(%)	—	9.56	6.14	8.36	7.52	5.93	5.39
全线平均(共 48.451km)		22725	24902	19384	24652	35391	47581	55402
	增长率(%)	—	9.58	−11.77	8.34	7.50	6.10	5.20

注 1. 折算车型为小客车,单位为 AADT。

2. 2023 年为通车第 15 年,2023 年预测交通量(全线平均)为 42269 辆/d。

有拟建项目时相关公路交通量预测结果表 表6-12

推荐预测	京珠高速	湘粤界北	37727	41741	31455	40747	58551	79695	93501
		湘粤界南	18863	20871	15728	20373	29276	39847	46751
	京珠复线	湘粤界北			12058	15620	22445	30550	35843
	G107	湘粤界	1037	1147	1363	1766	2537	3453	4052
	二广高速	湘粤界			15221	19717	28333	38564	45245

注:折算车型为小客车,单位为 AADT。

复习思考题

1. 社会经济分析的内容有哪些?常用指标及分析方法有哪些?

2. 如何进行相关道路现状及运输通道内简述项目的关系分析?

3. OD 调查的目的和意义是什么?有哪些 OD 调查的方法?

4. 何为"四阶段"预测法?四阶段中,各阶段各进行什么预测?

5. 简述增长率法、重力模型法的区别,各有什么优缺点?

第七章
公路建设项目的投资估算

第一节 ▷ 投资估算概述

投资估算是公路工程建设项目前期编制项目建议书、可行性研究报告的重要组成部分,主要包括确定公路建设项目投资总额、资金筹措方案和投资使用计划,同时也包括了投资预测、投资效益分析及确定工程造价等内容。按照现行项目建议书和可行性研究报告审批的要求,可行性研究报告投资估算是编制初步设计概算或施工图预算(采用一阶段设计时)的限制条件。所以初步设计概算的编制,必须严格控制在投资估算的允许范围内,设计概算一经批准即为建设项目投资的最高限额,一般情况下不得随意突破。因此投资估算的准确与否不仅影响到建设前期的投资决策,而且直接关系到下一阶段设计概算、施工图预算的编制及项目建设期的造价管理和控制。

🌐 一、投资估算的作用及编制原则

1.投资估算的概念

公路工程投资估算是对拟建的公路项目的全部投资费用进行的预测估计。公路工程投资估算包括项目建议书投资估算和工程可行性研究报告投资估算,是评价公路工程项目投资的重要工具。公路工程投资估算是公路建设项目建议书和可行性研究报告的重要组成部分,是建设项目经济评价中支出费用的关键部分。

2.投资估算的作用

(1)项目建议书投资估算的作用

项目建议书是国家选择建设项目和进行可行性研究报告编制的依据,是公路基本建设程序中前期准备工作阶段的第一个工作环节。编制公路项目建议书,是以国民经济与社会发展长远规划、路网规划和地区规划的要求为依据的。通过踏勘和调查,对拟建项目的规模、技术标准、投资额度等提出建议,并重点分析项目建设的必要性和可能性,而其中投资估算则是审批立项的一个重要条件。由于基本建设工程消耗大量的物质资源,而这些资源毕竟是有限的,尤其我国公路建设资金短缺,需要建设的公路、桥梁等交通基础设施又很多,为把有限的建设资金投入到最急需的项目上,以便更好地发挥投资的效益,做好投资估算工作就尤显重要。

遵照公路基本建设程序的规定和要求编制的公路项目建议书,就其工作深度而言,其投资估算的编制,不是依靠详细的分析计算,而是依靠粗略的估计来进行的,故其可塑性是比较大的。同时,它又是公路工程造价多次性计价过程中的第一阶段。认真做好项目建议书的投资估算工作,具有十分重要的意义。

投资估算是在投资决策过程中,对建设项目的投资数额进行的估计,它具有以下几方面的作用:

①拟建项目是否继续进行的依据之一。

②审批项目建议书的依据。

③审批建设项目可行性研究报告的依据。

④国家编制中长期规划和保持合理投资结构及决定国民经济计划中基建比例的依据。

⑤制订资金筹措计划,控制投资限额的依据。

(2)工程可行性研究投资估算的作用

一个公路建设项目能否立项取决于众多的因素,而可行性研究报告的目的,就是在公路建设项目决定兴建之前,运用现代手段和多种学科研究成果,对影响建设工程项目的投资效果的各种因素,诸如国家的产业政策、国民经济长期发展规划、地区经济与社会发展规划、全国和地区的综合运输体系、路网状况、建设项目的地位和作用、建设条件、环境保护、社会和经济效益等,进行全面地、详细地调查研究和经济评价;就项目建设的必要性、技术的可行性、经济的合理性和实施的可能性等方面进行综合研究,拟定多种比较方案,提出综合性的研究论证报告,尽可能把主要问题加以详尽的研究;使项目选择建立在可靠的科学基础上,建成后能发挥好的经济效益和社会效益,以避免或减少因盲目建设、仓促上马而造成的损失和浪费。

可行性研究是人们通过长期的建设实践和对客观事物的必然认识,而形成的一套科学的工作方法,其研究成果起着决策性的作用。但对未来事物的发展,是按照一般的客观规律进行预测与分析的,由于人们认识的局限性,加上公路建设工程客观因素多变性的特点,往往难免产生一些差错。所以在整个研究和编制投资估算的过程中,必须从实际出发,秉承实事求是的精神,尽可能把各种因素考虑到。克服主观片面性和"长官意志"的干扰,以避免人为的因素。同时,为了维护可行性研究的严肃性和科学性,不能把可行性研究作为争项目、争投资的手段,这是实际工作中应当特别引起重视的。

可行性研究报告不是目的而是一种手段,是使建设项目的主管部门或建设单位能据此做出有科学依据的决策。因此,要求按照一定的程序和方法,做好投资估算的编制和审查工作具有十分重要的意义。根据公路基本建设程序的有关规定和要求,为科学地组织建设项目的实施,减少失误,根据长期的建设实践经验,可行性研究报告投资估算在项目建设中具有多方面的作用。

①可行性研究报告投资估算是项目建设投资决策的依据。因为一个建设项目能否兴建,主要看可行性研究的结果,而根据投资估算所作的经济评价,对投资的经济效益,已提出来结论性意见,故是投资决策的一个重要依据。

②公路建设项目的财务评价和国民经济评价,是支出费用与获得效益的相对比较,是通过效益费用比、净现值、内部收益率、投资回收期四个评价指标来进行的。而所得到的指标是作为评价的定量标准。其财务支出费用就是可行性研究投资估算;其国民经济支出费用是在可行性研究报告投资估算的基础上,按照国民经济评价的有关规定和方法进行调整后取定的。若没有投资估算资料,就无法进行这种评价,这是显而易见的。

③可行性研究报告投资估算,是编制初步设计概算或施工图预算(采用一阶段设计时)的主要依据,要求初步设计概算的编制必须严格控制在投资估算的允许范围内。

④可行性研究报告投资估算是资金筹措的依据。目前,世界银行等许多国际金融组织,都

把可行性研究报告作为建设项目能否给予贷款的先决条件;国内银行贷款也是通过对可行性研究报告的审查了解,确认该项目有较好的经济效益,并具有偿还贷款能力,才能给予贷款。同时,他们在确定贷款的额度时都是按投资估算的一定比例作为贷款的主要依据的。

⑤当采用一阶段设计时,可行性研究报告投资估算,是编制年度建设投资计划的依据。因为年度建设投资计划是国家控制投资规模、综合平衡投资计划、实行宏观调控的重要手段。故凡没有列入年度建设投资计划的建设项目,按公路基本建设程序的规定,就不得组织招标或施工。

综上所述可见,可行性研究报告投资估算,在公路建设工程中具有极其重要的作用,而且是多方面的。因此,严格按照国家有关规定编制投资估算,对建设项目的前期准备工作和建设项目的实施都有着重要的影响。

3.投资估算的编制原则

投资估算编制必须严格执行国家的方针、政策和有关规定,并应符合公路工程行业标准、规范和规定。投资估算文件应达到的质量要求是:符合规定、结合实际、经济合理、提交及时、不重不漏、计算正确、字迹清晰、装订整齐完善。

设计(咨询)单位应加强基本建设经济管理工作,配备和充实公路工程造价人员,切实做好投资估算的编制工作。公路工程造价人员应不断提高专业素质,掌握设计、施工情况,做好建设方案的经济比较,使技术工作和经济工作结合起来,全面、有效地提高前期工作质量,合理确定工程造价。

(1)科学性原则

估算的每一部分费用都应该找到科学的根据,如指标来源、费率规定等。各行业统一使用的由各部委颁布的指标及办法都无疑是经过科学论证而被广泛使用的。所以公路工程投资估算的编制过程必须严格遵守部颁的指标和办法,而且任何借用其他行业的指标都必须是合法的指标。未经科学验证和国家主管部门认可的指标不得在投资估算文件中使用。

(2)客观性原则

投资估算必须实事求是地反映工程项目投资额,且不可为了地方利益,片面追求快上项目、上大项目而增大或缩小估算额。过去,我国很多地方为了多方面利益,虚假地上报投资估算,骗取主管部门的审核,大肆上马过高标准的工程项目,结果造成竣工的高速公路、特大桥上车流寥寥,投资回收茫茫无期。在编制投资估算时,要保证投资估算的客观、准确,要充分考虑工程项目的投资回收效果,从而确保工程项目研究成果的可信、可行,以引导国家宏观投资方向的正确性。

(3)系统性原则

任何一个工程项目都不是孤立存在的。在整个公路网规划中,每一条路、每一座桥都发挥着独自的作用而成为一个完整的体系。一个工程项目的投资估算应该站在全局的立场上,对该项目的所有费用都要进行系统的计算,不可偏向任何一个局部利益而使估算费用失真。投资估算的系统性原则可以保证公路网中各个工程项目加快回收速度。

(4)公平性原则

我国整体公路网规划中,可以说每一条国道都迫切需要改建或扩建,甚至各省的每一条省道也急待改建。但是,那条公路应该优先建设,对投资估算来说是公平的。投资估算是站在全局的利益上,用统一指标和办法,公平决定投资额的高低,决不会因为个别人或单位的意愿而采用不同的指标和办法。投资估算的公平性原则建立在科学性及客观性原则的基础上,优先保证效益高、见效快、影响大的工程项目大上快上。

二、投资估算的编制依据

1.项目建议书投资估算的编制依据

项目建议书的投资估算,是建设项目初步经济评价中计算费用的原始资料,也是立项决策的重要依据。所以项目建议书投资估算的编制,除应遵照国家的方针、政策和有关工程造价管理的规定和制度外,还要坚持实事求是的原则,避免受外界因素的干扰。项目建议书投资估算编制的依据主要有:

(1)建设规模和技术标准。通过踏勘和调查后,提出的路线或桥型方案设想,取定的不同地形的路段长度和主要工程数量、征用土地的数量、加工整理好的外业调查资料以及项目建议书文字说明。

(2)建设项目总体实施规划与要求的意见。

(3)交通运输部颁布的现行的《公路工程估算指标》及指标中规定的工程量计算规则。

(4)交通运输部颁布的《公路工程基本建设项目投资估算编制办法》中规定的计算表格,以及有关费用的费率。

(5)当地公路(交通)工程定额(造价管理)站发布的人工费单价、材料供应价格信息。

(6)当地交通运输主管部门颁布的运输和装卸价格,但应考虑运输市场的影响因素,合理取定运价。

(7)当地人民政府颁布的征地、拆迁赔偿标准和有关的各项规定。

(8)编制项目建议书的委托书、合同或协议的有关规定和要求。

(9)经研究商定或批准的设备和大型专用机械设备购置计划清单。

(10)建设项目的主管部门或建设单位对建设项目的有关通知与要求。

(11)历史资料。由于项目建议书投资估算的可塑性大,为提高估算的可靠性,应充分利用并参考造价历史资料,进行必要的分析。

2.可行性研究报告投资估算的编制依据

投资估算是可行性研究报告的重要组成部分,是建设项目国民经济评价中计算支出费用的基础资料,具有限制建设项目投资限额的重要作用。故编制可行性研究报告投资估算必须严格执行国家有关的公路基本建设工程的方针、政策和公路工程造价管理制度,有关编制依据有如下各项内容:

(1)经批准的项目建议书及投资估算文件。了解落实批准的项目建议书的筹资方式、贷款数额、年度贷款计划是否有变动或新的意图,以便确定建设期贷款利息。进一步了解对项目建议书的总体实施规划有无需要进行调整和补充。

(2)通过踏勘调查和必要的测量、地质钻探,根据1∶10000的地形图上确定的路线方案而提出的路基土石方、排水与防护、路面、桥梁涵洞等主要工程数量,以及对一些典型路段和有代表性的大型构造物做出的典型布置图资料,都是编制可行性研究报告投资估算的基本依据。

(3)建设项目施工组织规划设计的意见。施工组织规划设计是编制可行性研究报告投资估算的主要基础资料,现场施工平面规划计划中确定的取土场、弃土坑的位置涉及土石方运量的计算;构件预制等场地、路面混合料拌和场、材料堆放场涉及材料平均运距的计算;项目的实施方法采用哪种招标方式、实行工程监理的意见等涉及工程监理费的计算;勘测设计计划实行几阶段设计、各设计阶段完成勘测设计任务的具体时间及由哪一级的勘察设计单位负担等涉及勘察设计费的计算;分年度完成的投资计划和贷款使用计划涉及建设期贷款利息和工程造价增长预留费的计算年限;标段划分涉及施工单位所需的临时生产、生活用地数量的取定等。可以看出,以上费用的计算都是以施工组织规划设计的内容为依据的。所以,施工组织规划的合理与否会对投资估算的编制产生重要的影响。

(4)交通运输部颁布的《公路工程估算指标》中的分项指标及其相应的有关各项工程量的计算方法的规定。

(5)交通运输部颁布的《公路工程预算定额》《公路工程概算定额》。

(6)交通运输部颁布的《公路工程基本建设项目投资估算编制办法》中规定的计算表格,以及可行性研究报告投资估算路线和独立大桥工程项目表的序列及内容的规定。

(7)交通运输部颁布的《公路基本建设工程概算、预算编制办法》中规定的其他工程费、间接费、利润、综合税率、建设单位管理费等费率标准,以及相应的计算规定。

(8)当地公路(交通)工程定额(造价管理)站发布的人工费单价、材料供应价格信息、有关规定及材料价格的有关资料。

项目建议书与可行性研究报告的投资估算,是在不同的时期编制的,故既要了解掌握作为编制项目建议书投资估算的工资标准和材料供应价格情况,又要了解当地公路(交通)工程定额(造价管理)站是否发布了新的价格信息。如果有的话,一则应以此作为编制可行性研究报告投资估算的依据,二则可与项目建议书投资估算表所采用的价格水平相比较,以了解其价格的变化情况,从而掌握对可行性研究报告投资估算可能产生的影响及程度。

公路沿线砂石材料的产供情况和市场销售价格,施工单位自行开采的可能性与开采条件,材料的规格品种、质量、数量,以及在今后实施阶段可能产生的变化和问题,都应着重予以调查落实。凡对投资估算可能产生影响的因素,均应作必要的考虑。检查与原项目建议书所采用的数据有无差异,并绘制出筑路材料运距示意图,提出筑路材料调查表,作为计算材料预算价格的原始依据。

(9)当地交通运输主管部门颁布的运价和有关规定,以及收取过路费、过桥费的标准。考虑运输市场的影响因素,合理取定运价。

调查落实建设项目所在地的各种外购材料的供应地点、供应渠道,并据以核查原项目建议书投资估算所取定的经济合理的运输方式和计算的平均运距,以及计算的过路费、过桥费和运费标准有无变化。除应以调查落实的资料作为计算材料运费的依据外,还应对存在的差异作必要的分析,掌握其变化规律,以不断提高投资估算的编制水平。

(10)当地人民政府颁布的征地、拆迁赔偿标准和有关规定。

调查建设项目占用土地和应予拆迁的建筑物、构建物的种类和数量、人均占有耕地等资料，以及当地人民政府颁布的征用土地赔偿标准、耕地占用税等有关规定，并提出拆迁及土地占用量表，作为计算土地、青苗等补偿费和安置补助费的依据。

（11）国家颁布的《公路工程勘察、设计收费标准》及有关各项计算的规定。

（12）编制可行性研究报告的委托书、合同或协议的有关规定和要求。

（13）建设项目的主管部门或建设单位对拟建项目投资估算的有关通知与要求。

（14）收集当地工程造价历史资料供编制投资估算参考，是进行投资估算时的一个极为重要的工作手段。

3. 项目建议书投资估算与可行性研究报告投资估算的区别

（1）项目建议书投资估算与可行性研究报告投资估算的区别

① 编制时间先后不同。项目建议书投资估算与可行性研究报告投资估算均为建设项目评价、研究过程中不可缺少的两种估算文件，在时间顺序上，项目建议书投资估算文件编制在前，可行性研究报告投资估算文件编制在后。而且，只有当项目建议书投资估算审核通过后，才允许编制可行性研究报告投资估算文件。一旦项目建议书投资估算审核未通过，则宣布该建设项目暂时终止，即不允许继续编制可行性研究报告投资估算文件。

② 研究工作深度不同。可行性研究报告投资估算较项目建议书投资估算深入、细致。从工程数量来源可见，可行性研究报告投资估算的工程量是经过踏勘测量计算和调查得出，有明确的结构设计方案和施工方案，将工程项目及工程细目分解得更具体。项目建议书投资估算工程量一般按公路等级及技术标准、地形条件进行估测而得出，较粗略。正因为如此，可行性研究报告投资估算显得更加复杂，计算书也比项目建议书投资估算分量大。另一方面，从两者研究的对象来看，研究的深度也不相同。项目建议书投资研究报告以国民经济与社会发展规划、路网规划和公路建设五年计划为依据，重点阐明建设项目的必要性，提出建设项目的规模、技术标准，并以投资估算为依据进行简要的经济分析。可行性研究报告投资以批准的项目建议书为依据，通过必要的测量、地质勘探，进行认真调查研究，甚至设计计算，对不同建设方案从经济上、技术上进行综合论证，推荐建设项目设计施工的最佳方案。

③ 文件作用不同。项目建议书投资估算在研究阶段对是否实施该项目具有决定性作用，也是能否继续进行下阶段即工程可行性研究阶段的可行性研究报告投资估算文件编制的主要依据。可行性研究报告投资估算是一个工程项目在整个研究阶段中，最后评判该项目是否进入实施阶段的决定性依据。同时，可行性研究报告投资估算也是帮助选定最优方案、分析工程经济效益的依据。

（2）项目建议书投资估算与可行性研究报告投资估算的联系

尽管存在前述三方面不同之处，但两者是相互联系、统一的整体。两者之间是不能相互分割的、独立的。两者的联系体现在以下几点：

① 目的的一致性。不论是项目建议书投资估算，还是可行性研究报告投资估算，其宗旨都是在研究阶段为投资决策者提供依据，为国民经济计划部门的宏观控制提供保证。虽然两种文件在编制时间上有先后之别，但目的只有一个，通过一系列经济分析活动，来评价并决定某项目能否实施。

②两种估算文件的费用及表格的一致性。从费用计算上看,项目建议书投资估算与可行性研究报告投资估算虽然存在一定的差别,但在费用项目及表格文件形式的结构方面,二者是一致的。可保证研究阶段的不同文件在决定项目可行性问题方面所起的作用是延续的和一致的,以便能按程序评价项目的可行性。可行性研究报告投资估算在很大程度上是沿袭项目建议书投资估算的具体条件,或是在项目建议书投资估算的基础上更进一步完善和补充。所以,必须保持两种估算文件在费用计算及表格内容方面一致。实际上,两种估算文件及其费用同概算、预算文件及其费用也是一致的。

③两种估算的承递性。随着项目建议书投资估算结束,并审核通过,可行性研究报告投资估算必须承袭项目建议书投资估算的结果,对项目可行性继续评价。这样才能保证研究成果的完整性和延续性。即可行性研究报告投资估算必须建立在项目建议书投资估算成果的基础上。

第二节 ▶ 投资估算费用与文件的组成

🌐 一、投资估算文件的组成

投资估算文件由封面、扉页、目录、投资估算编制说明及全部投资估算计算表格组成。

1.封面、扉页及目录

投资估算文件的封面应按《公路建设项目可行性研究报告编制办法》的规定制作。扉页应有建设项目名称,编制单位,编制、复核人员姓名并加盖执业(从业)资格印章,编制日期及第几册共几册等内容。目录应按投资估算表的表号顺序编排。

2.投资估算编制说明

投资估算编制完成后,应编写编制说明,文字力求简明扼要。编制说明应包括的内容主要有:

(1)项目建议书或工程可行性研究报告的依据及有关文号、依据的资料及比选方案等。

(2)采用的估算指标、费用标准、人工费标准、材料预算单价、机械台班单价的依据或来源、补充指标及编制依据的详细说明。

(3)与投资估算有关的委托书、协议书、会议纪要的主要内容(或将抄件附后)。

(4)总投资估算金额,人工、钢材、水泥、沥青等总需要量情况,各建设方案的经济比较,以及编制中存在的问题。

(5)其他与投资估算有关但不能在表格中反映的事项。

3.投资估算表格

公路工程投资估算应按统一的投资估算表格计算(表格样式按《公路建设项目可行性研究报告编制办法》附录1执行)。各种表格的计算顺序和相互关系如图7-1所示。

4.甲组文件及乙组文件

投资估算文件按不同的需要分为两组,甲组文件为各项费用计算表,乙组文件为建筑安装

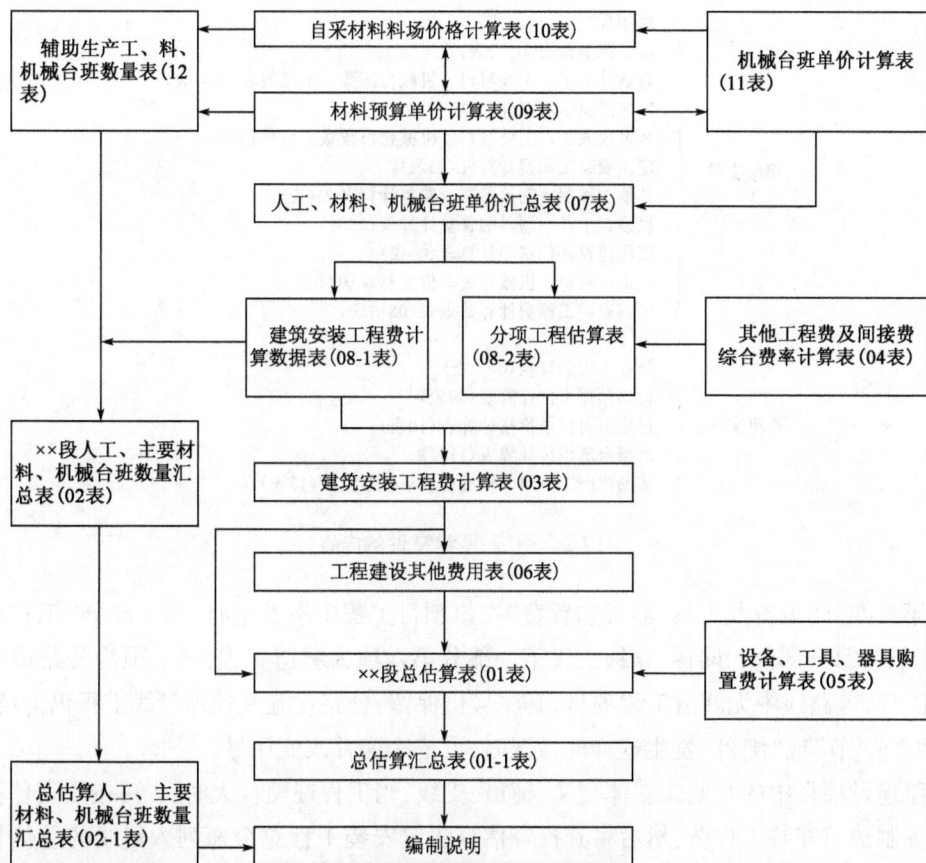

图 7-1 各种表格的计算顺序和相互关系图

工程费各项基础数据计算表(仅供审批使用)。甲、乙两组文件应按《公路建设项目可行性研究报告编制办法》关于文件报送份数的规定报送。报送乙组文件时,尚应提供"建筑安装工程费计算数据表"(08-1 表)的电子文档和编制补充定额的详细资料。

乙组文件中的"建筑安装工程费计算数据表"(08-1 表)和"分项工程估算表"(08-2 表)应根据审批部门或建设项目业主单位的要求全部提供或仅提供其中的一种。

投资估算应按一个建设项目[如一条路线或一座独立大(中)桥、隧道]进行编制。当一个建设项目需要分段或分部编制时,应根据需要分别编制,但必须汇总编制"总估算汇总表"(01-1 表)。

甲、乙组文件应包括内容见图 7-2。

二、投资估算项目

投资估算项目应按项目表的序列及内容编制,如实际出现的工程和费用项目与项目表的内容不完全相符时,第一至第三部分和"项"的序号应保留不变,"目""节""细目"可根据需要增减,并按项目表的顺序以实际出现的"目""节""细目"依次排列,不保留缺少的"目""节""细目"的序号。

$$
\text{甲组文件}
\begin{cases}
\text{编制说明} \\
\text{总估算汇总表(01-1表)} \\
\text{总估算人工、主要材料、机械台班数量汇总表表(02-1表)} \\
\text{××段总估算表(01表)} \\
\text{××段人工、主要材料、机械台班数量汇总表(02表)} \\
\text{建筑安装工程费计算表(03表)} \\
\text{其他工程费及间接费综合费率计算表(04表)} \\
\text{设备、工具、器具购置费计算表(05表)} \\
\text{工程建设其他费用计算表(06表)} \\
\text{人工、材料、机械台班单价汇总表(07表)} \\
\text{建筑安装工程费计算数据表(08-1表)}
\end{cases}
$$

$$
\text{乙组文件}
\begin{cases}
\text{分项工程估算表(08-2表)} \\
\text{材料预算单价计算表(09表)} \\
\text{自采材料料场价格计算表(10表)} \\
\text{机械台班单价计算表(11表)} \\
\text{辅助生产工、料、机械台班单位数量表(12表)}
\end{cases}
$$

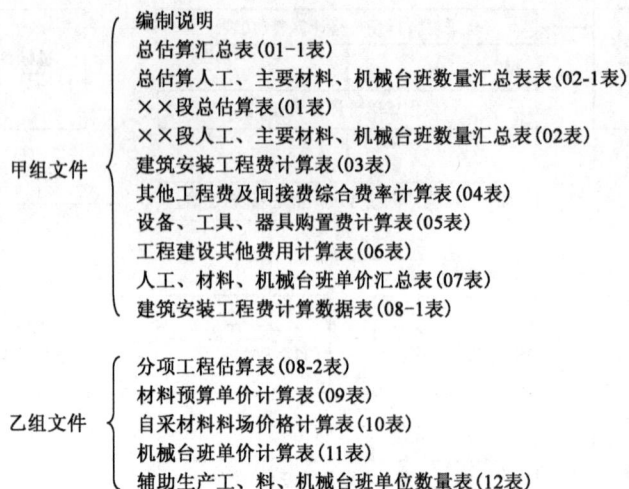

图 7-2　甲、乙两组文件的内容

当第二部分"设备及工具、器具购置费"在该项目工程中不发生时,第三部分"工程建设其他费用"仍为第三部分。同样,路线工程第一部分第六项为隧道工程,第七项为公路设施及预埋管线工程,若路线中无隧道工程项目,其序号仍保留,公路设施及预埋管线工程仍为第七项。但如"目"或"节"或"细目"发生这样的情况时,可依次递补改变序号。

公路建设项目中的互通式立体交叉、辅道、支线,当工程规模较大时,也可按投资估算项目表单独编制建筑安装工程费,然后将其投资估算建筑安装工程总金额列入路线的总估算表中相应的项目内。

投资估算项目主要包括以下内容:

第一部分　建筑安装工程费

　　　　第一项　临时工程

　　　　第二项　路基工程

　　　　第三项　路面工程

　　　　第四项　桥梁涵洞工程

　　　　第五项　交叉工程

　　　　第六项　隧道工程

　　　　第七项　公路设施及预埋管线工程

　　　　第八项　绿化及环境保护工程

　　　　第九项　管理、养护及服务房屋

第二部分　设备及工具、器具购置费

第三部分　工程建设其他费用

三、投资估算费用组成

投资估算费用组成如图 7-3 所示。

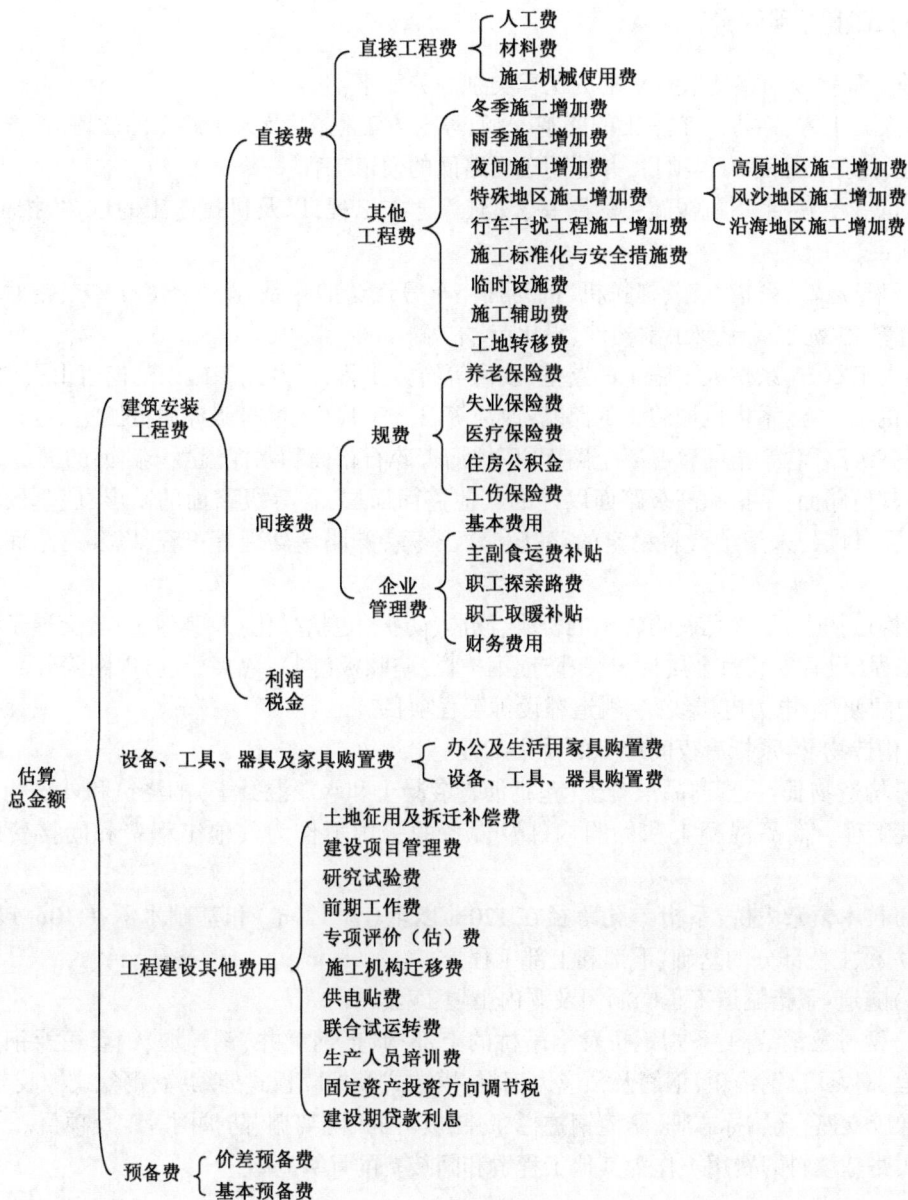

图 7-3 投资估算费用组成

第三节 投资估算费用计算方法

一、建筑安装工程费

建筑安装工程费包括直接费、间接费、利润及税金,其中直接费包括直接工程费和其他工程费,间接费包括规费和企业管理费。

（一）工程类别划分

其他工程费及间接费取费标准的工程类别划分如下：

（1）人工土方：系指人工施工的路基、改河等土方工程，以及人工施工的砍树、挖根、除草、平整场地、挖盖山土等工程项目，并适用于无路面的便道工程。

（2）机械土方：系指机械施工的路基、改河等土方工程，以及机械施工的砍树、挖根、除草等工程项目。

（3）汽车运输：系指汽车、拖拉机、机动翻斗车等运送的路基、改河土（石）方、路面基层和面层混合料、水泥混凝土及预制构件、绿化苗、木等。

（4）人工石方：系指人工施工的路基、改河等石方工程，以及人工施工的挖盖山石项目。

（5）机械石方：系指机械施工的路基、改河等石方工程（机械打眼即属机械施工）。

（6）高级路面：系指沥青混凝土路面、厂拌沥青碎石路面和水泥混凝土路面的面层。

（7）其他路面：系指除高级路面以外的其他路面面层，各等级路面的基层、底基层、垫层、透层、黏层、封层，采用结合料稳定的路基和软土等特殊路基处理等工程，以及有路面的便道工程。

（8）构造物Ⅰ：系指无夜间施工的桥梁、涵洞、防护（包括绿化）及其他工程，交通工程及沿线设施工程（设备安装及金属标志牌、防撞钢护栏、防眩板（网）、隔离栅、防护网除外），以及临时工程中的便桥、电力电讯线路、轨道铺设等工程项目。

（9）构造物Ⅱ：系指有夜间施工的桥梁工程。

（10）构造物Ⅲ：系指商品混凝土（包括沥青混凝土和水泥混凝土）的浇筑和外购构件及设备的安装工程。商品混凝土和外购构件及设备的费用不作为其他工程费和间接费的计算基数。

（11）技术复杂大桥：系指单孔跨径在120m以上（含120m）和基础水深在10m以上（含10m）的大桥主桥部分的基础、下部和上部工程。

（12）隧道：系指隧道工程的洞门及洞内土建工程。

（13）钢材及钢结构：系指钢桥及钢吊桥的上部构造，钢沉井、钢围堰、钢套箱及钢护筒等基础工程，钢索塔、钢锚箱，钢筋及预应力钢材，模数式及橡胶板式伸缩缝，钢盆式橡胶支座，四氟板式橡胶支座，金属标志牌、防撞钢护栏、防眩板（网）、隔离栅、防护网等工程项目。

购买路基填料的费用不作为其他工程费和间接费的计算基数。

（二）直接费

直接费是由直接工程费和其他工程费组成。

1. 直接工程费

直接工程费是指施工过程中耗费的构成工程实体和有助于工程形成的各项费用，包括人工费、材料费、施工机械使用费。

（1）人工费

人工费系指列入现行《公路工程估算指标》（JTG/T M21）为直接从事建筑安装工程施工的生产工人开支的各项费用，内容包括：

①基本工资：系指发放生产工人的基本工资、流动施工津贴和生产工人劳动保护费，以及

职工缴纳的养老、失业、医疗保险费和住房公积金等。

生产工人劳动保护费是指按国家有关部门规定标准发放的劳动保护用品的购置费及修理费、徒工服装补贴、防暑降温费、在有碍身体健康环境中施工的保健费用等。

②工资性补贴：系指按规定标准发放的物价补贴，煤、燃气补贴，交通补贴，地区津贴等。

③生产工人辅助工资：系指生产工人年有效施工天数以外非作业天数的工资，包括开会和执行必要的社会义务时间的工资，职工学习、培训期的工资，调动工作、探亲、休假期间的工资，因气候影响停工期间的工资，女工哺乳时间的工资，病假在六个月以内的工资及产、婚、丧假期的工资。

④职工福利费：系指按国家规定标准计提的职工福利费。

人工费以现行《公路工程估算指标》（JTG/T M21）中人工工日数乘以人工费标准计算。人工费标准按照本地区公路建设项目的人工工资统计情况并结合工种组成、定额消耗、最低工资标准以及公路建设劳务市场情况进行综合分析确定，由各省、自治区、直辖市交通运输厅（局、委）审批并公布。

人工标准仅作为编制投资估算的依据，不作为施工企业实发工资的依据。

（2）材料费

材料费是指施工过程中耗用的构成工程实体的原材料、辅助材料、构（配）件、零件、半成品、成品的用量和周转材料的摊销量，按工程所在地的材料预算价格计算的费用。材料预算价格由材料原价、运杂费、场外运输损耗、采购及仓库保管费组成。按式（7-1）计算

$$材料预算价格 = （材料原价 + 运杂费） \times （1 + 场外运输损耗率） \times$$
$$（1 + 采购及保管费率） - 包装品回收价值 \qquad (7\text{-}1)$$

①材料原价。

各种材料原价按以下规定计算。

外购材料：国家或地方的工业产品，按工业产品出厂价格或供销部门的供应价格计算，并根据情况加计供销部门手续费和包装费。如供应情况、交货条件不明确时，可采用当地规定的价格计算。

地方性材料：地方性材料包括外购的砂、石材料等，按实际调查价格或当地主管部门规定的预算价格计算。

自采材料：自采的砂、石、黏土等自采材料，按现行《公路工程预算定额》（JTG/T B06—2001）中开采单价加辅助生产间接费和矿产资源税（如有）计算。

材料原价应按实计取。各省、自治区、直辖市公路（交通）工程造价（定额）管理站应通过调查，编制本地区的材料价格信息，供编制投资估算使用。

②运杂费。

运杂费是指材料自供应地点至工地仓库的运杂费用，包括装卸费、运费，如果发生，还应计囤存费及其他杂费（如过磅、标签、支撑加固、路桥通行等费用）。

通过铁路、水路和公路运输部门运输的材料，按当地交通部门规定的运价计算运费。

施工单位自办的运输，单程运距15km以上的长途汽车运输按当地交通部门规定的统一运价计算运费；单程运距5~15km的汽车运输按当地交通运输部门规定的统一运价计算运费，当工程所在地交通不便、社会运输力量缺乏时，允许按当地交通运输部门规定的统一运价加50%计算运费；单程运距5km及以内的汽车运输以及人力场外运输，按现行《公路

工程预算定额》(JTG/T B06—01)计算运费,其中人力装卸和运输另按人工费加计辅助生产间接费。

一种材料如有两个以上的供应点时,应根据不同的运距、运量、运价采用加权平均的方法计算运费。

由于汽车运输台班已考虑工地便道特点,因此平均运距中汽车运输便道里程不得乘调整系数,也不得在工地仓库或堆料场之外再加场内运距或二次倒运的运距。

有容器或包装的材料及长大轻浮材料,应按表7-1规定的毛重计算。桶装沥青、汽油、柴油按每吨摊销一个旧汽油桶计算包装费(不计回收)。

材料毛重系数及单位毛量表   表7-1

材 料 名 称	单 位	毛 重 系 数	单 位 毛 重
爆破材料	t	1.35	—
水泥、块状沥青	t	1.01	—
铁钉、铁件、焊条	t	1.10	—
液体沥青、液体燃料、水	t	桶装1.17,油罐车装1.00	—
木料	m³	—	1.000t
草袋	个	—	0.004t

③场外运输损耗。

场外运输损耗是指有些材料在正常的运输过程中发生的损耗,这部分损耗应摊入材料单价内。材料场外运输操作损耗率见表7-2。

材料场外运输操作损耗率表   表7-2

材 料 名 称		场外运输(包括一次装卸)(%)	每增加一次装卸(%)
块状沥青		0.5	0.2
石屑、碎砾石、砂砾、煤渣、工业废渣、煤		1.0	0.4
砖、瓦、桶装沥青、石灰、黏土		3.0	1.0
草皮		7.0	3.0
水泥(袋装、散装)		1.0	0.4
砂	一般地区	2.5	1.0
	多风地区	5.0	2.0

注:汽车运水泥,如运距超过500km时,增加损耗率:袋装0.5%。

④采购及保管费。

材料采购及保管费是指材料供应部门(包括工地仓库以及各级材料管理部门)在组织采购、供应和保管材料过程中,所需的各项费用及工地仓库的材料储存损耗费用。

材料采购及保管费,以材料的原价加运杂费及场外运输损耗的合计数为基数,乘以采购保管费率计算。材料的采购及保管费费率为2.5%。

外购的构件、成品及半成品的预算价格,其计算方法与材料相同,但构件(如外购的钢桁梁、钢筋混凝土构件及加工钢材等半成品)的采购保管费率为1%。商品混凝土预算价格的计算方法与材料相同,但其采购保管费率为0。

（3）施工机械使用费

施工机械使用费系指列入现行《公路工程估算指标》（JTG/T M21）的施工机械台班数量，按相应的机械台班费用定额计算的施工机械使用费和小型机具使用费。

施工机械台班预算价格应按现行《公路工程机械台班费用定额》（JTG/T B06-03）计算，台班单价由不变费用和可变费用组成。不变费用包括折旧费、大修理费、经常修理费、安装拆卸及辅助设施费等；可变费用包括机上人员人工费、动力燃料费、养路费及车船使用税。可变费用中的人工工日数及动力燃料消耗量，应以机械台班费用定额中的数值为准。台班人工费标准同生产工人人工费标准。动力燃料费用则按材料费的计算规定计算。

当工程用电为自行发电时，电动机械每千瓦时（度）电的单价可按式（7-2）计算

$$A = 0.24 \frac{K}{N} \tag{7-2}$$

式中：A——每千瓦时电单价（元）；

K——发电机组的台班单价（元）；

N——发电机组的总功率（kW）。

2.其他工程费

其他工程费是指直接工程费以外施工过程中发生的直接用于工程的费用。其他工程费包括冬季施工增加费、雨季施工增加费、夜间施工增加费、特殊地区施工增加费、行车干扰工程施工增加费、施工标准化与安全措施费、临时设施费、施工辅助费、工地转移费九项。公路工程中的水、电费及因场地狭小等特殊情况而发生的材料二次搬运等其他工程费已包括在现行《公路工程估算指标》（JTG/T M21）中，不再另计。

（1）冬季施工增加费

冬季施工增加费是指按照冬季施工时为保证工程质量和安全生产所需采取的防寒保温设施、工效降低和机械作业率降低以及技术操作过程的改变等所增加的有关费用。冬季施工增加费的内容包括：

①因冬季施工所需增加的人工、机械与材料的费用。

②施工机具所需修建的暖棚（包括拆、移）、增加油脂及其他保温设备费用。

③因施工组织设计确定需增加的保温、加温及照明等有关费用。

④与冬季施工有关的其他各项费用，如清除工作地点的冰雪等费用。

冬季气温区的划分是根据气象部门提供的满15年以上的气温资料确定的。每年秋冬第一次连续5d出现室外日平均温度在5℃以下，日最低温度在−3℃以下的第一天算起，至第二年春夏最后一次连续5d出现同样温度的最末一天为冬季期。冬季期内平均气温在−1℃以上者为冬一区，−4～−1℃者为冬二区，−7～−4℃者为冬三区，−10～−7℃者为冬四区，−14～−10℃者为冬五区，−14℃以下为冬六区。冬一区内平均气温低于0℃的连续天数在70d以内的为Ⅰ副区，70d以上的为Ⅱ副区；冬二区内平均气温低于0℃的连续天数在100d以内的为Ⅰ副区，100d以上的为Ⅱ副区。

气温高于冬一区，但砖石混凝土工程施工须采取一定措施的地区为准冬季区，准冬季区分两个副区，简称准一区和准二区。凡一年内日最低气温在0℃以下的天数多于20d的，日平均气温在0℃以下的天数少于15d的为准一区，多于15d的为准二区。

全国冬季施工气温区划分表见《公路工程基本建设项目投资估算编制办法》附录四。若

当地气温资料与《公路工程基本建设项目投资估算编制办法》附录四中划定的冬季气温区划分有较大出入,可按当地气温资料及上述划分标准确定工程所在地的冬季气温区。

冬季施工增加费的计算方法,是根据各类工程的特点,规定各气温区的取费标准。为了简化计算手续,采用全年平均摊销的方法,即不论是否在冬季施工,均按规定的取费标准计取冬季施工增加费。一条路线穿过两个以上的气温区时,可分段计算或按各区的工程量比例求得全线的平均增加率,计算冬季施工增加费。

冬季施工增加费以各类工程的直接工程费之和为基数,按工程所在地的气温区选用合适的费率计算。

（2）雨季施工增加费

雨季施工增加费是指雨季期间施工时为保证工程质量和安全生产所需采取的防雨、排水、防潮和防护措施,工效降低和机械作业率降低以及施工作业过程的改变等增加的有关费用。雨季施工增加的内容包括:

①因雨季施工所需增加的工、料、机费用,包括工作效率的降低及易被雨水冲毁的工程所增加的工作内容等(如基坑坍塌和排水沟等堵塞的清理、路基边坡冲沟的填补等)。

②路基土方工程的开挖和运输,因雨季施工(非土壤中水影响)而影响的黏附工具,降低工效所增加的费用。

③因防止雨水必须采取的防护措施的费用,如挖临时排水沟,防止基坑坍塌所需的支撑、挡板等。

④材料因受潮、受湿的耗损费用。

⑤增加防雨、防潮设备的费用。

⑥其他有关雨季施工所需增加的费用,如因河水高涨致使工作困难而增加的费用等。

雨量区和雨季期的划分根据气象部门提供的满15年以上的降雨资料确定。凡月平均降雨天数在10d以上、月平均日降雨量在3.5~5mm之间者为Ⅰ区;月平均日降雨量在5mm以上者为Ⅱ区。全国各地雨量区及雨季期的划分见《公路工程基本建设项目投资估算编制办法》附录五。若当地气象资料与《公路工程基本建设项目投资估算编制办法》附录五所划定的雨量区及雨季期出入较大时,可按当地气象资料及上述划分标准确定工程所在地的雨量区及雨季期。

雨季施工增加费的计算方法,是将全国划分为若干雨量区和雨季期,并根据各类工程的特点规定各雨量区和雨季期的取费标准,采用全年平均摊销的方法。即不论是否在雨季施工,均按规定的取费标准计取雨季施工增加费。

一条路线通过不同的雨量区和雨季期时,应分别计算雨季施工增加费或按工程量比例求得平均的增加率,计算全线雨季施工增加费。

雨季施工增加费以各类工程的直接工程费之和为基数,按工程所在地的雨量区、雨季期选用合适的费率计算。

室内管道及设备安装工程不计雨季施工增加费。

（3）夜间施工增加费

夜间施工增加费是指必须在夜间连续施工而发生的工效降低、夜班津贴以及有关照明设施(包括所需照明设施的安拆、摊销、维修及油燃料、电)等增加的费用。

夜间施工增加费以夜间施工工程项目(如桥梁工程项目包括上、下部构造全部工程)的直接工程费之和为基数,选择合适的费率计算。

(4)特殊地区施工增加费

特殊地区施工增加费包括高原地区施工增加费、风沙地区施工增加费和沿海地区工程施工增加费三项。

①高原地区施工增加费。

高原地区施工增加费是指在海拔高度1500m以上地区施工,由于受气候、气压的影响,致使人工、机械效率降低而增加的费用。该费用以各类工程人工费和机械使用费之和为基数,按工程所在地的海拔高度选择合适的费率计算。

一条路线通过两个以上(含两个)不同的海拔高度分区时,应分别计算高原地区施工增加费或按工程量比例求得平均的增加率,计算全线高原地区施工增加费。

②风沙地区施工增加费。

风沙地区施工增加费是指在沙漠地区施工时,由于受风沙影响,为保证工程质量和安全生产而增加的有关费用,内容包括防风、防沙及气候影响的措施费,材料费,人工、机械效率降低增加的费用,以及积沙及风蚀的清理修复等费用。

风沙地区的划分,根据《公路自然区划标准》(JTJ 003—1986)的公路自然区划和沙漠公路区划,结合风沙地区的气候状况将风沙地区分为三区九类。半干旱、半湿润沙地为风沙一区,干旱、极干旱寒冷沙漠地区为风沙二区,极干旱炎热沙漠地区为风沙三区。根据覆盖度(沙漠中植被、戈壁等覆盖程度)又将每区分为固定沙漠(覆盖度>50%),半固定沙漠(覆盖度10%~50%)、流动沙漠(覆盖度<10%)三类,覆盖度由工程勘探设计人员在公路工程勘察设计时确定。

全国风沙地区公路施工区划见《公路工程基本建设项目投资估算编制办法》附录六。若当地气象资料及自然特征与《公路工程基本建设项目投资估算编制办法》附录六中的风沙地区划分有较大的出入,由项目所在省、自治区、直辖市公路(交通)工程定额(造价管理)站按当地气象资料和自然特征及上述划分标准确定工程所在地的风沙区划,并抄送交通运输部公路局备案。

一条路线穿过两个以上不同风沙区时,按路线长度经过不同的风沙区加权计算项目全线风沙地区施工增加费。

风沙地区施工增加费以各类工程的人工费和机械使用费之和为基数,根据工程所在地的风沙区划及类别,选择合适的费率计算。

③沿海地区工程施工增加费。

沿海地区工程施工增加费是指工程项目在沿海地区施工受海风、海浪和潮汐的影响,致使人工、机械效率降低等所需增加的费用。本项费用,由沿海各省、自治区、直辖市交通运输主管部门制订具体的适用范围(地区),并抄送交通运输部公路局备案。

沿海地区工程施工增加费以各类工程的直接工程费之和为基数,选择合适的费率计算。

(5)行车干扰工程施工增加费

行车干扰工程施工增加费是指由于边施工边维持通车,受行车干扰的影响,致使人工、机械效率降低而增加的费用。该费用以受行车影响部分的工程项目的人工费和机械使用费之和为基数,选择合适的费率计算。

(6)施工标准化与安全措施费

施工标准化与安全措施费是指工程施工期间为满足安全生产、施工标准化、规范化、精细化所发生的费用。该费用不包括施工期间为保证交通安全而设置的临时安全设施和标志、标牌的费用,需要时,应根据设计要求计算。该费用也不包括预制场、拌和站、临时便道、临时便桥的施工标准化费用,应根据施工组织标准化要求单独计算。施工标准化与安全措施费以各类工程的直接工程费之和为基数,选择合适的费率计算。

(7)临时设施费

临时设施费是指施工企业为进行建筑安装工程施工所必需的生活和生产用的临时建筑物、构筑物和其他临时设施及其标准化的费用等,但不包括概、预算定额中的临时工程。临时设施包括:临时生活及居住房屋(包括职工家属房屋及探亲房屋)、文化福利及公用房屋(如广播室、文体活动室等)和生产、办公房屋(如原材料、半成品、成品存放场及库房、加工厂、钢筋加工场、发电站、变电站、空压机站、停机棚等),工地范围内的各种临时的工作便道(包括汽车、畜力车、人力车道)、人行便道,工地临时用水、用电的水管支线和电线支线,临时构筑物(如水井、水塔等)以及其他小型临时设施。

临时设施费用内容包括:临时设施的搭设、维修、拆除费或摊销费。临时设施费以各类工程的直接工程费之和为基数,选择合适的费率计算。

(8)施工辅助费

施工辅助费包括生产工具用具使用费、检验试验费和工程定位复测、工程点交、场地清理等费用。生产工具用具使用费是指施工所需不属于固定资产的生产工具、检验、试验用具及仪器、仪表等的购置、摊销和维修费,以及支付给工人自备工具的补贴费。检验试验费是指对建筑材料、构件和建筑安装工程进行一般鉴定、检查所发生的费用,包括自设试验室进行试验所耗用的材料和化学药品的费用,以及技术革新和研究试验费。但不包括新结构、新材料的试验费和建设单位要求对具有出厂合格证明的材料进行检验、对构件破坏性试验及其他特殊要求检验的费用。

施工辅助费以各类工程的直接工程费之和为基数,选择合适的费率计算。

(9)工地转移费

工地转移费是指施工企业根据建设任务的需要,由已竣工的工地或后方基地迁至新工地的搬迁费用。工地转移费的内容包括:

①施工单位全体职工及随职工迁移的家属向新工地转移的车费、家具行李运费、途中住宿费、行程补助费、杂费及工资与工资附加费等。

②公物、工具、施工设备器材、施工机械的运杂费,以及外租机械的往返费及本工程内部各工地之间施工机械、设备、公物、工具的转移费等。

③非固定工人进退场及一条路线中各工地转移的费用。

工地转移费以各类工程的直接工程费之和为基数,选择合适的费率计算。

(三)间接费

间接费由规费和企业管理费两项组成。

1.规费

规费是指法律、法规、规章规定施工企业必须缴纳的费用(简称规费)。规费包括:

(1)养老保险费:系指施工企业按规定标准为职工缴纳的基本养老保险费。

（2）失业保险费：系指施工企业按国家规定标准为职工缴纳的失业保险费。

（3）医疗保险费：系指施工企业按规定标准为职工缴纳的基本医疗保险费和生育保险费。

（4）住房公积金：系指施工企业按规定标准为职工缴纳的住房公积金。

（5）工伤保险费：系指施工企业按规定标准为职工缴纳的工伤保险费。

各项规定以各类工程的人工费之和为基数，按国家或工程所在地相关部门规定的标准计算。

2.企业管理费

企业管理费由基本费用、主副食运费补贴、职工探亲路费、职工取暖补贴和财务费用五项组成。

（1）基本费用

企业管理费基本费用是指施工企业为组织施工生产和经营管理所需的费用，内容包括：

①管理人员工资：系指管理人员的基本工资、工资性补贴、职工福利费、劳动保护费以及缴纳的养老、失业、医疗、生育、工伤保险费和住房公积金等。

②办公费：系指企业办公文具、纸张、账表、印刷、邮电、书报、会议、水、电、烧水和集体取暖（包括现场临时宿舍取暖）用煤（气）等费用。

③差旅交通费：系指职工因公出差和工作调动（包括随行家属的旅费）的差旅费，住勤补助费，市内交通及误餐补助费，职工探亲路费，劳动力招募费，职工离退休、退职一次性路费，工伤人员就医路费，以及管理部门使用的交通工具油料、燃料、牌照及养路费等。

④固定资产使用费：系指管理和试验部门及附属生产单位使用的属于固定资料的房屋、设备、仪器等的折旧，大修、维修或租赁费等。

⑤工具用具使用费：系指管理使用的不属于固定资产的生产工具、用具、家具、交通工具和检验、试验、测绘、消除用具等的购置、维修和摊销费。

⑥劳动保险费：系指企业支付离退休职工的易地安家补助费、职工退休金、六个月以上病假人员工资、职工死亡丧葬补助费、抚恤费，按规定支付给离休干部的各项经费。

⑦工会经费：系指企业按职工工资总额计提的工会经费。

⑧职工教育经费：系指企业为职工学习先进技术和提高文化水平，按职工工资总额计提的费用。

⑨保险费：系指企业财产保险、管理用车辆等保险费用。

⑩工程保修费：系指工程竣工交付使用后，在规定保修期以内的修理费用。

⑪工程排污费：系指施工现场按规定缴纳的排污费用。

⑫税金：系指企业按规定交纳的房产税、车船使用税、土地使用税、印花税。

⑬其他：指上述项目以外的其他必要的费用支出，包括技术转让费、技术开发费、业务招待费、绿化费、广告费、投标费、公证费、定额测定费、法律顾问费、审计费、咨询费等。

基本费用以各类工程的直接费之和为基数，选择合适的费率计算。

（2）主副食运费补贴

主副食运费补贴是指施工企业在远离城镇及乡村的野外施工，而购买生活必需品所需增加的费用。该费用以各类工程的直接费之和为基数，选择合适的费率计算。

（3）职工探亲路费

职工探亲路费是指按照有关规定施工企业在探亲期间发生的往返车船费、市内交通费和途中住宿费等费用。该费用以各类工程的直接费之和为基数,选择合适的费率计算。

(4)职工取暖补贴

职工取暖补贴是指按规定发放给职工的冬季取暖或在施工现场设置的临时取暖设施的费用。该费用以各类工程的直接费之和为基数,按工程所在地的气温区(见《公路工程基本建设项目投资估算编制办法》附录四)选用合适的费率计算。

(5)财务费用

财务费用是指施工企业为筹集资金而发生的各项费用,包括企业经营期间发生的短期贷款利息净支出、汇兑净损失、调剂外汇手续费、金融机构手续费,以及企业筹集资金发生的其他财务费用。

财务费用以各类工程的直接费之和为基数,选择合适的费率计算。

3.辅助生产间接费

辅助生产间接费是指由施工单位自行开采加工的砂、石等自采材料及施工单位自办的人工装卸和运输的间接费。

辅助生产间接费按人工费的5%计算。该项费用并入材料预算单价内构成材料费,不直接出现在投资估算中。

高原地区施工单位的辅助生产,可按其他工程费中高原地区施工增加费费率,以直接工程费为基数计算高原地区施工增加费(其中:人工采集、加工材料、人工装卸、运输材料按人工土方费率计算;机械采集、加工材料按机械石方费率计算;机械装、运输材料按汽车运输费率计算)。辅助生产高原地区施工增加费不作为辅助生产间接费的计算基数。

(四)利润

利润是指施工企业完成所承包工程应取得的盈利,利润按直接费与间接费之和扣除规费的7%计算。

(五)税金

税金是指按国家税法规定应计入建筑安装工程造价内的营业税、城市维护建设税及教育费附加。税金按式(7-3)计算

$$税金 = (直接工程费 + 间接费 + 利润) \times 综合税率 \qquad (7-3)$$

税金的综合税率按3.41%计算。

二、设备、工具、器具及家具购置费

1.设备购置费

设备购置费是指为满足公路的营运、管理、养护需要,购置的达到固定资产标准的设备和虽低于固定资产标准但属于设计明确列入设备清单的设备的费用。包括渡口设备:隧道照明、消防、通风的动力设备,高等级公路的收费、监控、通信、供电设备,养护用的机械、设备和工具、器具等的购置费用。

设备购置费应由设计(咨询)单位列出计划购置的清单(包括设备的规格、型号、数量),以设备原价加综合业务费和运杂费。按式(7-4)计算

$$设备购置费 = 设备原价 + 运杂费(运输费 + 装卸费 + 搬运费) +$$
$$运输保险费 + 采购及保管费 \tag{7-4}$$

需要安装的设备,应在第一部分建筑安装工程费的有关项目内另计设备的安装工程费。设备与材料的划分标准见《公路工程基本建设项目投资估算编制办法》附录七。

(1)国产设备原价的构成及计算

国产设备的原价一般是指设备制造厂的交货价,即出厂价或订货合同价。内容包括按专业标准规定的在运输过程中不受损失的一般包装费,及按产品设计规定配带的工具、附件和易损件的费用。按式(7-5)计算

$$设备原价 = 出厂价(或供货地点价) + 包装费 + 手续费 \tag{7-5}$$

(2)进口设备原价的构成及计算

进口设备的原价是指进口设备的抵岸价,即抵达买方边境港口或边境车站,且交完关税为止形成的价格。按式(7-6)计算

$$进口设备原价 = 货价 + 国际运费 + 运输保险费 + 银行财务费 + 外贸手续费 + 关税 +$$
$$增值税 + 消费税 + 商检费 + 检疫费 + 车辆购置附加税 \tag{7-6}$$

①货价:一般指装运港船上交货价(FOB,习惯称离岸价)。设备货价分为原币货价和人民币货价,原币货价一律折算为美元表示,人民币货价按原币货价乘以外汇市场美元兑换人民币的中间价确定。进口设备货价按有关生产厂商询价、报价、订货合同价计算。

②国际运费:即从装运港(站)到达我国抵达港(站)的运费。按式(7-7)计算

$$国际运费 = 原币货价(FOB 价) \times 运费费率 \tag{7-7}$$

我国进口设备大多采用海洋运输,小部分采用铁路运输,个别采用航空运输。运费费率参照有关部门的规定执行,海运费费率一般为6%。

③运输保险费:对外贸易货物运输保险是由保险人(保险公司)与被保险人(出口人或进口人)订立保险契约,在被保险人交付议定的保险费后,保险人根据保险契约的规定对货物在运输过程中发生的承保责任范围内的损失给予经济上的补偿。这是一种财产保险,按式(7-8)计算

$$运输保险费 = \frac{原币货价(FOB 价) + 国际运费}{1 - 保险费费率} \times 保险费费率 \tag{7-8}$$

保险费费率是按保险公司规定的进口货物保险费费率计算,一般为0.35%。

④银行财务费:一般指中国银行手续费。可按式(7-9)计算

$$银行财务费 = 人民币货价(FOB 价) \times 银行财务费费率 \tag{7-9}$$

银行财务费费率一般为0.4% ~0.5%。

⑤外贸手续费:指按规定计取的外贸手续费,按式(7-10)计算

$$外贸手续费 = [人民币货价(FOB 价) + 国际运费 + 运输保险费] \times$$
$$外贸手续费费率 \tag{7-10}$$

外贸手续费费率一般为1% ~1.5%。

⑥关税:指海关对进出国境或关境的货物和物品征收的一种税。按式(7-11)计算

$$关税 = [人民币货价(FOB 价) + 国际运费 + 运输保险费] \times 进口关税税率 \tag{7-11}$$

进口关税税率按我国海关总署发布的进口关税税率计算。

⑦增值税:是对从事进口贸易的单位和个人,在进口商品报关进口后征收的税种。按《中

华人民共和国增值税条例》的规定,进口应税产品均按组成计税价格和增值税税率直接计算应纳税额。按式(7-12)计算

$$增值税 = [人民币货价(FOB价) + 国际运费 + 运输保险费 + 关税 + 消费税] \times$$
$$增值税税率 \qquad (7-12)$$

增值税税率根据规定的税率计算,目前进口设备适用的税率为17%。

⑧消费税:对部分进口设备(如轿车、摩托车等)征收。按式(7-13)计算

$$应纳消费税额 = \frac{人民币货价(FOB价) + 国际运费 + 运输保险费 + 关税}{(1 - 消费税税率) \times 消费税税率} \qquad (7-13)$$

消费税税率根据规定的税率计算。

⑨商检费:指进口设备按规定付给商品检查部门和进口设备检验鉴定费。按式(7-14)计算

$$商检费 = [人民币货价(FOB价) + 国际运费 + 运输保险费] \times 商检费费率 \qquad (7-14)$$

商检费费率一般为0.8%。

⑩检疫费:指进口设备按规定付给商品检疫部门的进口设备检验鉴定费。按式(7-15)计算

$$检疫费 = [人民币货价(FOB价) + 国际运费 + 运输保险费] \times 检疫费费率 \qquad (7-15)$$

检疫费费率一般为0.17%。

⑪车辆购置附加费:指进口车辆需缴纳的进口车辆购置附加费。按式(7-16)计算

$$进口车辆购置附加费 = [人民币货价(FOB价) + 国际运费 + 运输保险费 + 关税 +$$
$$消费税 + 增值税] \times 进口车辆购置附加费费率 \qquad (7-16)$$

在计算进口设备原价时,应注意工程项目的性质,有无按国家有关规定减免进口环节税的可能。

(3)设备运杂费的构成及计算

国产设备运杂费是指由设备制造厂交货地点起至工地仓库(或施工组织设计指定的需要安装设备的堆放地点)止所发生的运费和装卸费;进口设备运杂费是指由我国到岸港口或边境车站起至工地仓库(或施工组织设计指定的需要安装设备的堆放地点)止所发生的运费和装卸费。设备运杂费费率根据《公路工程基本建设项目投资估算编制办法》中的规定确定,按式(7-17)计算

$$运杂费 = 设备原价 \times 运杂费费率 \qquad (7-17)$$

(4)设备运输保险费的构成及计算

设备运输保险费是指国内运输保险费,设备运输保险费费率一般为1%。按式(7-18)计算

$$运输保险费 = 设备原价 \times 保险费费率 \qquad (7-18)$$

(5)设备采购及保管费的构成及计算

设备采购及保管费是指采购、验收、保管和收发设备所发生的各种费用,包括设备采购人员、保管人员和管理人员的工资、工资附加费、办公费、差旅交通费,设备部门办公和仓库所占固定资产使用费、工具用具使用费、劳动保护费、检验试验费等。按式(7-19)计算

$$采购及保管费 = 设备原价 \times 采购及保管费费率 \qquad (7-19)$$

需要安装的设备的采购保管费费率为2.4%,不需要安装的设备的采购保管费费率为

1.2%。

2.工器具及生产家具(简称工器具)购置费

工器具购置费是指建设项目交付使用后为满足初期正常营运必须购置的第一套不构成固定资产的设备、仪器、仪表、工卡模具、器具、工作台(框、架、柜)等的费用。不包括:构成固定资产的设备、工器具和备品、备件;已列入设备购置费中的专用工具和备品、备件。工器具购置应由设计(咨询)单位列出计划购置的清单(包括规格、型号、数量),购置费的计算方法同设备购置费。计算方法如下:

(1)项目建议书投资估算设备、工具、器具购置费可按《公路工程基本建设项目投资估算编制办法》附录八规定的费率,以第一部分建筑安装工程费总额为基数计算。

(2)工程可行性研究报告投资估算的设备及工具、器具购置费按现行《公路工程估算指标》(JTG/T M21)附录一计算。

3.办公和生活用家具购置费

办公和生活用家具购置费是指为保证建设项目初期正常生产、使用和管理所必须购置的办公和生活用家具、用具的费用。范围包括:办公室、会议室、资料档案室、阅览室、宿舍及生活福利设施等的家具、用具。办公和生活用家具购置费根据《公路工程基本建设项目投资估算编制办法》中的规定计算。

🌐 三、工程建设其他费用

1.土地征用及拆迁补偿费

土地征用及拆迁补偿费是指按照《中华人民共和国土地管理法》及《中华人民共和国土地管理法实施条例》《中华人民共和国基本农田保护条例》等法律、法规的规定,为进行公路建设需征用土地所支付的土地征用及拆迁补偿费等费用。

(1)费用内容

①土地补偿费:指被征用土地地上、地下附着物及青苗补偿费,征用城市郊区的菜地等缴纳的菜地开发建设基金,租用土地费,耕地占用税,用地图编制费及勘界费,征地管理费等。

②征用耕地安置补助费:指征用耕地需要安置农业人口的补助费。

③拆迁补偿费:指被征用或占用土地上的房屋及附属构筑物、城市公用设施等拆除、迁建补偿费,拆迁管理费等。

④复耕费:指临时占用的耕地、鱼塘等,待工程竣工后将其恢复到原有标准所发生的费用。

⑤耕地开垦费:指公路建设项目占用耕地的,应由建设项目法人(业主)负责补充耕地所发生的费用;没有条件开垦或者开垦的耕地不符合要求的,按规定缴纳的耕地开垦费。

⑥森林植被恢复费:指公路建设项目需要占用、征用或者临时占用林地的,经县级以上林业主管部门审核同意或批准,建设项目法人(业主)单位按照有关规定向县级以上林业主管部门预缴的森林植被恢复费。

(2)计算方法

①项目建议书投资估算阶段。

土地征用费按《公路工程项目建设用地指标》中规定的数量乘以工程所在地的征地单价进行计算。拆迁补偿费按《公路工程基本建设项目投资估算编制办法》附录八规定的费率,以

第一部分建筑安装工程费总额为基数进行计算。

②工程可行性研究报告投资估算阶段。

土地征用及拆迁补偿费应根据工程可行性研究报告编制的建设工程用地和临时用地面积及其附着物的情况,以及实际发生的费用项目,按国家有关规定及工程所在地的省(自治区、直辖市)人民政府颁发的有关规定和标准计算。

森林植被恢复费应根据审批单位批准的建设工程占用林地的类型及面积,按国家有关规定及工程所在地的省(自治区、直辖市)人民政府颁发的有关规定和标准计算。

当与原有的电力电讯设施、水利工程、铁路及铁路设施互相干扰时,应与有关部门联系,商定合理的解决方案和赔偿金额,也可由这些部门按规定编制费用以确定赔偿金赔偿金额。

2. 建设项目管理费

建设项目管理费包括建设单位(业主)管理费、工程监理费、设计文件审查费和竣(交)工验收试验检测费。

(1)建设单位(业主)管理费

建设单位(业主)管理费是指建设单位(业主)为建设项目的立项、筹建、建设、竣(交)工验收、总结等工作所发生的管理费用。不包括应计入设备、材料预算价格的建设单位采购及保管设备、材料所需的费用。费用内容包括:工作人员的工资、工资性补贴、施工现场津贴、社会保障费用(基本养老、基本医疗、失业、工伤保险)、住房公积金、职工福利费、工会经费、劳动保护费、办公费、会议费、差旅交通费、固定资产使用费(包括办公及生活房屋折旧,维修或租赁费,车辆折旧、维修、使用或租赁费,通信设备购置、使用费,测量、试验设备仪器折旧、维修或租赁费,其他设备折旧、维修或租赁费等)、零星固定资产购置费、招募生产工人费、技术图书资料费、职工教育经费、工程招标费(不含招标文件及标底或造价控制值编制费)、合同契约公证费、法律顾问费、咨询费、建设单位的临时设施费、完工清理费、竣(交)工验收费(含其他行业或部门要求的竣工验收费用)、各种税费(包括房产税、车船使用税、印花税等)、建设项目审计费、境内外融资费用(不含建设期贷款利息)、业务招待费和其他管理费用开支。由施工企业代建设单位(业主)办理"土地、青苗等补偿费"的工作人员所发生的费用,应在建设单位(业主)管理费项目中支付。当建设单位(业主)委托有资质的单位代理招标时,其代理费应在建设单位(业主)管理费中支出。

建设单位(业主)管理费以建筑安装工程费总额为基数,按《公路工程基本建设项目投资估算编制办法》规定的费率,以累进办法计算。

(2)工程监理费

工程监理费是指建设单位(业主)委托具有公路工程监理资格证书的单位,按施工监理办法进行全面的监督与管理所发生的费用。

费用内容包括:工作人员的基本工资、工资性津贴、社会保障费用(基本养老、基本医疗、失业、工伤保险)、住房公积金、职工福利费、工会经费、劳动保护费;办公费、会议费、差旅交通费、固定资产使用费(包括办公及生活房屋折旧,维修或租赁费,车辆折旧、维修、使用或租赁费,通信设备购置、使用费,测量、试验、检测设备仪器折旧、维修或租赁费,其他设备折旧、维修或租赁费等)、零星固定资产购置费、招募生产工人费;技术图书资料费、职工教育经费、投标费用;合同契约公证费、咨询费、业务招待费;财务费用、监理单位的临时设施费、各种税费和其他管理性开支。

工程监理费以建筑安装工程费总额为基数,按《公路工程基本建设项目投资估算编制办法》规定的费率计算。

(3)设计文件审查费

设计文件审查费是指国家和省级交通主管部门在项目审批前,为保证勘察设计工作的质量,组织有关专家或委托有资质的单位,对设计单位提交的建设项目可行性研究报告和勘察设计文件以及对设计变更、调整概算进行审查所需要的相关费用。

设计文件审查费以建筑安装工程费总额为基数,按0.1%计算。

(4)竣(交)工验收试验检测费

竣(交)工验收试验检测费是指在公路建设项目交工验收和竣工验收前,由建设单位(业主)或工程质量监督机构委托有资质的公路工程质量检测单位按照有关规定对建设项目的工程质量进行检测,并出具检测意见所需要的相关费用。

竣(交)工验收试验检测费按《公路工程基本建设项目投资估算编制办法》规定的费率计算。

3.研究试验费

研究试验费是指为本建设项目提供或验证设计数据、资料进行必要的研究试验和按照设计规定在施工过程中必须进行试验所需的费用,以及支付科技成果、先进技术的一次性技术转让费。不包括:

(1)应由科技三项费用(即新产品试制费、中间试验费和重要科学研究补助费)开支的项目。

(2)应由施工辅助费开支的施工企业对建筑材料、构件和建筑物进行一般鉴定、检查所发生的费用及技术革新研究试验费。

(3)应由勘察设计费或建筑安装工程费用中开支的项目。

计算方法如下:

(1)项目建议书投资估算的研究试验费按《公路工程基本建设项目投资估算编制办法》附录八规定的费率,以第一部分建筑安装工程费总额为基数计算。

(2)工程可行性研究报告的研究试验费按照设计提出的研究试验内容和要求进行编制,不需验证设计基础资料的不计本项费用。

4.建设项目前期工作费

建设项目前期工作费是指委托勘察设计、咨询单位对建设项目进行可行性研究、工程勘察设计,以及设计、监理、施工招标文件及招标标底或造价控制值文件编制时,按规定应支付的费用。包括:

(1)编制项目建议书(或预可行性研究报告)、可行性研究报告、投资估算,以及相应的勘察、设计、专题研究等所需的费用。

(2)初步设计和施工图设计的勘察费(包括测量、水文调查、地质勘探等)、设计费、概算及调整概算编制费等。

(3)设计、监理、施工招标文件及招标标底(或造价控制值或清单预算)文件编制费等。

计算方法如下:

(1)项目建议书投资估算前期工作费按《公路工程基本建设项目投资估算编制办法》附录

八规定的费率,以第一部分建筑安装工程费总额为基数计算。

(2)工程可行性研究报告投资估算前期工作费依据委托合同计列,或按国家颁发的收费标准和有关规定进行编制。

5.专项评价(估)费

专项评价(估)费是指依据国家法律、法规规定需进行评价(评估)、咨询,按规定应支付的费用,包括环境影响评价费、水土保持评估费、地震安全性评价费、地质灾害危险性评价费、压覆重要矿床评估费、文物勘察费、通航认证费、行洪认证(评估)费、使用林地可行性研究报告编制费、用地预审报告编制费等费用。

计算方法如下:

(1)项目建议书投资估算的专项评价(估)费按《公路工程基本建设项目投资估算编制办法》附录八规定的费率,以第一部分建筑安装工程费总额为基数计算。

(2)工程可行性研究报告投资估算的专项评价(估)费依据委托合同计列,或按国家颁发的收费标准和有关规定进行编制。

6.施工机构迁移费

施工机构迁移费是指施工机构根据建设任务的需要,经有关部门决定成建制地(指工程处等)由原驻地迁移到另一地区所发生的一次性搬迁费用。不包括:

(1)应由施工企业自行负担的,在规定距离范围内调动施工力量以及内部平衡施工力量所发生的迁移费用。

(2)由于违反基建程序,盲目调迁队伍所发生的迁移费。

(3)因中标而引起施工机构迁移所发生的迁移费。

费用内容包括:职工及随同家属的差旅费,调迁期间的工资,施工机械、设备、工具、用具和周转性材料的搬运费。

计算方法:施工机构迁移费应经建设项目的主管部门同意按实计算。但计算施工机构迁移费后,如迁移地点即新工地地点(如独立大桥),则其他工程费内的工地转移费应不再计算;如施工机构迁移地点至新工地地点尚有部分距离,则工地转移费的距离,应以施工机构新地点为计算起点。

7.供电贴费(目前停止证收)

供电贴费是指按照国家规定,建设项目应交付的供电工程贴费、施工临时用电贴费。计算方法:按国家有关规定计列。

8.联合试运转费

联合试运转费是指新建、改(扩)建工程项目,在竣工验收前按照设计规定的工程质量标准,进行动(静)荷载实验所需的费用,或进行整套设备带负荷联合试运转期间所需的全部费用抵扣试车期间收入的差额。不包括应由设备安装工程项下开支的调试费的费用。

费用内容包括:联合试运转期间所需的材料、油燃料和动力的消耗,机械和检测设备使用费,工具用具和低值易耗品费,参加联合试运转人员工资及其他费用等。

联合试运转费以建筑安装工程费总额为基数,独立特大型桥梁按 0.075%、其他工程按0.05%计算。

9.生产人员培训费

生产人员培训费是指新建、改(扩)建公路工程项目,为保证生产的正常运行,在工程竣工验收交付使用前对运营部门生产人员和管理人员进行培训所必需的费用。

费用内容包括:培训人员的工资、工资性补贴、职工福利费、差旅交通费、劳动保护费、培训及教学实习费等。

生产人员培训费按设计定员和2000元/人的标准计算。

10.固定资产投资方向调节税(目前暂停征收)

固定资产投资方向调节税是指为了贯彻国家产业政策,控制投资规模,引导投资方向,调整投资结构,加强重点建设,促进国民经济持续稳定协调发展,依照《中华人民共和国固定资产投资方向调节税暂行条例》规定,公路建设项目应缴纳的固定资产投资方向调节税。

计算方法:按国家有关规定计算。

11.建设期贷款利息

建设期贷款利息是指建设项目中分年度使用国内贷款或国外贷款部分,在建设期间内应归还的贷款利息。费用内容包括各种金融机构贷款、企业集资、建设债券和外汇贷款等利息。

计算方法:根据不同的资金来源按需付息的分年度投资计算。按公式(7-20)计算。

建设期贷款利息 = Σ(年初付息贷款本息累计 + 本年度付息贷款额 ÷ 2)× 年利率

即

$$S = \sum_{n=1}^{N}(F_n + b_n \div 2) \times i \tag{7-20}$$

式中:S——建设期贷款利息;

N——项目建设期(年);

n——施工年度;

F_n——建设期第 n 年初需付息贷款本息累计;

b_n——建设期第 n 年付息贷款额;

i——建设期贷款年利率。

四、预备费

预备费由价差预备费及基本预备费两部分组成。在公路工程建设期限内,凡需动用预备费时,属于公路交通部门投资的项目,需经建设单位提出,按建设项目隶属关系,报交通运输部或交通厅(局)基建主管部门核定批准。属于其他部门投资的建设项目,按其隶属关系报有关部门核定批准。

1.价差预备费

价差预备费是项目建议书各可行性研究报告编制年至工程竣工年期间,第一部分费用的人工费、材料费、机械使用费、其他工程费、间接费等,第二、三部分费用由于政策、价格变化可能发生上浮而预留的费用及外资贷款汇率变动部分的费用。

(1)计算方法:价差预备费以投资估算第一部分建筑安装工程费总额为基数,按项目建议书和可行性研究报告编制年始至建设项目工程竣工年的年数和年工程造价增涨率计算。

按式(7-21)计算

$$价差预备费 = P \times \left[(1+i)^{n-1} - 1 \right] \tag{7-21}$$

式中:P——建筑安装工程费总额(元);

    i——年工程造价增涨率(%);

    n——项目建议书和可行性研究报告编制年至建设项目开工年 + 建设项目建设期限(年)。

(2)年工程造价增涨率按有关部门公布的工程投资价格指数计算,或由设计(咨询)单位会同建设单位根据该工程人工费、材料费、施工机械使用费、其他工程费、间接费以及第二、三部分费用可能发生的上浮因素,以第一部分建安费为基数进行综合分析预测。

(3)项目建议书和可行性研究报告编制至工程完工在一年以内的工程,不列此项费用。

2.基本预备费

基本预备费是指在项目建议书和可行性研究报告及估算中难以预料的工程和费用,其用途如下:

(1)在进行初步设计(技术设计)、施工图设计和施工过程中,在批准的可行性研究报告和估算范围内所增加的工程费用。

(2)在设备订货时,由于规格、型号改变的价差;由于材料货源变更、运输距离或方式的改变以及因规格不同而代换使用等原因发生的价差。

(3)由于一般自然灾害所造成的损失和预防自然灾害所采取的措施费用。

(4)在项目主管部门组织竣(交)工验收时,验收委员会(或小组)为鉴定工程质量必须开挖和修复隐蔽工程的费用。

(5)投保的工程根据工程特点和保险合同发生的工程保险费用。

计算方法:以第一、二、三部分费用之和(扣除固定资产投资方向调节税和建设期贷款利息两项费用)为基数,项目建议书投资估算按费率11%计列,可行性研究报告投资估算按费率9%计列。

🌐 五、回收金额

投资估算指标所列材料一般不计回收,只对按全部材料计价的一些临时工程项目和由于工程规模或工期限制达不到规定周转次数的拱盔、支架及施工金属设备的材料计算回收金额。回收率见表7-3。

回 收 率 表   表7-3

回收项目	使用年限或周转次数				计算基数
	一年或一次	二年或二次	三年或三次	四年或四次	
临时电力、电讯线路	50%	30%	10%	—	材料原价
拱盔、支架	60%	45%	30%	15%	
施工金属设备	65%	65%	50%	30%	

注:施工金属设备指钢壳沉井、钢护筒等。

六、公路工程建设各项费用的计算程序及计算方式

公路工程建设各项费用的计算程序及计算方式见表7-4。

公路工程建设各项费用的计算程序及计算方式　　　　　　表7-4

代　号	项　目	说明及计算式
（一）	直接工程费(即工、料、机费)	按编制年工程所在地的预算价格计算
（二）	其他工程费	(一)×其他工程费综合费率或各类工程人工费和机械使用费之和×其他工程费综合费率
（三）	直接费	(一)+(二)
（四）	间接费	各类工程人工费×规费综合费率+(三)×企业管理费综合费率
（五）	利润	[(三)+(四)-规费]×利润率
（六）	税金	[(三)+(四)+(五)]×综合税率
（七）	建筑安装工程费	(三)+(四)+(五)+(六)
（八）	设备、工器具购置费(包括备品备件)	Σ(设备、工器具数量×单价+运杂费)×(1+采购保管费率)
	办公和生活用家具购置费	按有关规定计算
（九）	工程建设其他费用	
	土地征用及拆迁补偿费	按有关规定计算
	建设单位管理费	(七)×费率
	工程监理费	(七)×费率
	设计文件审查费	(七)×费率
	竣(交)工验收试验检测费	按有关规定计算
	研究试验费	按有关规定计算
	前期工作费	按有关规定计算
	专项评价(估)费	按有关规定计算
	施工机构迁移费	按实计算
	供电贴费(停止征收)	按有关规定计算
	联合试运转费	(七)×费率
	生产人员培训费	按有关规定计算
	固定资产投资方向调节税	按有关规定计算
	建设期贷款利息	按资金筹措方案贷款数及利率计算
（十）	预备费	包括价差预备费和基本预备费两项
	价差预备费	按规定的公式计算
	基本预备费	[(七)+(八)+(九)-固定资产投资方向调节税-建设期贷款利息]×费率
（十一）	建设项目总费用	(七)+(八)+(九)+(十)

七、投资估算的编制程序

编制投资估算的程序和方法没有固定模式,在某种程度上是取决于国家规定的投资估算编制办法和研究工作的深度。根据我国有关工程造价管理的规定,一般情况下编制投资估算的程序如下:

(1)熟悉设计方案和各种图表资料,对各项主要工程数量进行必要的核对和计算,若发现与指标的计算口径和要求不一致时,要提请设计人员查实,或在外业调查时予以解决。然后按指标的内容要求,正确计算各种计价工程数量,为编制投资估算提供可靠的基础资料。

(2)按照编制投资估算的要求,整理分析好涉及投资估算的各种外业调查资料,如进行材料综合供应价格的分析取定,计算各种材料的平均运距并确定合理的运输方案等。

(3)研究建设安排和实施方案的内容和要求是否合理可行,核算与批准的相关文件的规定是否相符,如有变动,则要分析其合理性,做到切合实际,合理可靠。

(4)取定人工费单价和材料供应价格,按照运距示意图确定的运输方案和平均运距,计算材料的预算价格。

(5)根据确定的总体实施方案的要求,结合建设项目的实际情况,正确取定其他工程费、间接费等费率标准,并进行汇总。

(6)对拟选用的估算指标,按指标规定进行调整。

(7)根据计算的主要工程数量和选用的并经调整好的估算指标,计算出人工、材料、机械的实物量。

(8)根据确定的人工、材料的预算价格和各种费率标准,计算各项费用,并进行累计汇总。

(9)编制设备、工具、器具购置费和工程建设其他费用。

(10)编制总估算及统计汇总人工和主要材料数量。

(11)若是分段编制投资估算的,再汇编总估算。

(12)写出编制说明,进行复核与审核。

(13)出版、盖章、上报。

复习思考题

1.项目建议书投资估算有哪些作用?

2.查人工、材料的价格信息,为什么应以当地公路工程造价管理部门发布的信息为依据?

3.编制投资估算应有哪些主要依据?

4.简述投资估算的程序。

5.简述编制投资估算中建筑安装工程费的方法。

6.工程造价历史资料对编制投资估算有哪些参考作用?

7.简述投资估算在可行性研究报告中的地位。

8.可行性研究报告投资估算有哪些作用?

9.编制可行性研究报告投资估算与项目建议书投资估算有何不同的显著特点?

第八章
公路建设项目财务评价

第一节 ＞ 财务评价概述

一、财务评价概念与作用

1.概念

公路建设项目的财务评价是在交通量预测研究和工程技术研究的基础上,根据国家现行财税制度、市场价格和经济评价的有关规定,从项目的财务角度,分析、计算与项目直接相关的财务效益和费用,编制财务报表,计算财务评价指标和各项财务比率,分析项目的盈利能力和清偿能力,考察项目在财务上的可行性,为投资者的决策提供科学的依据。

公路建设项目的财务评价既是一种投资者的赢利分析,也是一种建设项目的行业经济分析,具有以下特点:

(1)将投资项目置于本行业进行研究,在考虑资金的时间价值时,以本行业的投资机会成本来确定其基准贴现率。

(2)在分析项目的收入和支出时,以项目本身为研究对象,以投资者在本项目上的收益和支出为计算范围,而不考虑给第三者或项目使用者所带来的费用或效益。

(3)重点进行收费分析和贷款偿还分析。

2.作用

公路建设项目进行财务评价的前提条件是项目的全部或部分投资须通过收取一定的使用费予以偿还。公路建设项目财务评价是可行性研究的组成部分,是经济评价的重要环节。它在衡量项目财务盈利能力及筹措资金方面有着特殊作用和意义,是判别公路建设项目在经济上是否可行的基本依据之一,是项目决策的重要依据之一。对于公路建设项目,除了进行财务评价,还需进行国民经济评价,此时,财务评价是国民经济评价的重要基础。

由于公路建设的资金回收期长,见效相对缓慢,因此加强公路建设项目财务评价有着非常重要的意义,其主要作用如下:

(1)有利于改善公路投资结构,多渠道筹集资金,刺激社会资金在公路建设上的投入,加强公路建设资金的综合利用,加快公路建设事业的发展,加速公路建设资金市场的形成。

(2)有利于合理利用公路建设资金,将有限的公路建设资金投入到财务效果最好的公路建设项目,加速公路建设资金的周转,提高公路建设资金的使用效益。

(3)有利于加强收费管理和监督,防止各地滥收费用的现象。

随着我国建设管理体制改革的深入,我国的公路建设管理体制正在进行稳妥而有步骤的改革,建设项目拨款改贷款制度的推行,建设项目法人制的建立,公路收费制度的产生以及股份制融资方式、BOT筹资方式、收费经营方式的探索,为如何在进行公路建设项目国民经济评价的同时,进一步加强和完善公路建设项目的财务评价,特别是贷款偿还能力分析提出了客观的要求。作为一个公路建设项目,其经济效果的好坏除了要考察公路建设项目的宏观经济效果外,还应考察其微观经济效果,做到宏观经济效果与微观经济效果相统一。当一个项目的国民经济评价结果可行而财务分析结果很差、贷款偿还能力很低、工程建设资金难以回收时,则应该对该项目所拟定的方案进行调整,或者需要国家采用某些经济手段予以调节(比如对此类工程项目进行财政补贴或减免税收等),使项目在财务上有生存能力,然后重新进行国民经济评价和财务评价,使国民经济评价结果和财务评价结果都能符合要求。

二、公路建设项目财务评价的内容与步骤

公路建设项目财务评价内容应根据公路建设项目的性质和目标确定,对于经营性项目,财务评价应计算财务指标,分析项目的盈利能力、偿债能力和财务生存能力,判别项目的财务可行性,明确项目对财务主体及投资者的价值贡献,为项目决策提供依据;对于非经营性项目,财务评价主要分析项目的财务生存能力。

公路建设项目财务评价的主要内容与步骤如下:

1.财务评价前的准备工作

通过实地调研,熟悉拟建项目的基本情况,熟悉拟建项目的建设目的、意义、要求、建设条件和投资环境以及主要技术方案等,收集整理相关信息。

2.选取财务评价基础数据与参数

根据项目的特点及融资方式,选取必要的财务基础数据和参数,主要包括投入物和产出物的财务价格及未来价格走势,税率、利率、汇率、计算期、固定资产折旧率及基准收益率等基础数据与参数。

3.预测财务效益与费用

预测的财务效益与费用主要包括固定资产投资估算、流动资金投资及其他投资估算、营业收入、成本费用估算和相关税金估算等,这些数据大部分都是预测数据,因此其可靠性和准确度是决定财务评价成败的关键。

4.编制财务评价报表,计算相应评价指标

财务评价报表主要包括项目投资现金流量表、利润与利润分配表,有借款偿还的项目,还需要编制项目资本现金流量表、资金来源与运用表、资产负债表、借款还本付息等基本报表,以及建设投资估算表、总成本费用估算表等财务评价辅助报表。

通过财务评价报表计算相应的评价指标。财务盈利能力分析指标主要包括财务净现值、财务内部收益率、财务动态投资回收期。财务清偿能力分析指标主要有借款偿还期、利息备付率、偿债备付率等评价指标。

5.进行财务分析

工程项目的财务分析主要包括项目盈利能力分析和项目清偿能力分析两个方面。

收费公路项目分为收费还贷型和收费经营型两种情形。收费还贷型公路项目通过编制财

务报表,计算评价指标,主要考察项目的清偿能力;收费经营型公路项目则在考虑项目清偿能力的基础上,注重考查项目的盈利能力。

根据不同的决策需要,工程项目财务分析又分为融资前财务分析和融资后财务分析。

融资前财务分析(融资前盈利能力分析)是指不考虑债务资金的筹集、使用和还本付息等融资问题对项目建设和运营效益的影响,以考察项目自身的财务可行性。

融资后财务分析是指在确定的融资方案基础上进行的财务分析,分析时要考虑财务资金的筹集、使用和还本付息等融资问题对项目建设和运营效益的影响,以考察项目对投资者的财务贡献,包括融资后盈利能力分析和融资后清偿能力分析。

财务分析一般先进行融资前分析,在融资前分析结论满足要求的情况下,再确定融资方案,之后进行融资后财务分析。具体分析内容、方法见第四章。

6.进行不确定分析,公路建设项目主要进行敏感性分析

公路建设项目经济评价所采用的数据,大部分来自预测和估算,为了分析不确定因素对公路建设项目评价指标的影响,需进行敏感性分析,以估计项目可能承担的经济或财务风险。

国民经济评价时,原则上应选取建设投资、交通量等可能发生变化的因素,重点测算这些因素变化对内部收益率的影响。

财务评价时,可选取建设投资、交通量、收费标准、物价总水平上涨率等因素,重点测算这些因素变化对财务内部收益率的影响,必要时还要分析其对借款偿还期的影响。

公路项目的经济抗风险能力可分为很强、较强、一般、较弱四个等级。敏感性分析结果能抵御费用(支出)和效益(收入)双向20%的不利变化时,表明项目经济(财务)抗风险能力很强;抵御双向10%不利变化时,抗风险能力较强;抵御单向10%不利变化时,抗风险能力一般;不能抵御单向10%不利变化时,抗风险能力较弱。

7.编写工程项目财务评价报告

将工程项目财务评价的步骤、所采用的方法、得出的相关数据和分析的结果写成报告,并最终从财务角度提出工程项目是否可行的结论,以作为工程决策的重要依据之一。

三、公路建设项目财务评价基本报表

公路建设项目财务评价所需的报表包括投资现金流量表、利润与利润分配表。有借款偿还的项目,还需要编制项目资本金现金流量表、借款还本付息表、敏感性分析表等。

(1)项目投资现金流量表:反映项目计算期内各年的现金收支(现金流入和流出),用以计算各项动态评价指标,以考察项目的盈利能力。

(2)利润与利润分配表:反映项目计算期内的利润(亏损)的实现情况。

(3)项目资本金现金流量表:反映投资者权益投资的获利能力,用以计算资本金内部收益率。

(4)借款还本付息表:反映项目计算期内各年借款的使用、还本付息,以及偿债资金来源,计算借款偿还期或偿债备付率、利息备付率等指标,以考察项目的借款偿还能力。

(5)敏感性分析表:可选取建设投资、交通量、收费标准、物价总水平上涨率等因素,重点测算这些因素变化对财务内部收益率的影响,必要时还要分析其对贷款偿还期的影响。

财务评价基本报表的基本形式详见本章案例分析。

第二节 ▶ 公路建设项目财务评价参数与指标

一、公路建设项目财务评价参数

公路建设项目财务评价中使用的参数按其作用可分为两类：一类是在财务效益和财务费用中计算用基础数据和参数，如财务价格、借款利率等；另一类是用于反映、判断和比较项目财务水平的各种评价指标的参数或基准参数，如财务基准收益率、基准投资回收期等参数，这类基准参数决定着对项目效益的判断，是项目取舍的依据。财务评价参数宜根据行业的一般规定或投资方的通常要求确定，并应保证其合法及合理性。

1. 财务价格

公路建设项目财务分析使用财务价格，财务价格是采用以市场价格体系为基础的预测价格。在建设期内一般考虑投入的相对价格变动和价格总水平变动；在运营期内若能合理判断未来市场价格变动趋势，投入与产出可采用相对变动价格，若难以确定投入与产出的价格变动，一般可采用运营期初的价格，有要求时也可考虑价格总水平的变动。

对于价格的变动因素，在进行项目财务评价盈利能力和清偿能力分析时，宜作不同处理。进行财务盈利能力分析时，计算期各年均采用基年价格，只考虑相对价格的变化，不考虑物价总水平上涨因素；进行清偿能力分析时，计算期各年采用的预测价格，除考虑相对价格的变化外，还要考虑物价总水平上涨因素。物价总水平上涨因素一般只考虑到建设期末。

2. 借款利率

借款利率是项目财务评价的重要基础数据，用以计算借款利息。如项目采用固定借款利率，财务评价就直接采用约定的利率计算利息；如采用浮动利率的借款项目，应对借款期内的平均利率进行预测，采用预测的平均利率计算利息。

3. 汇率

财务评价采用的汇率，一般是国家外汇管理部门公布的当期外汇牌价的卖出、买入的中间价。

4. 项目计算期

公路建设项目财务评价的计算期包括建设期和营运期。建设期是按照项目建设的合理工期或项目的施工组织进度计划确定，营运期应根据项目特点参照项目的合理经济寿命确定。一般计算公路项目的现金流的单位采用"年"，计算期一般以建设期加上 20 年的使用期来确定。

5. 行业财务基准收益率

财务基准收益率是项目内部收益率指标的判据和基准，是项目在财务上是否可行的最低要求，也是计算财务净现值的折现率。财务基准收益率的取定有两个途径：如果有行业发布的本行业基准收益率，即可以其作为项目的基准收益率，如果没有行业发布的本行业基准收益率，则由项目评价人员设定。设定方法可以是参考本行业一定时期的平均收益水平并考虑项目的风险因素确定,也可以按项目占用的资金成本加一定的风险系数确定。在设定财务基准收益率时,应与财务评价采用的价格相一致,如果财务评价采用变动价格,基准收益率的设定则应考虑通货膨胀因素。

融资前分析的项目财务基准折现率按照发布的行业基准折现率取值,融资后分析的项目财务基准折现率采用加权平均资金成本率。

在行业财务基准折现率发布之前,以国家规定的公路行业最低资本金比例确定的资金结构及国内银行长期贷款利率计算的加权平均资金成本率代替。目前公路工程项目最低资本金比例为25%。

二、公路项目财务评价模型及评价指标

1. 财务评价基本模型

财务评价基本模型是按照费用与效益的范围对应一致的原则建立起来的。由于公路建设项目的投资主体是一个包括国家、政府以及业主在内的多元投资群体,而财务评价是一种投资者的赢利分析,因此,财务评价基本模型应建立在建设项目的全部财务支出和建设项目能给所有投资主体所带来的全部收入的基础上。

公路建设项目财务评价的模型可用图8-1表示。

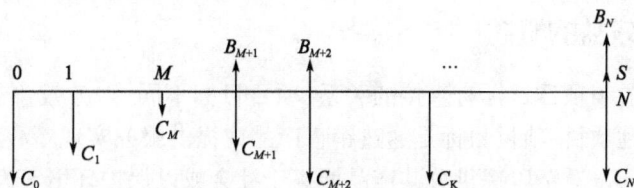

图8-1 公路建设项目财务评价现金流量图

图中各种符号的含义及内容分别如下:

(1)年度投资。分别用符号 $C_0, C_1, \cdots, C_M$ 表示。它是指公路建设项目在建设过程中的各种财务支出。包括固定资产投资、相关税金和建设期借款利息。全部建设投资可按《公路工程基本建设项目投资估算编制办法》的规定来进行计算。

(2)年度营运费用。分别用符号 $C_{M+1}, C_{M+2}, \cdots, C_N$ 表示。它是指公路营运中的财务支出,主要包括经营成本(运营管理费、养护费和大中修费等)、运营期利息支出和税金。其费用是以市场(不变)价格为基础估算出来的,估算方法可采用类比法。

(3)年度收入。分别用符号 $B_{M+1}, B_{M+2}, \cdots, B_N$ 表示。收费公路项目的收入一般是指对公路使用者收取的车辆通行费,即收费收入。收费收入以项目交通量、收费标准和收费里程为基础计算得到。

(4)大修理费用。用符号 C_K 表示,按市场(不变)价格进行大修理费投资估算。

(5)项目评价年限。用符号 N 表示,一般按项目竣工投入使用后20年考虑。

(6)项目建设期。用符号 M 表示,其建设时间需在公路工程可行性研究工作中确定。

(7)项目评价期末的残值。用符号 S 表示,按项目建设投资的50%考虑。

根据财务分析基本模型得出的计算指标,性质上类似于工业建设项目的投资利税率指标。

2.财务评价指标

(1)盈利能力分析指标

公路项目盈利能力分析应采用财务内部收益率、财务净现值、财务投资回收期等主要评价指标。对于改扩建项目,原则上应采用增量法来计算财务内部收益率、财务净现值,并注意准确识别"有项目"和"无项目"的收入和支出;对于增量收入和支出难以准确甄别的改扩建项目,也可以采用存量法。

所谓"存量法"是指对于增量收入和支出难以准确甄别的改扩建项目,可以用包括原有投资和新增投资的总投资作为费用,以包括原有使用者和新增使用者的所有使用者的总效益作为效益,来计算相应的指标和评价。

(2)清偿能力分析指标

公路项目清偿能力分析主要考察计算期内各年的财务状况及偿债能力。主要采用借款偿还期指标进行评价,也可以用利息备付率或偿债备付率指标来考察。

第三节 > 财务评价效益计算

一、财务效益的概念

项目的财务效益与项目目标有直接的关系,项目目标不同,财务效益包含的内容也不同。市场化运作的经营性项目,项目目标是通过销售产品或提供服务实现赢利,其财务效益主要是指所获取的营业收入。对于以提供公共产品服务于社会或以保护环境等为目标的非经营性项目,通常没有直接的营业收入,也就没有直接的财务效益,需要政府提供补贴才能维持正常运转,应将补贴作为项目的财务收益。对于为社会提供准公共产品或服务,且运营维护采用经营方式的项目,如市政公用设施项目、交通、电力项目等,其产出价格往往受到政府管制,营业收入可能基本满足或不能满足补偿成本的要求,有些需要在政府补贴的情况下才具有财务生存能力。因此,这类项目的财务效益包括营业收入和补贴收入。

二、公路建设项目财务效益的测算

公路项目财务效益一般是指公路使用者收取的车辆通行费,即收费收入。收费公路的财务收费必须分车型计算。收费收入以项目交通量、收费标准和收费里程为基础计算得到,因而收入的多少主要取决于两个因素:交通量与收费标准。收费年收入的测算公式见式(8-1)。

$$R = \sum_{v=1}^{n} (T_v \times \mathrm{TR}_v \times L) \times 365 \qquad (8\text{-}1)$$

式中:R——收费年收入(元);

T_v——车型 v 的年平均日交通量(自然数,辆/日);

TR_v——车型 v 的收费标准(元/车公里);

L——拟建项目里程(公里)。

当拟建项目有相关联的配套服务、开发等商业性设施时,应计入其建设投资、经营成本和税金等各项支出,同时也应计入其产品销售(营业)收入。

三、公路建设项目收费分析

1.收费公路的概念与作用

公路收费是指公路经营管理者向公路使用者收取车辆通行费的行为。公路收费包括还贷型收费、经营型收费和交通拥挤收费。还贷型收费是为偿还公路建设投资贷款进行的收费行为，主要考察项目的清偿能力；经营性收费是公路经营者为偿还公路建设投资贷款并获取适当回报进行的收费行为；交通拥挤收费是公路管理者为缓解交通拥挤现象，调整交通量在公路网的分配或调整高峰小时交通量而进行的收费行为。

广义的公路收费还包括国家或政府征收的税收和各种规费，主要内容见表8-1。

广义公路收费情况一览表

表8-1

公路收费内容	收费对象	收费目的
车辆通行费	出入车辆	偿还投资贷款或缓解交通拥挤
燃油税	车辆拥有者	公路养护及改善（建）
车辆购置税	车辆购置者	积累公路建设资金
客运附加费	乘客	积累公路建设资金
车辆使用税	车辆拥有者	国家财政收入
高等级公路还贷基金	车辆拥有者	积累高等级公路建设资金

我国的公路收费制度是一项取之于车（民），用之于公路，服务于人民，专款专用的收费管理制度。公路收费具有如下积极作用：

（1）弥补公路建设资金的不足，加速公路建设的投资和公路建设事业的发展，缓解公路交通对国民经济发展的瓶颈制约。

（2）确保经营性公路的财务投资效果和投资者的合理利润，保证贷款修建的高等级公路的投资回收和贷款偿还，调动社会各界修桥筑路的积极性。

（3）使公路使用者的税费负担更为公平合理，真正体现谁受益、谁付费的公平原则。

（4）交通拥挤收费可以缓解交通拥挤现象，调整交通量在路网上的分配或调整高峰小时交通量，促进交通出行的畅通。

（5）超载收费可以减少超载现象对路面的破坏以及交通事故的增加，起到加强交通管理的作用。

2.公路收费的法律、法规与政策

为加速公路建设投资事业的发展，保护公路建设投资者的合法利益，规范收费行为，我国相继颁发了《贷款修建高等级公路和大型公路桥梁、隧道收取车辆通行费的规定》、《关于在公路上设置通行费收费站（点）的规定》（以下简称《规定》）、《中华人民共和国公路法》（简称《公路法》）等法律、法规与政策。具体有如下内容：

（1）公路收费范围。《公路法》规定，符合国务院交通主管部门规定的技术等级和规模的下列公路，可以依法收取车辆通行费：

①由县级以上地方人民政府交通主管部门利用贷款或向企业、个人集资建成的公路。

②由国内外经济组织依法受让公路收费权之前的公路项目。

③由国内外经济组织依法投资建成的公路。

其中,对贷款修建的公路,《规定》中要求在符合下列条件时方可收费:

①封闭(包括部分封闭)型的汽车专用公路;平原微丘区超过40km和山岭重丘区超过20km的一般二级公路。

②长度超过300m的公路桥梁,改渡为桥的,可适当放宽到桥长超过200m;长度超过500m的公路隧道。

(2)收费标准制定。贷款修建的收费公路以收费还贷作为收费标准的制定原则。收费公路收取车辆通行费的收费标准,由公路收费单位提出方案,报省、自治区、直辖市人民政府主管部门会同同级物价行政主管部门审查批准。

(3)收费期限。贷款或集资建成的收费公路,其收费期限按照偿还贷款、集资款的原则,由省、自治区、直辖市人民政府依照国务院交通主管部门的规定确定;有偿转让的收费公路,其收费权转让期限由受让双方约定并报上级主管机关审批,但最长不超过国务院规定的年限,国内外经济组织投资建设的公路,其收费经营期限按照收回投资并有合理回报的原则,由交通主管部门与投资者约定并按照国家有关规定办理审批手续,但最长不得超过国务院规定的年限。

3.收费公路的成本分析

公路收费以后,其投资成本和营运成本都会有所增长,其增长的幅度因收费系统的设计不同而有所不同。另外,公路的等级也将影响收费成本占原始成本的比例。

(1)收费公路的投资成本

公路在收费以后增加的投资成本如下:

①收费站。包括收费口、收费站、收费站路基路面、收费站匝道、收费站发电机组、收费站外接电源架线、收费站水源、收费站围墙等设施的费用。

②收费系统。包括收费系统和传输线路等设施的费用。

(2)收费公路的营运成本

公路在收费以后增加的营运成本如下:

①收费人员的工资和福利。

②收费站的水电费和收费设施维修费。

③收费工作的管理费。

收费公路在营运的开始阶段,由于交通量较小,因此,收费经营日常成本占收费收入的比例较高,但随着交通量的增加,其比例会逐步减小。

4.收费公路的国民经济效益分析

新建或改建公路的国民经济效益主要表现在如下五个方面:

(1)由于公路新建或改建(提高公路等级)获得的客货运输成本降低的效益。这种效益与新建或改建公路的交通量有关,在交通量未饱和之前,交通量越大,效益越高。

(2)由于公路新建或改建使原有并行公路减少拥挤的客货运输效益。原有公路的客货运输成本取决于原有并行公路的交通拥挤状况,交通量大时,交通拥挤,则这种效益将相应下降。

(3)公路新建或改建后,因缩短里程而降低运输成本的效益。这种效益的大小与新建或改建公路的交通量有关,交通量越大,效益越高。

(4)公路新建或改建后客货节省在途时间的效益。这种效益与新建或改建公路的交通量有关,交通量越大,效益越高。

（5）公路新建或改建后因交通事故和货损减少产生的效益。

实践证明，当新建或改建的公路收费后，由于交通量的变化（向并行公路的转移），上述五个方面的效益都会有不同程度的下降。

新建或改建公路收费后的效益变化除了因交通量变化而导致前述五个方面的效益下降外，它还表现在如下两个方面：

（1）收费过程中，车辆因交费而导致额外的资源消耗（如油料消耗增加等）。

（2）收费过程中，车辆因交费而导致额外的时间消耗。

四、公路收费标准的确定

1.公路收费标准的确定原则

由于收费公路是一种具有自然垄断性与社会公益性的特殊商品，其国民经济效益的发挥程度和财务收益的大小取决于收费标准的大小，因此，收费标准的确定原则如下：

（1）促进收费公路的国民经济效益的发挥，提高收费公路的利用率。收费标准越高，行驶在收费公路上的交通量越小，相应地收费公路的国民经济效益减少。因此，应限制收费标准，确保国民经济效益。

（2）促进收费经营企业内部效率的提高。由于公路具有自然垄断性，特别是在没有并行公路时，公路收费后交通需求的价格弹性较小，收费企业因能通过收费标准获取垄断利润而不注重加强内部的经营管理，降低营运成本。因此，需要对收费价格进行限制以促进收费经营企业内部效率的提高。

（3）保护消费者权益。垄断性收费价格会侵害消费者（公路使用者）的合法权益，因此，需要对收费标准的制定进行审查，以确保收费公正。

（4）保证收费企业财务的稳定。即确保收费公路的财务投资效果，提高投资者的公路投资积极性。

2.公路收费标准的确定方法

确定车辆通行费收费标准应考虑的主要因素有公路使用者所获得的效益、其他运输方式的收费标准和其他公路的收费标准、公路使用者对公路收费的负担能力和接受能力、投资者期望的投资收益率、不同车型车辆（使用者）所获得效益的大小及对公路的损坏程度等。

在项目财务评价的计算期内，项目通行费收费标准一般会作适当的调整，调整的时间间隔、幅度等可以参照拟建项目所在地区的类似项目确定。

公路收费标准的具体确定方法如下：

（1）根据公路使用者受益价值的大小确定收费标准。主要依据有此项目与无此项目之间形成的车辆行驶费用的节约额，考虑不同车型或汽车的载重吨位确定收费标准（一般收费标准取节约成本的60%），具体应取多少作为收费标准才能偿还贷款需要测算。

（2）考虑了公路建设项目的总投资费用、项目评价期内交通量增长率、项目的投资利率等因素，建立式（8-2）计算平均收费标准。

$$P = N \cdot L \cdot K \frac{(1 + t)^{n-1}}{(1 + r)(t + r)} \tag{8-2}$$

式中：P——总投资现值；

N——交通量；

L——里程；

K——各车型平均收费标准；

r——投资利率；

t——交通量增长率；

n——评价计算期。

（3）参照日本道路公团高速公路的收费方法，按收费负担度测算。收费的负担度是指人们在一定的收入水平下对公路收费的承受能力。计算式见式(8-3)。

$$收费的负担度 = \frac{小客车的收费标准额}{人均国民生产总值或人均国内生产总值} \quad (8\text{-}3)$$

采用该公式计算的收费标准为小客车的收费标准，其他车型的收费标准，均以此为基础，利用一定的换算系数求得。

（4）类比法，即参照国内现有高速公路的收费标准，结合具体项目所在地区的经济发展状况测算项目的收费标准。

以上几种收费方法，从计算方法讲各有利弊，是否均为合理，或者哪一种更为合理，这有待于在今后的实践中不断总结经验，不断摸索。在应用中应结合具体情况，并收集相关项目的收费标准的资料，综合对比，测算出科学合理的收费标准。

第四节 ➤ 财务评价费用计算

一、财务费用的概念

财务费用是指项目在计算期内所支出的费用，主要包括项目的建设投资、流动资金、成本费用和税金。

二、公路建设项目财务费用构成及计算

公路项目的财务支出（费用）分为建设期财务支出和运营期财务支出。其中，建设期财务支出主要包括固定资产投资、相关税金和建设期借款利息；运营期财务支出主要包括经营成本（运营管理费、养护费和大中修费等）、运营利息支出和税金。

当拟建项目有相关联的配套服务、开发等商业性设施时，应计入其建设投资、经营成本和税金等各项支出。

1.建设期财务支出

建设期财务支出主要包括固定资产投资、相关税金和建设期借款利息。固定资产投资包括建筑安装工程费、设备工器具购置费以及工程建设其他费用和预留费等，对收费公路而言，还应包括收费系统和各种收费设施的建设费。全部建设投资可按《公路工程基本建设项目投资估算编制办法》(JTG M20—2011)的规定来进行计算，但应剔除或部分剔除投资估算中的"价差预备费"，因为财务分析中的所有价格都不考虑通货膨胀因素。投资总估算内容见表8-2。

投 资 总 估 算 表 表 8-2

工程或费用名称		单　位	估算金额(元)
第一部分　建筑安装工程费			
一	临时工程		
二	路基工程		
三	路面工程		
四	桥梁涵洞工程		
五	交叉工程		
六	隧道工程		
七	公路设施及预埋管线工程		
八	绿化及环境保护工程		
九	管理、养护及服务房屋		
十	计划利润		
十一	税金		
第二部分　设备、工具、器具购置费			
一	设备购置费		
二	工具、器具购置费		
三	办公及生活用家具购置费		
第三部分　工程建设其他费用			
一	土地征用及拆迁补偿费		
二	建设项目管理费		
三	研究试验费		
四	建设项目前期工作费		
五	专项评估费		
六	施工机构迁移费		
七	供电贴费		
八	联合试运转费		
九	生产人员培训费		
十	固定资产投资方向调节税		
十一	建设期贷款利息		
第一、二、三部分费用合计			
	预备费		
一	价差预备费		
二	基本预备费		
投资估算总金额			
路线长度(km)			
平均每公里造价			

2.运营期财务支出

运营期财务支出主要包括经营成本(运营管理费、养护费和大中修费等)、运营利息支出和税金。其中公路养护费、大中修费及运营管理费用,按交通部中交公路规划设计院有限公司(简称"公规院")《公路技术经济指标》(第二次修订本)中的方法进行计算,并参考各项目的情况综合分析确定。

运营利息支出和税金计算见第四章。

第五节 > 公路建设项目财务评价案例

🌐 一、项目背景

1.项目概况

某公路全长 33.47km,采用设计速度为 80km/h 的双向四车道高速公路标准,路基宽度 24.5m,全线设互通式立体交叉 3 处,收费站 3 座,桥隧比重高达 48.5%,估算总投资 349531.67 万元。

2.资金来源与融资方案

本项目资本金 87382.92 万元,占总投资的 25%,由项目业主自筹。总投资的 75% 拟利用国内银行贷款,共 262148.75 万元。

本项目计划于 2016 年底完成开工前期工作,2017 年初进行征地、拆迁、驻地建设并开工,2019 年底竣工,工期 3 年。财务评价考虑本项目的经营期限,按 30 年计算。资金使用计划见表 8-3。

资金使用计划表 表 8-3

时间	2017.01—2017.12	2017.12—2018.12	2018.12—2019.12
资本金(万元)	26214.88	26214.88	34953.17
利用国内银行贷款(万元)	78644.63	78644.63	104859.50
合计	104859.50	104859.50	139812.67

3.财务分析主要参数确定

财务分析即根据国家现行财税制度和价格体系,分析、计算项目直接发生的财务收益和费用,并通过计算评价指标考察项目的盈利能力及清偿能力,判别项目的财务可行性。财务分析主要参数取值如下:

(1)财务基准收益率

根据《建设项目经济评价方法与参数》(第三版)的规定,全部投资税前(即融资前)、自有资金税后(即融资后)现金流量分析基准收益率为 $6.55\% \times 0.75 = 4.91\%$。

(2)税率

①营业税及附加税税率。根据《财政部、国家税务总局关于公路经营企业车辆通行费收入营业税政策的通知》(财税〔2005〕77 号),自 2005 年 6 月 1 日起,对公路经营企业收取的高速公路车辆通行费收入统一按 3% 的税率征收营业税。因此本项目营业税及附加税税率采用 3.3%。

②所得税税率。根据《中华人民共和国企业所得税法》,以及本项目性质,其企业所得税的适用税率为 25%。

（3）公积金与公益金

根据《中华人民共和国公司法》，本项目法定盈余按净利润的 10% 提取。

（4）折旧

本项目采用直线折旧法计算各年度折旧费用，折旧年限按 25 年计。

（5）收费年限

《收费公路管理条例》规定：经营性公路的收费期限，按照收回投资并有合理回报的原则确定，最长不得超过 25 年。国家确定的中西部省、自治区、直辖市的经营性公路收费期限，最长不得超过 30 年。本项目收费年限取 30 年。

二、财务费用计算

财务费用分为建设期财务费用和运营期财务费用，建设期财务费用即项目建设总投资，包括固定资产投资和建设期贷款利息；运营期财务费用即运营成本，包括运营管理费、养护费和大修费、运营期利息及税金。建设总投资见概况，运营期财务费用按如下标准计算：

1.小修养护费

本项目养护费计算，按照交通部公规院《公路技术经济指标》（第二次修订本）的拟合结果以及本项目的实际情况进行计算。预计 2010 年拟建项目养护费为 6 万元/km，以后年均增长 3%；隧道养护费用按 50 万元/km 计，以后年均增长 3%。

2.公路大中修费用

本项目考虑公路通车后第 10 年（2029 年）和第 17 年（2036 年）进行大中修，费用按小修养护费的 13 倍计算，大修当年不计小修养护费。

3.管理费

本项目全线配备 100 名收费人员和管理人员，人均费用 2016 年按 4 万元计，以后各年按 3% 递增。

本项目建设总投资由投资估算确定；管理、养护、维修费用及运营税费、折旧见表8.8、表8.9。

三、收费收入计算

1.采用的收费标准

湖南省人民政府办公厅以湘政办函〔2007〕94 号批准省交通厅、省财政厅、省物价局《湖南省高速公路载货类汽车计重收费实施方案》，从 2007 年 6 月 1 日起，湖南省境内的高速公路对载货类汽车实行计重收费，收费标准如表8-4 所示。对载客类汽车的收费，仍按省人民政府批准的车型收费标准执行，收费标准如表8-5 所示。

湖南省高速公路载货类汽车计重收费标准 表8-4

项 目		计重收费标准
基本费率		0.08 元/(t·km)
计重部分	正常装载部分≤10t	0.08 元/(t·km)
	10t<正常装载部分≤40t	从 0.08 元/(t·km)线性递减到 0.04 元/(t·km)
	正常装载部分>40t	0.04 元/(t·km)

项　目		计重收费标准
超载部分	超限率≤30%	超限部分按照基本费率计费
	30%＜超限率≤100%	超限≤30%部分按照基本费率计算,超过30%的部分按基本费率的3倍递增至6倍计费
	超限率＞100%	超限≤30%部分按照基本费率计算,超过30%的部分按基本费率的6倍计费

湖南省高速公路载客类汽车计重收费标准　　　　表8-5

车型	一类车	二类车	三类车	四类车
客车载客范围(座)	客车≤7	8≤客车≤19	20≤客车≤39	客车≥40
费率(元/km)	0.4	0.7	1	1.2

统计表明:小货车计重质量基本上都在5t以内;中型货车的平均计重质量达到9.5t/辆,但超载30%以上的车辆较少;大货车的平均计重质量达到17t/辆,超载30%以上的车辆约为7%,平均超载率超过45%;拖挂车的平均计重质量达到30t/辆,超载30%以上的车辆约为7%,平均超载率也超过45%。小客车中,一类车的比重占90%左右,二类车占9%左右;大客车中,三类车的比重占76%,四类车占24%。

综上所述,确定各类车型的平均收费标准如表8-6所示。通车运营初年收费标准采用表中值,以后年均增长约3%,每五年调整一次。

通车初年各车型收费标准(单元:元/车公里)　　　　表8-6

年份	小客	大客	小货	中货	大货	拖挂车
2020	0.55	1.15	0.55	1.00	1.40	2.20

2.收费收入的计算

根据以上确定的收费标准,以及未来各特征年交通量预测结果,根据式(8-4)可计算得到未来收费收入。各特征年收费收入如表8-7所示。

$$R = \sum_{i=1}^{m} V_i \times C_i \times L \times 365 \times \alpha \qquad (8-4)$$

式中:R——年收费收入;

V_i——车型i的年平均日收费交通量(自然数,辆/日);

C_i——车型i的收费标准(元/车公里);

L——收费里程(km);

α——通行费实收率,客车取98%,货车取99%。

道 路 收 费 收 入　　　　表8-7

年份	2020	2025	2030	2035	2040	2049
收费收入(万元)	11251	20794	32970	46357	65453	90141

四、财务分析指标计算

1.财务盈利能力分析

本项目财务盈利能力分析包括全部投资现金流量分析和项目资本金盈利能力分析两部分,其计算指标包括项目财务内部收益率FIRR、项目财务净现值FNPV、项目投资回收期P和项目效益费用比FBCR四项。

本项目全部投资现金流量表、损益表(不计利息)如表 8-8 和表 8-9 所示。项目资本金现金流量表、损益表(计利息)如表 8-10 和表 8-11 所示。根据计算,得到本项目全部投资和资本金主要财务指标如表 8-12 所示。

项目全部投资现金流量表(不计利息)(单位:万元)　　　　表 8-8

序号	1	1.1	2	2.1	2.2	2.2.1	2.2.2	2.2.3	2.3	2.4	3	4	5	6
项目	现金流入	收费收入	现金流出	建设投资	经营成本	运营管理费	养护费	大修费	营业税及附加值	所得税(无贷款)	净现金流量	累计净现金流量	所得税前净现金流量	所得税前累计净现金流量
建设期 2017			96901	96901							−96901	−96901	−96901	−96901
建设期 2018			96901	96901							−96901	−193802	−96901	−193802
建设期 2019			129202	129202							−129202	−323004	−129202	−323004
2020	11251	11251	1242		871	350	521		371	0	10009	−312995	10009	−312995
2021	12352	12352	1304		897	361	536		408	0	11047	−301948	11047	−301948
2022	13557	13557	1606		924	371	552		447	235	11950	−289997	12186	−289762
2023	14882	14882	2111		951	382	569		491	668	12772	−277226	13440	−276322
2024	16340	16340	2533		980	394	586		539	1014	13808	−263418	14821	−261501
2025	20794	20794	3778		1009	406	604		686	2083	17016	−246402	19099	−242402
2026	22135	22135	4170		1040	418	622		730	2400	17966	−228437	20365	−222037
2027	23564	23564	4586		1071	430	640		778	2737	18979	−209458	21716	−200321
2028	25087	25087	5028		1103	443	660		828	3097	20059	−189399	23156	−177164
2029	26710	26710	11613		9287	457	679	8151	881	1444	15098	−174301	16541	−160623
2030	32970	32970	7244		1170	470	700		1088	4986	25726	−148576	30712	−129911
运营期 2031	34255	34255	7624		1205	484	721		1130	5288	26631	−121944	31920	−97991
运营期 2032	35594	35594	8019		1241	499	742		1175	5603	27575	−94369	33178	−64814
2033	36987	36987	8429		1279	514	765		1221	5930	28558	−65811	34488	−30325
2034	38405	38405	8848		1317	529	787		1267	6263	29557	−36254	35821	5495
2035	46357	46357	11062		1356	545	811		1530	8176	35295	−959	43471	48966
2036	48260	48260	19135		11422	562	835	10025	1593	6120	29125	28166	35245	84211
2037	50250	50250	12194		1439	578	861		1658	9096	38056	66223	47153	131364
2038	52331	52331	12798		1482	596	886		1727	9589	39533	105756	49122	180486
2039	54488	54488	13424		1527	614	913		1798	10099	41064	146820	51163	231649
2040	65453	65453	16471		1572	632	940		2160	12738	48982	195802	61720	293369
2041	67822	67822	17157		1620	651	969		2238	13299	50665	246467	63964	357334
2042	70277	70277	17868		1668	671	998		2319	13881	52409	298876	66290	423624
2043	72821	72821	18605		1718	691	1027		2403	14483	54217	353092	68700	492323
2044	75457	75457	19368		1770	711	1058		2490	15108	56090	409182	71198	563521

续上表

序号	1	1.1	2	2.1	2.2	2.2.1	2.2.2	2.2.3	2.3	2.4	3	4	5	6
项目	现金流入	收费收入	现金流出	建设投资	经营成本	运营管理费	养护费	大修费	营业税及附加值	所得税(无贷款)	净现金流量	累计净现金流量	所得税前净现金流量	所得税前累计净现金流量
运营期 2045	80535	80535	20802		1823	733	1090		2658	16322	59732	468915	76054	639575
运营期 2046	83450	83450	21644		1878	755	1123		2754	17013	61806	530720	78819	718394
运营期 2047	83952	83952	21825		1934	777	1156		2770	17120	62128	592848	79248	797642
运营期 2048	86991	86991	22703		1992	801	1191		2871	17841	64288	657136	82129	879771
运营期 2049	90141	90141	23613		2052	825	1227		2975	18587	66527	723664	85114	964885

损益表(不计利息)(单位:万元)　　　　　　表8-9

序号	1	2	3	3.1	3.2	4	5	6	7	8
项目	收费收入与节省支出	营业税及附加	总成本	经营成本	折旧	其他业务净利润	利润总额	应税利润	所得税	税后利润
2020	11251	371	11637	871	10767	0	−758	−758	0	−758
2021	12352	408	11664	897	10767	0	280	−477	0	280
2022	13557	447	11690	924	10767	0	1419	942	235	1184
2023	14882	491	11718	951	10767	0	2673	2673	668	2005
2024	16340	539	11747	980	10767	0	4054	4054	1014	3041
2025	20794	686	11776	1009	10767	0	8332	8332	2083	6249
2026	22135	730	11806	1040	10767	0	9598	9598	2400	7199
2027	23564	778	11838	1071	10767	0	10949	10949	2737	8212
2028	25087	828	11870	1103	10767	0	12390	12390	3097	9292
运营期 2029	26710	881	20054	9287	10767	0	5775	5775	1444	4331
运营期 2030	32970	1088	11937	1170	10767	0	19945	19945	4986	14959
运营期 2031	34255	1130	11972	1205	10767	0	21153	21153	5288	15865
运营期 2032	35594	1175	12008	1241	10767	0	22411	22411	5603	16808
运营期 2033	36987	1221	12045	1279	10767	0	23721	23721	5930	17791
运营期 2034	38405	1267	12084	1317	10767	0	25054	25054	6263	18790
运营期 2035	46357	1530	12123	1356	10767	0	32704	32704	8176	
运营期 2036	48260	1593	22189	11422	10767	0	24478	24478	6120	
运营期 2037	50250	1658	12206	1439	10767	0	36386	36386	9096	
运营期 2038	52331	1727	12249	1482	10767	0	38355	38355	9589	
运营期 2039	54488	1798	12293	1527	10767	0	40396	40396	10099	
运营期 2040	65453	2160	12339	1572	10767	0	50954	50954	12738	38215
运营期 2041	67822	2238	12386	1620	10767	0	53198		13299	39898

续上表

序号		1	2	3	3.1	3.2	4	5	6	7	8
项目		收费收入与节省支出	营业税及附加	总成本	经营成本	折旧	其他业务净利润	利润总额	应税利润	所得税	税后利润
运营期	2042	70277	2319	12435	1668	10767	0	55523	55523	13881	41642
	2043	72821	2403	12485	1718	10767	0	57993	57993	14483	43450
	2044	75457	2490	12537	1770	10767	0	60431	60431	15108	45323
	2045	80535	2658	12590	1823	10767	0	65287	65287	16322	48966
	2046	83450	2754	12644	1878	10767	0	68052	68052	17013	51039
	2047	83952	2770	12701	1934	10767	0	68481	68481	17120	51361
	2048	86991	2871	12759	1992	10767		71362	71362	17841	53522
	2049	90141	2975	12818	2052	10767		74347	74347	18587	55761

项目资本金现金流量表(单位:万元)　　　　表8-10

序号		1	1.1	2	2.1	2.2	2.2.1	2.2.2	2.2.3	2.3	2.4	2.5	2.6	3	4	5	6
项目		现金流入	收费收入	现金流出	建设投资	经营成本	运营管理费	养护费	大修费	投资借款本金偿还	投资借款利息支付	营业税及附加值	所得税(无贷款)	净现金流量	累计净现金流量	所得税前净现金流量	所得税前累计净现金流量
建设期	2017			26342	26342						0			−26342	−26342	−26342	−26342
	2018			26342	26342						0			−26342	−52684	−26342	−52684
	2019			35123	35123						0			−35123	−87807	−35123	−87807
运营期	2020	11276	11276	11276		871	350	521	0	0	10032	372	0	0	−87807	0	−87807
	2021	12378	12378	12378		897	361	537	0	0	11073	408	0	0	−87807	0	−87807
	2022	13586	13586	13586		924	371	553	0	0	12214	448	0	0	−87807	0	−87807
	2023	14915	14915	14915		952	382	569	0	0	13471	492	0	0	−87807	0	−87807
	2024	16376	16376	16376		980	394	587	0	0	14855	540	0	0	−87807	0	−87807
	2025	20840	20840	20840		1010	406	604	0	0	19142	688	0	0	−87807	0	−87807
	2026	22184	22184	22184		1040	418	622	0	0	20411	732	0	0	−87807	0	−87807
	2027	23616	23616	23616		1071	430	641	0	143	21622	779	0	0	−87807	0	−87807
	2028	25142	25142	25142		1103	443	660	0	1596	21612	830	0	0	−87807	0	−87807
	2029	26769	26769	26769		9296	457	680	8159	0	16590	883	0	0	−87807	0	−87807
	2030	33042	33042	30285		1171	470	700	0	6195	21830	1090	0	2757	−85050	2757	−85050
	2031	34330	34330	34330		1206	484	721	0	10567	21424	1133	0	0	−85050	0	−85050
	2032	35671	35671	35590		1242	499	743	0	12439	20732	1177	0	81	−84696	81	−84696
	2033	37068	37068	36774		1279	514	765	0	14354	19917	1223	0	294	−84675	294	−84675
	2034	38489	38489	37697		1318	529	788	0	16402	18977	1270	0	522	−84153	522	−84153
	2035	45459	45459	45063		1357	545	812	0	24270	17903	1533	0	1396	−82757	1396	−82757

续上表

序号		1	1.1	2	2.1	2.2	2.2.1	2.2.2	2.2.3	2.3	2.4	2.5	2.6	3	4	5	6
运营期	2036	48365	48365	47634		11432	562	836	10035	18292	16313	1596	0	732	-82026	732	-82026
	2037	50359	50359	48316		1440	578	861	0	30099	15115	1662	0	2044	-79982	2044	-79982
	2038	52445	52445	50007		1483	596	887	0	33650	13143	1731	0	2438	-77544	2438	-77544
	2039	54607	54607	51744		1527	614	914	0	37475	10939	1802	0	2863	-74681	2863	-74681
	2040	65596	65596	62082		1573	632	941	0	43329	8485	2165	6531	3513	-71168	10044	-64637
	2041	67970	67970	64464		1621	651	969	0	43265	5647	2243	11688	3506	-67661	15195	-49442
	2042	70431	70431	62728		1669	671	998	0	42943	2813	2324	12979	7703	-59958	20682	-28760
	2043	72980	72980	18414		1719	691	1028	0	0	0	2408	14286	54566	-5392	68853	40092
	2044	75622	75622	19178		1771	711	1059	0	0	0	2496	14912	56444	51052	71356	111448
	2045	80710	80710	20616		1824	733	1091	0	0	0	2663	16129	60094	111146	76223	187671
	2046	83632	83632	21460		1879	755	1124	0	0	0	2760	16822	62172	173318	78994	266665
	2047	84136	84136	21641		1935	777	1158	0	0	0	2776	16929	62495	235813	79424	346089
	2048	87181	87181	22521		1993	801	1192	0	0	0	2877	17651	64660	300473	82311	428400
	2049	90337	90337	23433		2053	825	1228	0	0	0	2981	18399	66904	367378	85303	513704

损益表（计利息）（单位：万元）　　表 8-11

序号		1	2	3	3.1	3.2	3.3	4	5	6	7	8
项目		收费收入与节省支出	营业税及附加	总成本	经营成本	折旧	运营期利息支付	其他业务净利润	利润总额	应税利润	所得税	税后利润
运营期	2020	11251	371	22531	871	11654	10009	0	-11651	-11651	0	-11651
	2021	12352	408	23595	897	11651	11047	0	-11651	-23302	0	-11651
	2022	13557	447	24761	924	11651	12186	0	-11651	-34953	0	-11651
	2023	14882	491	26042	951	11651	13440	0	-11651	-46604	0	-11651
	2024	16340	539	27452	980	11651	14821	0	-11651	-58255	0	-11651
	2025	20794	686	31759	1009	11651	19099	0	-11651	-69906	0	-11651
	2026	22135	730	33056	1040	11651	20365	0	-11651	-81557	0	-11651
	2027	23564	778	34219	1071	11651	21497	0	-11433	-92990	0	-11433
	2028	25087	828	34237	1103	11651	21483	0	-9978	-102968	0	-9978
	2029	26710	881	37480	9287	11651	16541	0	-11651	-114619	0	-11651
	2030	32970	1088	34511	1170	11651	21690	0	-2629	-117248	0	-2629
	2031	34255	1130	34128	1205	11651	21271	0	-1003	-118251	0	-1003
	2032	35594	1175	33466	1241	11651	20574	0	953	-117298	0	953
	2033	36987	1221	32684	1279	11651	19755	0	3083	-114215	0	3083
	2034	38405	1267	31778	1317	11651	18810	0	5360	-108856	0	5360
	2035	46357	1530	30738	1356	11651	17731	0	14090	-94766	0	14090

序号	1	2	3	3.1	3.2	3.3	4	5	6	7	8
项目	收费收入与节省支出	营业税及附加	总成本	经营成本	折旧	运营期利息支付	其他业务净利润	利润总额	应税利润	所得税	税后利润
运营期 2036	48260	1593	39210	11422	11651	16137	0	7457	−87309	0	7457
2037	50250	1658	28024	1439	11657	14934	0	20567	−66742	0	20567
2038	52331	1727	26092	1482	11651	12929	0	24512	−42229	0	24512
2039	54488	1798	23928	1527	11651	10750	0	28761	−13468	0	28761
2040	65453	2160	21515	1572	11651	8292	0	41778	28310	7077	34700
2041	67822	2238	18754	1620	11651	5483	0	46830	46830	11708	35123
2042	70277	2319	15969	1668	11651	2649	0	51989	51989	12997	38992
2043	72821	2403	13369	1718	11651	0	0	57049	57049	14262	42787
2044	75457	2490	13421	1770	11651	0	0	59547	59547	14887	44660
2045	80535	2685	13474	1823	11651	0	0	64403	64403	16101	48302
2046	83450	2754	13529	1878	11651	0	0	67168	67168	16792	50376
2047	83952	2770	13585	1934	11651	0	0	67597	67597	16899	50698
2048	86991	2871	13643	1992	11651	0	0	70478	70478	17619	52858
2049	90141	2975	13703	2052	11651	0	0	73463	73463	18366	155097

本项目全部投资和资本金主要财务指标情况　　　　表 8-12

资金来源情况		FIRR(%)	FBCR	FNPV(万元)	FN(年)
全部投资	正常(所得税前)	7.55	1.48	158746	24.41
	正常(所得税后)	6.43	1.20	82178	27.25
资本金	正常(所得税前)	7.30	1.16	65727	29.23
	正常(所得税后)	6.27	1.07	33193	30.63

2.项目还贷能力分析

本项目推荐方案借款还本付息估算见表 8-13,借款清偿年为 2042 年,其还贷期为 26.81 年(含建设期)。

借款还本付息估算表(单位:万元)　　　　表 8-13

序号	1	1.1	1.2	1.3	1.4	1.4.1	1.4.2	1.5	2	2.1	2.2
项目	长期投资借款	年初借款累计	本年借款	本年应付利息	本年偿还	本年偿还本金	本年偿还利息	年末借款累计	还款资金来源	用于还款利润	折旧
建设期 2017		0	78645	2576	0		0	81220			
2018		81220	78645	7896	0		0167760				
2019		167760	104860	14422	0			287042			

续上表

序号	1	1.1	1.2	1.3	1.4	1.4.1	1.4.2	1.5	2	2.1	2.2
项目	长期投资借款	年初借款累计	本年借款	本年应付利息	本年偿还	本年偿还本金	本年偿还利息	年末借款累计	还款资金来源	用于还款利润	折旧
2020		287042		18801	10009	0	10009	295834	0	−11651	11651
2021		295834		19377	11047	0	11047	304164	0	−11651	11651
2022		304164		19923	12186	0	12186	311901	0	−11651	11651
2023		311901		20430	13440	0	13440	318891	0	−11651	11651
2024		318891		20887	14821	0	14821	324957	0	−11651	11651
2025		324957		21285	19099	0	19099	327143	0	−11651	11651
2026		327143		21428	20365	0	20365	328206	0	−11651	11651
2027		328206		21497	21716	218	21497	327987	218	−11433	11651
2028		327987	0	21483	23156	1673	21483	326314	1673	−9978	1151
2029		326314	0	21374	16541	0	16541	331146	0	−11651	11651
2030		331146	0	21690	28083	6393	21690	324753	6393	−2629	9022
2031		324753	0	21271	31920	10648	21271	314105	10648	0	10648
2032		314105	0	20574	33082	12509	20574	301596	12509	857	11651
2033		301596	0	19755	34180	14425	19755	287171	14425	2774	11651
2034		287171	0	18810	35285	16475	18810	270696	16475	4824	1151
2035		270696	0	17731	12062	24332	17731	246364	24332	12681	11651
2036		246364	0	16137	34499	18362	16137	228002	18362	6711	11651
2037		228002	0	14934	45096	30162	14934	197840	30162	18511	11651
2038		197840	0	12959	46671	33712	12959	164128	33712	22061	11651
2039		164128	0	10750	48287	37536	10750	126592	37536	25885	11651
2040		126592	0	8292	51173	42881	8292	83711	42881	31230	11651
2041		83711	0	5483	48754	43261	5483	40449	43261	31610	11651
2042		40449	0	2649	43099	40449	2649	0	40449	28798	11651

（运营期，涵盖 2020—2042 年）

🌐 五、敏感性分析

综合本项目建设费用、收费收入可能发生变化的不利因素，取建设费用增加、收费收入减少10%单独或同时发生时和费用增加、收费收入减少20%同时发生的四种情况进行敏感分析，结果如表8-14所示。

全部投资（融资前），所得税前、后内部收益率均大于基准收益率，项目具有投资价值。且当效益下降10%和费用上升10%同时发生时,内部收益率仍大于基准收益率,抗风险能力一般。

资本金[融资方案为资本金25%、银行贷款75%(贷款利率6.55%)],所得税前、后内部收益率均大于基准收益率。在此融资方案下资本金具有一定的盈利能力。但当效益下降10%或费用上升10%发生时,内部收益率小于基准收益率,抗风险能力弱。

全部投资财务敏感性分析　　　　　　　　　　　　　　　　表8-14

范围	效益费用变化	FIRR(%)	FBCR	FNPV(万元)	FN(年)	备注
全部资金	正常(所得税前)	7.55	1.48	158745.76	24.41	$I_c=4.91\%$
	正常(所得税后)	6.43	1.20	82177.70	27.25	
	效益下降10%	6.81	1.33	109521.84	26.30	
	费用上升10%	6.88	1.34	125396.41	26.11	
	效益下降、费用上升10%	6.16	1.21	76172.49	28.27	
	效益下降、费用上升20%	4.81	0.98	−6401.00	—	
资本金	正常(所得税前)	7.30	1.16	65726.76	29.23	$I_c=4.91\%$
	正常(所得税后)	6.27	1.07	33192.60	30.63	
	效益下降10%	5.55	1.04	16840.18	31.89	
	费用上升10%	5.71	1.05	23412.85	31.61	
	效益下降、费用上升10%	4.00	0.95	−25474.00	—	
	效益下降、费用上升20%	0.74	0.77	−116674.00	—	

六、财务评价结论

从财务评价上看,本项目具有一定的盈利能力,具备投资价值,全部投资(税前)抗风险能力一般。但在贷款年利率6.55%,采用贷款75%的融资方案,资本金(税后)抗风险能力弱。

复习思考题

1. 简述公路建设项目财务评价的特点与作用。
2. 简述公路项目财务评价的内容与步骤。
3. 简述公路收费的目的与作用。
4. 简述公路收费后对项目国民经济效益的影响。
5. 简述公路收费标准的制定原则与确定方法。
6. 简述公路项目财务评价的费用和效益组成。

第九章
公路建设项目的国民经济评价

第一节 ▷ 国民经济评价概述

一、国民经济评价的概念与作用

1.概念

国民经济评价是公路建设项目经济评价的核心内容。公路建设项目国民经济评价是在合理配置国家资源的前提下,从国家整体利益出发,应用国民经济评价的基础理论,采用影子价格、社会折现率等国民经济评价参数,计算项目耗费的社会资源和对国民经济的贡献,分析项目的经济效率、效果,以判别项目在宏观经济上的合理性。

2.作用

公路建设项目国民经济评价的目的在于以较省的投资、较快的时间、较少的投入获得最大的产出效益。即如何更有效地合理利用国家有限资源,最大限度地促进国民经济的增长和人民物质文化水平的提高。国民经济评价作用具体体现在:

(1)有利于为公路建设项目提供科学合理的决策依据。通过对不同项目进行经济性的比较,合理安排公路建设项目的建设序列,安排建设资金,实现最大限度地提高资金的利用效用。

(2)有利于实现公路建设项目自身的可持续发展。公路建设项目的一个重要特点就是项目波及面广、影响大,费用、效益的识别复杂,因而评价目标具有复杂性和宏观性,更注重国民经济评价和社会评价。科学的评价应当采用合理的方法辨别各种费用和效益,使公路建设的投资能最大限度地发挥、推动经济发展的作用,同时实现公路建设项目自身的可持续发展。

(3)有利于确定新建公路的管理模式。对新建公路进行客观、科学的经济评价,有利于根据新建公路的投资及对区域经济的贡献,制订合理的运营及养护政策。对于不同经济性的公路建设项目,可根据其特点选择如特许经营、收费还贷等运营管理模式,使公路能够有效地为经济发展服务,并且实现公路使用上的相对公平。

由此可见,通过公路建设项目国民经济评价,有利于调整局部利益和国家利益的关系,处理好近期利益与长远利益的关系,确保国家有限资源的最佳利用,促进国民经济的协调和均衡发展。

二、财务评价与国民经济评价的关系

国民经济评价与财务评价是公路建设项目经济评价的两个层次,二者既相互联系又有区别。国民经济评价可在财务评价基础上进行,也可单独进行。

1. 共同点

(1) 评价目的相同

国民经济评价与财务评价都是要寻求以最小的投入获得最大的产出。

(2) 评价基础相同

国民经济评价与财务评价都是在完成了交通流量预测、工程技术方案论证、融资方案选择等可行性研究基础上进行评价的。

(3) 评价方法相同

国民经济评价与财务评价都是以公路建设项目收入与支出的现金流量为基础,运用动态和(或)静态分析方法对项目的经济效益进行评价。

2. 不同点

(1) 评价的角度不同

财务评价是站在项目角度,对公路建设项目的财务生存能力进行分析,主要考察盈利能力和清偿能力,以判断其财务可行性。国民经济评价是从国家整体角度考察公路建设项目耗费的社会资源和对国民经济的贡献,以确定其经济合理性。

(2) 费用、效益构成不同

财务评价费用、效益包括根据公路建设项目直接发生的实际收支确定项目的效益和费用,以及与项目有关的服务、开发等经营性设施所发生的间接收益和间接费用。凡是货币支出均视为费用。而国民经济评价着眼于项目所消耗的社会资源和国民经济的贡献,税金、国内贷款利息、财政补贴等转移支付,并不列入项目费用。

(3) 计算期可能不同

公路建设项目经济评价期为建设期加运营期。一般情况下,运营期按 20 年计算。但在财务评价中,也可根据《收费公路管理条例》确定,对于收费经营型项目,运营期可为 25~30 年。

(4) 采用价格不同

公路建设项目国民经济评价使用影子价格,且为基期不变价。财务评价盈利能力分析中,采用基年财务价格,考虑相对价格变化;财务评价清偿能力分析中,采用财务预测价格,除考虑相对价格变化外,还需考虑建设期物价上涨因素。

(5) 主要参数不同

公路建设项目财务评价参数是根据行业的一般规定或投资方的通常要求确定,并具有合法和合理性。社会折现率、影子汇率、影子工资、贸易费率等通用参数由国家统一测定,国民经济评价中采用国家最新发布值。

(6) 适用性不同

公路建设项目应进行国民经济评价,凡全部或部分建设资金为借贷资金的收费公路应同时进行财务评价。

目前,根据国内公路建设状况和对收费公路的政策限制,尤其是 2009 年初,根据新时期社会经济发展的需要,为进一步推进国家交通运输事业发展、实现公路交通普遍公共服务的目标,决定逐步有序地取消政府还贷二级公路收费制;2009 年 7 月底,全国中东部地区就有 13 个省全面实施取消政府还贷二级公路收费,1420 个收费站点被撤销。这意味着,今后除高速公路和少量一级公路仍实行通行收费制外,其余二级及二级以下等级公路都将无直接的财务现金收益。因此,拟建的二级及二级以下等级公路的经济评价中,无须进行财务评价。

(7)地位不同

国民经济评价在公路建设项目经济评价中占主导地位。国民经济评价与财务评价结论均可行的项目,从经济角度看予以通过,反之予以否定。国民经济评价结论不可行的项目,一般予以否定。对某些具有重大政治、经济、国防、交通意义的公路项目,若国民经济评价结论可行,但财务评价不可行,可重新考虑方案,或提出相应优惠措施的建议,使项目在财务上具有生存能力,必要时进一步说明建设的必要性,不再考虑财务评价结果。

第二节 ＞ 公路建设项目国民经济评价参数与指标

一、公路建设项目国民经济评价参数

公路建设项目国民经济评价中使用的参数由两部分构成,一部分是项目的经济效益与经济费用计算过程中使用的各类基础数据,如各类价格指数(影子价格/影子价格换算系数)、各类费率利率(影子汇率、贸易费用率)等;另一部分是用于反映、判断和比较项目国民经济效益水平的各种评价指标的基准值和参考值,如社会折现率等,这些参数由国家统一测定,评价工作中不得随意修改和调整,有时被称作通用参数。使用时须注意选用国家最新发布的参数值。

1.影子价格

(1)基本概念

影子价格理论是工程项目国民经济评价的基本理论和方法之一,是对于项目各类经济数据调整计算的根本参数。影子价格是相对于市场交换的一种计算价格,并非现行的市场价格或计划价格,是能够反映项目投入物和产出物真实经济价值的计算价格。通常采用线性规划的方法,以政府发展政策确定的社会目标为依据,计算在资源有限的条件下取得最大效益,资源对社会目标的边际贡献得来。

国民经济评价中使用的影子价格,是国家有关部门统一测算后颁布的或项目评价人员具体测定的,独立于实际价格以外的、能反映项目投入与产出真实社会价值的价格。通常以直接或换算系数两种形式给出,即把货物的财务价格换为影子价格时,可直接选取某一适宜的价格,也可以用财务价格乘以某一适宜的价格换算系数。

(2)测算方法

影子价格的测算方法参照国家最新颁布方法,目前为2006年国家发展与改革委员会、建设部发布的《建设项目经济评价方法与参数(第三版)》(后简称《方法与参数》)。

①具有市场价格的货物或服务。

a.该货物或服务处于竞争性市场环境中,市场价格能够反映支付意愿或机会成本,应采用市场价格作为计算项目投入物或产出物影子价格的依据。

b.若项目投入物或产出物规模很大,项目实施将足以影响其市场价格,导致"有"、"无"项目两种情况下市场价格不一致,在项目评价实践中,取二者的平均值作为测算影子价格的依据。

c.可外贸货物,项目投入物与产出物影子价格根据口岸价格进行计算。具体见式(9-1)、式(9-2)。

$$出口产出的影子价格(出厂价)=离岸价(FOB)\times影子汇率-出口费用 \quad (9-1)$$

$$进口投入的影子价格(到厂价)=到岸价(CIF)\times影子汇率+进口费用 \quad (9-2)$$

其中,影子汇率是单位外汇的经济价值,区分于外汇的财务价格和市场价格,可视为外汇的真实经济价值。由国家统一测定发布,并定期调整。具体测算方法及取值详见国民经济评价参数介绍中的"影子汇率"。

进口费用指国内运杂费及贸易费用。计算公式见式(9-3)。

$$进口费用=国内运杂费+贸易费用=国内运输费+到岸价\times贸易费率 \quad (9-3)$$

式(9-3)中,贸易费用是指外经贸机构,包括物资系统、外贸公司和各级商业批发站等部门,花费在货物流通过程中以影子价格计算的流通费用,包括货物的储运、再包装、短途运输、装卸、保险、检验等环节的费用支出,以及资金占用的机会成本,但不包括长途运输费用。贸易费用一般用货物的口岸价(离岸价或到岸价)乘以贸易费用率计算。

贸易费用率是反映贸易费用相对于货物影子价格的一个综合比率,一般取6%,也可由项目评价人员根据项目所在地区流通领域的特点和项目的实际情况测定。

②不具有市场价格的货物或服务。

a. 按照消费者支付意愿的原则,通过其他相关市场价格信号,按照"显示偏好"的方法,寻找揭示这些影响的隐含价值,对其效果进行间接估算。

b. 根据意愿调查评估法,按照"陈述偏好"的原则进行间接估算。一般通过对被评估者的直接调查,直接评价调查对象的支付意愿或接受补偿的意愿,从中推断出项目造成的有关外部影响的影子价格。

(3)特殊投入物影子价格

①影子工资。

影子工资是指公路建设项目使用劳动力、耗费劳动资源而使社会付出的代价,在国民经济评价中以影子工资计算劳动力费用。

由于国际劳务市场是一种非完全竞争市场,劳务输出要受到各种限制。因此,人工费的计算不能根据国际劳务市场价格来计算,而只能根据其机会成本来确定。按机会成本计算出来的劳务价格即所谓影子工资。影子工资的大小与国家的社会经济状况、项目的技术含量以及项目所在地劳动力的充裕程度有关,在计算中可在投资估算的基础上乘以一适当的换算系数。

根据《方法与参数》,对于技术劳动力,影子工资等于财务工资,即影子工资换算系数等于1;对于非技术劳动力,推荐一般情况下采取财务工资的0.25~0.8倍作为影子工资,即影子工资换算系数等于0.25~0.8。考虑到我国各地经济发展不平衡,劳动力供求关系有一定差别,规定应当按照当地非技术劳动力供给富余程度调整影子工资换算系数。

②土地影子价格测算方法。

土地作为一种重要的有限的经济资源,国家对建设项目使用的土地实行政府管制,土地使用价格受到土地管制的影响,可能不能反映土地的真实价值。因此,在进行国民经济评价时,需要根据土地用途的机会成本原则或消费者支付意愿原则计算其影子价格,以正确反映土地资源的价值。计算公式见式(9-4)。

$$土地影子价格=土地机会成本+新增资源消耗 \quad (9-4)$$

a. 土地机会成本。

土地机会成本需要根据项目计算其内未来土地用途的可能变化,合理预测。按照《方法与参数》,对土地机会成本的计算应符合要求:

通过政府公开招标取得的国有土地出让使用权,以及通过市场交易取得的已出让国有土地使用权,按市场交易价格计算其影子价格。

未通过正常市场交易取得的土地使用权,应分析价格优惠或扭曲情况,参照当地正常情况下的交易价格,调整或类比计算其影子价格。

当无法通过正常交易价格类比确定时,应采用收益现值法或土地开发成本价开发投资应得收益计算确定。

由于土地开发规划许可的取得,会对土地市场价格产生影响,土地价值的估算应反映实际的或潜在的规划批准情况,应分析规划得到批准的可能性及其对地价的影响。

b. 新增资源消耗。

新增资源消耗按"有项目情况"下土地的征用造成原有地上附属物财产的损失及其他资源耗费来计算。土地平整等开发成本应计入工程建设成本中,在土地经济成本估算中不再重复计算。

2.影子汇率

影子汇率是单位外汇的经济价值,区分于外汇的财务价格和市场价格,可视为外汇的真实经济价值。影子汇率是公路建设项目经济评价中的重要参数,对项目决策有着重要的影响。影子汇率取值较高,反映外汇的影子价格较高,表明项目使用外汇时的社会成本较高。

影子汇率由国家统一测定发布,并定期调整。影子汇率的发布一般有两种形式,一种是直接发布影子汇率;另一种是将影子汇率与国家外汇牌价挂钩,发布影子汇率换算系数。根据目前我国外汇收支与外汇供求状况、主要进出口商品的国内价格与国外价格的比较、出口换汇成本以及进出口关税、进出口增值税、出口退税补贴等因素综合分析,《方法与参数》规定影子汇率取值为1.08。

3.社会折现率

社会折现率是用以衡量资金时间价值的重要参数,在公路建设项目国民经济评价中具有双重职能:其一,作为计算项目费用、效益不同时间价值等值换算的折现率;其二,作为衡量项目经济效益要求的最低经济内部收益率,是经济可行性的判别依据。

社会折现率可根据国民经济发展多种因素综合测定。各类投资项目的国民经济评价都应采用有关专门机构统一发布的社会折现率作为经济评价的基本参数。

根据《方法与参数》,社会折现率是以资本的社会机会成本(9% ~11%)和费用效益的时间偏好率(4.5% ~6%)为基础测算的,取值为8%。

🌐 二、项目投资经济费用效益流量表及评价指标

1.费用—效益分析法

(1)方法与模型描述

公路建设项目国民经济评价是以工程经济分析理论为指导,采用费用—效益分析法,在"有"项目与"无"项目两种不同条件下,识别项目的国民经济费用与效益,采用影子价格等评价参数,量化计算效益、费用值,进而通过国民经济评价指标分析国民经济效益,判断公路建设

项目国民经济可行性。

公路建设项目国民经济评价费用—效益分析模型可用现金流量图,即图 9-1 表示。

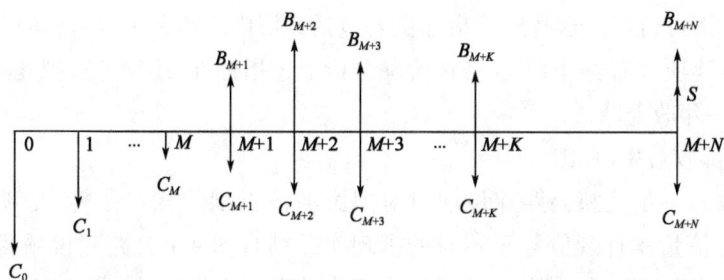

图 9-1　公路建设项目国民经济评价费用—效益分析现金流量示意图

图中,M 为建设期,其在公路工程可行性研究工作中确定;N 为运营期,一般取 20 年。C_0,C_1,$\cdots$,C_M 表示建设期各年度投资额,指公路建设项目在建设中各年所消耗的各种资源的价值。C_{M+1},C_{M+2},$\cdots$,C_{M+N} 表示年度营运费用,指竣工后通车运营阶段公路建设项目维护和管理所消耗的各种资源的价值。B_{M+1},B_{M+2},$\cdots$,B_{M+N} 表示年度效益,指公路建设项目在营运各年中创造的经济效益。C_{M+K} 表示运营后第 K 年的大修费用。S 表示评价期末的残值。

（2）经济费用、效益识别原则

经济费用、效益识别须从国家或国民经济角度出发,考察项目建设耗费的资源。凡项目对国民经济所做的贡献,均记为项目的效益;凡国民经济为项目所付出的代价均记为项目的费用。根据《公路建设项目可行性研究报告编制办法》（交通运输部交规划发〔2010〕178 号）,公路建设项目国民经济评价,只计算项目直接效益和直接费用,对项目间接效益和间接费用（又称外部效果）只进行定性分析和描述。

判别项目的效益和费用时,要遵循"有无对比"原则,即将"有项目情况"（实施项目后,相关路网将要发生的情况）与"无项目情况"（不实施项目,相关路网将要发生的情况）加以对比,以确定某项效益和费用的存在。当现有相关公路拥挤度大于 1.0 时,宜用"做最少情况"作为"基准情况",即用最少的投资来改造现有相关公路,使其能在最低服务水平下维持车辆通行的路网情况。

经济费用计算需遵循机会成本原则,经济效益计算遵循支付意愿与消费者剩余原则。相关基础理论,详见本教材第四章。

2.经济效益费用流量表

编制国民经济评价报表是国民经济评价的基础工作之一。"国民经济费用效益流量表"是公路建设项目国民经济评价的基本报表,包括"项目国民经济费用效益流量表"和"国内投资国民经济费用效益流量表"。"项目国民经济费用效益流量表"以全部投资,包括国内投资和国外投资,作为分析对象,考察项目全部投资的盈利能力。"国内投资国民经济费用效益流量表"是以国内投资作为分析对象,考查项目国内投资部分的盈利能力。目前,公路建设项目主要编制"项目国民经济费用效益流量表",即"项目投资经济费用效益流量表"。除国民经济评价"国民经济费用效益流量表"基本报表外,还有国民经济评价辅助报表,即国民经济评价基础数据计算表。主要有:主要投入物影子价格调整表、建设费用调整表、国民经济费用支出汇总表、国民经济效益汇总表等。基本报表与辅助报表的基本形式详见本章案例分析。

3.评价指标

在费用效益分析基础上,计算经济指标值,将其与基准值或参考值比较、分析,以判断公路建设项目国民经济可行性。这些经济指标主要包括经济内部收益率、经济净现值、经济效益费用比等。对改扩建项目而言,国民经济评价除分析上述指标外,还须考查拟建项目最佳建设时机,通常采用第一年收益率法。

（1）经济内部收益率（EIRR）

经济内部收益率是反映公路建设项目对国民经济贡献的相对指标,是项目在计算期内各年经济净现金流量累计现值等于零时的折现率。结合图 9-1 公路建设项目国民经济评价费用—效益分析现金流量示意图,列出经济内部收益率计算公式,见式(9-5)。

$$\sum_{t=0}^{M+N}(B_t - C_t)(1 + EIRR)^{-t} = 0 \qquad (9-5)$$

式中:B_t——第 t 年效益流入量;

C_t——第 t 年费用流出量;

$M + N$——计算期。

当经济内部收益率等于或大于社会折现率,表明项目可以接受。

（2）经济净现值（ENPV）

经济净现值是反映项目对国民经济净贡献的绝对指标。其计算方法是,用社会折现率将项目计算期内各年的净效益流量折算到基年（开工前一年年末）的现值之和。计算公式见式(9-6)。

$$ENPV = \sum_{t=1}^{M+N}(B_t - C_t) \times (1 + I_s)^{-t} \qquad (9-6)$$

式中:I_s——社会折现率,目前取 8%（2006 年《参数与方法》）。

当 ENPV > 0 时,说明项目评价期内项目总收益大于总费用,项目可行;当 ENPV < 0 时,说明项目评价期内项目总收益小于总费用,项目不可行;当 ENPV = 0 时,效益现值总额等于费用现值总额,说明项目获利能力刚好能补偿投资的水平。ENPV 越大,说明方案越优。因此,ENPV≥0,项目可行。

（3）经济效益费用比（ER_{BC}）

项目的效益费用比是项目计算期内各年效益的现值总额和各年费用的现值总额的比率,其经济含义为每万元的投资费用可获得多少效益。计算公式见式(9-7)。

$$ER_{BC} = \frac{\sum_{t=1}^{M+N} B_t \times (1 + I_s)^{-t}}{\sum_{t=1}^{M+N} C_t \times (1 + I_s)^{-t}} \qquad (9-7)$$

当 ER_{BC} > 1 时,说明项目所具有的获利能力超过对项目的投入,项目可行;当 ER_{BC} < 1 时,说明项目所具有的获利能力不足抵偿项目的投入,项目不可行;当 ER_{BC} = 1 时,说明项目效益现值等于费用现值总额。所以,当 ER_{BC}≥1 时,项目可行。

（4）经济投资回收期（EN）

经济投资回收期是指项目的经济效益抵偿经济费用所需的时间。经济投资回收期一般从项目建设开始年算起,以年表示。如果从投入运营年算起,应特别注明。经济投资回收期可根据国民经济费用效益流量表,以净效益流量为基础,计算累计净现金流量,进而计算经济投资回收期。如式(9-8)所示。

$$EN = \frac{累计经济净现值}{开始出现正值年份} - \frac{项目建设}{开始年份} + \frac{上年累计经济净现值的绝对值}{当年经济净收益现值} \qquad (9-8)$$

在国民经济评价中,求出的投资回收期(N_t)与行业的基准投资回收期比较,当经济投资回收期小于或等于基准投资回收期时,表明项目投资能在规定的时间内收回,投资回收期越短越好。

(5)第一年收益率(FYRR)

对于改扩建项目,采用增量分析法,考察拟建项目最佳建设时机,可采用第一年收益率法,计算公式见式(9-9)。

$$FYRR = \frac{B_{M+1}}{\sum_{t=1}^{M} C_t \times (1 + I_s)^{M-t}} \qquad (9-9)$$

式中:B_{M+1}——拟建项目通车后第一年的国民经济效益(万元);

　　　　t——建设期年序数($t=0$ 为基年,$t=1,2,\cdots,M$;M 为建设期年数);

　　　　C_t——第 t 年的建设经济费用(万元)。

若 $FYRR > I_s$,说明项目建设时机已成熟。

第三节 ▶ 国民经济评价的费用计算

公路建设项目的经济费用包括建设期经济费用和运营期经济费用。国民经济评价费用计算可在财务评价基础上进行,也可单独进行。大多情况下,项目建设期经济费用是以财务评价中项目投资估算为基础,对费用进行调整。运营期经济费用,包括日常养护费用、管理费用、大修费用、国外贷款利息和残值等。

🌐 一、建设经济费用的计算

建设投资按照交通运输部《公路基本建设工程投资估算编制办法》、《公路工程估算指标》等相关法规执行。建设投资包括建筑安装工程费、设备及工具器具购置费、工程建设其他费用和预留费用。国民经济评价中,建设期经济费用通常是在建设投资(投资估算)基础上,用影子价格调整人工、材料、土地、转移支付和预留费用等,其他各项费用维持不变(即取换算系数为1.0),以计算经济费用。通常需借助"建设费用调整表"进行分析与计算。具体计算方法如下所述。

1.人工费调整

劳动力作为特殊投入物,在国民经济评价中以影子工资计算劳动力费用。影子工资是指公路建设项目使用劳动力、耗费劳动资源而使社会付出的代价。影子工资的大小与国家的社会经济状况、项目的技术含量以及项目所在地劳动力的充裕程度有关。在公路建设项目经济费用效益分析中,通常以财务工资为基础,用影子工资换算系数来计算,调整为影子工资。

公路建设项目通常大量使用项目所在地的非技术劳动力,因此公路建设项目影子工资换算系数分为技术劳动力和非技术劳动力两类。对于技术劳动力,影子工资等于财务工资,即影子工资换算系数等于 1.0。对于非技术劳动力,需要结合项目所在地经济发展水平、劳动力供求关系等确定,通常采用影子工资换算系数 0.5,即采取财务工资的 0.5 倍作为影子工资。对于具体项目,考虑到我国各地经济发展不平衡,劳动力供求关系有一定差别,应当按照当地非技术劳动力供给富余程度调整影子工资换算系数,该系数一般情况下为 0.25 ~ 0.8。

2.材料费调整

(1)钢材、木材、沥青等作为可外贸货物,以口岸价为基础进行计算,具体计算方法及公式见式(9-1)、式(9-2)及其说明。

(2)水泥,一般视为具有市场价格但非贸易货物,以出厂价为基础进行计算。公式见式(9-10)。

$$影子价格 = 出厂价 + 运输费用 \qquad (9\text{-}10)$$

(3)其他材料费。实际工作中,一般按具有市场价格的非外贸货物的影子价格来计算,其投资估算原则上不变,即影子价格换算系数为 1.0。

3.土地影子价格计算

土地是公路建设项目经济评价中的特殊投入物。项目占用的土地无论是否需要实际支付财务成本,均应根据土地用途的机会成本原则或消费者支付意愿原则计算其影子价格,以反映公路建设项目使用土地资源而使社会付出的代价。由式(9-4)可知,土地的影子价格等于土地的机会成本加上土地转变用途所导致的新增资源消耗。

(1)机会成本计算

公路建设项目通常占用农村土地,包括农业、林业、果园、牧业、渔业等,土地机会成本一般按拟建项目占用土地而使国民经济为此放弃的该土地"最佳替代用途"的净效益来计算,公式如下

$$\text{LOG} = \text{NB}_0 (1 + g)^{\tau+1} \left[\frac{1 - (1 + g)^n (1 + i)^{-n}}{i - g} \right] \qquad (9\text{-}11)$$

式中:NB_0——基年土地的"最佳替代用途"的单位面积年净效益(元/亩);

g——土地最好可行替代用途的年均净效益增长率;

τ——基年距开工年年数;

n——项目占用土地的年限;

i——社会折现率。

【例9-1】 某公路建设项目使用土地 866.84 亩,土地类型见表 9-1。试计算该项目土地影子价格。

【解】 据实地调查得 2010 年各类土地"最佳替代用途"单位面积净收益;净收益年增长率为 2.5%;项目预计 2012 年开工建设,$\tau = 2$;项目计算期为 22 年,建设期 2 年,运营期 20 年;社会折现率为 8%。按公式(9-11),计算得该公路建设项目土地机会成本,见表 9-1。

表 9-1

土地机会成本计算表

土 地 类 型	数量(亩)	最佳替代用途年净效益 (元/亩)	净效益增长率	机会成本 (元/亩)
稻田	450	1200	2.5%	16055
菜地	20	825	2.5%	11038
果园	60	650	2.5%	8697
山林	200	520	2.5%	6957
合计	730			12820.54

该公路建设项目土地机会成本为

$450 \times 16055 + 20 \times 11038 + 60 \times 8697 + 200 \times 6957 = 9358995(元)$

所以,每亩土地平均机会成本为:$9358995/730 = 12820.54(元/亩)$

(2)新增资源消耗计算

新增资源消耗包括拆迁补偿费、农民安置补助费,其中拆迁补偿费通常用影子价格换算系数 1.1 进行调整。

(3)计算步骤

在实际工作中,土地的影子价格可以从财务评价中土地征地费用出发,进行调整计算。具体处理方法如下:

①通常将土地补偿费、青苗补偿费等,按机会成本计算方法调整计算。

②将征地动迁费、安置补助费和地上附着物补偿费等视为新增资源消耗,按影子价格计算,通常用影子价格换算系数 1.1 进行调整。

③在征地过程中收取的征地管理费、耕地占用税、土地复耕费、土地管理费、土地开发建设基金等各种税费,视为转移支付,予以剔除。

4.转移支付剔除

有些财务收入和支出,从整个社会经济角度来说,并没有造成资源的实际增加或减少,而是由一个部门或社会成员转移到另一个部门或社会成员手中。这些财务收入和支出在国民经济评价中称为"转移支付"。剔除属于国民经济内部"转移支付"的税金、补贴、国内借款利息等。在公路建设项目的转移支付中,主要有:

(1)各类税收(项目→政府),如原材料、设备、燃料等的进口税、营业税、所得税、调节税、关税和增值税等,属于国民经济内部转移支付;但不包括体现资源补偿和环境补偿的税费,如土地税、城市维护建设税、资源税等,它们是政府为补偿社会而代为征收的费用。

(2)政府补贴(政府→项目),政府给予项目(企业)的各种补贴。

(3)国内借款利息,项目向国内银行等金融机构支付的贷款利息和获得的存款利息。

5.预留费用

预留费用包括预备费和工程造价增涨预留费。国民经济评价使用基期不变价,因此,建设经济费用计算须剔除工程造价增涨预留费。

二、运营管理费用计算

运营管理费用包括日常养护费用、管理费用、大中修费用等。一般通过对拟建项目所在地区相同的或相似的、正在使用中的项目调查得到。

在公路建设项目经济评价实践工作中,常按以下两种方法处理:

方法一:运营管理经济费用取财务评价中的费用,即不做调整;日常养护及大中修经济费用按综合影子价格换算系数调整,综合影子价格换算系数一般取建设投资中建筑安装工程费的综合影子价格换算系数,即建筑安装工程费的经济费用除以建筑安装工程费。

方法二:将日常养护费用、管理费用、大中修费用分别按影子价格综合换算系数进行调整。影子价格综合换算系数等于建设期投资经济费用除以建设期投资财务费用。

🌐 三、残值

残值是指预计在经济评价期末处置公路建设项目长期资产可能获得的价值。

公路建设项目经济评价中,残值取值一般采用下述两种方法之一:

方法一:取公路建设经济费用的50%,以负值计入费用。

方法二:在以"做最少情况"作为"基准情况"时,应将"做最少情况"的费用以负值计入。"做最少情况"是指用最少的投资来改造现有相关公路,使其能在最低服务水平下维持车辆通行的路网情况。

第四节 ▷ 国民经济评价效益的计算

🌐 一、国民经济评价效益概述

公路建设项目的国民经济效益是在支付意愿与消费者剩余的基础上,按照"有无比较法"确定出来的。所谓"有无比较法",是通过对拟建项目建设后使用中(消费者)所发生的各种费用与拟建项目不实施情况下(消费者)所发生的各种费用进行比较来确定拟建项目的效益的一种方法。

公路建设项目的国民经济效益是指公路建设项目对国民经济所作的贡献。常有以下三种分类方法:从效益发生后受益角度,分为内部效益和外部效益;从效益作用的方式和效果角度,分为直接效益和间接效益;从效益表现形态角度,分为有形效益和无形效益。

1.内部效益与外部效益

公路建设项目的内部效益就是项目自身能够得到的效益,表现为项目完成后,用于公路交通条件改善、通行效率提高,而对公路使用者营运成本的降低、时间的节约和交通事故的减少。

公路建设项目的外部效益是指项目建成后,被投资者以外社会的其他人无偿取得的效益。主要包括促进国民经济发展、提供就业机会、治理环境污染、提高运输质量和信誉等外部效益。这些效益通常难以定量分析,在公路建设项目国民经济评价中,外部效益以定性分析为主。

2.直接效益与间接效益

直接效益是在拟建公路项目的直接作用下产生和归集的效益。主要包括公路使用者费用节约和原有相关公路维护费用的节约,其中公路使用者费用节约主要有拟建项目和原有相关公路的降低营运成本效益、旅客在途时间节约效益和拟建项目减少交通事故效益。

间接效益是拟建公路项目建成导致某些因素变化,如运输量的增加和运送时间的缩短等,再由这些改善因素作用所产生的作用,如国民收入的提高等。以某运煤专用公路的修建为例,该项目的修建使煤炭及时外运,货存成本降低,产量扩大。由此带动了其他地区的电力工业、化学工业、轻工业及商业的发展,促进了国民收入提高。这些无疑是拟建专用线修建带来的间接效益。在公路建设项目国民经济评价中,一般只要求计算直接效益,对间接效益进行定性分析与描述。

3.有形效益和无形效益

有形效益是指直接可以用货币衡量的效益。有形效益可以是内部效益,也可以是外部效益;可以是直接效益,也可以是间接效益。

无形效益是难以用货币衡量的效益。从理论上讲,任何一种事物都是可以用货币计量的,目前不能计量,只是因为技术手段尚未达到而已。随着先进科技方法的出现,更多公路项目的无形效益将能够用货币量化,进而使国民经济效益计算更加准确。

二、国民经济效益计算方法

公路建设项目的国民经济效益主要计算直接效益,包括拟建项目和原有相关公路的降低营运成本效益、旅客在途时间节约效益和拟建项目减少交通事故效益。可以采用的方法有:相关路线法、路段费用法和 OD 矩阵法等。计算中对车型不做要求,但要注意保持各参数之间的一致性。

1.相关路线法

相关线路法是在确定与拟建项目相关的原有公路路线基础上,通过公路使用者在"无项目"情况下使用原有相关公路和在"有项目"情况下使用拟建项目费用的比较,计算项目产生的经济效益。

(1)降低营运成本效益(B_1)计算公式见式(9-12)。

$$B_1 = B_{11} + B_{12} \tag{9-12}$$

式中:B_{11}——拟建项目降低营运成本的效益(元),计算公式见式(9-13);

$$B_{11} = 0.5 \times (T_{1p} + T_{2p})(\text{VOC}'_{1b} \times L' - \text{VOC}_{2p} \times L) \times 365 \tag{9-13}$$

T_{1p}——"有项目情况"下,拟建项目的趋势交通量(自然数,辆/日);

T_{2p}——"有项目情况"下,拟建项目的总交通量(自然数,辆/日);

VOC'_{1b}——"无项目情况"下,原有相关公路在趋势交通量条件下各种车型车辆加权平均单位营运成本(元/车公里);

VOC_{2p}——"有项目情况"下,拟建项目在总交通量条件下各种车型车辆加权平均单位营运成本(元/车公里);

L'——原有相关公路的路段里程(km);

L——拟建项目的路段里程(km);

B_{12}——原有相关公路降低营运成本的效益(元),计算公式见式(9-14)。

$$B_{12} = 0.5 \times L' \times (T'_{1p} + T'_{2p})(\mathrm{VOC}'_{1b} - \mathrm{VOC}'_{2p}) \times 365 \qquad (9\text{-}14)$$

T'_{1p}——"有项目情况"下,原有相关公路趋势交通量(自然数,辆/日);

T'_{2p}——"有项目情况"下,原有相关公路总交通量(自然数,辆/日);

VOC'_{2p}——"有项目情况"下,原有相关公路在总交通量条件下各种车型车辆加权平均单位营运成本(元/车公里)。

（2）旅客在途时间节约效益(B_2)计算公式见式(9-15)。

$$B_2 = B_{21} + B_{22} \qquad (9\text{-}15)$$

式中:B_{21}——拟建项目旅客在途时间节约效益(元),计算公式见式(9-16);

$$B_{21} = 0.5 \times W \times E \times (T_{1pp} + T_{2pp}) \left(\frac{L'}{S'_{1b}} - \frac{L}{S_{2p}} \right) \times 365 \qquad (9\text{-}16)$$

W——旅客单位时间价值(元/人小时);

E——旅客平均载运系数(人/辆);

T_{1pp}——"有项目情况"下,拟建项目客车趋势交通量(自然数,辆/日);

T_{2pp}——"有项目情况"下,拟建项目客车总交通量(自然数,辆/日);

S'_{1b}——"无项目情况"下,原有相关公路在趋势交通量条件下各种车型客车加权平均行驶速度(km/h);

S_{2p}——"有项目情况"下,拟建项目在总交通量条件下各种车型车辆加权平均行驶速度(km/h);

B_{22}——原有相关公路旅客在途时间节约效益(元),计算公式见式(9-17);

$$B_{22} = 0.5 \times W \times E \times L' \times (T'_{1pp} + T'_{2pp}) \left(\frac{1}{S'_{1b}} - \frac{1}{S'_{2p}} \right) \times 365 \qquad (9\text{-}17)$$

T'_{1pp}——"有项目情况"下,原有相关公路客车趋势交通量(自然数,辆/日);

T'_{2pp}——"有项目情况"下,拟建公路客车总交通量(自然数,辆/日);

S'_{2p}——"有项目情况"下,原有相关公路在总交通量条件下各种车型客车加权平均行驶速度(km/h)。

旅客单位时间价值的测算应同时考虑工作时间价值和闲暇时间价值。客车平均载运系数应以各种车型客车交通量为权数,计算其加权平均数。

（3）减少交通事故效益(B_3)计算公式见式(9-18)。

$$B_3 = B_{31} + B_{32} \qquad (9\text{-}18)$$

式中:B_{31}——拟建项目减少交通事故效益(元),计算公式见式(9-19);

$$B_{31} = 0.5 \times (T_{1p} + T_{2p})(r'_{1b} \times L' \times C'_b - r_{2p} \times L \times C_p) \times 365 \times 10^8 \qquad (9\text{-}19)$$

C'_b——"无项目情况"下,原有相关公路单位事故平均经济损失(元/次);

C_p——"有项目情况"下,拟建项目单位事故平均经济损失(元/次);

r'_{1b}——"无项目情况"下,原有相关公路在趋势交通量条件下的事故率(次/亿车公里);

r_{2p}——"有项目情况"下,拟建项目在总交通量条件下的事故率(次/亿车公里);

B_{32}——原有相关公路减少交通事故效益(元),计算公式见式(9-20);

$$B_{32} = 0.5 \times L' \times (T'_{1p} + T'_{2p})(r'_{1b} \times C'_b - r'_{2p} \times C'_p) \times 365 \times 10^8 \qquad (9\text{-}20)$$

C'_p——"有项目情况"下，原有相关公路单位事故平均经济损失(元/次)；

r'_{2p}——"有项目情况"下，原有相关公路在总交通量条件下的事故率(次/亿车公里)。

2.路段费用法

路段费用法是通过公路使用者在"无项目"情况下和"有项目"情况下使用影响区域路网费用的比较，计算项目产生的经济效益，其具体计算是针对路网逐个路段计算并汇总。

(1)降低营运成本效益(B_1)计算公式见式(9-21)。

$$B_1 = B_{1b} + B_{1p} \tag{9-21}$$

式中：B_{1b}——趋势交通量在影响区路网上的运营费用节约(元)，计算公式见式(9-22)；

$$B_{1b} = \sum_{i=1}^{n} \sum_{j=1}^{m} (T'_{bij} \times VOC'_{bij} - T_{bij} \times VOC_{pij}) \times L_i \times 365 \tag{9-22}$$

　　T'_{bij}——"无项目"情况，趋势交通量条件下，i 路段 j 车型的交通量(自然数，辆/日)，对于拟建项目路段该项数值为"0"；

VOC'_{bij}——"无项目"情况，趋势交通量条件下，i 路段 j 车型的单位运营成本(元/车公里)；对于拟建项目路段该项数值为"0"；

　　T_{bij}——"有项目"情况，i 路段 j 车型的趋势交通量(自然数，辆/日)，对于拟建项目路段该项数值为"0"；

VOC_{pij}——"有项目"情况，总交通量条件下，i 路段 j 车型的单位运营成本(元/车公里)；

　　L_i——i 路段长度(km)；

　　i——路段序号；

　　j——车型序号；

　　m——车型总数；

　　n——路网的路段总数；

　　B_{1p}——诱增交通量在影响区路网上的运营费用节约，计算公式见式(9-23)；

$$B_{1p} = \sum_{i=1}^{n} \sum_{j=1}^{m} 0.5 \times [(T'_{pij} - T'_{bij}) \times VOC'_{bij} - (T_{pij} - T_{bij}) \times VOC_{pij}] \times L_i \times 365 \tag{9-23}$$

　T'_{pij}——"无项目"情况，总交通量条件下，i 路段 j 车型的交通量(自然数，辆/日)；

　T_{pij}——"有项目"情况，i 路段 j 车型的总交通量(自然数，辆/日)。

(2)旅客在途时间节约效益(B_2)计算公式见式(9-24)。

$$B_2 = B_{2b} + B_{2p} \tag{9-24}$$

式中：B_{2b}——趋势交通量旅客时间节约效益(元)，计算公式见式(9-25)；

$$B_{2b} = \sum_{i=1}^{n} \sum_{j=1}^{m_1} W \times E_j \times \left(\frac{T'_{bij}}{S'_{bij}} - \frac{T_{bij}}{S_{pij}} \right) \times L_i \times 365 \tag{9-25}$$

　　W——旅客单位时间价值(元/人小时)；

　　E_j——j 型客车平均载运系数(人/辆)；

　S'_{bij}——"无项目"情况，趋势交通量条件下，i 路段 j 型客车的平均车速(公里/小时)；

　S_{pij}——"有项目"情况，总交通量条件下，i 路段 j 型客车的平均车速(km/h)；

　　m_1——客车车型总数；

　　B_{2p}——诱增交通量旅客时间节约效益(元)，计算公式见式(9-26)。

$$B_{2p} = \sum_{i=1}^{n} \sum_{j=1}^{m_1} 0.5 \times W \times E_j \times \left[(T'_{pij} - T'_{bij}) \div S'_{bij} - (T_{pij} - T_{bij}) \div S_{pij} \right] \times L_i \times 365 \quad (9\text{-}26)$$

（3）减少交通事故效益（B_3）计算公式见式（9-27）。

$$B_3 = B_{3b} + B_{3p} \quad (9\text{-}27)$$

式中：B_{3b}——趋势交通量减少交通事故效益（元），计算公式见式（9-28）；

$$B_{3b} = \sum_{i=1}^{n} (T'_{bi} \times r'_{bi} \times C'_{bi} - T_{bi} \times r_{pi} \times C_{pi}) \times L_i \times 365 \times 10^8 \quad (9\text{-}28)$$

 T'_{bi}——"无项目"情况，趋势交通量条件下，i 路段的交通量（自然数，辆/日），对于拟建项目路段该项数值为"0"；

 T_{bi}——"有项目"情况下，i 路段的趋势交通量（自然数，辆/日）；

 r'_{bi}——"无项目"情况，趋势交通量条件下，i 路段的交通事故率（次/亿车公里）；

 r_{pi}——"有项目"情况，总交通量条件下，i 路段的交通事故率（次/亿车公里）；

 C'_{bi}——"无项目"情况，趋势交通量条件下，i 路段单位交通事故平均经济损失费（元/次）；

 C_{pi}——"有项目"情况，总交通量条件下，i 路段单位交通事故平均经济损失费（元/次）；

 B_{3p}——诱增交通量减少交通事故效益（元），计算公式见式（9-29）；

$$B_{3p} = \sum_{i=1}^{n} 0.5 \times \left[(T'_{pi} - T'_{bi}) \times r'_{bi} \times C'_{bi} - (T_{pi} - T_{bi}) \times r_{pi} \times C_{pi} \right] \times L_i \times 365 \times 10^8 \quad (9\text{-}29)$$

 T'_{pi}——"无项目"情况，总交通量条件下，i 路段的交通量（自然数，辆/日），对于拟建项目路段该项数值为"0"；

 T_{pi}——"有项目"情况，i 路段的总交通量（自然数，辆/日）。

3.OD 矩阵法

OD 矩阵法是以"无项目"情况下和"有项目"情况下路网的汽车运营费用、运营时间矩阵和交通量矩阵为基础，计算项目产生的经济效益。其中，汽车的运营费用、运行费用和运行时间采用全部交通量分配到路网上后的数据。OD 矩阵法可以计算汽车运营成本节约效益和旅客节约时间效益，但是减少交通事故效益还需要用相关路径法或路段费用法计算。

（1）降低营运成本效益（B_1）计算公式见式（9-30）。

$$B_1 = B_{1b} + B_{1p} \quad (9\text{-}30)$$

式中：B_{1b}——趋势交通量在影响区路网上的运营费用节约（元），计算公式见式（9-31）；

$$B_{1b} = \sum_{i=1}^{n} \sum_{j=1}^{n} (C'_{bij} - C_{pij}) \times T'_{ij} \times 365 \quad (9\text{-}31)$$

 C'_{bij}——"无项目"情况，趋势交通量条件下，路网加载交通量后，i 交通小区到 j 交通小区各种车型的加权平均费用（元）；

 C_{pij}——"有项目"情况，总交通量条件下，路网加载交通量后，i 交通小区到 j 交通小区各种车型的加权平均费用（元）；

 T'_{ij}——i 交通小区到 j 交通小区的趋势交通量（自然数，辆/日）；

i、j——交通小区序号；

n——交通小区总数；

B_{1p}——诱增交通量在影响区路网上的运营费用节约(元)，计算公式见式(9-32)；

$$B_{1p} = \sum_{i=1}^{n} \sum_{j=1}^{n} 0.5 \times (C'_{bij} - C_{pij}) \times (T_{ij} - T'_{ij}) \times 365 \tag{9-32}$$

T_{ij}——i 交通小区到 j 交通小区的总交通量(自然数,辆/日)。

(2)旅客在途时间节约效益(B_2)计算公式见式(9-33)。

$$B_2 = B_{2b} + B_{2p} \tag{9-33}$$

式中：B_{2b}——趋势交通量旅客时间节约效益(元)，计算公式见式(9-34)；

$$B_{2b} = \sum_{i=1}^{n} \sum_{j=1}^{n} W \times E \times (VOT'_{bij} - VOT_{pij}) \times T'_{kij} \times 365 \tag{9-34}$$

W——旅客单位时间价值(元/人小时)；

E——客车各车型加权平均载运系数(人/辆)；

VOT'_{bij}——"无项目"情况,趋势交通量条件下,路网加载交通量后,i 交通小区到 j 交通小区客车各种车型的加权平均运行时间(h)；

VOT_{pij}——"有项目"情况,总交通量条件下,路网加载交通量后,i 交通小区到 j 交通小区客车各种车型的加权平均运行时间(h)；

T'_{kij}——i 交通小区到 j 交通小区的客车趋势交通量(自然数,辆/日)；

B_{2p}——诱增交通量旅客时间节约效益(元)，计算公式见式(9-35)；

$$B_{2p} = \sum_{j=1}^{n} \sum_{i=1}^{n} W \times E \times (VOT'_{bij} - VOT_{pij}) \times (T_{kij} - T'_{kij}) \times 365 \tag{9-35}$$

T_{kij}——i 交通小区到 j 交通小区的客车总交通量(自然数,辆/日)。

🌐 三、汽车运输成本计算

汽车运输成本是国民经济效益计算的重要基础数据,它由与行驶距离有关的成本和与时间有关的成本两部分构成。与行驶距离有关的成本包括燃油消耗、机油消耗、轮胎磨损、养护费用等。这些成本主要受路面平整度、纵坡等道路条件和速度、拥挤度等交通条件以及车辆性能的影响。与时间有关的成本包括车辆折旧、司乘人员工资及福利、保险费、养路费、车船使用税、牌照税、管理费及其他相关税费。

按照费用与效益计算范围口径对应一致原则,国民经济评价汽车运输成本也应作调整。车辆运营成本调整应针对不同组成部分的特点,按照《办法与参数》所设定的原则分别进行调整,以经济费用作为计算国民经济效益的基础。

车辆运输成本的计算可以依据车速—交通量、运营成本—车速等模型进行计算。此外,交通事故费用等参数需要技术人员结合拟建项目实际进行测算。

目前,实际工作中一般可参照交通部公规院和世界银行联合研究完成的《Study of Prioritization of Highway Investments and Improving Feasibility Study Methodologies Pilot Study Report》(《公路投资优化和改善可行性研究方法》)中"道路及交通条件的汽车运输成本的影响模型",在假定车速、平整度 IRI、坡度情况下,计算汽车运输成本。模型详见表9-2。

道路及交通条件的汽车运输成本的影响模型　　　　　　　表 9-2

车型	成本	道路条件		交通条件	
		平整度 （IRI）	平均纵坡 （G%）	速度(s) （km/h）	拥挤度 (v/c)
小客、 小货	燃料	$0.979 + 0.0104 \times IRI$	$0.9586 \times \exp$ $(0.027 \times G)$	$0.291 + 24.26/s + 0.000087s^2$	$1 + 0.14 \times (v/c)$
	润滑油	$0.804 + 0.0798 \times IRI$		$0.997 + 0.0471/s + 0.0000003s^2$	
	轮胎	$0.751 + 0.1247 \times IRI$		$0.8699 \times s^{0.03564}$	$1 + 0.51 \times (v/c)$
	修理人工费	$0.811 \times \exp(0.11 \times IRI) - 0.01$		$0.6215 + 18.92/s$	
	修理材料费	$0.702 \times \exp(0.1779 \times IRI) - 0.002$		$0.6215 + 18.92/s$	
	折旧	$0.702 \times \exp(0.1779 \times IRI) - 0.002$		$0.6215 + 18.92/s$	
中货	燃料	$0.990 + 0.0048 \times IRI$	$0.861 \times \exp$ $(0.129 \times G)$ $- 0.045$	$0.209 + 31.04/s + 0.000068s^2$	$1 + 0.14 \times (v/c)$
	润滑油	$0.903 + 0.0487 \times IRI$		$0.973 + 0.271/s + 0.0000088s^2$	
	轮胎	$0.943 + 0.0286 \times IRI$		$0.6867 \times s^{0.0918}$	$1 + 0.51 \times (v/c)$
	修理人工费	$0.909 \times \exp(0.0916 \times IRI) - 0.091$		$0.178 + 41.11/s$	
	修理材料费	$0.85 \times \exp(0.1789 \times IRI) - 0.215$		$0.178 + 41.11/s$	
	折旧	$0.85 \times \exp(0.1789 \times IRI) - 0.215$		$0.178 + 41.11/s$	
大客	燃料	$0.989 + 0.0058 \times IRI$	$0.861 \times \exp$ $(0.129 \times G)$ $- 0.045$	$0.341 + 24.64/s + 0.000068s^2$	$1 + 0.14 \times (v/c)$
	润滑油	$0.912 + 0.0438 \times IRI$		$0.998 + 0.103/s$	
	轮胎	$0.941 + 0.0295 \times IRI$		$0.774 \times s^{0.0627} + 0.011$	$1 + 0.51 \times (v/c)$
	修理人工费	$0.819 \times \exp(0.0962 \times IRI) + 0.007$		$0.342 + 32.9/s$	
	修理材料费	$0.915 \times \exp(0.046 \times IRI) - 0.003$		$0.342 + 32.9/s$	
	折旧	$0.915 \times \exp(0.046 \times IRI) - 0.003$		$0.342 + 32.9/s$	
大货	燃料	$0.978 + 0.0109 \times IRI$	$0.9586 \times \exp$ $(0.027 \times G)$	$0.291 + 24.26/s + 0.000087s^2$	$1 + 0.14 \times (v/c)$
	润滑油	$0.908 + 0.0458 \times IRI$		$0.8266 \times s^{0.051} - 0.009$	$1 + 0.51 \times (v/c)$
	轮胎	$0.942 + 0.0288 \times IRI$		$0.429 + 26.78/s + 0.000014 \times s^2$	
	修理人工费	$0.961 \times \exp(0.0704 \times IRI) - 0.106$		$0.429 + 26.78/s + 0.000014 \times s^2$	
	修理材料费	$0.847 \times \exp(0.1367 \times IRI) - 0.113$		$0.429 + 26.78/s + 0.000014 \times s^2$	
	折旧	$0.847 \times \exp(0.1367 \times IRI) - 0.113$			

速度是影响成本的重要因素之一，而速度本身又受线路等级、坡度、拥挤度等道路及交通条件影响。车速计算模型如下：

高速公路、一级公路

$$\begin{cases} s = a \times \exp\left[b\left(\dfrac{v}{c}\right)^2\right] & \left(\dfrac{v}{c} \leq m\right) \\ s = a_1 \times \exp\left[b_1\left(\dfrac{v}{c}\right)^8\right] & \left(\dfrac{v}{c} > m\right) \end{cases} \qquad (9\text{-}36)$$

普通公路

$$\begin{cases} s = a \times \exp\left[b\left(\dfrac{v}{c} \right)^2 \right] & \left(\dfrac{v}{c} \leqslant m \right) \\[4mm] s = a_1 \times b_1 \dfrac{v}{c} & \left(\dfrac{v}{c} > m \right) \end{cases} \tag{9-37}$$

式中：　　　s——车辆运行速度；

　　　　　　v——路段小时交通量，标准中型车；

　　　　　　c——路段小时通行能力，标准中型车；

　　　　　　m——车速收敛时 v/c 比；

a、b、a_1、b_1、m——系数，其值见表9-3。

速度模型参数表　　　　　　　　　　　表9-3

公路等级	车型	a	b	a_1	b_1	m
高速公路、一级公路	小客	96.6	−0.350	86.04	−0.648	0.8
	大客	79.1	−0.154	78.71	−0.559	
	小货	73.7	−0.160	71.93	−0.469	
	中货	68.3	−0.060	70.96	−0.455	
	大货	65.0	−0.150	62.38	−0.327	
	拖挂	61.4	−0.107	60.23	−0.291	
二级公路	小客	60.0	−1.42	65.1	−50.8	0.75
	大客	43.9	−0.86			
	小货	50.5	−1.11			
	中货	46.7	−0.97			
	大货	48.4	−1.04			
	拖挂	40.0	−0.70			

四、国民经济效益的计算注意事项

（1）相关线路法和 OD 矩阵法计算公式是不分车型计算设计的。当分车型计算时，将各车型的计算结果汇总即可。

（2）路段费用法计算公式按分车型计算设计。当不分车型进行计算时，式中的车辆运行成本、客车载重系数、客车行驶速度等应根据交通量车型结构计算其加权平均值。

（3）在效益计算中，交通量在项目开工后的预测年限与评价计算期应一致。这期间在未来年交通量达到公路通行能力后，交通量和效益拟不再变化。例如，2007 年建成一条新路，2008 年初投入运营，交通量预测计算应到 2027 年，假设预测的交通量到 2021 年已达到最大通行能力，则 2022 年至 2027 年的交通量等于最大通行能力，即 2022 年交通量值不再变化。相应费用、效益计算所采用的交通量预测值亦为最大通行能力，不再变化。

第五节 ▶ 国民经济评价及敏感性分析案例

🌐 一、项目背景

1.项目名称

项目名称:NY 高速公路 DY 连接线建设项目。

2.线路及设计标准

拟建项目 NY 高速公路 DY 连接线为湖南省"6 纵 9 横 3 环"的重要组成部分,是 NY 高速公路与京港澳国家高速公路和 HY 高速公路的一条连接线,也是张家界通往井冈山旅游便捷通道。该项目作为区域连接线,缩短了长株潭城市群至衡东及以东地区的时空距离,对发挥长株潭城市群经济辐射作用、开发沿线旅游资源和改善区域路网结构,具有重要的意义。

本项目路线全线采用设计速度 100km/h 的四车道高速公路标准,路基宽度 26m。主线全长 13.135km,互通连接线长 3.33km。主要工程情况见表9-4。

主线工程数量表   表 9-4

序 号	工 程 项 目		单 位	工 程 数 量	
				主线	互通连接线
1	路线长度		km	13.135	3.33
2	公路永久用地		亩	1667.6	391
3	路基土石方工程		1000m³	1311.39	539.768
4	防护排水工程		1000m³	119.464	42.294
5	路面工程		1000m²	183.150	60.732
6	主线桥梁 (含立交主线桥)	特大桥	m/座	1586/1	—
		大桥	m/座	3237/10	306/1
		中小桥	m/座	172/2	132/2
7	涵洞		道	24	9
8	互通式立交		处	2	—
9	平面交叉		处	—	3
10	通道		道	3	—
11	天桥		座	3	—

3.编制依据

本项目的经济评价系以国家发改委、建设部〔2006〕1325 号文颁发的《建设项目经济评价方法与参数》(第三版)、交通运输部建标〔2010〕106 号文件颁发的《公路建设项目经济评价方法与参数》和交通运输部交规划发〔2010〕178 号文件"关于印发公路建设项目可行性研究报告编制办法的通知"为依据,评价模型参考《公路投资优化和改善可行性研究》,即《Study of Prioritization of Highway Investments and Improving Feasibility Study Methodologies Pilot Study Report》确定。

4.计算期

项目计划 2010 年底开工,2012 年底建成通车,建设年限为 24 个月(2 年)。国民经济评价运营期取 20 年。国民经济评价计算期为 22 年,评价计算基准年为 2011 年,评价计算末年为 2032 年。

5.远景交通量预测值

本项目采用"四阶段"法预测远景交通量。本项目采用车辆折算系数,见表 9-5。"四阶段"法预测结论见表 9-6 特征年远景交通量预测值、表 9-7 特征年远景交通量预测值车型比例,以及表 9-8 相关公路特征年远景交通量预测值。

车 辆 折 算 系 数 表 9-5

车型	小客	大客	小货	中货	大货	拖挂
标准小客车	1	1.5	1	1.5	2	3

NY 高速公路 DY 连接线建设项目特征年远景交通量预测值(单位:pcu/d) 表 9-6

	路 段	2013	2015	2020	2025	2030	2032
L1	K0+000~K9+055	10158	12656	18780	25988	33880	37253
L2	K9+055~K13+135	9634	12031	18081	24720	32198	35113
	全线平均	9995	12462	18543	25594	33357	36588

特征年远景交通量预测值车型比例(单位:%) 表 9-7

车型	小客	大客	小货	中货	大货	拖挂	合计
2013	38.96	5.15	20.52	13.68	18.06	3.63	100
2015	39.91	5.28	19.09	13.41	18.24	4.07	100
2020	40.63	5.38	17.77	13.20	18.49	4.53	100
2025	41.27	5.47	16.48	13.02	18.77	4.99	100
2030	41.83	5.55	15.22	12.86	19.08	5.45	100
2032	42.34	5.61	14.00	12.72	19.41	5.92	100

相关公路特征年远景交通量预测值(单位:pcu/d) 表 9-8

路 段	2013	2015	2020	2025	2030	2032
HY 高速	9065	12352	17768	24217	34302	38145
S314	3944	4602	5335	6185	7606	8312
S315	3025	3523	4065	4689	5728	6241

🌐 二、经济费用计算

1.建设投资经济费用计算

建设投资估算为 1.32 亿元,见表 9-9。

推荐方案投资估算表(单位:万元) 表 9-9

费 用 名 称	主 线	互通连接线	合 计
第一部分 建筑安装工程费	62330.83	8770.22	71101.05
第二部分 设备工具器具购置费	1068.53	170.23	1238.76
第三部分 其他基本建设费用	15897.66	3140.34	19038.00

费用名称	主线	互通连接线	合计
第一、二、三部分费用合计	79297.02	12080.79	91377.81
预留费用:预备费	6786.63	1034.17	7820.80
投资估算总金额	86083.65	13114.96	99198.61

建设投资经济费用为9.23亿元,具体调整方法如下所述:

(1)人工费计算

人工的估算价格为16.78元/工日。由于本项目途经革命老区,经济尚不发达,当地劳动力有富余,临时工影子价格比估算价格要低,但考虑到该项目主线桥梁占线路比为33.81%,互通连接线桥梁占线路比为38.03%,而技术劳力的影子价格比估算价格要高,因此,根据项目所在地区综合情况,确定技术工人与非技术工人用工比例为4:6,因此,影子人工换算系数取0.7。

(2)土地

本工程推荐方案须占用土地数量估算见表9-10。

占用土地数量估算表

表9-10

名称	占地面积(亩)	占用土地类别及数量(亩)				
		水田	旱地	林地	经济林	鱼塘
主线	1667.6	777.6	204.2	522.1	88.7	75
互通连接线	391	195	95	25	46	30
合计	2058.6	972.6	299.2	547.1	134.7	105

土地的影子价格等于土地的机会成本加上土地转变用途所导致的新增资源消耗。土地征收补偿费中土地及青苗补偿费按机会成本计算方法调整计算;对征地动迁费、安置补助费和地上附着物补偿费等视为新增资源消耗,用影子价格换算系数1.1进行调整;从土地征用费中剔除5%的征地管理费、耕地占用税、土地复耕费等费用。计算得土地影子价格为5.92万元/亩。

(3)主要材料的影子价格和费用

本项目以影子价格为标准进行调整的材料主要指工程中数目占有比重大,而且价格明显不合理的投入物和产出物,主要材料有原木、锯材、钢材、水泥、砂石料及沥青等。钢材、木材、沥青等为可外贸货物,影子价格以口岸价为基础进行计算。挂牌汇率为1美元兑换6.8325元人民币计算,影子汇率换算系数取1.08。水泥为具有市场价格但非贸易货物,以出厂价为基础进行计算。其他材料费一般按具有市场价格的非外贸货物的影子价格来计算,其投资估算原则上不变,即影子价格换算系数为1.0。按此参数取值计算出各主要材料的影子价格,见表9-11。

(4)经济费用调整

扣除公路建设费用中的税金、国内贷款利息等"转移支付"费用。

建设期经济费用调整计算结果见表9-11。

2.资金筹措与分年度投资计划

(1)项目资本金 万元,占项目总投资的比例为25%。

(2)余额 万元申请国内银行贷款,占项目总投资的比例为75%。

(3)本项目2010年底开工,2012年底建成,工期两年。第一年投入资金50%,第二年投入资金50%。

建设期经济费用调整表

表 9-11

费 用 名 称	单 位	数 量	预算单价 （元）	投资估算 （万元）	影子价格或换算 系数（元）	经济费用 （万元）
人工	工日	3482832	16.78	5844	(0.70)	4090.93
原木	m³	5343	908.43	485	1020.38	545.19
锯材	m³	16029	1200	1923	1460.13	2340.44
钢材	t	24636	4187.47	10316	4354.97	10728.90
水泥	t	148808	386.45	5751	442.65	6586.99
沥青	t	10622	3721.33	3953	4027.66	4278.18
砂、砂砾	m³	381706	75.5	2882	(1)	2881.88
片石	m³	177442	45	798	(1)	798.49
碎（砾）石	m³	534222	65	3472	(1)	3472.44
块石	m³	44360	80	355	(1)	354.88
其他费用	公路公里	16.47	33023.20	33023.20	(1)	33023.20
税金	公路公里	16.47	2297.38	2297.38		0
第一部分合计	公路公里	16.47		71101.05	(0.97)	69101.52
第二部分合计	公路公里	16.47		1238.76		1238.76
征地费	亩	2058.6	6.13	12617.23	5.92	12193.61
国内贷款利息	公路公里	16.47	4480	4480.00	0	0
国外贷款利息	公路公里					
其他	公路公里			1940.77	(1)	1940.77
第三部分合计	公路公里	16.47		19038.00		14134.38
预留费	公路公里	16.47		7820.80	(1)	7820.80
工程投资合计 （不含息）	公路公里	16.47		94718.61		92295.46
工程投资合计 （含息）	公路公里			99198.61	(0.93)	92295.46

3.运营期经济费用计算

（1）运营期财务费用

参考现有项目区域道路养护费用的投入及管理费用情况,确定本项目运营期财务费用。

①养护及管理费用。

养护费用:本项目通车第一年的养护财务费用按 10 万元/km 计算,项目运营期内按年3%递增。

管理费用:拟定本项目通车第一年的养护财务费用按 6 万元/km 计算,项目运营期内按年3%递增。

②大中修费用。

第 10 年安排大修一次,大修费用按当年养护费用的 13 倍计,大修当年不计日常养护费。

（2）运营期经济费用计算方法

按影子价格综合换算系数，调整后的建设投资经济费用与财务费用之比，即影子价格换算系数取 0.93。将公路小修保养费用，大、中修工程费用及管理费用调整为经济费用。

（3）残值

残值取公路建设经济费用的 50%，以负值计入费用。

调整后经济费用详见表 9-12。

国民经济评价费用支出汇总表（单位：万元）   表 9-12

年　份	合　计	建设投资	养护管理费	大修费用	残　值
2011	46147.73	46147.73			
2012	46147.73	46147.73			
2013	245.07		245.07		
2014	252.43		252.43		
2015	260.00		260.00		
2016	267.80		267.80		
2017	275.83		275.83		
2018	284.11		284.11		
2019	292.63		292.63		
2020	301.41		301.41		
2021	310.45		310.45		
2022	2718.01		119.91	2598.09	
2023	329.36		329.36		
2024	339.24		339.24		
2025	349.42		349.42		
2026	359.90		359.90		
2027	370.70		370.70		
2028	381.82		381.82		
2029	393.27		393.27		
2030	405.07		405.07		
2031	417.22		417.22		
2032	−45717.99		429.74		−46147.73

三、国民经济效益计算

1.计算方法

本项目采用相关线路法计算国民经济效益，具体计算公式与方法详见本章第四节。

2.主要计算参数

（1）社会折现率

社会折现率取为 8%。

（2）汽车运输成本

降低汽车运输成本所带来的效益是新建项目的最主要效益之一。汽车在不同速度、道路交通条件下的运输成本不同。参照交通部公规院和世界银行联合研究完成的《Study of Prioritization of Highway Investments and Improving Feasibility Study Methodologies Pilot Study Report》（《公路投资优化和改善可行性研究方法》）中"道路及交通条件的汽车运输成本的影响模型"，在假定车速、平整度 IRI、坡度情况下，结合实地调查及项目所在省份同类型道路确定。

①与行驶距离有关的车辆运输成本调整。

包括燃料消耗、机油消耗、轮胎磨损、养护费用等。在特定速度（50km/h）和特定道路条件（路面平整度小于 2、道路坡度小于 2%、道路交通流为自由流、无横向干扰）的影响下，对各车型基本消耗作以修正，计算燃料消耗、机油消耗、轮胎磨损、养护费用等经济费用，见表 9-13。

分车型基本消耗统计表 表 9-13

车型			小客	中客	大客	小货	中货	大货	拖挂
燃料	消耗量	升/百车公里	8.7	16	27	16	23	26	32
	经济成本	升/百车公里	57.16	105.12	177.39	105.12	148.35	167.70	206.40
润滑油	消耗量	升/百车公里	0.26	0.29	0.31	0.28	0.3	0.33	0.35
	经济成本	升/百车公里	3.57	3.98	4.26	3.85	4.12	4.53	4.81
轮胎	经济成本	升/百车公里	2.78	5.96	6.96	1.74	5.22	15.21	21.32
汽车修理材料消耗	材料消耗与车辆价格比（每千公里）		0.15	0.15	0.1	0.1	0.1	0.1	0.1
	材料消耗经济费用（元/百车公里）		6.58	6.58	1.85	2.32	1.48	2.18	2.44
汽车修理人工消耗	修理时间	小时/年	30	80	100	45	70	90	100
	经济费用	元/小时	8.33	8.33	8.33	8.33	8.33	8.33	8.33
		元/百车公里	0.83	0.83	1.04	0.75	1.17	1.29	1.44

②与时间有关的汽车运输成本调整。

包括车辆折旧、司乘人员工资及福利、保险费、养路费、车船使用税、牌照税、管理费及其他相关税费。车辆折旧一般是按照年限法提取，据调查分析，项目所在地区从事货物运输的车辆绝大部分是国产货车。因此，货车价格均使用国产货车价格。随着人民生活水平的提高，客车将朝着舒适、安全、快捷的方向发展，接近国际水平，因此客车的经济费用直接采用根据国际市场价格预测的经济价格。经济费用调整时，扣除价中的车辆购置附加费、车船使用税及其他税金。费用调整见表 9-14。

与时间有关成本单位费用调整（单位：元/百公里） 表 9-14

车型		小客	中客	大客	小货	中货	大货	拖挂
折旧费	财务价格	51.39	20.42	26.56	19.17	25	33.05	36.64
	经济价格	43.89	18.54	23.23	14.83	21.83	24.37	27.01
工资、福利	财务价格	22.86	38.88	40.62	5.04	14.42	24.62	29.96
	经济价格	22.86	38.88	40.62	5.04	14.42	24.62	29.96

车型		小客	中客	大客	小货	中货	大货	拖挂
保险费	财务价格	21.00	7.59	9.9	2.78	4.50	10.35	5.25
	经济价格	0	0	0	0	0	0	0
税金	财务价格	0.96	4.8	5.2	0.46	1.3	2.22	2.72
	经济价格	0	0	0	0	0	0	0
养路费	财务价格	3.07	15.06	34.08	11.64	33.26	56.79	69.07
	经济价格	0	0	0	0	0	0	0
运管费	财务价格	0.22	1.08	1.62	0.86	2.48	4.22	5.14
	经济价格	0	0	0	0	0	0	0
合计	财务价格	99.50	87.83	117.98	39.95	80.96	131.25	148.78
	经济价格	66.75	57.42	63.85	19.87	36.25	48.99	56.97

各车型在不同道路情况及交通条件下的汽车运输成本见表9-15。

汽车运输成本（单位：元/百公里） 表9-15

高速公路	速度（km/h）	45	50	60	70	80	85	90
运输成本	小客	152.60	143.86	132.70	127.20	124.94	124.24	123.80
	中客	190.50	181.95	172.02	168.53	166.70	169.96	175.74
	大客	292.07	279.99	266.65	262.79	263.50	273.00	281.46
	小货	147.76	143.37	140.12	138.59	148.65	156.66	163.34
	中货	241.36	229.41	215.30	207.05	216.00	221.26	227.44
	大货	293.99	283.85	267.06	268.43	281.15	286.64	293.04
	拖挂	360.68	348.34	323.56	337.37	347.73	354.61	362.63
二级公路	速度（km/h）	30	35	40	45	50	55	60
运输成本	小客	208.07	185.33	168.95	156.88	147.87	141.08	136.36
	中客	265.78	240.06	221.88	208.82	199.38	192.48	186.33
	大客	406.89	368.57	341.65	322.46	308.62	298.12	289.59
	小货	187.25	170.77	159.58	151.92	146.47	142.60	144.98
	中货	349.61	312.54	286.18	266.92	251.73	242.26	240.91
	大货	395.71	365.06	342.66	323.69	316.79	314.88	324.21
	拖挂	484.08	446.88	419.22	388.01	391.72	388.87	415.40

（3）时间价值

旅客旅行时间的节约所产生的价值以每人平均创造国内生产总值的份额来计算。在途货物占用流动资金的节约所产生的价值，以在途货物平均价格和资金利息率为基础进行计算，在途货物平均价格参考交通部公规院《道路建设技术经济指标》确定。

（4）交通事故率及损失费

交通事故率及损失费按表9-16计算。

交通事故率及损失计算表 表 9-16

公 路 等 级	事故率计算公式 （次/亿车公里）	直接损失费 （万元/次）	间接损失费 （万元/次）
高速公路	$-40+0.005AADT$	$1.2 \sim 1.6$	$18 \sim 24$
一级公路	$37+0.003AADT$	$0.9 \sim 1.1$	$13.5 \sim 16.5$
二级公路	$133+0.007AADT$	$0.6 \sim 0.8$	$10.5 \sim 12.8$
三级公路	$140+0.03AADT$	$0.4 \sim 0.6$	$10.5 \sim 12.8$

3. 效益计算结论

本项目运用相关线路法计算得项目各年份国民经济效益汇总表,具体见表 9-17。

国民经济评价效益汇总表(单位:万元) 表 9-17

年 份	降低运营 成本效益	旅客时间 节约效益	减少交通 事故效益	合 计
2013	6876.39	523.64	62.56	7462.59
2014	8127.51	633.23	71.90	8832.64
2015	8609.86	676.12	82.87	9368.85
2016	9484.49	755.21	95.46	10335.16
2017	10445.14	843.48	109.68	11398.30
2018	11499.92	942.16	126.74	12568.82
2019	12203.10	1008.85	145.84	13357.79
2020	12952.23	1080.75	167.77	14200.76
2021	13992.84	1181.66	193.37	15367.87
2022	15114.62	1291.99	223.02	16629.63
2023	16324.04	1412.74	256.74	17993.51
2024	17627.99	1544.89	295.74	19468.61
2025	18582.16	1642.57	340.83	20565.57
2026	19877.81	1776.71	392.42	22046.94
2027	21261.91	1921.75	452.14	23635.80
2028	22740.14	2078.94	521.20	25340.28
2029	24319.37	2248.78	600.41	27168.56
2030	25826.95	2412.66	691.41	28931.02
2031	27828.21	2633.57	796.62	31258.40
2032	29427.07	2811.84	917.68	33156.59

四、国民经济评价指标值

国民经济评价指标值计算以基本报表"项目投资基金费用效益流量表"为基础,采用经济净现值、经济内部收益率、经济效益费用比和经济投资回收期四项主要指标来衡量其可行性和取得的效益。在指标的计算过程中,从效益费用流量角度出发,采用动态折现方法,把各经济费用与经济效益按照社会折现率折算成评价基年 2010 年的货币现值,然后计算各指标值,计算结果见表 9-18。

项目投资基金费用效益流量表(单位:万元) 表 9-18

序号	1	1.1	1.2	1.3	1.4	1.5	1.6	2	2.1	2.2	2.3	3
项目	费用流出	建设费用	运营管理费	日常养护费	大中修费	残值	其他费用	效益流入	降低运输成本	旅客节约时间	减少交通事故	净效益流量
建设期 1	46147.73	46147.73						0.00				−14147.73
建设期 2	46147.73	46147.73						0.00				−46147.73
运营期 4	46147.73	46147.73	91.90	153.17				7462.59	6876.39	523.64	62.56	7212.52
5	252.43		94.66	157.77				8832.64	8127.51	633.23	71.90	8580.21
6	260.00		97.50	162.50				9368.85	8609.86	676.12	82.87	9108.85
7	267.80		100.42	167.37				10335.16	9484.49	755.21	95.46	10067.37
8	275.83		103.44	172.40				11398.30	10445.14	843.48	109.68	11122.47
9	284.11		106.54	177.57				12568.82	11499.92	942.16	126.74	12284.71
10	292.63		109.74	182.89				13357.79	12203.10	1008.85	145.84	13065.16
11	301.41		113.03	188.38				14200.76	12952.23	1080.75	167.77	13899.35
12	310.45		116.42	194.03				15367.87	13992.84	1181.66	193.37	15057.42
13	2718.01		119.91		2598.09			16629.63	15114.62	1291.99	223.02	13911.63
14	329.36		123.51	205.85				17993.51	16324.04	1412.74	256.74	17664.16
15	339.24		127.21	212.02				19468.61	17627.99	1544.89	295.74	19129.37
16	349.42		131.03	218.39				20565.57	18582.16	1642.57	340.83	20216.15
17	359.90		134.96	224.94				22046.94	19877.81	1776.71	392.42	21687.04
18	370.70		139.01	231.68				23635.80	21261.91	1921.75	452.14	23265.11
19	381.82		143.18	238.64				25340.28	22740.14	2078.94	521.20	24958.46
20	393.27		147.48	245.79				27168.56	24319.37	2248.78	600.41	26775.29
21	405.07		151.90	253.17				28931.02	25826.95	2412.66	691.41	28525.95
22	417.22		156.46	260.76				31258.40	27828.21	2633.57	796.62	30841.18
23	−45717.99		161.15	268.59		−46147.73		33156.59	29427.07	2811.84	917.68	78874.58

内部收益率:12.98 %

净现值(万元):51573.37 ($I_s = 8\%$)

效益费用比:1.67

投资回收期(年):15.04

🌐 五、国民经济评价敏感性分析

经济评价所采用的参数,有的来自估算,有的来自预测,带有一定的不确定性,因此,不排除这些参数还有所变动的可能性,为了分析这些不确定因素变化对项目所产生的影响,本报告按费用上升、效益下降的不同组合,对推荐方案进行分析,以考察经济评价指标对其变化因素的敏感程度,从而更全面地了解该项目,为投资决策者提供科学的依据。本项目经济敏感性分析指标见表9-19。

经济敏感性分析表

表9-19

效益减少 \ 项目 \ 费用增加		0%	10%	20%
0%	EN(年)	15.04	16.39	17.76
	ENPV(万元)	51573.37	43840.23	36109.09
	ER_{BC}	1.67	1.52	1.39
	EIRR(%)	12.98	11.94	11.04
10%	EN(年)	16.54	18.06	19.61
	ENPV(万元)	38682.89	30949.75	23216.61
	ER_{BC}	1.50	1.36	1.25
	EIRR(%)	11.84	10.86	10.01
20%	EN(年)	18.45	20.19	21.31
	ENPV(万元)	25792.41	18059.27	10326.13
	ER_{BC}	1.33	1.21	1.11
	EIRR(%)	10.64	9.72	8.92

从敏感性分析结果可以看出,在效益减少20%,同时费用上升20%的最不利情况下,经济内部收益率8.92%仍大于社会折现率8%。分析结果表明,从国民经济角度看,本项目抗风险能力强。

🌐 六、国民经济评价结论

由国民经济评价结果如表9-18所示,数据表明,项目经济净现值为51573.37万元,大于0,经济内部收益率为12.98%,大于社会折现率8%,国民经济效益良好。当效益下降20%,同时费用上升20%的情况下,经济净现值仍大于0,经济内部收益率仍大于社会折现率,项目抗风险能力较强。

因此,从宏观经济角度分析,项目可行,且具有较强的抗风险能力。

复习思考题

1. 公路建设项目国民经济评价的作用是什么?

2. 公路建设项目国民经济分析和财务分析的主要区别有哪些?

3. 什么是转移支付?为什么转移支付在国民经济评价时既不作为费用也不作为效益?

4. 什么是影子价格?国民经济评价为什么要采用影子价格来度量公路建设项目的费用与效益?

第十章
公路建设项目后评价

第一节 > 项目后评价概述

一、项目后评价的概念

项目后评价是指在项目建成投产运营(使用)一段时间后,对项目的立项决策、建设目标、设计施工、竣工验收、生产经营全过程所进行的系统综合分析和对项目产生的财务、经济、社会和环境等方面的效益和影响及其持续性进行客观全面的再评价。

项目后评价的基本目的:根据项目的实际成果和效益,检查项目预期的目标是否达到,项目是否合理有效,项目的主要效益指标是否实现;通过分析评价,找出成败的原因,总结经验教训;并通过及时有效的信息反馈,为未来新项目的决策和提高、完善投资决策管理水平提出建议;同时也为项目实施运营中出现的问题提出改进建议,从而提高投资效益。

二、项目后评价的作用

1. 总结项目管理的经验教训,提高项目管理水平

由于建设项目管理是一项极其复杂的活动,它涉及银行、计划、主管部门、企业、物资供应、施工等许多部门,因此项目能否顺利完成关键在于这些部门之间的配合和协调工作做得如何。通过项目后评价,对已经建成项目的实际情况进行分析研究,总结项目管理经验,有利于指导未来项目的管理活动,从而提高项目管理的水平。

2. 提高项目决策科学化水平

项目前评估是项目投资决策的依据,但前评估中所做的预测是否准确,需要后评价来检验。通过建立完善的项目后评价制度和科学的方法体系,一方面可以增强前评估人员的责任感,促使评价人员努力做好可行性研究工作,提高项目预测的准确性;另一方面可以通过后评价的反馈信息,及时纠正项目决策中存在的问题,从而提高未来项目决策的科学化水平。

3. 为政府制定投资计划、政策提供依据

通过项目后评价能够发现宏观投资管理中的不足,从而使政府能及时地修正某些不适合经济发展的技术经济政策,修订某些过时的指标参数。同时,政府还可以根据后评价所反馈的信息,合理确定投资规模和投资流向,协调各产业、各部门之间及其内部的各种比例关系。并运用法律的、经济的、行政的手段,建立必要的法令、法规、制度和机构,促进投资项目的良性循环。

4. 对项目建成后的经营管理进行诊断,提出完善项目的建议方案

项目后评价是在项目运营阶段进行的,因而可以分析和研究项目投产初期和达产时期的

实际情况,比较实际情况与预测情况的偏离程度,探索产生偏差的原因,提出切实可行的措施,从而促使项目运营状态正常化,充分发挥项目的经济效益和社会效益。

三、项目后评价与前评估的区别

相对于投资项目后评价,可行性研究项目评估又被称为前评估,尽管两者的客观对象是相同的,都是投资项目,所用的基本理论和方法也大致相似,但两者又有明显区别,主要表现在以下五个方面。

1.评价主体不同

前评估主要由投资主体(企业、部门或银行)及其主管部门组织实施;而后评价则是以投资运行的监督管理机构或后评价权威机构或上一层的决策机构为主,组织主管部门会同计划、财政、审计、银行、设计、质量、司法等有关部门进行,按照项目单位自我评价、行业主管部门评价和国家评价三个层次组织实施,以确保后评价的公正性和客观性。

2.评价目的和作用不同

前评估目的在于分析项目建设的必要性和可能性,评价项目经济上的合理性,其作用是直接为项目投资决策提供依据;而后评价侧重于项目投资全过程的实际情况与预测情况进行比较研究,查找项目成功与失败的原因,目的是总结经验教训,为以后提高项目管理水平和制订科学的投资计划提供依据。

3.评价阶段不同

前评估是在项目决策阶段进行,为项目的决策服务的,它主要运用有关评价理论和预测方法,对项目的前景作全面的技术经济预测分析;而后评价,通常选择在项目建成投产运营一段时间后,对项目全过程(包括建设期和生产期)的效益进行评价。

4.评价依据、标准不同

前评估主要依据历史资料和经验性资料,按照国家及有关部门颁布的定额标准、经济评价方法和参数进行评价;而后评估依据项目实施中和投产后的实际数据和项目后续年限的预测数据,对其技术、设计实施、产品市场、成本和效益进行系统的调查分析、评价,并与前评估中相应的内容进行对比分析,找出两者差距,分析其原因和影响因素,提出相应的补救措施,从而提出改进项目前评估和其他各项工作的建议措施。

5.评价内容不同

前评估主要分析研究项目市场需求、建设条件、工程技术方案、项目的实施计划和项目的经济效益及社会效益等,对项目建设必要性和可能性进行评价,对项目未来经济和社会效益进行预测;而后评价除了对上述内容进行评价外,还要对项目立项决策和实施效果进行评价,对项目实施运行状况进行深入的分析。

第二节 ▷ 项目后评价的内容和程序

一、项目后评价的主要内容

借鉴世界银行项目后评价经验,结合我国实际情况,项目后评价的主要内容有以下五个方面。

1.项目目标评价

评定项目立项时预定目标的实现程度,是项目后评价的主要任务之一。因此,项目后评价要对照原定目标应完成的主要指标,检查项目实现的情况和变化,分析实际发生改变的原因,以判断目标的实现程度。判别项目目标的指标应在项目立项时确定,一般包括宏观目标,即对地区、行业或国家经济、社会发展的总体影响和作用。建设项目的直接目的可能是解决特定的供需平衡,向社会提供某种产品或服务,指标一般可以量化。目标评价的另一项任务是要对项目原定决策目标的正确性、合理性和实践性进行分析评价。对有些项目原定目标不明确或不符合实际情况的,项目后评价要给予重新分析和评价。

2.项目实施过程评价

项目的过程评价应对照立项评估或可行性研究报告时所预计的情况和实际执行的过程进行比较和分析,找出差别,分析原因。过程评价一般要分析以下几个方面:

(1)项目的立项决策、开工准备和评估。

(2)项目内容和建设规模。

(3)工程进度和实施情况。

(4)配套设施和服务条件。

(5)受益者范围及其反应。

(6)项目的管理和机制。

(7)财务执行情况。

3.项目效益评价

项目的效益评价即财务效益和国民经济效益评估,其评价的主要内容与项目前评估无大的差别,主要分析指标还是内部收益率、净现值和贷款偿还期等项目盈利能力和清偿能力的指标。但进行项目后评价时有以下几点需加以说明:

(1)项目前评估采用的是预测值,项目后评价则对项目实施以来已发生的财务现金流量和经济现值流量采用实际值,并按统计学原理加以处理;对后评价时点以后的流量变化趋势作出新的预测。

(2)当财务现金流量来自财务报表时,对应收而未实际收到的债权和非货币资金都不可计为现金流入,只有当实际收到时才可作为现金流入;同样,应付而实际未付的债务资金不能计为现金流出,只有当实际支付时才作为现金流出。必要时,要对实际财务数据作出调整。

(3)实际发生的财务会计数据都含有通货膨胀的因素,而通常采用的盈利能力指标是不含通货膨胀水分的。因此对项目后评价采用的财务数据要剔除物价上涨的因素,以实现前后评价的一致性和可比性。

4.项目影响评价

项目的影响评价内容包括经济影响、环境影响和社会影响。具体有以下几个方面:

(1)宏观经济影响评价。主要分析评价项目对所在地区、所属行业和国家所产生的宏观经济方面的影响。评价的内容主要包括区域经济一体化发展、生产力布局优化、产业结构调整、分配、就业、国内资源成本(或换汇成本)、技术进步等。由于经济影响评价的部分因素难以量化,一般只能作定性分析。

（2）环境影响评价。一般包括项目的污染控制、地区环境质量、自然资源利用和保护、区域生态平衡和环境管理等几个方面。

（3）社会影响评价。重点评价项目对所在地区和社会的影响，一般包括贫困、平等、公正参与、妇女地位改善和可持续性等内容。

5. 项目目标持续性或可持续能力评价

项目目标的持续性是指在项目的建设资金投入完成之后，项目的既定目标是否还能继续，项目是否可以持续地发展下去，接受投资的项目业主是否愿意继续实现既定目标。项目是否具有可重复性，即是否可在未来以同样的方式建设同类项目。

二、项目后评价的工作程序

（1）提出问题，明确后评价的任务。

（2）建立后评价小组，筹划准备。项目后评价工作可以委托设计与工程咨询公司等经过资格审查的其他单位承担，也可以由项目业主自己组织实施。而承办单位接受任务后即可组织后评价小组进行筹备工作，制订出项目后评价的实施计划。

（3）深入调查、收集资料。

（4）对实际资料数据的完整性和准确性进行核实、测算和审查，并依据核实后的资料数据进行对比分析研究和论证；采用一些定量和定性分析相结合的科学方法，合理评价项目实际成果，找出存在问题，总结经验教训，提出今后的改进措施和建议。

（5）编制项目后评价报告。将分析研究的结果汇总，编制出项目后评价报告，提交委托单位和上级有关部门。

第三节 ▶ 项目后评价的主要方法

建设项目后评价方法是基于现代系统工程与反馈控制的管理理论。由于建设项目具有复杂性，其影响因素众多，所以项目后评价的内容十分广泛，可用于项目评价的方法也特别多，总体上是采用定性分析和定量研究相结合的方式。具体的方法通常有对比分析法、逻辑框架法、成功度法及统计预测法等。

1. 对比分析法

对比分析法是项目后评价的主要分析评价方法。它是采用现场调查和调查问卷等方式，获取项目实际情况，然后对照项目立项时所确定的直接目标和宏观目标，以及其他指标，找出偏差和变化，分析原因，得出结论，总结经验教训。它包括纵向对比（通常称前后对比）、横向对比和有无对比等方法。

（1）前后对比法

前后对比法，是指将项目可行性研究时所预测的效益和项目竣工投产运营后的实际结果相比较，找出差异并分析原因。这种对比用于揭示计划、决策和实施的质量，是项目后评价应该遵循的原则之一。

（2）横向对比法

项目的横向对比，是同一行业内类似项目相关指标的对比。这种对比方法用以评价企业或项目的绩效或竞争能力。

（3）有无对比法

有无对比法是指在项目周期内"有项目"（实施项目）相关指标的实际值与"无项目"（不实施项目）相关指标的预测值加以对比，用以度量项目真实的收益、作用及影响的一种项目后评价方法。这种对比的关键是要求项目投入的代价与项目产出的效果口径一致，也就是所度量的效果要真正归因于此项目。这种对比的重点主要是分清项目自身的作用和项目以外的作用，这种对比的用途主要适用于项目的效益评价和影响评价。这种对比的特点是需要大量可靠的数据，可运用系统的项目监测资料，也可引用当地有效的统计资料。这种对比的过程一般是先确定评价的内容和主要指标，然后选择可比对象，再运用科学的方法收集资料，最后通过建立对比表来进行分析。这种对比用于项目的效益评价和影响评价，是项目后评价的一个重要方法论原则。有无对比的关键是要求投入的代价与产出的效果口径一致，也就是说，所度量的效果要真正归因于项目。

2.逻辑框架法

逻辑框架法是美国国际开发署（LFA）在1970年开发并使用的一种设计、计划和评价的工具，用于项目的规划、实施、监督和评价。逻辑框架是一种综合、系统地研究和分析问题的思维框架，有助于对关键因素和问题做出系统的合乎逻辑的分析，它主要应用问题树、目标树和规划矩阵三种辅助工具，将内容相关、必须同步考虑的动态因素组合起来，帮助分析人员清理项目中的因果关系、目标与手段之间关系和外部制约关系，从设计、策划到目的、目标等方面来评价一项活动或工作。

逻辑框架法不是一种机械的方法或程序，而是一种综合、系统地研究问题的思维框架模式，这种方法有助于对关键因素和重要问题做出合乎逻辑的分析。它为项目计划者和评价者提供一种分析框架，用以确定工作的范围和任务，并通过对项目目标和达到目标所需要的手段进行逻辑关系的分析。

逻辑框架法是一种概念化论述项目的方法。它用一张简单的框图来清晰地分析一个复杂项目的内涵和关系，使之更易理解。这种方法是将几个内容相关且必须同步考虑的动态因素组合起来，通过分析其间的逻辑关系，从设计、策划的目的、目标等方面来评价一项活动或一个项目。逻辑框架法的核心概念是事物的因果逻辑关系，即"如果"提供了某种条件，"那么"就会产生果种结果，这些事件包括事物内在的因素和事物所需要的外部因素。

逻辑框架法的基本模式使用一张矩阵图来表示，它所要描述的是垂直逻辑关系和水平逻辑关系，垂直逻辑关系和水平逻辑关系一起构成项目后评价的逻辑框架，见表10-1。

逻辑框架法的模式

表10-1

层 次 描 述	客观验证指标	验 证 方 法	重要外部条件
目标	目标指标	监测和监督手段及方法	实现目标的主要条件
目的	目的指标	监测和监督手段及方法	实现目的的主要条件
产出	产出物定量指标	监测和监督手段及方法	实现产出的主要条件
投入	投入物定量指标	监测和监督手段及方法	实现投入的主要条件

3.成功度法

成功度评价法即所谓的打分评价法。它是以逻辑框架法分析的项目目标的实现程度和经济效益分析的评价结论为基础,以项目的目标和效益为核心所进行的全面系统评价。此方法是依靠评价专家或专家组的经验,根据项目各方面的执行情况,并通过系统准则或目标判断表来评价项目总体的成功程度。

成功度评价如表10-2所示,对其中各项内容作如下说明。

(1)评定项目指标。评定具体项目的成功度时,选择与项目相关的评价指标。

(2)项目相关重要性。项目相关重要性分为重要、次重要和不重要三级。评价人员应根据具体项目的类型和特点,确定出各项指标与项目相关的重要性程度。

(3)评定等级。项目成功度评价等级划分为A、B、C、D、E五级。其中:

A(成功):完全实现或超出目标。相对成本而言,总体效益非常大。

B(基本成功):目标大部分实现。相对成本而言,总体效益较大。

C(部分成功):部分目标实现。相对成本而言,取得了一定效益。

D(不成功):实现的目标很少。相对成本而言,取得的效益很小或不重要。

E(失败):未实现目标。相对成本而言,亏损或者没有取得效益,项目放弃。

项目成功度评价表 表10-2

评价项目指标	项目相关重要性	评 价 等 级
宏观目标和产业政策		
决策及其程序		
布局与规模		
项目目标及市场		
设计与技术装备水平		
资源和建设条件		
资金来源和融资		
项目进度及其控制		
项目质量及其控制		
项目投资及其控制		
项目经营		
机构和管理		
项目财务效益		
项目经济效益和影响		
社会和环境影响		
项目可持续性		
项目总评		

4.统计预测法

项目后评价包括对项目已经发生事实的总结和对项目未来发展的预测。后评价时点前的统计数据是评价对比的基础,后评价时点的数据是评价对比的对象,后评价时点后的数据是预测分析的依据。

统计预测法就是通过有效的统计调查,得到大量可靠的统计数据,经过适当的处理分析,对项目未来发展的状况和趋势作出估计和推测。

(1)统计调查

统计调查是根据评价的目的和要求,采用科学的调查方法,有策划、有组织地收集被研究对象的相关资料的工作过程。统计调查是统计工作的基础,是统计整理和统计分析的前提。统计调查是一项复杂、严肃和技术性较强的工作。每一项统计调查都应事先制订一个指导调查全过程的调查方案,包括确定调查目的、调查对象(被调查的单位或个人)、调查项目、调查事件;拟定调查表格;制订调查的组织实施计划等。调查人员应保持实事求是的态度,力求做到所调查的资料真实、完整、准确。调查过程中应适当采用先进的技术和科学的方法。

统计调查可采用观察法、问询法(包括面谈、电话采访、问卷调查等方式)等各种方法。

(2)资料整理

统计资料整理是根据评价的任务,对统计调查所获得的大量资料进行加工汇总,使其系统化、条理化、科学化,以得出反映事物总体综合特征的工作过程。

统计资料整理工作由分组、汇总和编制统计表三个环节构成。分组是资料整理的前提;汇总是资料整理的中心;编制统计表是资料整理的结果。

(3)统计分析

统计分析是根据评价的目的和要求,采用各种分析方法,对评价的对象进行全面剖析和综合研究,以提示事物内在联系和发展变化规律。统计分析采用的主要方法有分组法、综合指标法、动态数列法、指数法、抽样和回归分析法、投入产出法等。

(4)效果预测

预测是对尚未发生或目前还不明确的事物进行预先的估计和推测,是在现在时点对事物将要发生的结果进行探索和研究。项目后评价中的预测有两种用途,一是对无项目条件下可能产生的效果进行假定的估测,以便进行有无对比;二是对项目今后效益的预测。

第四节 ▶ 公路建设项目后评价

自 20 世纪 80 年代以来,随着后评价管理办法的不断推广应用,作为国家重要基础保障条件的公路工程建设项目,在其重点工程项目建设发展过程中逐步引入了后评价管理办法。

一、公路建设项目进行项目后评价的必备条件

根据预定目标已全部建成并通过竣工验收,至少经过 2~3 年的通车经营实践。公路建设项目后评价工作的重点项目是国家重点公路建设项目或符合下列条件之一的公路建设项目:

(1)40km 以上的国道主干线项目或 100km 以上的国道及省道高等级公路项目。

(2)利用外资的公路项目。

(3)特大型独立公路桥隧项目。

(4)上级主管部门指定的项目。

二、公路建设项目后评价管理有关规定

(1)公路项目后评价管理工作实行"统一领导,分级管理",进行后评价的项目分为地方、部、国家三个管理层次。地方管理的后评价项目,由各省、自治区、直辖市、计划单列市交通行政主管部门对属于后评价的项目按年度下达计划;交通部一般选择其中四分之一的项目进行部管理,按年度下达计划;国家管理的后评价项目由国家计委确定。

(2)编制后评价报告以项目法人或建设单位为主,组织承担本项目可行性研究、设计、施工、监理、运营、管理、审计等有关部门、单位以及地方政府的有关人员参加,共同开展工作。后评价报告应按照《公路建设项目后评价报告编制办法》编制。

(3)地方管理的项目,其后评价报告由项目法人或建设单位报省、自治区、直辖市、计划单列交通行政主管部门,由省、自治区、直辖市、计划单列市交通行政主管部门组织审查,并将修改后的报告连同审查意见报交通运输部综合计划司备案。部管理的项目,其后评价报告一般先由省、自治区、直辖市、计划单列市交通行政主管部门进行初审,初审通过后,再由省、自治区、直辖市、计划单列市交通行政主管部门报部,由部组织有关部门进行正式审查,并写出《建设项目后评价审查报告》,报国家计委备案。国家计委确定的后评价项目,按国家计委有关规定组织审查。

(4)项目后评价审查应坚持客观、公正、科学的原则。凡属于后评价的项目,项目法人或建设单位应指定专人建立项目的跟踪管理系统和定期检查制度,并按规定逐步完善各阶段的管理机制,自建设项目立项(即项目建议书批准)开始即填写"公路建设项目管理卡",并建立决策、施工、运营各阶段的技术经济档案,为项目后评价工作积累完整的技术经济资料和数据。

(5)建设项目的各有关部门和单位要认真对待后评价成果,从中吸取经验教训,并采取相应的对策、措施,进一步完善已建项目,改进在建项目,指导待建项目。

(6)建设项目后评价报告的编制、审核、审查费用由项目法人或建设单位自行解决,可列入项目投资概算,在建设单位管理费中列支。

三、公路建设项目后评价报告编制

公路建设项目后评价报告由主报告及附件两部分组成,主报告应按2011年9月交通运输部综合规划司发布的《公路建设项目后评价报告编制办法》(征求意见稿)的"公路建设项目后评价报告文本格式及内容要求"编制,具体见后附;附件的内容应包括专题报告、公路建设项目管理表和有关委托、招标、评审、批复等主要文件的复印件。本书摘取相关内容说明公路建设项目后评价报告编制的基本要求。

复习思考题

1.什么是项目后评价?项目后评价具有什么作用?

2.项目后评价包括哪些方面的内容?

3.与项目前评估相比较,项目后评价具有哪些特点?

4.项目后评价的方法有哪些?后评价的基本工作程序如何?

5.我国公路建设项目进行项目后评价的必备条件是什么?如何对后评价进行管理?

6.我国公路建设项目后评价报告包括哪些主要内容?

附录

附录Ⅰ ➤ 《公路建设项目可行性研究报告文本格式及内容要求》

（中华人民共和国交通运输部 2010 年 4 月 12 日颁布）

Ⅱ工程可行性研究报告文本格式及内容要求

（1）封面格式

（项目名称）工程可行性研究报告
（编制单位）
年　　　月

（2）扉页格式

扉页格式（1）
（项目名称）工程可行性研究报告
编 制 单 位：××××（盖章）
咨询证书等级：××××
发 证 机 关：××××
证 书 号：××××
（证书复印件附此页后）
参 加 单 位：××××（盖章）
咨询证书等级：××××
发 证 机 关：××××
证 书 号：××××
（证书复印件附此页后）
扉页格式（2）
编 制 单 位：××××
单 位 主 管：×××　　（签章）
总 工 程 师：×××　　（签章）
项 目 负 责 人：×××　　（签章）
参 加 人 员：×××、×××、×××、×××
参 加 单 位：××××
单 位 主 管：×××　　（签章）
主 办 人：×××
参 加 人 员：×××、×××、×××、×××

（3）目录

（4）文本格式及内容要求

1　概　述

1.1　项目背景

1.2　编制依据

1.3　研究过程

1.4　建设的必要性

　　对于直接进行工程可行性研究的公路项目,应对项目建设的必要性、建设时机等进行详细论证。

1.5　主要结论

1.5.1　交通量预测

1.5.2　技术标准

1.5.3　路线起终点、走向、主要控制点及建设规模

1.5.4　投资估算、资金筹措及工期安排

1.5.5　经济评价

1.5.6　土地利用、工程环境、节能及社会影响评价

1.6　问题及建议

2　经济社会和交通运输发展现状及规划

2.1　研究区域概况

2.2　项目影响区域经济社会现状及发展

2.2.1　经济社会现状

　　社会发展概况。经济发展现状。

2.2.2　经济社会发展趋势

　　经济社会发展趋势分析。主要经济社会指标预测。

2.3　项目影响区域交通运输现状及发展

2.3.1　综合交通运输现状

　　综合运输网。运输量发展水平及特点。

公路运输的地位和作用。

2.3.2 相关公路技术状况及存在问题

技术状况。交通量。存在问题。

2.3.3 交通运输发展趋势

公路网规划。其他相关运输方式规划。本项目的地位和作用。

3 交通量分析及预测

3.1 公路交通调查与分析

3.1.1 预可工作回顾

3.1.2 调查综述

调查内容、方法、范围。

3.1.3 调查资料的分析

3.2 相关运输方式的调查与分析

3.2.1 调查概述

3.2.2 调查资料分析

3.3 预测思路与方法

3.3.1 交通量预测的总体思路

3.3.2 交通量预测方法及步骤概述

3.4 交通量预测

3.4.1 预测特征年确定

3.4.2 特征年路网

3.4.3 交通生成

交通增长率确定。发生、吸引交通量计算。

3.4.4 交通量分布

分布方法。交通量分布。

3.4.5 诱增交通量及其他运输方式转移交通量预测

预测方法。预测结果。

3.4.6 交通量分配

分配方法。分配方案。

3.4.7 预测结果及分析(含比选方案)

路段交通量及分析(含相关公路)。互通立交转向交通量。特征年车型构成。无此项目时相关公路交通量。

4 技 术 标 准

根据拟建项目在区域公路网中的功能与定位、交通量预测结果,综合考虑地形条件、投资规模、环境影响及与拟建项目连接的其他工程项目等影响因素,在通行能力及服务水平分析的基础上,按照现行《公路工程技术标准》相关规定,论证项目拟采用的技术等级、设计速度、车道数及路基宽度、荷载标准、抗震设防标准、隧道建筑界限、交通工程及沿线设施等具体指标,对于跨越有通航要求的河流上的桥梁,应明确通航标准等指标。

5 建 设 方 案

5.1 建设条件

5.1.1 地形、地质、水文、气候等条件

5.1.2 制约建设方案的其他主要因素

城镇规划、产业布局、资源分布、环境敏感点、文物等。

5.1.3 筑路材料及运输条件

5.1.4 拟建项目与相关路网的衔接

对于改扩建项目还应对现有工程的适用状况进行分析和评价。

5.2 建设项目起终点论证

建设项目与区域路网和前后路段衔接情况。与城市衔接的关系。

5.3 备选方案拟定

5.3.1 主要控制因素

地形、地质、水文等控制因素。沿线重要城镇规划。环境、资源分布、军事设施、文物等其他控制因素。

5.3.2 各备选方案概况

走向及控制点。主要技术指标及规模。

5.4 方案比选

综合考虑建设条件、工程规模及投资、经济评价、环境影响、土地占用等因素,提出推荐方案。

5.5 推荐方案概况

5.5.1 起终点及主要控制点

5.5.2 规模、标准及主要技术经济指标

5.5.3 路基工程

5.5.4 路面工程

5.5.5 桥涵工程

5.5.6 隧道工程

5.5.7 交叉工程

5.5.8 连接线及辅道工程

5.5.9 交通工程及沿线设施

5.5.10 其他工程

6 投资估算及资金筹措

6.1 投资估算

按照交通运输部《公路基本建设工程投资估算编制办法》、《公路工程估算指标》等执行。说明主要材料来源、材料单价和征地拆迁取值依据、标准及主要定额调整原因等,并给出各方案总估算汇总表。工程可行性研究与预可行性研究的投资估算差别较大时,应说明原因。

6.2 资金筹措

7 经 济 评 价

7.1 评价依据和方法

7.2 评价方案设定

7.3 经济费用效益分析

7.3.1 参数选择与确定

7.3.2 经济费用调整

7.3.3 经济效益计算

7.3.4 经济费用效益分析指标计算

7.3.5 敏感性分析

7.4 财务分析

7.4.1 资金来源与融资方案

7.4.2 财务费用计算

7.4.3 收费收入计算

7.4.4 财务分析指标计算

盈利能力分析。清偿能力分析。

7.4.5　敏感性分析

7.5　评价结论

8　实　施　方　案

分析工程的施工条件和特点,研究制约工程进度、质量、造价的关键环节,提出工期安排等实施方案。对于改扩建项目,应该包括施工期交通组织方案。

9　土地利用评价

9.1　区域土地利用、类型及人均占有量

9.2　推荐方案占用土地、主要拆迁建筑物的种类和数量

9.3　对当地土地利用规划影响

9.4　与《公路建设项目用地指标》的符合性

9.5　集约节约使用土地措施

10　工程环境影响分析

10.1　沿线环境特征

10.2　推荐方案对工程环境的影响

10.3　减缓工程环境影响的对策

10.3.1　路线方案的对策

10.3.2　路基边坡防护对策

10.3.3　借方、弃方及水土保持对策

10.3.4　绿化恢复植被对策

10.3.5　其他对策

11　节　能　评　价

11.1　建设期耗能分析

11.2　运营期节能

11.2.1　项目运营管理耗能分析

包括项目(公路桥梁、隧道)的照明、服务区、收费站、监控设施等。

11.2.2　项目使用者节能计算

采取"有无对比法",计算建设项目投入运营后,使用者的燃油节约量,并将最终结果换算成标准煤。

11.3　对当地能源供应的影响

11.4　主要节能措施

说明遵循的节能规范或标准。主要措施,包括新材料、新工艺、新能源的应用。

11.5　节能评价

12　社　会　评　价

12.1　社会影响分析

主要分析项目对所在地社会的正、负面影响。主要包括对居民收入、生活水平与质量、就业的影响,对不同利益群体、弱势群体的影响,对所在地文化、教育、卫生的影响,对少数民族风俗习惯和宗教的影响。

12.2 互适性分析

调查当地政府、企业、居民及道路主要使用者对建设项目的支持程度,分析项目与当地社会环境的相互适应性。

12.2.1 当地政府对项目的态度

12.2.2 不同利益群体对项目的态度和参与程度

分析和预测直接相关的利益群体的态度和参与程度。

12.2.3 各部门或组织对项目的态度及支持程度

各部门或组织对项目的支持和配合程度。如城市规划、城市交通、土地、电力、供水等部门的保障。

12.2.4 移民安置方案

对于需要大规模移民的公路建设项目,应初步制定相应的安置方案。

12.3 社会风险分析

对可能影响项目的各种社会因素进行识别和排序,并对影响面大、持续时间长、容易引起较大矛盾的社会因素及未来可能的变化进行分析,提出必要的防范措施。

12.4 社会评价结论

13 风 险 分 析

对于特殊复杂的重大项目,应进行风险分析。

13.1 项目主要风险因素识别

项目风险主要包括工程技术风险、资金风险、外部协作条件风险等,应结合项目实际进行识别。

13.2 风险程度分析

采用专家评估法、风险因素取值评定法或风险概率分析法等,按各风险因素对项目影响程度和风险发生的可能性大小确定风险的等级。

13.3 防范和降低风险措施

根据不同的风险因素提出相应的规避和防范对策。

14 问题及建议

存在的主要问题及建议。

附 件

相关审查意见、会议纪要、地方意见、部门意见等。

（5）主要图表

地理位置图:图幅范围按路线影响区范围确定,一般应涵盖项目所在省全貌,位于省界的项目应涵盖相邻省份主要影响区域(本图置于报告正文第1页)。

1　工　程　部　分

1.1　路线方案比较图

在1:5万～1:20万地形图上标示出所有方案,标注起终点、控制点、主要城镇及规范范围、相关公路和铁路、沿线风景区、矿区、重要文物、县以上境界;简明标示出大桥、隧道、互通立交、连接线及沿线设施(服务区、停车区)等位置。

1.2　推荐方案路线平纵面缩图

平面:比例尺及标注内容同路线方案比较图。

纵断面:绘于平面缩图之下,简明标示出主要地名、垭口、河流、大桥、隧道及主要路线交叉等位置、名称与高程。水平比例尺与平面缩图相同,垂直比例尺用1:5千～1:1万。

1.3　路线平纵面图(水平:1:1万,垂直:1:1千～1:5千)

1.4　主要技术经济指标表

1.5　综合交通规划图

1.6　相关城镇规划图

1.7　区域主要水系图

1.8　区域地震烈度分布图

1.9　区域工程地质图

1.10　重要工点地质剖面图

1.11　不良地质地段表

1.12　特殊路基处理数量表

1.13　路基每公里土石方数量表

1.14　路基标准横断面图

1.15　路面工程数量表

1.16　路面结构方案图

1.17　路基路面排水工程数量表

1.18　路基防护工程数量表

1.19　桥梁工程数量表

1.20　典型大桥桥型布置图

1.21　涵洞数量表

1.22　隧道工程数量表

1.23　隧道方案图

1.24　互通式立体交叉表

1.25　互通立体交叉平面布置图(绘制于工点地形图上)

1.26　互通式立体交叉主要工程数量表

1.27 分离式立体交叉表

1.28 通道(天桥)工程数量表

1.29 公路用地表

1.30 拆迁建筑物数量表

1.31 拆迁电力、电信设施表

1.32 筑路材料料场调查表

1.33 投资估算文件(推荐方案的甲乙组文件和比较方案的甲组文件)

可行性研究报告中工程图表的格式及内容,可参考《公路工程建设项目设计文件图表示例(初步设计)》。

2 经济交通分析及经济评价部分

2.1 项目影响区示意图

2.2 ××省(市、地、县)历年主要经济社会指标表

2.3 ××省(市、地、县)主要经济社会指标预测结果表

2.4 项目影响区各运输方式运量统计表

2.5 现有相关公路技术状况表

2.6 历年相关公路交通量表

2.7 项目影响区公路及其运输方式现状图

2.8 OD 调查点分布示意图

2.9 ××年(基年)OD 表

2.10 ××年(基年)出行期望路线示意图

2.11 ××年(未来各特征年)公路及其运输方式规划图

2.12 ××年(未来各特征年)OD 表

2.13 分路段交通量预测结果表(包括各特征年)

2.14 ××年(未来各特征年)各路段交通量与互通立交转向交通量预测结果示意图

2.15 交通量车型结构预测表

2.16 主要投入物影子价格调整表

2.17 建设费用调整表

2.18 车辆经济运营成本调整表

2.19 项目投资经济费用效益流量表

2.20 经济费用效益分析敏感性分析表

2.21 项目投资现金流量表

2.22 项目资本金现金流量表

2.23 财务分析敏感性分析表

2.24 借款还本付息估算表

2.25 利润与利润分配表

---

*高速公路,一级公路及汽车专用二级公路必须提交的。

注:本附对"Ⅰ、预可行性研究报告文本格式及内容要求"未加以说明。

附录 Ⅱ ➤ 《公路建设项目后评价报告编制办法》(征求意见稿)

(2011 年 9 月交通运输部综合规划司)

第一条 为进一步规范公路建设项目后评价研究和报告编制工作,在总结 1996 年颁发的《公路建设项目后评价报告编制办法》执行情况的基础上,结合近年来公路发展实际,制定本办法。

第二条 编制公路建设项目后评价报告的目的是总结项目的经验与教训,为不断提高项目的决策、设计、施工和管理水平,更好地发挥投资效益,制定相关政策等提供科学依据。

第三条 公路建设项目后评价报告编制的主要依据和基础:

(一)公路建设项目管理的相关法律、法规,行业标准、规范等。

(二)国家及区域经济社会发展规划、综合运输发展规划和公路专项发展规划。

(三)项目各阶段有关委托、评审、批复等正式文件。主要包括:项目建议书、可行性研究报告、项目申请报告、初步设计、施工图设计的审查意见,批复文件;资金申请报告,招投标文件,重大变更的请示及批复,工程竣工、验收报告和审计后的竣工决算报告等。

(四)项目建成通车后的运营数据及相关调查。主要调查包括:交通量调查、交通安全性调查、车辆运行特征调查、车辆运输费用调查、工程质量调查、经济社会调查、环境调查等。

第四条 公路建设项目后评价报告的主要内容:

(一)建设项目的过程评价:项目前期工作、建设实施、运营管理等完成情况;重大变化及原因。

(二)建设项目的投资与效益评价:投资执行情况、资金筹措评价及经济评价。

(三)建设项目的影响评价:项目对区域的综合交通体系、经济社会、环境、能源等方面的影响。

(四)建设项目目标持续性评价:交通量、经济社会效益、财务效益、环境保护等目标的实现程度及持续能力。

(五)经验与教训,措施与建议。

第五条 公路建设项目后评价的方法主要有:有无对比法、层次分析法、因果分析法、逻辑框架法、综合评价法等,具体可根据项目特点选择一种或多种方法。

项目前期工作所采用的相关评价技术及指标量化方法原则上可用于后评价,具体可参照现行《公路建设项目可行性研究报告编制办法》、《公路建设项目经济评价方法与参数》等。

第六条 公路建设项目后评价报告由主报告和附件组成。主报告应按本办法附件《公路建设项目后评价报告文本格式及内容要求》编制。附件的内容包括专题报告、公路建设项目管理表和有关委托、招标、评审、批复等主要文件的复印件。

第七条 公路建设项目后评价报告文本采用 297 毫米 × 210 毫米(A4)装订,封面采用紫红色。

第八条 本办法由交通运输部负责解释。

第九条 本办法自颁布之日起施行。原交通部 1996 年 12 月发布的《关于印发〈公路建设项目后评价工作管理办法〉和〈公路建设项目后评价报告编制办法〉的通知》(交计发

〔1996〕1130号）中《公路建设项目后评价报告编制办法》同时废止。

附件：公路建设项目后评价报告文本格式及内容要求

Ⅰ封面格式

××公路后评价报告

（编制单位）

×年×月

Ⅱ扉页格式

××公路后评价报告

编　制　单　位：××××　　　（盖章）

咨询证书等级：××××

发　证　机　关：××××

证　书　号：××××

（证书复印件附此页后）

参　加　单　位：××××　　　（盖章）

咨询证书等级：××××

发　证　机　关：××××

编　制　单　位：×××

单　位　主　管：×××　　　　　（签章）

分管总工程师：×××　　　（签章）

项　目　负　责　人：×××　　　（签章）

参　加　人　员：×××、×××、×××、×××

参　加　单　位：××××

单　位　主　管：×××　　　　　（签章）

分管总工程师：×××　　　（签章）

项　目　负　责　人：×××　　　（签章）

参　加　人　员：×××、×××、×××、×××

Ⅲ内容要求

目　　录

1　概述

2　建设项目过程评价

3　建设项目投资与效益评价

4　建设项目影响评价

---

5 建设项目目标持续性评价

6 结论

附件1:专题报告(包括交通量分析与预测、项目影响评价等)

附件2:公路建设项目管理表

附件3:有关委托、招标、评审、批复等主要文件的复印件

1 概　　述

1.1 背景

项目后评价任务来源,后评价工作开展情况及后评价报告的编制依据。

1.2 项目概况

项目的功能定位;项目各阶段主要时间节点,包括立项、决策、设计、开工、竣工、通车时间等;项目起讫点及建设规模、技术标准等主要技术经济指标。

附图:项目地理位置图,项目竣工平纵面缩图(内容同初步设计文件要求)。

1.3 项目各阶段主要指标的变化情况

包括建设规模、技术标准、重大方案、工程造价及建设工期等。

1.4 资金来源及使用情况

各种资金来源及具体执行情况。

1.5 主要结论

1.5.1 综合评价结论

对项目的前期工作、建设实施、运营管理、投资与效益、目标持续性等评价结论进行归纳和总结。

1.5.2 问题与建议

针对项目目前存在的主要问题,提出改进的措施和建议。

1.5.3 经验与教训

从项目的前期工作、建设实施、运营管理以及投融资模式等方面,总结项目主要的经验与教训。

2 建设项目过程评价

2.1 前期工作情况评价

2.1.1 前期工作基本情况

2.1.2 前期工作各阶段审批文件的主要内容

2.1.3 前期工作各阶段主要指标的变化分析

包括项目建议书、可行性研究、初步设计等阶段主要指标的变化情况及主要原因分析。

2.2 项目实施情况评价

2.2.1 项目实施情况

包括施工图设计、施工组织与管理、工期等;建设管理模式和业主负责制、工程监理制、工程招投标制和合同管理制四项制度的执行情况。

2.2.2 项目实施的主要文件内容

主要文件包括项目开工报告、执行报告、竣工验收报告等。

2.2.3 实施阶段评价

主要包括重大设计变更、建设管理模式、工程质量、工程监理、工期等评价。

2.2.4 重大工程技术问题处理及评价

2.3 运营管理情况评价

2.3.1 运营情况评价

包括公路收费、养护情况;实际交通量与前期工作预测交通量的对比分析,填写公路建设项目交通量比较表(具体要求见附件2);公路状况、公路服务水平和交通安全评价。

2.3.2 管理机构和管理模式评价

包括管理机构的设置和功能、组织形式和作用;项目运营过程的各项制度、规定和程序;管理效果评价。

2.4 交通工程及沿线设施情况评价

包括通信、收费、监控系统及服务区、安全防护设施等设置情况及评价。

2.5 创新性评价

包括新技术、新材料、新工艺的应用以及管理创新等。

3 建设项目投资与效益评价

3.1 投资执行情况评价

3.1.1 资金筹措情况

3.1.2 资金到位及投资完成情况

3.1.3 工程决算、概算和估算的比较分析

3.2 经济费用效益分析

3.2.1 参数选择与确定

3.2.2 费用调整

3.2.3 效益计算

3.2.4 评价指标及计算

3.3 财务分析

3.3.1 运营成本

3.3.2 收费收入

3.3.3 参数选择与确定

3.3.4 财务评价指标及计算

3.3.5 清偿能力分析

3.4 结论

4 建设项目影响评价

4.1 交通影响评价

4.1.1 对综合交通体系的影响

从通道和网络的角度分析项目对公路运输以及其他运输方式产生的影响和作用。

4.1.2 收费影响分析

分析收费对项目吸引和分流交通量等的影响。

4.2 经济社会影响评价

4.2.1 经济影响分析

分析项目对所在地区经济发展、产业布局、资源开发、城镇化进程等方面的影响。

4.2.2 社会影响分析

分析项目对所在地区社会发展产生的效应。包括城乡发展、社区发展、就业、居民生活水平,以及土地利用、征地拆迁补偿、移民安置、扶贫等方面的影响和评价。

4.2.3 社会互适性分析

分析项目与当地社会的相互适应程度,包括相关利益群体分析,公众参与程度,当地文化、民俗或宗教等的融合程度。

4.3 环境影响评价

4.3.1 环境保护执行情况评价

环保设施与主体工程"同时设计、同时施工、同时投产使用"制度的执行情况,项目所采取的主要环境保护措施和效果。

4.3.2　环境监测与评价

主要包括生态环境、水土保持、大气、噪声、水的实测情况及评价。

4.3.3　改进措施与建议

针对目前项目环保存在的问题,提出预防或减轻不良环境影响的措施与建议。

4.4　节能影响评价

4.4.1　节能法规的执行情况

4.4.2　节能措施及效果

4.4.3　改进措施与建议

5　建设项目目标持续性评价

5.1　外部条件对项目目标持续性的影响

外部条件包括经济社会发展,政策法规,公路管理体制,公路网及综合交通体系发展状况,技术进步等。

5.2　内部条件对项目目标持续性的影响

内部条件包括运行机制、内部管理、公路收费等。

6　结　　论

6.1　结论

6.2　存在问题

6.3　经验与教训

6.4　措施与建议

附件1:专题报告

公路建设项目后评价报告应包括交通量分析及预测和项目影响评价两个专题报告。同时,可结合项目特点增加其他必要的专题报告。

附件2:公路建设项目管理表

Ⅰ.内容要求

公路建设项目管理表由公路建设项目综合管理表、公路建设项目投资管理表(分阶段、分路段)和公路建设项目交通量比较表组成,具体内容要求详见表1、表2、表3和表4。公路建设项目管理表也适用于桥梁和隧道建设项目,其标题相应改为桥梁建设项目管理表或隧道建设项目管理表。

Ⅱ.填表说明

公路建设项目管理表应从项目立项开始时就进行填写。综合管理表和投资管理表一般应在工程竣工通车时编制、填写完毕;交通量比较表应在后评价完成时编制、填写完毕。

一、公路建设项目综合管理表

(一)承担单位、项目负责人填写在预可行性研究、工程可行性研究、初步设计、施工图设计及工程竣工验收项内。

(二)上报及批准机关、文号填写在项目建议书、可行性研究及初步设计项内。

(三)各阶段工作发生的日期及时间按年月日至年月日填写在日期栏内。

(四)各阶段建设规模和主要技术指标,应分别填写各阶段审查(或上报)和批准的各项内容。"上报文件"是指与"批复"相对应的项目建议书、可行性研究和初步设计。项目建设规模是指公路等级(如高速公路、一级公路、二级公路等)和里程(单位为公里)。主要技术指标可填写设计速度(单位为公里/小时)、路基宽度(单位为米)等。桥梁建设项目建设规模是指桥长(包括主桥和引桥,单位为米);两岸接线的公路等级、长度(单位为公里)。主要技术指标可填写桥面净宽(单位为米);车辆荷载(包括汽车和挂车);通航净空(航道等级);两岸接线路基宽(单位为米)等。隧道建设项目建设规模是指隧道长(单位为米);两端接线的公路等级、长度(单位为公里)。主要技术指标可填写隧道净宽(单位为米);隧道净空(单位为米);两端接线路基宽(单位为米)等。

(五)项目各阶段估算、概算和决算的总投资分别填写在工程总投资栏内(单位为万元)。资金筹措分内资和外资,内资包括成品油消费税资金、国内贷款、车购税资金等;外资包括国外贷款、华侨及港澳同胞集资等。外资折合人民币分别填入各栏内。

(六)项目各阶段估计和实际使用的四大材料分别按总用量(单位为立方米、吨)和总价值(单位为万元)填写。

二、公路建设项目投资管理表

(一)公路建设项目从立项到实施各阶段的投资、工程量等工程指标,应按各阶段最终批准的和实际实施的指标进行填写;外资按实际使用的币种折合成人民币填写(单位为万元);调整概算填写最后一次调概的数据。

(二)表内项目内容可根据需要增减。估算投资因分项较少,可合并填写。

(三)桥梁和隧道建设项目投资管理表的项目内容可参照有关工程投资估算项目表。

三、公路建设项目交通量比较表

预可行性研究和工程可行性研究的交通量是指预可行性研究和工程可行性研究报告中从预计通车年份到远景服务年份各年的预测交通量;后评价阶段的交通量是指通车运营期间的实测交通量和后评价报告中各年的预测交通量;应按对应相同年份填写。

备注栏内注明通车运营年份。

附件3:有关委托、招标、评审、批复等主要文件的复印件

主要包括关于××公路项目建议书的批复,关于××公路可行性研究报告的批复,关于××公路初步设计的批复,关于××公路环境影响报告书的批复,××公路竣工验收鉴定书等文件。

公路建设项目交通量比较表 表1

项目内容\建设阶段	一、承担单位	二、项目负责人	三、上报及批准机关	四、上报及批准文号	五、日期	六、建设规模	1.公路等级	2.里程(km)	七、主要技术指标	1.设计速度	2.路基宽度(m)	八、工程总投资(万元)	资金来源	(一)内资	1.自筹资金	(1)部投资	(2)地方投资	2.借款	3.法人股	4.企业债券	(二)外资	1.国外借款	九、四材用量	1.木材(m³)(价值)	2.钢材(t)(价值)	3.水泥(t)(价值)	4.沥青(t)(价值)
项目建议书 上报文件																											
项目建议书 批复																											

续上表

项目内容　建设阶段	一、承担单位	二、项目负责人	三、上报及批准机关	四、上报及批准文号	五、日期	六、建设规模	1.公路等级	2.里程(km)	七、主要技术指标	1.设计速度	2.路基宽度(m)	八、工程总投资(万元)	资金来源	(一)内资	1.自筹资金	(1)部投资	(2)地方投资	2.借款	3.法人股	4.企业债券	(二)外资	1.国外借款	九、四材用量	1.木材(m³)(价值)	2.钢材(t)(价值)	3.水泥(t)(价值)	4.沥青(t)(价值)
工程可行性研究 上报文件																											
工程可行性研究 批复																											
初步设计 上报文件																											
初步设计 批复																											
施工图设计																											
工程竣工验收																											
各阶段变化简要说明																											

公路建设项目投资管理表（分阶段）

表 2

建设阶段 项目内容	工程量单位	项目建议书		工程可行性研究		初步设计		调整概算		分年度投资完成额（内资/外资）						合计
		工程量	估算（万元）	工程量	估算（万元）	工程量	估算（万元）	工程量	估算（万元）	第一年	第二年	第三年	第四年	…	
工程总规模															
第一部分 建筑安装工程															
…															
第二部分 设备及工具、器具购置费															
…															
第三部分 其他费用															
…															
第一、二、三部分费用合计															
预留费用															
…															
工程总投资（万元）															
每公里造价															

公路建设项目投资管理表（分路段）

表 3

工程或费用名称	路 段 1		路 段 2			…		合 计		
	估算	概算	决算	估算	概算	决算	…	概算	实际数	差额
第一部分 建制安装工程										
…										
第二部分 设备及工具、器具购置费										
…										
第三部分 其他费用										
…										
第一、二、三部分费用合计										
预留费用										
…										
工程总投资（万元）										
每公里造价										

表 4

公路建设项目交通量比较表

阶段	年份 路段	预计通车年	预计通车第二年	预计通车第三年	预计通车第四年	预计通车第五年	预计通车第六年	预计通车第七年	预计通车第八年	预计通车第九年	预计通车第十年	…
预可行性研究	路段 1											
	路段 2											
	路段 3											
	路段 4											
	…											
	全线平均											
工程可行性研究	路段 1											
	路段 2											
	路段 3											
	路段 4											
	…											
	全线平均											
后评价	路段 1											
	路段 2											
	路段 3											
	路段 4											
	…											
	全线平均											
备注												

注：后评价阶段的交通量是指通车运营期间的实测交通量和后评价报告中各年的预测交通量，实测通车年与前期阶段的预计通车年不一定是同一年；预可和工可预计通车也可能不一致；按实际相应相同年份填写。

附录Ⅲ ➤ 复利系数表

附表1 $(F/P, i, n)$

n \ $i(\%)$	1%	2%	3%	4%	5%	6%	7%	8%	9%	10%	11%	12%
1	1.010	1.020	1.030	1.040	1.050	1.060	1.070	1.080	1.090	1.100	1.110	1.120
2	1.020	1.040	1.061	1.082	1.103	1.124	1.145	1.166	1.188	1.210	1.232	1.254
3	1.030	1.061	1.093	1.125	1.158	1.191	1.225	1.260	1.295	1.331	1.368	1.405
4	1.041	1.082	1.126	1.170	1.216	1.262	1.311	1.360	1.412	1.464	1.518	1.574
5	1.051	1.104	1.159	1.217	1.276	1.338	1.403	1.469	1.539	1.611	1.685	1.762
6	1.062	1.126	1.194	1.265	1.340	1.419	1.501	1.587	1.677	1.772	1.870	1.974
7	1.072	1.149	1.230	1.316	1.407	1.504	1.606	1.714	1.828	1.949	2.076	2.211
8	1.083	1.172	1.267	1.369	1.477	1.594	1.718	1.851	1.993	2.144	2.305	2.476
9	1.094	1.195	1.305	1.423	1.551	1.689	1.838	1.999	2.172	2.358	2.558	2.773
10	1.105	1.219	1.344	1.480	1.629	1.791	1.967	2.159	2.367	2.594	2.839	3.106
11	1.116	1.243	1.384	1.539	1.710	1.898	2.105	2.332	2.580	2.853	3.152	3.479
12	1.127	1.268	1.426	1.601	1.796	2.012	2.252	2.518	2.813	3.138	3.498	3.896
13	1.138	1.294	1.469	1.665	1.886	2.133	2.410	2.720	3.066	3.452	3.883	4.363
14	1.149	1.319	1.513	1.732	1.980	2.261	2.579	2.937	3.342	3.797	4.310	4.887
15	1.161	1.346	1.558	1.801	2.079	2.397	2.759	3.172	3.642	4.177	4.785	5.474
16	1.173	1.373	1.605	1.873	2.183	2.540	2.952	3.426	3.970	4.595	5.311	6.130
17	1.184	1.400	1.653	1.948	2.292	2.693	3.159	3.700	4.328	5.054	5.895	6.866
18	1.196	1.428	1.702	2.026	2.407	2.854	3.380	3.996	4.717	5.560	6.544	7.690
19	1.208	1.457	1.754	2.107	2.527	3.026	3.617	4.316	5.142	6.116	7.263	8.613
20	1.220	1.486	1.806	2.191	2.653	3.207	3.870	4.661	5.604	6.727	8.062	9.646
21	1.232	1.516	1.860	2.279	2.786	3.400	4.141	5.034	6.109	7.400	8.949	10.804
22	1.245	1.546	1.916	2.370	2.925	3.604	4.430	5.437	6.659	8.140	9.934	12.100
23	1.257	1.577	1.974	2.465	3.072	3.820	4.741	5.871	7.258	8.954	11.026	13.552
24	1.270	1.608	2.033	2.563	3.225	4.049	5.072	6.341	7.911	9.850	12.239	15.179
25	1.282	1.641	2.094	2.666	3.386	4.292	5.427	6.848	8.623	10.835	13.585	17.000
26	1.295	1.673	2.157	2.772	3.556	4.549	5.807	7.396	9.399	11.918	15.080	19.040
27	1.308	1.707	2.221	2.883	3.733	4.822	6.214	7.988	10.245	13.110	16.739	21.325
28	1.321	1.741	2.288	2.999	3.920	5.112	6.649	8.627	11.167	14.421	18.580	23.884
29	1.335	1.776	2.357	3.119	4.116	5.418	7.114	9.317	12.172	15.863	20.624	26.750
30	1.348	1.811	2.427	3.243	4.322	5.743	7.612	10.063	13.268	17.449	22.892	29.960
35	1.417	2.000	2.814	3.946	5.516	7.686	10.677	14.785	20.414	28.102	38.575	52.800
40	1.489	2.208	3.262	4.801	7.040	10.286	14.974	21.725	31.409	45.259	65.001	93.051
45	1.565	2.438	3.782	5.841	8.985	13.765	21.002	31.920	48.327	72.890	109.53	163.99
50	1.645	2.692	4.384	7.107	11.467	18.420	29.457	46.902	74.358	117.39	184.56	289.00

续上表

i(%) n	13%	14%	15%	16%	17%	18%	19%	20%	25%	30%	35%	40%
1	1.130	1.140	1.150	1.160	1.170	1.180	1.190	1.200	1.250	1.300	1.350	1.400
2	1.277	1.300	1.323	1.346	1.369	1.392	1.416	1.440	1.563	1.690	1.823	1.960
3	1.443	1.482	1.521	1.561	1.602	1.643	1.685	1.728	1.953	2.197	2.460	2.744
4	1.630	1.689	1.749	1.811	1.874	1.939	2.005	2.074	2.441	2.856	3.322	3.842
5	1.842	1.925	2.011	2.100	2.192	2.288	2.386	2.488	3.052	3.713	4.484	5.378
6	2.082	2.195	2.313	2.436	2.565	2.700	2.840	2.986	3.815	4.827	6.053	7.530
7	2.353	2.502	2.660	2.826	3.001	3.185	3.379	3.583	4.768	6.275	8.172	10.541
8	2.658	2.853	3.059	3.278	3.511	3.759	4.021	4.300	5.960	8.157	11.032	14.758
9	3.004	3.252	3.518	3.803	4.108	4.435	4.785	5.160	7.451	10.604	14.894	20.661
10	3.395	3.707	4.046	4.411	4.807	5.234	5.695	6.192	9.313	13.786	20.107	28.925
11	3.836	4.226	4.652	5.117	5.624	6.176	6.777	7.430	11.642	17.922	27.144	40.496
12	4.335	4.818	5.350	5.936	6.580	7.288	8.064	8.916	14.552	23.298	36.644	56.694
13	4.898	5.492	6.153	6.886	7.699	8.599	9.596	10.699	18.190	30.288	49.470	79.371
14	5.535	6.261	7.076	7.988	9.007	10.147	11.420	12.839	22.737	39.374	66.784	111.12
15	6.254	7.138	8.137	9.266	10.539	11.974	13.590	15.407	28.422	51.186	90.158	155.57
16	7.067	8.137	9.358	10.748	12.330	14.129	16.172	18.488	35.527	66.542	121.71	217.80
17	7.986	9.276	10.761	12.468	14.426	16.672	19.244	22.186	44.409	86.504	164.31	304.91
18	9.024	10.575	12.375	14.463	16.879	19.673	22.901	26.623	55.511	112.46	221.82	426.88
19	10.197	12.056	14.232	16.777	19.748	23.214	27.252	31.948	69.389	146.19	299.46	597.63
20	11.523	13.743	16.367	19.461	23.106	27.393	32.429	38.338	86.736	190.05	404.27	836.68
21	13.021	15.668	18.822	22.574	27.034	32.324	38.591	46.005	108.42	247.06	545.77	1171.4
22	14.714	17.861	21.645	26.186	31.629	38.142	45.923	55.206	135.53	321.18	736.79	1639.9
23	16.627	20.362	24.891	30.376	37.006	45.008	54.649	66.247	169.41	417.54	994.66	2295.9
24	18.788	23.212	28.625	35.236	43.297	53.109	65.032	79.497	211.76	542.80	1342.8	3214.2
25	21.231	26.462	32.919	40.874	50.658	62.669	77.388	95.396	264.70	705.64	1812.8	4499.9
26	23.991	30.167	37.857	47.414	59.270	73.949	92.092	114.48	330.87	917.33	2447.2	6299.8
27	27.109	34.390	43.535	55.000	69.345	87.260	109.59	137.37	413.59	1192.5	3303.8	8819.8
28	30.633	39.204	50.066	63.800	81.134	102.97	130.41	164.84	516.99	1550.3	4460.1	12347.7
29	34.616	44.693	57.575	74.009	94.927	121.50	155.19	197.81	646.23	2015.4	6021.1	17286.7
30	39.116	50.950	66.212	85.850	111.06	143.37	184.68	237.38	807.79	2620.0	8128.5	24201.4
35	72.069	98.100	133.18	180.31	243.50	328.00	440.70	590.67	2465.2	9727.9	36449	130161
40	132.78	188.88	267.86	378.72	533.87	750.38	1051.67	1469.77	7523.2	36119	163437	700038
45	244.64	363.68	538.77	795.44	1170.5	1716.7	2509.7	3657.3	22959	134107	732858	3764971
50	450.74	700.23	1083.7	1670.7	2566.2	3927.4	5988.9	9100.4	70065	497929	3286158	20248916

附表 2　$(P/F, i, n)$

$i(\%)$ n	1%	2%	3%	4%	5%	6%	7%	8%	9%	10%	11%	12%
1	0.990	0.980	0.971	0.962	0.952	0.943	0.935	0.926	0.917	0.909	0.901	0.893
2	0.980	0.961	0.943	0.925	0.907	0.890	0.873	0.857	0.842	0.826	0.812	0.797
3	0.971	0.942	0.915	0.889	0.864	0.840	0.816	0.794	0.772	0.751	0.731	0.712
4	0.961	0.924	0.888	0.855	0.823	0.792	0.763	0.735	0.708	0.683	0.659	0.636
5	0.951	0.906	0.863	0.822	0.784	0.747	0.713	0.681	0.650	0.621	0.593	0.567
6	0.942	0.888	0.837	0.790	0.746	0.705	0.666	0.630	0.596	0.564	0.535	0.507
7	0.933	0.871	0.813	0.760	0.711	0.665	0.623	0.583	0.547	0.513	0.482	0.452
8	0.923	0.853	0.789	0.731	0.677	0.627	0.582	0.540	0.502	0.467	0.434	0.404
9	0.914	0.837	0.766	0.703	0.645	0.592	0.544	0.500	0.460	0.424	0.391	0.361
10	0.905	0.820	0.744	0.676	0.614	0.558	0.508	0.463	0.422	0.386	0.352	0.322
11	0.896	0.804	0.722	0.650	0.585	0.527	0.475	0.429	0.388	0.350	0.317	0.287
12	0.887	0.788	0.701	0.625	0.557	0.497	0.444	0.397	0.356	0.319	0.286	0.257
13	0.879	0.773	0.681	0.601	0.530	0.469	0.415	0.368	0.326	0.290	0.258	0.229
14	0.870	0.758	0.661	0.577	0.505	0.442	0.388	0.340	0.299	0.263	0.232	0.205
15	0.861	0.743	0.642	0.555	0.481	0.417	0.362	0.315	0.275	0.239	0.209	0.183
16	0.853	0.728	0.623	0.534	0.458	0.394	0.339	0.292	0.252	0.218	0.188	0.163
17	0.844	0.714	0.605	0.513	0.436	0.371	0.317	0.270	0.231	0.198	0.170	0.146
18	0.836	0.700	0.587	0.494	0.416	0.350	0.296	0.250	0.212	0.180	0.153	0.130
19	0.828	0.686	0.570	0.475	0.396	0.331	0.277	0.232	0.194	0.164	0.138	0.116
20	0.820	0.673	0.554	0.456	0.377	0.312	0.258	0.215	0.178	0.149	0.124	0.104
21	0.811	0.660	0.538	0.439	0.359	0.294	0.242	0.199	0.164	0.135	0.112	0.093
22	0.803	0.647	0.522	0.422	0.342	0.278	0.226	0.184	0.150	0.123	0.101	0.083
23	0.795	0.634	0.507	0.406	0.326	0.262	0.211	0.170	0.138	0.112	0.091	0.074
24	0.788	0.622	0.492	0.390	0.310	0.247	0.197	0.158	0.126	0.102	0.082	0.066
25	0.780	0.610	0.478	0.375	0.295	0.233	0.184	0.146	0.116	0.092	0.074	0.059
26	0.772	0.598	0.464	0.361	0.281	0.220	0.172	0.135	0.106	0.084	0.066	0.053
27	0.764	0.586	0.450	0.347	0.268	0.207	0.161	0.125	0.098	0.076	0.060	0.047
28	0.757	0.574	0.437	0.333	0.255	0.196	0.150	0.116	0.090	0.069	0.054	0.042
29	0.749	0.563	0.424	0.321	0.243	0.185	0.141	0.107	0.082	0.063	0.048	0.037
30	0.742	0.552	0.412	0.308	0.231	0.174	0.131	0.099	0.075	0.057	0.044	0.033
35	0.706	0.500	0.355	0.253	0.181	0.130	0.094	0.068	0.049	0.036	0.026	0.019
40	0.672	0.453	0.307	0.208	0.142	0.097	0.067	0.046	0.032	0.022	0.015	0.011
45	0.639	0.410	0.264	0.171	0.111	0.073	0.048	0.031	0.021	0.014	0.009	0.006
50	0.608	0.372	0.228	0.141	0.087	0.054	0.034	0.021	0.013	0.009	0.005	0.003

续上表

$i(\%)$ n	13%	14%	15%	16%	17%	18%	19%	20%	25%	30%	35%	40%
1	0.885	0.877	0.870	0.862	0.855	0.847	0.840	0.833	0.800	0.769	0.741	0.714
2	0.783	0.769	0.756	0.743	0.731	0.718	0.706	0.694	0.640	0.592	0.549	0.510
3	0.693	0.675	0.658	0.641	0.624	0.609	0.593	0.579	0.512	0.455	0.406	0.364
4	0.613	0.592	0.572	0.552	0.534	0.516	0.499	0.482	0.410	0.350	0.301	0.260
5	0.543	0.519	0.497	0.476	0.456	0.437	0.419	0.402	0.328	0.269	0.223	0.186
6	0.480	0.456	0.432	0.410	0.390	0.370	0.352	0.335	0.262	0.207	0.165	0.133
7	0.425	0.400	0.376	0.354	0.333	0.314	0.296	0.279	0.210	0.159	0.122	0.095
8	0.376	0.351	0.327	0.305	0.285	0.266	0.249	0.233	0.168	0.123	0.091	0.068
9	0.333	0.308	0.284	0.263	0.243	0.225	0.209	0.194	0.134	0.094	0.067	0.048
10	0.295	0.270	0.247	0.227	0.208	0.191	0.176	0.162	0.107	0.073	0.050	0.035
11	0.261	0.237	0.215	0.195	0.178	0.162	0.148	0.135	0.086	0.056	0.037	0.025
12	0.231	0.208	0.187	0.168	0.152	0.137	0.124	0.112	0.069	0.043	0.027	0.018
13	0.204	0.182	0.163	0.145	0.130	0.116	0.104	0.093	0.055	0.033	0.020	0.013
14	0.181	0.160	0.141	0.125	0.111	0.099	0.088	0.078	0.044	0.025	0.015	0.009
15	0.160	0.140	0.123	0.108	0.095	0.084	0.074	0.065	0.035	0.020	0.011	0.006
16	0.141	0.123	0.107	0.093	0.081	0.071	0.062	0.054	0.028	0.015	0.008	0.005
17	0.125	0.108	0.093	0.080	0.069	0.060	0.052	0.045	0.023	0.012	0.006	0.003
18	0.111	0.095	0.081	0.069	0.059	0.051	0.044	0.038	0.018	0.009	0.005	0.002
19	0.098	0.083	0.070	0.060	0.051	0.043	0.037	0.031	0.014	0.007	0.003	0.002
20	0.087	0.073	0.061	0.051	0.043	0.037	0.031	0.026	0.012	0.005	0.002	0.001
21	0.077	0.064	0.053	0.044	0.037	0.031	0.026	0.022	0.009	0.004	0.002	0.001
22	0.068	0.056	0.046	0.038	0.032	0.026	0.022	0.018	0.007	0.003	0.001	0.001
23	0.060	0.049	0.040	0.033	0.027	0.022	0.018	0.015	0.006	0.002	0.001	0.000
24	0.053	0.043	0.035	0.028	0.023	0.019	0.015	0.013	0.005	0.002	0.001	0.000
25	0.047	0.038	0.030	0.024	0.020	0.016	0.013	0.010	0.004	0.001	0.001	0.000
26	0.042	0.033	0.026	0.021	0.017	0.014	0.011	0.009	0.003	0.001	0.000	0.000
27	0.037	0.029	0.023	0.018	0.014	0.011	0.009	0.007	0.002	0.001	0.000	0.000
28	0.033	0.026	0.020	0.016	0.012	0.010	0.008	0.006	0.002	0.001	0.000	0.000
29	0.029	0.022	0.017	0.014	0.011	0.008	0.006	0.005	0.002	0.000	0.000	0.000
30	0.026	0.020	0.015	0.012	0.009	0.007	0.005	0.004	0.001	0.000	0.000	0.000
35	0.014	0.010	0.008	0.006	0.004	0.003	0.002	0.002	0.000	0.000	0.000	0.000
40	0.008	0.005	0.004	0.003	0.002	0.001	0.001	0.001	0.000	0.000	0.000	0.000
45	0.004	0.003	0.002	0.001	0.001	0.001	0.000	0.000	0.000	0.000	0.000	0.000
50	0.002	0.001	0.001	0.001	0.000	0.000	0.000	0.000	0.000	0.000	0.000	0.000

附表3　$(F/A,i,n)$

n \ $i(\%)$	1%	2%	3%	4%	5%	6%	7%	8%	9%	10%	11%	12%
1	1.000	1.000	1.000	1.000	1.000	1.000	1.000	1.000	1.000	1.000	1.000	1.000
2	2.010	2.020	2.030	2.040	2.050	2.060	2.070	2.080	2.090	2.100	2.110	2.120
3	3.030	3.060	3.091	3.122	3.153	3.184	3.215	3.246	3.278	3.310	3.342	3.374
4	4.060	4.122	4.184	4.246	4.310	4.375	4.440	4.506	4.573	4.641	4.710	4.779
5	5.101	5.204	5.309	5.416	5.526	5.637	5.751	5.867	5.985	6.105	6.228	6.353
6	6.152	6.308	6.468	6.633	6.802	6.975	7.153	7.336	7.523	7.716	7.913	8.115
7	7.214	7.434	7.662	7.898	8.142	8.394	8.654	8.923	9.200	9.487	9.783	10.089
8	8.286	8.583	8.892	9.214	9.549	9.897	10.260	10.637	11.028	11.436	11.859	12.300
9	9.369	9.755	10.159	10.583	11.027	11.491	11.978	12.488	13.021	13.579	14.164	14.776
10	10.462	10.950	11.464	12.006	12.578	13.181	13.816	14.487	15.193	15.937	16.722	17.549
11	11.567	12.169	12.808	13.486	14.207	14.972	15.784	16.645	17.560	18.531	19.561	20.655
12	12.683	13.412	14.192	15.026	15.917	16.870	17.888	18.977	20.141	21.384	22.713	24.133
13	13.809	14.680	15.618	16.627	17.713	18.882	20.141	21.495	22.953	24.523	26.212	28.029
14	14.947	15.974	17.086	18.292	19.599	21.015	22.550	24.215	26.019	27.975	30.095	32.393
15	16.097	17.293	18.599	20.024	21.579	23.276	25.129	27.152	29.361	31.772	34.405	37.280
16	17.258	18.639	20.157	21.825	23.657	25.673	27.888	30.324	33.003	35.950	39.190	42.753
17	18.430	20.012	21.762	23.698	25.840	28.213	30.840	33.750	36.974	40.545	44.501	48.884
18	19.615	21.412	23.414	25.645	28.132	30.906	33.999	37.450	41.301	45.599	50.396	55.750
19	20.811	22.841	25.117	27.671	30.539	33.760	37.379	41.446	46.018	51.159	56.939	63.440
20	22.019	24.297	26.870	29.778	33.066	36.786	40.995	45.762	51.160	57.275	64.203	72.052
21	23.239	25.783	28.676	31.969	35.719	39.993	44.865	50.423	56.765	64.002	72.265	81.699
22	24.472	27.299	30.537	34.248	38.505	43.392	49.006	55.457	62.873	71.403	81.214	92.503
23	25.716	28.845	32.453	36.618	41.430	46.996	53.436	60.893	69.532	79.543	91.148	104.60
24	26.973	30.422	34.426	39.083	44.502	50.816	58.177	66.765	76.790	88.497	102.17	118.16
25	28.243	32.030	36.459	41.646	47.727	54.865	63.249	73.106	84.701	98.347	114.41	133.33
26	29.526	33.671	38.553	44.312	51.113	59.156	68.676	79.954	93.324	109.18	128.00	150.33
27	30.821	35.344	40.710	47.084	54.669	63.706	74.484	87.351	102.72	121.10	143.08	169.37
28	32.129	37.051	42.931	49.968	58.403	68.528	80.698	95.339	112.97	134.21	159.82	190.70
29	33.450	38.792	45.219	52.966	62.323	73.640	87.347	103.966	124.14	148.63	178.40	214.58
30	34.785	40.568	47.575	56.085	66.439	79.058	94.461	113.283	136.31	164.49	199.02	241.33
35	41.660	49.994	60.462	73.652	90.320	111.435	138.237	172.317	215.71	271.02	341.59	431.66
40	48.886	60.402	75.401	95.026	120.800	154.762	199.635	259.057	337.88	442.59	581.83	767.09
45	56.481	71.893	92.720	121.029	159.700	212.744	285.749	386.506	525.86	718.90	986.64	1358.2
50	64.463	84.579	112.797	152.667	209.348	290.336	406.529	573.770	815.08	1163.9	1668.8	2400.0

i(%) n	13%	14%	15%	16%	17%	18%	19%	20%	25%	30%	35%	40%
1	1.000	1.000	1.000	1.000	1.000	1.000	1.000	1.000	1.000	1.000	1.000	1.000
2	2.130	2.140	2.150	2.160	2.170	2.180	2.190	2.200	2.250	2.300	2.350	2.400
3	3.407	3.440	3.473	3.506	3.539	3.572	3.606	3.640	3.813	3.990	4.173	4.360
4	4.850	4.921	4.993	5.066	5.141	5.215	5.291	5.368	5.766	6.187	6.633	7.104
5	6.480	6.610	6.742	6.877	7.014	7.154	7.297	7.442	8.207	9.043	9.954	10.946
6	8.323	8.536	8.754	8.977	9.207	9.442	9.683	9.930	11.259	12.756	14.438	16.324
7	10.405	10.730	11.067	11.414	11.772	12.142	12.523	12.916	15.073	17.583	20.492	23.853
8	12.757	13.233	13.727	14.240	14.773	15.327	15.902	16.499	19.842	23.858	28.664	34.395
9	15.416	16.085	16.786	17.519	18.285	19.086	19.923	20.799	25.802	32.015	39.696	49.153
10	18.420	19.337	20.304	21.321	22.393	23.521	24.709	25.959	33.253	42.619	54.590	69.814
11	21.814	23.045	24.349	25.733	27.200	28.755	30.404	32.150	42.566	56.405	74.697	98.739
12	25.650	27.271	29.002	30.850	32.824	34.931	37.180	39.581	54.208	74.327	101.84	139.23
13	29.985	32.089	34.352	36.786	39.404	42.219	45.244	48.497	68.760	97.625	138.48	195.93
14	34.883	37.581	40.505	43.672	47.103	50.818	54.841	59.196	86.949	127.91	187.95	275.30
15	40.417	43.842	47.580	51.660	56.110	60.965	66.261	72.035	109.69	167.29	254.74	386.42
16	46.672	50.980	55.717	60.925	66.649	72.939	79.850	87.442	138.11	218.47	344.90	541.99
17	53.739	59.118	65.075	71.673	78.979	87.068	96.022	105.93	173.64	285.01	466.61	759.78
18	61.725	68.394	75.836	84.141	93.406	103.74	115.27	128.12	218.04	371.52	630.92	1064.7
19	70.749	78.969	88.212	98.603	110.28	123.41	138.17	154.74	273.56	483.97	852.75	1491.6
20	80.947	91.025	102.44	115.38	130.03	146.63	165.42	186.69	342.94	630.17	1152.2	2089.2
21	92.470	104.77	118.81	134.84	153.14	174.02	197.85	225.03	429.68	820.22	1556.5	2925.9
22	105.49	120.44	137.63	157.41	180.17	206.34	236.44	271.03	538.10	1067.3	2102.3	4097.2
23	120.20	138.30	159.28	183.60	211.80	244.49	282.36	326.24	673.63	1388.5	2839.0	5737.1
24	136.83	158.66	184.17	213.98	248.81	289.49	337.01	392.48	843.03	1806.0	3833.7	8033.0
25	155.62	181.87	212.79	249.21	292.10	342.60	402.04	471.98	1054.8	2348.8	5176.5	11247
26	176.85	208.33	245.71	290.09	342.76	405.27	479.43	567.38	1319.5	3054.4	6989.3	15747
27	200.84	238.50	283.57	337.50	402.03	479.22	571.52	681.85	1650.4	3971.8	9436.5	22047
28	227.95	272.89	327.10	392.50	471.38	566.48	681.11	819.22	2064.0	5164.3	12740	30867
29	258.58	312.09	377.17	456.30	552.51	669.45	811.52	984.07	2580.9	6714.6	17200	43214
30	293.20	356.79	434.75	530.31	647.44	790.95	966.71	1181.9	3227.2	8730.0	23222	60501
35	546.68	693.57	881.17	1120.7	1426.5	1816.7	2314.2	2948.3	9856.8	32423	104136	325400
40	1013.7	1342.0	1779.1	2360.8	3134.5	4163.2	5529.8	7343.9	30089	120393	466960	1750092
45	1874.2	2590.6	3585.1	4965.3	6879.3	9531.6	13203	18281	91831	447019	2093876	9412424
50	3459.5	4994.5	7217.7	10436	15090	21813	31515	45497	280256	1659761	9389020	50622288

附表 4 （$A/F,i,n$）

n \ $i(\%)$	1%	2%	3%	4%	5%	6%	7%	8%	9%	10%	11%	12%
1	1.000	1.000	1.000	1.000	1.000	1.000	1.000	1.000	1.000	1.000	1.000	1.000
2	0.498	0.495	0.493	0.490	0.488	0.485	0.483	0.481	0.478	0.476	0.474	0.472
3	0.330	0.327	0.324	0.320	0.317	0.314	0.311	0.308	0.305	0.302	0.299	0.296
4	0.246	0.243	0.239	0.235	0.232	0.229	0.225	0.222	0.219	0.215	0.212	0.209
5	0.196	0.192	0.188	0.185	0.181	0.177	0.174	0.170	0.167	0.164	0.161	0.157
6	0.163	0.159	0.155	0.151	0.147	0.143	0.140	0.136	0.133	0.130	0.126	0.123
7	0.139	0.135	0.131	0.127	0.123	0.119	0.116	0.112	0.109	0.105	0.102	0.099
8	0.121	0.117	0.112	0.109	0.105	0.101	0.097	0.094	0.091	0.087	0.084	0.081
9	0.107	0.103	0.098	0.094	0.091	0.087	0.083	0.080	0.077	0.074	0.071	0.068
10	0.096	0.091	0.087	0.083	0.080	0.076	0.072	0.069	0.066	0.063	0.060	0.057
11	0.086	0.082	0.078	0.074	0.070	0.067	0.063	0.060	0.057	0.054	0.051	0.048
12	0.079	0.075	0.070	0.067	0.063	0.059	0.056	0.053	0.050	0.047	0.044	0.041
13	0.072	0.068	0.064	0.060	0.056	0.053	0.050	0.047	0.044	0.041	0.038	0.036
14	0.067	0.063	0.059	0.055	0.051	0.048	0.044	0.041	0.038	0.036	0.033	0.031
15	0.062	0.058	0.054	0.050	0.046	0.043	0.040	0.037	0.034	0.031	0.029	0.027
16	0.058	0.054	0.050	0.046	0.042	0.039	0.036	0.033	0.030	0.028	0.026	0.023
17	0.054	0.050	0.046	0.042	0.039	0.035	0.032	0.030	0.027	0.025	0.022	0.020
18	0.051	0.047	0.043	0.039	0.036	0.032	0.029	0.027	0.024	0.022	0.020	0.018
19	0.048	0.044	0.040	0.036	0.033	0.030	0.027	0.024	0.022	0.020	0.018	0.016
20	0.045	0.041	0.037	0.034	0.030	0.027	0.024	0.022	0.020	0.017	0.016	0.014
21	0.043	0.039	0.035	0.031	0.028	0.025	0.022	0.020	0.018	0.016	0.014	0.012
22	0.041	0.037	0.033	0.029	0.026	0.023	0.020	0.018	0.016	0.014	0.012	0.011
23	0.039	0.035	0.031	0.027	0.024	0.021	0.019	0.016	0.014	0.013	0.011	0.010
24	0.037	0.033	0.029	0.026	0.022	0.020	0.017	0.015	0.013	0.011	0.010	0.008
25	0.035	0.031	0.027	0.024	0.021	0.018	0.016	0.014	0.012	0.010	0.009	0.007
26	0.034	0.030	0.026	0.023	0.020	0.017	0.015	0.013	0.011	0.009	0.008	0.007
27	0.032	0.028	0.025	0.021	0.018	0.016	0.013	0.011	0.010	0.008	0.007	0.006
28	0.031	0.027	0.023	0.020	0.017	0.015	0.012	0.010	0.009	0.007	0.006	0.005
29	0.030	0.026	0.022	0.019	0.016	0.014	0.011	0.010	0.008	0.007	0.006	0.005
30	0.029	0.025	0.021	0.018	0.015	0.013	0.011	0.009	0.007	0.006	0.005	0.004
35	0.024	0.020	0.017	0.014	0.011	0.009	0.007	0.006	0.005	0.004	0.003	0.002
40	0.020	0.017	0.013	0.011	0.008	0.006	0.005	0.004	0.003	0.002	0.002	0.001
45	0.018	0.014	0.011	0.008	0.006	0.005	0.003	0.003	0.002	0.001	0.001	0.001
50	0.016	0.012	0.009	0.007	0.005	0.003	0.002	0.002	0.001	0.001	0.001	0.00050

$i(\%)$ / n	13%	14%	15%	16%	17%	18%	19%	20%	25%	30%	35%	40%
1	1.000	1.000	1.000	1.000	1.000	1.000	1.000	1.000	1.000	1.000	1.000	1.000
2	0.469	0.467	0.465	0.463	0.461	0.459	0.457	0.455	0.444	0.435	0.426	0.417
3	0.294	0.291	0.288	0.285	0.283	0.280	0.277	0.275	0.262	0.251	0.240	0.229
4	0.206	0.203	0.200	0.197	0.195	0.192	0.189	0.186	0.173	0.162	0.151	0.141
5	0.154	0.151	0.148	0.145	0.143	0.140	0.137	0.134	0.122	0.111	0.100	0.091
6	0.120	0.117	0.114	0.111	0.109	0.106	0.103	0.101	0.089	0.078	0.069	0.061
7	0.096	0.093	0.090	0.088	0.085	0.082	0.080	0.077	0.066	0.057	0.049	0.042
8	0.078	0.076	0.073	0.070	0.068	0.065	0.063	0.061	0.050	0.042	0.035	0.029
9	0.065	0.062	0.060	0.057	0.055	0.052	0.050	0.048	0.039	0.031	0.025	0.020
10	0.054	0.052	0.049	0.047	0.045	0.043	0.040	0.039	0.030	0.023	0.018	0.014
11	0.046	0.043	0.041	0.039	0.037	0.035	0.033	0.031	0.023	0.018	0.013	0.010
12	0.039	0.037	0.034	0.032	0.030	0.029	0.027	0.025	0.018	0.013	0.010	0.007
13	0.033	0.031	0.029	0.027	0.025	0.024	0.022	0.021	0.015	0.010	0.007	0.005
14	0.029	0.027	0.025	0.023	0.021	0.020	0.018	0.017	0.012	0.008	0.005	0.004
15	0.025	0.023	0.021	0.019	0.018	0.016	0.015	0.014	0.009	0.006	0.004	0.003
16	0.021	0.020	0.018	0.016	0.015	0.014	0.013	0.011	0.007	0.005	0.003	0.002
17	0.019	0.017	0.015	0.014	0.013	0.011	0.010	0.009	0.006	0.004	0.002	0.001
18	0.016	0.015	0.013	0.012	0.011	0.010	0.009	0.008	0.005	0.003	0.002	0.001
19	0.014	0.013	0.011	0.010	0.009	0.008	0.007	0.006	0.004	0.002	0.001	0.001
20	0.012	0.011	0.010	0.009	0.008	0.007	0.006	0.005	0.003	0.002	0.001	0.000
21	0.011	0.010	0.008	0.007	0.007	0.006	0.005	0.004	0.002	0.001	0.001	0.000
22	0.009	0.008	0.007	0.006	0.006	0.005	0.004	0.004	0.002	0.001	0.000	0.000
23	0.008	0.007	0.006	0.005	0.005	0.004	0.004	0.003	0.001	0.001	0.000	0.000
24	0.007	0.006	0.005	0.005	0.004	0.003	0.003	0.003	0.001	0.001	0.000	0.000
25	0.006	0.005	0.005	0.004	0.003	0.003	0.002	0.002	0.001	0.000	0.000	0.000
26	0.006	0.005	0.004	0.003	0.003	0.002	0.002	0.002	0.001	0.000	0.000	0.000
27	0.005	0.004	0.004	0.003	0.002	0.002	0.002	0.001	0.001	0.000	0.000	0.000
28	0.004	0.004	0.003	0.003	0.002	0.002	0.001	0.001	0.000	0.000	0.000	0.000
29	0.004	0.003	0.003	0.002	0.002	0.001	0.001	0.001	0.000	0.000	0.000	0.000
30	0.003	0.003	0.002	0.002	0.002	0.001	0.001	0.001	0.000	0.000	0.000	0.000
35	0.002	0.001	0.001	0.001	0.001	0.001	0.000	0.000	0.000	0.000	0.000	0.000
40	0.001	0.001	0.001	0.000	0.000	0.000	0.000	0.000	0.000	0.000	0.000	0.000
45	0.001	0.000	0.000	0.000	0.000	0.000	0.000	0.000	0.000	0.000	0.000	0.000
50	0.000	0.000	0.000	0.000	0.000	0.000	0.000	0.000	0.000	0.000	0.000	0.000

附表5　$(P/A,i,n)$

n \ $i(\%)$	1%	2%	3%	4%	5%	6%	7%	8%	9%	10%	11%	12%
1	0.990	0.980	0.971	0.962	0.952	0.943	0.935	0.926	0.917	0.909	0.901	0.8931
2	1.970	1.942	1.913	1.886	1.859	1.833	1.808	1.783	1.759	1.736	1.713	1.690
3	2.941	2.884	2.829	2.775	2.723	2.673	2.624	2.577	2.531	2.487	2.444	2.402
4	3.902	3.808	3.717	3.630	3.546	3.465	3.387	3.312	3.240	3.170	3.102	3.037
5	4.853	4.713	4.580	4.452	4.329	4.212	4.100	3.993	3.890	3.791	3.696	3.605
6	5.795	5.601	5.417	5.242	5.076	4.917	4.767	4.623	4.486	4.355	4.231	4.111
7	6.728	6.472	6.230	6.002	5.786	5.582	5.389	5.206	5.033	4.868	4.712	4.564
8	7.652	7.325	7.020	6.733	6.463	6.210	5.971	5.747	5.535	5.335	5.146	4.968
9	8.566	8.162	7.786	7.435	7.108	6.802	6.515	6.247	5.995	5.759	5.537	5.328
10	9.471	8.983	8.530	8.111	7.722	7.360	7.024	6.710	6.418	6.145	5.889	5.650
11	10.368	9.787	9.253	8.760	8.306	7.887	7.499	7.139	6.805	6.495	6.207	5.938
12	11.255	10.575	9.954	9.385	8.863	8.384	7.943	7.536	7.161	6.814	6.492	6.194
13	12.134	11.348	10.635	9.986	9.394	8.853	8.358	7.904	7.487	7.103	6.750	6.424
14	13.004	12.106	11.296	10.563	9.899	9.295	8.745	8.244	7.786	7.367	6.982	6.628
15	13.865	12.849	11.938	11.118	10.380	9.712	9.108	8.559	8.061	7.606	7.191	6.811
16	14.718	13.578	12.561	11.652	10.838	10.106	9.447	8.851	8.313	7.824	7.379	6.974
17	15.562	14.292	13.166	12.166	11.274	10.477	9.763	9.122	8.544	8.022	7.549	7.120
18	16.398	14.992	13.754	12.659	11.690	10.828	10.059	9.372	8.756	8.201	7.702	7.250
19	17.226	15.678	14.324	13.134	12.085	11.158	10.336	9.604	8.950	8.365	7.839	7.366
20	18.046	16.351	14.877	13.590	12.462	11.470	10.594	9.818	9.129	8.514	7.963	7.469
21	18.857	17.011	15.415	14.029	12.821	11.764	10.836	10.017	9.292	8.649	8.075	7.562
22	19.660	17.658	15.937	14.451	13.163	12.042	11.061	10.201	9.442	8.772	8.176	7.645
23	20.456	18.292	16.444	14.857	13.489	12.303	11.272	10.371	9.580	8.883	8.266	7.718
24	21.243	18.914	16.936	15.247	13.799	12.550	11.469	10.529	9.707	8.985	8.348	7.784
25	22.023	19.523	17.413	15.622	14.094	12.783	11.654	10.675	9.823	9.077	8.422	7.843
26	22.795	20.121	17.877	15.983	14.375	13.003	11.826	10.810	9.929	9.161	8.488	7.896
27	23.560	20.707	18.327	16.330	14.643	13.211	11.987	10.935	10.027	9.237	8.548	7.943
28	24.316	21.281	18.764	16.663	14.898	13.406	12.137	11.051	10.116	9.307	8.602	7.984
29	25.066	21.844	19.188	16.984	15.141	13.591	12.278	11.158	10.198	9.370	8.650	8.022
30	25.808	22.396	19.600	17.292	15.372	13.765	12.409	11.258	10.274	9.427	8.694	8.055
35	29.409	24.999	21.487	18.665	16.374	14.498	12.948	11.655	10.567	9.644	8.855	8.176
40	32.835	27.355	23.115	19.793	17.159	15.046	13.332	11.925	10.757	9.779	8.951	8.244
45	36.095	29.490	24.519	20.720	17.774	15.456	13.606	12.108	10.881	9.863	9.008	8.283
50	39.196	31.424	25.730	21.482	18.256	15.762	13.801	12.233	10.962	9.915	9.042	8.304

$i(\%)$ n	13%	14%	15%	16%	17%	18%	19%	20%	25%	30%	35%	40%
1	0.885	0.877	0.870	0.862	0.855	0.847	0.840	0.833	0.800	0.769	0.741	0.714
2	1.668	1.647	1.626	1.605	1.585	1.566	1.547	1.528	1.440	1.361	1.289	1.224
3	2.361	2.322	2.283	2.246	2.210	2.174	2.140	2.106	1.952	1.816	1.696	1.589
4	2.974	2.914	2.855	2.798	2.743	2.690	2.639	2.589	2.362	2.166	1.997	1.849
5	3.517	3.433	3.352	3.274	3.199	3.127	3.058	2.991	2.689	2.436	2.220	2.035
6	3.998	3.889	3.784	3.685	3.589	3.498	3.410	3.326	2.951	2.643	2.385	2.168
7	4.423	4.288	4.160	4.039	3.922	3.812	3.706	3.605	3.161	2.802	2.508	2.263
8	4.799	4.639	4.487	4.344	4.207	4.078	3.954	3.837	3.329	2.925	2.598	2.331
9	5.132	4.946	4.772	4.607	4.451	4.303	4.163	4.031	3.463	3.019	2.665	2.379
10	5.426	5.216	5.019	4.833	4.659	4.494	4.339	4.192	3.571	3.092	2.715	2.414
11	5.687	5.453	5.234	5.029	4.836	4.656	4.486	4.327	3.656	3.147	2.752	2.438
12	5.918	5.660	5.421	5.197	4.988	4.793	4.611	4.439	3.725	3.190	2.779	2.456
13	6.122	5.842	5.583	5.342	5.118	4.910	4.715	4.533	3.780	3.223	2.799	2.469
14	6.302	6.002	5.724	5.468	5.229	5.008	4.802	4.611	3.824	3.249	2.814	2.478
15	6.462	6.142	5.847	5.575	5.324	5.092	4.876	4.675	3.859	3.268	2.825	2.484
16	6.604	6.265	5.954	5.668	5.405	5.162	4.938	4.730	3.887	3.283	2.834	2.489
17	6.729	6.373	6.047	5.749	5.475	5.222	4.990	4.775	3.910	3.295	2.840	2.492
18	6.840	6.467	6.128	5.818	5.534	5.273	5.033	4.812	3.928	3.304	2.844	2.494
19	6.938	6.550	6.198	5.877	5.584	5.316	5.070	4.843	3.942	3.311	2.848	2.496
20	7.025	6.623	6.259	5.929	5.628	5.353	5.101	4.870	3.954	3.316	2.850	2.497
21	7.102	6.687	6.312	5.973	5.665	5.384	5.127	4.891	3.963	3.320	2.852	2.498
22	7.170	6.743	6.359	6.011	5.696	5.410	5.149	4.909	3.970	3.323	2.853	2.498
23	7.230	6.792	6.399	6.044	5.723	5.432	5.167	4.925	3.976	3.325	2.854	2.499
24	7.283	6.835	6.434	6.073	5.746	5.451	5.182	4.937	3.981	3.327	2.855	2.499
25	7.330	6.873	6.464	6.097	5.766	5.467	5.195	4.948	3.985	3.329	2.856	2.499
26	7.372	6.906	6.491	6.118	5.783	5.480	5.206	4.956	3.988	3.330	2.856	2.500
27	7.409	6.935	6.514	6.136	5.798	5.492	5.215	4.964	3.990	3.331	2.856	2.500
28	7.441	6.961	6.534	6.152	5.810	5.502	5.223	4.970	3.992	3.331	2.857	2.500
29	7.470	6.983	6.551	6.166	5.820	5.510	5.229	4.975	3.994	3.332	2.857	2.500
30	7.496	7.003	6.566	6.177	5.829	5.517	5.235	4.979	3.995	3.332	2.857	2.500
35	7.586	7.070	6.617	6.215	5.858	5.539	5.251	4.992	3.998	3.333	2.857	2.500
40	7.634	7.105	6.642	6.233	5.871	5.548	5.258	4.997	3.999	3.333	2.857	2.500
45	7.661	7.123	6.654	6.242	5.877	5.552	5.261	4.999	4.000	3.333	2.857	2.500
50	7.675	7.133	6.661	6.246	5.880	5.554	5.262	4.999	4.000	3.333	2.857	2.500

附表 6 $(A/P, i, n)$

$i(\%)$ n	1%	2%	3%	4%	5%	6%	7%	8%	9%	10%	11%	12%
1	1.010	1.020	1.030	1.040	1.050	1.060	1.070	1.080	1.090	1.100	1.110	1.120
2	0.508	0.515	0.523	0.530	0.538	0.545	0.553	0.561	0.568	0.576	0.584	0.592
3	0.340	0.347	0.354	0.360	0.367	0.374	0.381	0.388	0.395	0.402	0.409	0.416
4	0.256	0.263	0.269	0.275	0.282	0.289	0.295	0.302	0.309	0.315	0.322	0.329
5	0.206	0.212	0.218	0.225	0.231	0.237	0.244	0.250	0.257	0.264	0.271	0.277
6	0.173	0.179	0.185	0.191	0.197	0.203	0.210	0.216	0.223	0.230	0.236	0.243
7	0.149	0.155	0.161	0.167	0.173	0.179	0.186	0.192	0.199	0.205	0.212	0.219
8	0.131	0.137	0.142	0.149	0.155	0.161	0.167	0.174	0.181	0.187	0.194	0.201
9	0.117	0.123	0.128	0.134	0.141	0.147	0.153	0.160	0.167	0.174	0.181	0.188
10	0.106	0.111	0.117	0.123	0.130	0.136	0.142	0.149	0.156	0.163	0.170	0.177
11	0.096	0.102	0.108	0.114	0.120	0.127	0.133	0.140	0.147	0.154	0.161	0.168
12	0.089	0.095	0.100	0.107	0.113	0.119	0.126	0.133	0.140	0.147	0.154	0.161
13	0.082	0.088	0.094	0.100	0.106	0.113	0.120	0.127	0.134	0.141	0.148	0.156
14	0.077	0.083	0.089	0.095	0.101	0.108	0.114	0.121	0.128	0.136	0.143	0.151
15	0.072	0.078	0.084	0.090	0.096	0.103	0.110	0.117	0.124	0.131	0.139	0.147
16	0.068	0.074	0.080	0.086	0.092	0.099	0.106	0.113	0.120	0.128	0.136	0.143
17	0.064	0.070	0.076	0.082	0.089	0.095	0.102	0.110	0.117	0.125	0.132	0.140
18	0.061	0.067	0.073	0.079	0.086	0.092	0.099	0.107	0.114	0.122	0.130	0.138
19	0.058	0.064	0.070	0.076	0.083	0.090	0.097	0.104	0.112	0.120	0.128	0.136
20	0.055	0.061	0.067	0.074	0.080	0.087	0.094	0.102	0.110	0.117	0.126	0.134
21	0.053	0.059	0.065	0.071	0.078	0.085	0.092	0.100	0.108	0.116	0.124	0.132
22	0.051	0.057	0.063	0.069	0.076	0.083	0.090	0.098	0.106	0.114	0.122	0.131
23	0.049	0.055	0.061	0.067	0.074	0.081	0.089	0.096	0.104	0.113	0.121	0.130
24	0.047	0.053	0.059	0.066	0.072	0.080	0.087	0.095	0.103	0.111	0.120	0.128
25	0.045	0.051	0.057	0.064	0.071	0.078	0.086	0.094	0.102	0.110	0.119	0.127
26	0.044	0.050	0.056	0.063	0.070	0.077	0.085	0.093	0.101	0.109	0.118	0.127
27	0.042	0.048	0.055	0.061	0.068	0.076	0.083	0.091	0.100	0.108	0.117	0.126
28	0.041	0.047	0.053	0.060	0.067	0.075	0.082	0.090	0.099	0.107	0.116	0.125
29	0.040	0.046	0.052	0.059	0.066	0.074	0.081	0.090	0.098	0.107	0.116	0.125
30	0.039	0.045	0.051	0.058	0.065	0.073	0.081	0.089	0.097	0.106	0.115	0.124
35	0.034	0.040	0.047	0.054	0.061	0.069	0.077	0.086	0.095	0.104	0.113	0.122
40	0.030	0.037	0.043	0.051	0.058	0.066	0.075	0.084	0.093	0.102	0.112	0.121
45	0.028	0.034	0.041	0.048	0.056	0.065	0.073	0.083	0.092	0.101	0.111	0.121
50	0.026	0.032	0.039	0.047	0.055	0.063	0.072	0.082	0.091	0.101	0.111	0.120

$i(\%)$ n	13%	14%	15%	16%	17%	18%	19%	20%	25%	30%	35%	40%
1	1.130	1.140	1.150	1.160	1.170	1.180	1.190	1.200	1.250	1.300	1.350	1.400
2	0.599	0.607	0.615	0.623	0.631	0.639	0.647	0.655	0.694	0.735	0.776	0.817
3	0.424	0.431	0.438	0.445	0.453	0.460	0.467	0.475	0.512	0.551	0.590	0.629
4	0.336	0.343	0.350	0.357	0.365	0.372	0.379	0.386	0.423	0.462	0.501	0.541
5	0.284	0.291	0.298	0.305	0.313	0.320	0.327	0.334	0.372	0.411	0.450	0.491
6	0.250	0.257	0.264	0.271	0.279	0.286	0.293	0.301	0.339	0.378	0.419	0.461
7	0.226	0.233	0.240	0.248	0.255	0.262	0.270	0.277	0.316	0.357	0.399	0.442
8	0.208	0.216	0.223	0.230	0.238	0.245	0.253	0.261	0.300	0.342	0.385	0.429
9	0.195	0.202	0.210	0.217	0.225	0.232	0.240	0.248	0.289	0.331	0.375	0.420
10	0.184	0.192	0.199	0.207	0.215	0.223	0.230	0.239	0.280	0.323	0.368	0.414
11	0.176	0.183	0.191	0.199	0.207	0.215	0.223	0.231	0.273	0.318	0.363	0.410
12	0.169	0.177	0.184	0.192	0.200	0.209	0.217	0.225	0.268	0.313	0.360	0.407
13	0.163	0.171	0.179	0.187	0.195	0.204	0.212	0.221	0.265	0.310	0.357	0.405
14	0.159	0.167	0.175	0.183	0.191	0.200	0.208	0.217	0.262	0.308	0.355	0.404
15	0.155	0.163	0.171	0.179	0.188	0.196	0.205	0.214	0.259	0.306	0.354	0.403
16	0.151	0.160	0.168	0.176	0.185	0.194	0.203	0.211	0.257	0.305	0.353	0.402
17	0.149	0.157	0.165	0.174	0.183	0.191	0.200	0.209	0.256	0.304	0.352	0.401
18	0.146	0.155	0.163	0.172	0.181	0.190	0.199	0.208	0.255	0.303	0.352	0.401
19	0.144	0.153	0.161	0.170	0.179	0.188	0.197	0.206	0.254	0.302	0.351	0.401
20	0.142	0.151	0.160	0.169	0.178	0.187	0.196	0.205	0.253	0.302	0.351	0.400
21	0.141	0.150	0.158	0.167	0.177	0.186	0.195	0.204	0.252	0.301	0.351	0.400
22	0.139	0.148	0.157	0.166	0.176	0.185	0.194	0.204	0.252	0.301	0.350	0.400
23	0.138	0.147	0.156	0.165	0.175	0.184	0.194	0.203	0.251	0.301	0.350	0.400
24	0.137	0.146	0.155	0.165	0.174	0.183	0.193	0.203	0.251	0.301	0.350	0.400
25	0.136	0.145	0.155	0.164	0.173	0.183	0.192	0.202	0.251	0.300	0.350	0.400
26	0.136	0.145	0.154	0.163	0.173	0.182	0.192	0.202	0.251	0.300	0.350	0.400
27	0.135	0.144	0.154	0.163	0.172	0.182	0.192	0.201	0.251	0.300	0.350	0.400
28	0.134	0.144	0.153	0.163	0.172	0.182	0.191	0.201	0.250	0.300	0.350	0.400
29	0.134	0.143	0.153	0.162	0.172	0.181	0.191	0.201	0.250	0.300	0.350	0.400
30	0.133	0.143	0.152	0.162	0.172	0.181	0.191	0.201	0.250	0.300	0.350	0.400
35	0.132	0.141	0.151	0.161	0.171	0.181	0.190	0.200	0.250	0.300	0.350	0.400
40	0.131	0.141	0.151	0.160	0.170	0.180	0.190	0.200	0.250	0.300	0.350	0.400
45	0.131	0.140	0.150	0.160	0.170	0.180	0.190	0.200	0.250	0.300	0.350	0.400
50	0.130	0.140	0.150	0.160	0.170	0.180	0.190	0.200	0.250	0.300	0.350	0.400

参考文献

[1] 《投资项目可行性研究指南》编写组. 投资项目可行性研究指南(试用版)[M]. 北京:中国电力出版社,2002.

[2] 中华人民共和国国家发展与改革委员会,中华人民共和国住房和城乡建设部. 建设项目经济评价方法与参数[M]. 3 版. 北京:中国计划出版社,2006.

[3] 中华人民共和国交通运输部. 公路建设项目可行性研究报告编制办法[M]. 北京:中国计划出版社,2010.

[4] 中华人民共和国住房和城乡建设部,中华人民共和国交通运输部. 公路建设项目经济评价方法与参数[M]. 北京:中国计划出版社,2010.

[5] 中华人民共和国交通运输部. 公路工程基本建设项目投资估算编制办法[M]. 北京:中国计划出版社,2012.

[6] 中华人民共和国交通部. 公路工程基本建设项目概算预算编制办法[M]. 北京:中国计划出版社,2008.

[7] 黄渝祥,邢爱芳. 工程经济学[M]. 3 版. 上海:同济大学出版社,2004.

[8] 黄有亮,等. 工程经济学[M]. 2 版. 南京:东南大学出版社,2006.

[9] 过秀成. 公路建设项目可行性研究[M]. 北京:人民交通出版社,2007.

[10] 谢海红,罗江浩,贾元华. 交通项目评估与管理[M]. 北京:人民交通出版社,2009.

[11] 胡江碧. 道路工程经济分析理论与实践[M]. 北京:科学出版社,2011.

[12] 袁剑波. 公路经济学教程[M]. 北京:人民交通出版社,2003.

[13] 蔡成祥. 公路工程经济分析[M]. 北京:人民交通出版社,1994.

[14] 赵国杰. 工程经济学[M]. 天津:天津大学出版社,2003.

[15] 王幼松. 工程经济学[M]. 广州:华南理工大学出版社,2011.

[16] 石勇民. 工程经济学[M]. 北京:人民交通出版社,2008.

[17] 鲍学英,王琳. 工程经济学[M]. 北京:化学工业出版社,2011.

[18] 施熙灿. 水利工程经济学[M]. 北京:中国水利水电出版社,2010.

[19] 王永祥,陈进,李明. 工程项目经济分析[M]. 北京:北京理工大学出版社,2011.

[20] 宋伟,王恩茂. 工程经济学[M]. 北京:人民交通出版社,2007.

[21] 方国华. 水利工程经济学[M]. 北京:中国水利水电出版社,2011.

[22] 李艳玲,张光科. 水利工程经济[M]. 北京:中国水利水电出版社,2011.

[23] 周传林. 公路工程经济[M]. 北京:人民交通出版社,2006.

[24] 田平. 公路工程经济[M]. 北京:人民交通出版社,2005.

[25] 王首绪,杨玉胜,周学林,等. 公路施工组织及概预算[M]. 北京:人民交通出版社,2008.

[26] 姜伟新,张三力. 投资项目后评价[M]. 北京:中国石化出版社,2001.

[27] 魏法杰,等. 工程经济学[M]. 北京:电子工业出版社,2007.

[28] 邹苏华.公路交通建设经济性评价[M].北京:人民交通出版社,2011.

[29] 刘运哲.公路运输项目可行性研究[M].北京:人民交通出版社,1998.

[30] 杨涛.公路网规划[M].北京:人民交通出版社,2004.

[31] 陆化普.交通规划理论与方法[M].2版.北京:清华大学出版社,2006.

[32] 吴清烈.预测与决策分析[M].广东:东南大学出版社,2004.

[33] 王建军,严宝杰.交通调查与分析[M].2版.北京:人民交通出版社,2004.

[34] 林晓言,许晓峰.建设项目经济社会评价[M].北京:中华工商联合出版社,2000.

[35] 王炜,过秀成.交通工程学[M].2版.南京:东南大学出版社,2011.

[36] 全国造价工程师执业资格考试培训教材编审委员会.工程造价管理基础理论与相关法规[M].北京:中国计划出版社,2003.

[37] 交通专业人员资格评价中心,交通公路工程定额站.公路工程造价相关知识[M].北京:人民交通出版社,2010.

[38] 注册咨询工程师(投资)考试教材编写委员会.现代咨询方法与实务[M].北京:中国计划出版社,2003.

[39] 全国注册咨询工程师(投资)资格考试参考教材编写委员会.项目决策分析与评价[M].北京:中国计划出版社,2012.

[40] 注册咨询工程师(投资)考试教材编写委员会.现代咨询方法与实务[M].北京:中国计划出版社,2003.